위대한 유랑

옮긴이 박지민

역사를 전공하고, 중국으로 유학을 갔다. 대학원 전공서보다 중국문학을 읽고 중국노래 가사를 옮기다 표의문자의 매력에 빠져 번역을 업으로 삼았다. 앞으로도 두 언어를 오가며 좋은 책을 옮기고, 좋은 글을 쓰는 문자 노동자로 살길 바란다.

옮긴 책으로 『김구와 난징의 독립운동가들』, 『파리 골목골목 백년가게』, 『첫 타이베이』, 『나와 디탄』, 『앙코르 인문기행』, 『그 산, 그 사람, 그 개』, 『나의 독박 간병 일지』, 『딜라와 문스톤 원정대』, 『행복한 의자나무』, 『옛날 옛날 기차가 작은 섬에 왔어요』 등 80여 종이 있고, 여행서 『중국의 자연유산』, 『중국 서남부』 등을 썼다.

광복 80주년 기념출판
위대한 유랑_백범 김구 중국 망명기

초판 1쇄 발행 2025년 8월 15일

지은이 샤녠성(夏輦生)
옮긴이 박지민

펴낸이 김기태
디자인 박은진
제작/유통 조전희

펴낸곳 처음책방
신고번호 제407-2024-000007
주소 17407 경기도 이천시 모가면 진상미로 1523번길 42
전화 070-4141-5566
웹사이트 cheoeumbooks.com
블로그 blog.naver.com/firstbook2024
인스타그램 instagram.com/cheoeum_books
유튜브 youtube.com/@처음책방
이메일 fbi2024@naver.com

ISBN 979-11-991148-6-9 (03990)

- 이 책의 한국어판 출판권 및 번역 저작권은 지은이 및 옮긴이와의 계약에 따라 [처음책방]이 갖고 있으며, 대한민국 저작권법의 보호를 받습니다. 어떤 방식으로든 이 책의 내용을 이용하려면 [처음책방]의 동의를 얻어야 합니다.
- 잘못된 책은 구매처에 요청하면 교환해 드립니다.

백범 김구 중국 망명기

위대한 유랑

샤넨셩 지음 | 박지민 옮김

虎步流亡

일러두기

- 이 책은 중국 베이징(北京) 소재 인민문학출판사(人民文學出版社)에서 1999년 11월 발행한 『虎步流亡_金九在中國』을 광복 80주년 기념으로 번역한 것입니다.
- 각주를 포함하여 모든 주석은 옮긴이가 달았습니다.
- 본문에 실린 사진 중에서 임시정부 및 김구 선생 망명 시기와 해방 전후 사진은 모두 김신 선생이 제공한 것이며, 나머지는 저자가 찍은 것입니다.
- 중국에서 살았지만 한국 사람인 경우에는 이름을 한국어 발음으로 표기했습니다.
- 본문에 인용된 『백범일지』와 『도왜실기』의 내용은 모두 중국어판에서 가져온 것이며, 번역 과정에서 국내 판본을 일부 참고했습니다.
- 중국어는 인명·지명 모두 중국어 발음으로 표기하고 처음 나오는 단어에만 한자를 병기했습니다. 한국인 이름도 처음에만 한자를 병기했으며, 일본인 이름과 일본 지명에는 일본어를 달지 않았습니다.

백범 김구 선생

김구 선생의 필적

당시 아버지 김구 선생이 머물렀던 자싱 메이완제 76번지 앞에서, 김신 선생

자싱 방문 기념 서명을 하고 있는 '민간대사' 김신 선생

차례

	한국어판 저자 서문	10
	서문	15
	들어가는 글	19
1장	먼지에 덮여 있던 역사를 열다	27
2장	호랑이처럼 위풍당당하게 걷는 사람	109
3장	피는 물보다 진하다	209
4장	집으로 돌아온 느낌	273
5장	영원히 살아 숨 쉬는 이야기	345
	저자 후기	425
	역자 후기	429
	인물 주석	434

한국어판 저자 서문

유랑하던 호랑이의 발걸음,
마침내 '처음'으로 돌아오다

중국 전승절 80주년과 대한민국 광복 80주년을 맞이한 이때, 『호보유망(虎步流亡)』 한국어판 『위대한 유랑_백범 김구 중국 망명기』의 묵향이 한국에 가득 퍼지게 되었다. 25년에 걸친 이 책의 '유랑'의 자취를 돌아보면, 마음은 파도처럼 일렁이고, 고요함 속에 오직 '처음'의 심장 박동만이 또렷하게 들린다.

이 책은 '한류 3부작' 한국어판의 최종 완성이자, 온 세상의 도움과 인간의 신의가 함께 써 내려간 놀라운 과정의 결과물이다.

1999년, 『선월(船月)』과 『호보유망』이 중국 인민문학출판사에서 세상에 나왔다. 이듬해, 한국에서 열린 한중출판학술회의 초청으로 나는 뜻밖에도 윤봉길 의사의 영혼이 쉬고 있는 예산 충의사에 가게 되었다. 모든 것을 결정짓는 찰나의 순간이었다. 향을 올리고 영정 속 영웅의 눈빛과 마주한 순간 벅찬 감정이 몰려와 나도 모르게 눈물이 쏟아졌다. 마치 마음속의 샘물이 터진 듯 마구 흘러내렸다. 눈물은 세상의 먼지를 씻어냈고, 나는 역사의 짙은 안개 너머로 의사의 고요한 심장 박동을 들었다.

'이분을 위해 책을 쓰자!'

나 자신도 예상치 못했던 이 결심은 계시처럼 마음에 각인되었다.

그렇게 원래 계획에는 없던 『천국의 새(回归天堂)』가 매우 어려운 상황에서도 상하이 문회출판사에서 출간되었다.

충의사를 다녀온 뒤, 황금빛 낙엽이 수북이 쌓인 도중도(윤봉길 의사의 생가가 있는 곳)의 작은 벤치에 홀로 앉아 있을 때 불현듯 이 책의 영감이 찾아왔다. 절망과 외로움 속에서 아무 생각 없이 가만히 앉아 있는데, 말 한마디 없었지만, 마음 깊은 곳에서 이뤄진 만남이었다. 그 순간, 나는 시간과 공간의 굳게 닫힌 문을 열고 더 높은 차원의 내면에 감춰진 진실을 보았다. 처음으로 맛본 그 기적 같은 순간은, 지금 떠올려도 등골이 서늘해지고 온몸의 전율이 이는 듯하다.

『선월』, 『호보유망』, 『천국의 새』는 국제 문단에서 '한류 3부작'으로 불리며 알려졌고, 미국 하버드·예일·컬럼비아대학교, 영국 케임브리지대학교, 일본 고쿠시칸대학교, 한국 이화여대 등에 소장되어 있다. 그러나 한국어판 '3중주'의 길은 험난했다. 『선월』 한국어판이 가장 먼저 출간되어 한국 정부로부터 상을 받았으며, 이어서 『천국의 새』도 출간되어 큰 기쁨을 주었다. 그러나 『호보유망』만은 예기치 않게 길고도 험난한 '유랑'을 하게 되었다.

이 책은 김구 선생의 아드님이자 3성 장군으로 예편한 뒤 교통부 장관 등을 지낸 김신 선생의 묵직한 당부를 담고 있다. 책 속의 귀중한 역사 사진 대부분은 선생이 소중하게 보관해 온 자료에서 고르고 골라 내게 준 것으로, 중국 곳곳을 떠돌았던 아버지 '김구 선생의 길'을 10여 년간 직접 찾아다니며 만든 귀중한 결실이었다. 나는 그 뜻을 품고 다시 한국을 찾아, 한국 내 지인에게 원고와 자료를 주며, 다시 구할 수 없는 자료이니 꼭 『선월』과 『천국의 새』를 출판한 곳에 잘 전달해달라고 부탁했다. 나중에 김기태 교수에게 전달되었다고 해서 안심하고 기다렸다. 그러나 기다림은 길고 긴 침묵이 되었다. 언어의 벽은 높았고, 일은 안타깝게도 더는 진척되지 않았다. 몇 년 후 충격적인 소식을 들었다. 그 출판사가 이전을 하면서 보관하고 있던 이 보물 같은 자료가, 내가 김신 장군과 함께 중국 자싱을 취재한 사진 기록까지 모두 분실되었다는 것이다.

하늘이 무너졌다. 충격과 안타까움과 무력감이 돌덩이처럼 가슴을 짓눌렀다. 어떻게 되돌릴 수 없는 상실은 나 개인의 아픔을 넘어, 김신 선생님의 크나큰 기대를 저버린 것이었다. 그분이 직접 써주신 서문은 한 글자 한 글자 너무나 소중했다. 나는 이 책이 김신 선생의 인생에서 차지하던 무게를 잘 알고 있었다. 말로 다할 수 없는 죄송함은 보이지 않는 균열이 되어 우리의 연락이 조금씩 멀어졌고, 끝내 안부마저 끊겼다. 그러다 2016년, 김신 선생이 별세했다는 소식을 들었다. 그 무거운 상실감은 수많은 밤하늘 앞에서 소리 없는 물음이 되었다.

'그 잃어버린 별은 대체 어디로 간 것일까?'

세월이라는 긴 강은 모든 것을 조용히 깎아낸다. 절망의 질문도 세월의 흐름과 함께 강바닥으로 무겁게 가라앉았다. 꿈속에서도 찾기를 포기한 어느 깊은 밤, 한 줄기 유성의 빛이 갑자기 얼어붙은 세월의 강을 깨트렸다.

2025년 1월 23일, 한국에서 전혀 예상치 못한 한 통의 이메일이 왔다. 번역가 박지민 씨가 김기태 교수라는 익숙한 이름을 다시 전하며, 『호보유망』 원고와 자료가 20여 년 만에 세상으로 돌아왔다고 알려왔다. 더욱 놀라운 것은, 김기태 교수님이 이 책을 출판하기 위해 직접 출판사 '처음책방'을 설립했다는 사실이다. 20여 년간, 그는 약속을 마음에 새기고 말없이 굳게 지켜온 것이다. '처음'이라는 이름은 바로 그의 변치 않는 초심의 영원한 기념비처럼, 오늘 대한민국 광복 80주년을 맞은 해에 우뚝 섰다.

기쁘고 또 놀랐고, 무엇보다 마음 깊은 곳에서 온갖 감정이 뒤섞인 감동이 솟아올랐다.

2025년 5월 10일, 박지민 씨가 봄과 함께 찾아왔다. 두 손을 마주 잡는 순간, 나는 확신했다. 모든 첫 만남은 긴 이별 끝의 재회라는 것을. 『호보유망』의 한국어판 번역이라는, 하늘이 내린 인연이 눈앞에 펼쳐졌다. 우리의 만남은 오랜 시간 기다렸던 역사적 아쉬움을 메우는 하늘의 배려 같았다.

이 만남은 한 역사가의 질문을 떠올리게 했다.

"왜 당신의 『선월』이 역사서보다 감동을 줄까요?"

나의 대답은 언제나 같다.

역사가가 역사의 파편으로 역사를 '복원'한다면, 문학가는 역사를 영혼으로 '되살린다'라고.

나는 늘 말해왔다.

"나는 생의 모든 힘을 다해, 내 손과 마주칠 또 하나의 손바닥을 찾고 있다. 두 손이 마주친 오늘의 그 박수 소리를 미래의 세계에서 들을 수 있도록!"

이제 '처음책방'과 함께 '한류 3부작' 한국어판의 마지막 퍼즐을 완성하고 난 뒤, 우리는 인간의 그 순수하고 참된 '처음'의 근원으로 돌아가, 함께 마음으로 마음을 길러 전 인류의 각성을 밝히는 '마음의 새로운 시대, 심기원(心紀元)'을 열기를 기대한다.

이 책의 한국어판 출간은 길고 긴 유랑의 종결이자 초심의 귀환이다. 이 과정은 아무리 험난하고 긴 세월이 흐를지라도, 역사에 대한 경외와 영웅에 대한 추모, 약속에 대한 충정, 그리고 역사를 기억하며 미래를 창조하는 문화의 불씨를 잇는 열정은 결국 안개를 뚫고 길을 밝힌다는 것을 보여주었다. 이 더디게 이뤄진 완성은 하늘의 별이 된 김신 선생께 드리는 가장 깊은 위로이자 감사이다.

이 서문으로 바람과 뜻을 마음에 새기며,
이 작품에 새 생명을 부여해 준 모든 분들께 경의를 표하고,
영원한 '처음'의 빛에 존경을 보낸다.

2025년 여름 중국 상하이에서
샤녠성

서문

김신*

중국은 내게 그리움의 대상이다.

나는 상하이에서 태어났고, 내 중국 이름은 진선장(金申江)이다.

상하이는 대한민국 임시정부가 탄생한 곳이자, 나의 아버지 김구(金九) 선생이 민족 독립을 위해 13년간 치열하게 투쟁하신 곳이다. 또한 자애로운 어머니가 잠들어 계신 곳이고, 먼저 떠난 아내를 떠올릴 때마다 그녀의 부드러운 상하이 사투리가 지금도 귓가에 생생하게 맴돈다.**

자싱(嘉兴), 난징(南京), 창사(长沙), 충칭(重庆)…… 중국 곳곳에 아버지의 발자취가 남아있다. 일본이 60만 대양(大洋)***의 현상금을 내걸고 체포령을 내렸음에도, 아버지는 혁명동지들과 함께 14년간 완강한 저항을 이어가며 투쟁의 자취를 남겼다. 그리고 충칭의 허상산(和尚山) 기슭에는 내가 존경하고 사랑하는 나의 형님과 할머니께서 잠들어 계신다.

---

* 김신(金信, 1922~2016)은 백범 김구와 최준례의 둘째 아들이다. 공군 참모총장과 교통부 장관 등을 지냈다.
** 김신 장군의 부인 임윤연 여사는 상하이에서 태어나고 자라서 상하이 말을 잘했다.
*** 중화민국 시대 화폐단위. 1대양은 현재 화폐 가치로 500~1,000위안에 해당한다.

내가 막 돌이 지났을 무렵, 어머니가 병으로 세상을 떠나셨다. 그 이후 나의 유년기, 청소년기 그리고 젊은 시절까지 내 삶은 끊임없는 유랑의 연속이었다. 따뜻한 보살핌도 평안한 안식처도 없었다. 세 번이나 고아원으로 보내졌지만, 할머니께서 아버지 몰래 나를 데려오셨다. 물론 아버지가 우리 가족을 깊이 사랑하셨다는 것은 잘 안다. 그러나 당시 아버지에게는 조국의 독립이 그 무엇보다 중요했다. 사랑하는 아내와 자식보다 먼저였고, 그 생각은 굳건했고 단호했다. 만약 아버지와 그 세대 수많은 애국지사의 이러한 각오와 헌신이 없었다면 우리 민족의 독립이 어찌 되었을지 쉽게 상상되지 않는다. 민족의 해방과 독립을 위해 그분들은 가족조차도 기꺼이 희생할 각오가 되어 있었다.

우리는 고난에서 배우고 성장한다. 고난의 시기에 한국과 중국 두 나라의 국민은 손을 맞잡고 항일투쟁을 하며, 피로 맺어진 깊고 진한 정을 나눴다.

헤아려보니 나는 중국에서 18년을 살았다. 타이완에서 8년간 공직생활을 한 시간까지 합치면 더욱 긴 세월이다. 그런데 역사적 이유로 인해 중국과 반세기 동안 단절된 채 살아야 했다. 그러다 1989년이 되어서야 비로소 다시 중국을 방문할 기회를 얻었다. 그 후 나는 30차례 이상 중국을 찾아 옛 자취를 되짚었다. 내 어린 시절 친구들은 모두 중국에 있다. 나는 거의 매년 중국을 방문하며 아버지의 투쟁 발자취를 찾고, 내 어린 시절의 흔적을 찾아다녔다. 상하이 푸칭리(普庆里) 4번지, 홍커우(虹口) 공원, 자싱 메이완제(梅湾街), 하이옌(海盐)의 난베이후(南北湖), 난징의 화이칭차오(淮青桥), 마루제(马路街), 충칭의 칭무관(青木关), 허상산……. 그곳을 찾을 때마다 나는 몇 번이나 걸음을 멈추고 깊은 생각에 잠겼고, 차마 떠나지 못하고 오래 머뭇거렸다.

나는 장강(長江)의 물을 마시며 자랐다. 그러니 반은 중국인이라 해도 과언이 아니다.

나는 중국을 사랑한다. 이 그리움은 세월이 흐를수록 더 깊어졌고, 어느덧 내 머리카락은 눈처럼 하얗게 물들었다.

1992년 10월, 나는 마침내 모교인 난징사범대학 부속중학교에서 열린 개교 90주년 기념행사에 참석했다. 가족 같은 환대에 나는 더할 수 없이 감동했다. 모두 고희의 나이였지만, 교정을 함께 거닐며 항일투쟁의 노래를 부를 때는 마치 젊은 시절로 돌아간 듯했다. 열정과 기개는 그때와 조금도 다르지 않았다.

이제 나는 80을 바라보는 퇴직 노인이지만, 한·중 우호관계 발전을 위한 '민간 외교관' 역할은 퇴직 없이 계속할 것이다.

1989년 여름, 자싱을 방문하면서 《자싱일보》 샤녠성(夏輦生) 기자를 알게 되었다. 그녀는 이전부터 그 시기의 역사를 알기 위해 선친 김구와 대한민국 임시정부의 피난처를 조사하며 방대한 자료를 수집하고 정리해 왔다. 우리는 첫 만남에서 금방 오랜 친구같이 가까워졌다.

"인연이네요"라고 그녀가 말했을 때, 나 역시 같은 마음이었다. 한국과 중국은 깊고 오래된 인연으로 이어져 있고, 아버지 김구 선생과 자싱 의용동맹회의 원로 추푸청(褚輔成) 선생 또한 그러했다. 그리고 이제 나와 샤녠성 여사도 역사의 메아리에 함께 귀 기울이며 우정을 쌓았다. 내가 본 그녀는 열정적이고 정직하며 예리한 통찰력과 사명감 그리고 책임감을 지닌 기자이다. 또한 감성이 풍부하고 섬세한 작가이기도 하다. 그녀의 글을 읽으면 진한 감동과 진실한 감정이 혈관을 타고 온몸에 흐르는 듯하다.

언젠가 그녀가 말했다.

"감동은 힘이 됩니다!"

그 말이 맞다. 그 감동은 한국과 중국 양국 우호의 수레바퀴를 움직여, 선인들이 반세기 전에 닦아놓은 그 길을 달려 새로운 시대로 나아가게 할 것이다!

1999년은 한국과 중국 모두에게 특별한 해이다.

마침, 대한민국 임시정부 수립 80주년과 중화인민공화국 건국 50주년을 맞아, 샤녠셩 여사는 사실적인 필체로 진심을 담아 이 책을 썼다. 마음으로 역사를 되짚어가며, 한·중 두 나라의 우의와 앞으로 나아가야 할 새로운 장을 기록했다.

그녀가 내게 서문(序文)을 부탁했다. 이어지는 역사와 새로운 세기 앞에서, 나는 이 '서문'을 거절할 수 없었다. 그저 한 노인이 자신의 평범한 이야기를 들려주는 방식으로 소박하게 내 마음을 적었다. 아마도 한국에서 나만큼 중국에 특별한 감정을 가진 사람을 찾기는 쉽지 않을 것이다. 유구한 역사를 지닌 한국과 중국의 우호를 위해 나는 더 많은 일을 할 수 있다고 믿는다. 한국인으로서, 나는 조국의 평화통일을 염원한다.

중국 국민의 오랜 친구로서, 나는 중국의 평화통일을 진심으로 바란다.

이것으로 서문을 마무리한다.

새로운 날의 태양이 우리 모두의 염원을 더욱 환히 비추기를.

1999년 7월 10일
서울에서 김신

들어가는 글

형부로부터 시작된 이야기

운명은 무엇일까? 나는 종종 스스로 이 질문을 던졌다. 반평생을 고민했지만, 여전히 답을 얻지 못했다.

나는 다시 묻는다. 인연은 무엇일까? 이 또한 누구도 명확하게 설명하지 못한다.

어느 날, 문득 이런 생각이 들었다. 운명이든 인연이든, 그것은 마치 내 인생에 미리 매설된 지뢰와 같아서, 어느 날 예상치 못한 순간에 지뢰가 터져버려, 그 시작이 어디였는지도 알 수 없는 결말을 맞이하는 것은 아닐까 하는…….

1967년 겨울, 스산한 저녁 무렵, 학교를 마치고 집으로 들어서던 순간, 나는 바로 그런 지뢰를 밟은 듯한 느낌을 받았다. 오빠는 창가에 멍하니 서 있었다. 창문으로 스며든 저녁노을이 어두운 방 안을 물들이고 있었다. 엄마는 탁자 옆 어둠 속에서 계속 담배를 피우고 있었다.

나는 발갛게 달아오른 담뱃불에 덴 것처럼 놀라 물었다.

"엄마, 무슨 일 있어요?"

아무도 대답하지 않았다. 어둠 속에서 희미하게 타는 담뱃불만 답답하고 무기력한 공기를 태우고 있었다. 나는 창가로 걸어가며 조심스레 물었다.

"오빠, 대체 무슨 일이야?"

고개를 돌려 나를 보는 오빠의 눈빛에 두려움이 어려 있었고, 담뱃불보다 더 뜨겁게 이글거렸다. 한참을 망설이던 오빠가 마침내 입을 열었다.

"따거(大哥)*에게 일이 생겼어. 따거가 조선간첩**인데, 베이징에서 도망쳤대. 오늘 전화가 왔는데, 어떻게든 아이들을 데려가 달라고 했어."

누군가 몽둥이로 머리를 세게 내리친 것 같았다. 눈앞이 캄캄해졌고 가슴이 답답했다. 그해, 나는 막 고등학교를 졸업했고, 채 열여덟도 되지 않았다.

우리가 '따거'라고 부르는 사람은 바로 큰형부 유수송(劉秀松)이다.

큰언니와 큰형부는 군대에서 만나 결혼했다. 큰언니는 의료분야에서 일했고, 큰형부는 군악단에서 영향력 있는 트럼펫 연주자였다. 큰형부는 조선사람이고, 어려서 아버지를 여의고 난징의 고아원에서 자랐다고 들었다. 그때 나는 조선인은 조선족이라 생각했다. 고아원에서 자랐으니 성분도 좋은데다 우리와 같은 난징 사투리를 썼기에, 형부가 외지인이라는 느낌은 전혀 없었다. 형부는 유쾌하고 열정적이고 소박하고 근면한 사람이었다.

* 거거(哥哥)는 오빠, 형이란 뜻으로 大를 붙여 큰형, 큰오빠의 의미를 갖는다. 다만 가족 간의 호칭을 넘어서 존경과 친근함을 모두 담고 있어 연장자나 상급자에게 사용되며, 나이와 관계없이 사회적 지위나 역할에서 리더로 인정받는 사람에게도 사용할 수 있다. 여기서는 형부, 매형으로 불릴 수 있지만 유수송이 가족 사이에 믿고 신뢰할 수 있는 사람으로 존경과 친근함을 담아 따거로 부르는 것.
** 당시 중국 국민 중에 한국이란 국가명을 아는 사람이 많이 없었고, 한·중 수교 이후에나 한국으로 불렸다.

'문화혁명' 초기. 저자(뒷줄 오른쪽 두 번째)의 큰언니(앞줄 왼쪽 첫 번째)와
큰형부 유수송(앞줄 오른쪽 첫 번째)이 아들·딸을 안고
내몽고에서 가족을 만나러 자싱에 와서 찍은 가족사진

　어려움쯤은 아무것도 아니라는 강한 정신을 지닌 사람이라, 우리 7남매의 맏이 역할을 하는 것이 너무나도 자연스러웠다. 특히 영화 「6억 인민의 바람」에서 전국인민대표대회 장면 중 주석단이 입장할 때, 군악대 가장 앞줄에서 멋지게 트럼펫을 부는 형부의 모습을 보고 더욱 감동했다. 마오 주석과 중앙 지도자들 가까운 곳에 있는 그 모습이라니!

　그 후로 친근하게만 불렀던 호칭에 자부심과 존경이 더해졌다.

　1960년대 초, 큰형부는 큰언니와 함께 저장성(浙江省)에서 내몽고 후허하오터(呼和浩特)로 배치되었다. 조선 사람인 것과 관계가 있었던 것 같지만, 당시 열한 살이었던 내가 신경 쓰거나 물을 일은 아니었다.

　어느 해, 큰언니 부부가 멀고 추운 북쪽에서 몇 날 며칠 기차를 타고 집에 다니러 왔을 때를 기억한다. 그때 형부는 커다란 초록색 우편 포대에 양 한 마리를 통째로 담아 어깨에 지고 왔다. 부엌에 들어가 온갖 다양한 방법으로 양을 요리해 배고픈 우리를 배불리 먹여주었다. 그때는 3년간 계속된 자연재해로 간신히 목숨을 이어가는 혹독한 시기였다. 멀건 고깃국 냄새에도 침을 주르륵 흘리던 그런 때에 진짜 고기라니!

이렇게 다정하고 사람 좋은 '따거'가 간첩이라고?

나는 북쪽으로 향하는 기차에 올랐다.

문화혁명 당시, 홍위병 대교류(문화혁명 시기 홍위병이 전국 각지로 나가 교류했던 것을 일컫는다)로 내몽고에 다녀온 동창이 나와 함께 가주었다. 홍오류(红五类)* 출신의 남학생과 함께하니 그래도 마음이 놓이고 용기가 생겼다. 하지만 고등학생 둘이, 다섯 살 여자아이와 이제 갓 돌이 지난 남자아이를 253군 병원에서 인계받아 남쪽으로 데려가는 일은 결코 쉬운 일이 아니었다.

베이징 칭허(清河)에 있는 둘째형부 직장 뒤쪽 숲에서 미리 약속한 시간에 큰형부를 만났다. 기름때에 찌든 옷, 초췌한 안색, 깊게 눌러 쓴 모자 아래 두 눈에는 불안과 경계가 어려 있었다.

"대체 조선간첩이라니 무슨 말이에요?"

나의 질문에 형부는 대답했다.

"그건 짧은 시간에 다 설명할 수가 없단다. 하지만 날 믿어야 해, 나는 절대 간첩이 아니야!"

* 홍위병의 구성 멤버인 노동자, 빈농, 하층 중농, 혁명 열사, 혁명 간부 및 해방군 또는 그 자제를 말한다.

형부는 이번에 도망칠 때 기차 기관사의 도움으로, 기차 화부(火夫)로 변장해서 기차 위에 올라타고 베이징까지 왔다고 했다.

"원래 알던 사람이에요?"

"아니, 내가 좋은 사람이란 걸 믿어줬어."

그 말을 할 때, 형부 눈에 눈물이 반짝했다. 형부가 품에서 붉은 완장을 꺼내 내 손에 쥐어주며 다급하게 말했다.

"이걸 잘 보관해줘. 언니가 무사하다는 걸 알았으니 이제 안심이야. 아이들을 잘 부탁해. 미안하고 고마워. 나는 이제 가야 해. 내 걱정은 하지 말고!"

나는 형부의 옷깃을 잡아끌며 물었다.

"형부, 어디로 가요?"

"몰라."

형부가 내 어깨를 토닥이고는 몸을 돌렸다. 그리고 순식간에 숲속으로 사라졌다.

손에 쥔 붉은 완장을 펼치자, 만년필로 쓴 글귀가 눈에 들어왔다.

'피와 목숨을 걸고 마오 주석을 지켜내자!'

그 글씨에서 형부의 열정과 결기가 느껴졌다. 마음 깊은 곳에서 뜨거운 감정이 솟구쳐, 나는 참지 못하고 눈물을 쏟고 말았다. 나는 형부가 사라진 숲속으로 달려가며 형부를 향해 외쳤다.

"나는 형부가 좋은 사람인 거 믿어요!"

하지만 그의 모습은 이미 보이지 않았다. 꽁꽁 언 강물과 눈발이 섞인 매서운 북풍이 내 앞을 가로막았다.

큰형부의 지명수배 전단이 집 대문에 붙었을 때, 우리는 이미 아주 오랫동안 큰형부의 소식을 듣지 못하고 있었다. 아버지는 이 일에 연루되어 '간첩'이란 불명예를 뒤집어쓰고, 우붕(牛棚)*에 갇혀 조사를 받았다. 작은언니는 멀리 서남부 란저우(兰州)에 있어서 집을 돌볼 수 있는 상황이 아니었다. 오빠가 임시직 일을 하며 집안을 꾸렸고, 시간이 날 때마다 우리 자매들과 함께 배고픔을 참으며, 멀리 교외에 있는 다리까지 가서 접어 온 종이배를 띄우며 역귀(疫鬼)를 쫓는 의식을 치르곤 했다. 그리고 마침내 역귀가 물러갔다.

큰형부는 복권이 된 후 다시 부대로 돌아갔다. 하지만 심한 타격을 받은 아버지와 어머니에게 '복권서'라는 종이 한 장이 몸과 마음에 남은 깊은 상처를 치유해 줄 수는 없었다. '조선간첩'이라는 낙인은 여전히 내 마음속에 풀리지 않는 의혹으로 남아있었다. 나는 묻고 싶었지만, 형부의 아픈 곳을 건드릴까 조심스러웠고, 형부도 피하는 듯 그 이야기는 단 한 번도 꺼내지 않았다. 나는 형부가 내가 생각하는 '조선족'처럼 그렇게 단순하지 않다는 것을 느꼈다.

1980년대 중반이 되어서야 그 수수께끼가 풀렸다. 하지만 몸과 마음을 크게 다친 아버지는 5년 전, 풀지 못한 의문을 안고 우리 곁을 떠났다. 그 무렵 큰형부는 퇴역해서 저장성 가무단에서 수석 트럼펫 연주자로 일하고 있었다. 그러던 어느 날, 형부가 갑자기 말했다.

"나는 한국인이고, 이제 조국으로 돌아간다."

그때 나는 처음으로 '한국'이란 낯선 단어를 들었다. 형부는 한국은

---

* 문화대혁명 당시 비판의 대상이 되었던 사람들을 정규 교도소가 아닌 시골의 외양간 건물에 임시로 감금했다. 이 때문에 문화혁명 시기에 외양간이란 뜻의 우붕은 수용소란 의미를 갖는다.

한반도의 일부이며, 2차 세계대전이 끝나고 '얄타협정'으로 한반도가 남북으로 분단되었다고 말했다. 38선 이남, 우리가 남조선이라고 하는 그곳이 바로 형부가 말하는 '한국'이었다.

형부는 또 다른 이야기도 들려주었다.

형부의 아버지 유평파(劉平波)는 대한민국 임시정부의 주석 김구의 경위관이고, 백부 유진동(劉振東)은 김구의 주치의였다. 임시정부의 중국 망명 기간 아버지는 난징에서 병으로 돌아가셨다. 중국인이었던 어머니 쑹징쉬안(宋靜軒)*은 아무리 힘들어도 고향을 떠나길 원치 않았다. 결국 쑹징쉬안은 1949년에 열 살이던 형부와 어린 세 아이를 데리고 난징 구제원으로 들어갔다. 구제원과 가까이 있던 군악단에서 형부는 음악을 배우고 중국 인민해방군에 입대할 기회를 얻었다. 보슬보슬 내리는 가을비 속에서 우리의 과거의 기억 속으로 빠져들었다…….

1988년 봄, 형부는 독립운동가의 후손 자격으로 어머니를 포함한 가족 모두와 함께 한국으로 돌아갔다. 한국 정부는 그에게 건국훈장을 수여했고, 형부는 서울에 정착했다. 헤어질 때 우리는 모두 울음을 터뜨렸다. 형부도 눈물을 흘리며 말했다.

"청명절에 모두 함께 항저우 남산에 있는 아버지 무덤에 성묘하지 못하는 것이 가장 아쉽구나. 나는 아버지께 평생 갚지 못할 빚을 졌어."

---

* 쑹징쉬안(1919~2010). 중국인으로 독립운동에 참여하여 1990년 대한민국 정부로부터 건국훈장 애족장을 받았다. 한국광복청년공작대에서 문화선전을 활발하게 벌였고, 한국혁명여성동맹에 가입해 임시정부 요원 부인들과 활발하게 활동했다. 중국에서 함께 활동하다가 남편 유평파가 1937년 병으로 사망하자 어린 자녀들과 함께 난징에서 간호사로 일하며 아이들을 키웠다. 1988년 아들 유수송이 한국에 정착하자 중국과 한국을 오가며 살았다.

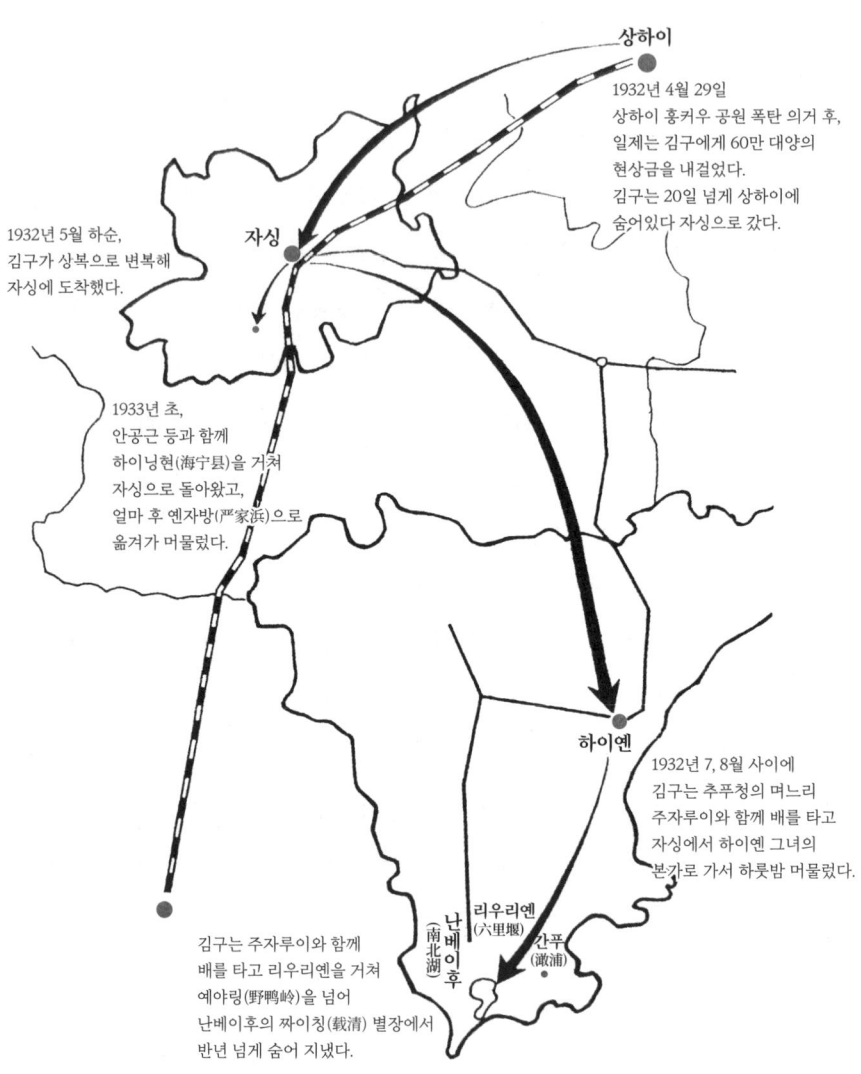

김구의 도피 노선도

1장

먼지에 덮여 있던 역사를 열다

1

 1989년 5월, 홍콩을 거쳐 큰형부의 편지를 받았을 때, 또다시 '지뢰'를 밟은 것 같은 기분이 엄습했다. 나는 김구 선생이 자싱에 온 적이 있었다고는 꿈에도 생각하지 못했다. 그와 자싱의 인연은 큰형부와 큰언니의 결혼보다 20여 년이나 앞섰다.

 형부는 편지에서 김구 선생이 대한민국의 건국에 큰 공을 세운 분이며, 한국에서 김구는 중국의 쑨원 선생처럼 국민들의 사랑과 존경을 받고 있다고 했다. 김구 선생은 평생 한국의 독립을 위해 힘썼고, 조국이 광복을 맞은 뒤에는 남북통일에 온 힘을 다했기 때문이라고. 북한에서도 김구 선생은 한국에서와 같은 존경을 받고 있어, 1980년대 평양 언론매체에서도 여러 차례 이 애국자, 민족의 영웅 김구 선생의 삶과 자취를 기사로 실었다고 했다.

 형부는 특히 1932년 김구 선생이 계획해 세상을 놀라게 한 '상하이 훙커우 공원 폭탄투척사건' 이후를 언급했다. 현상금 60만 대양을 걸고 집요하게 김구를 잡으려는 일제를 피해 중국 동맹회 원로 추푸청 선생과 그 가족들의 도움과 보호 아래, 자싱에서 2년 동안 험난한 망명생활을 했다고 썼다. 게다가 이 역사를 되돌아보려고 김구의 아들인 한국의 3성 장군 출신 김신 선생이 두 달 뒤에 자싱을 방문할 계획이니 김신 선생이 오기 전에 추씨 집안의 후손과 당시 김구 선생이 지냈던 남문 우룽차오(五龙桥) 어귀, 샤후이차오(沙灰桥), 옌자방(严家浜) 등 도피처의 자세한 주소를 알아봐 주길 바란다고 했다.

나는 5년간 기자로 활동했기에 이 정도의 조사는 그렇게 어렵지 않으리라 생각했다. 하지만 막상 시작해 보니 예상보다 훨씬 더 어렵고 복잡한 일이었다. 당시 한국과 중국은 수교를 맺기 전이었다. '한국'이란 단어를 아는 사람도 거의 없었고, '남조선'이라는 단어도 정치적 금기어라 함부로 말할 수 없었다. 게다가 반세기 넘게 봉인되어 있던 역사였으니, 이를 찾기란 쉽지 않았다.

나는 먼저 '한국'과 '김구'에 관해 공부하기 시작했다.

지도를 펼쳐 중국의 동북부와 이와 입술처럼 붙어있는 이웃 한반도를 찾았을 때, 내가 느낀 것은 우리 중화민족과 마찬가지로 그들이 겪은 혹심한 고난이 어려 있는 피와 눈물의 역사였다.

1876년, 일본 제국주의가 조선 강화도를 침입해, 최후의 봉건왕조 조선을 압박해 불평등조약인 '조·일수호조약'—강화도조약 또는 병자조약이라고도 한다—을 체결했다. 그로부터 34년 후, 1910년 일제는 조선 총리대신 이완용 등과 공모해 비밀리에 밀약을 맺고, 국권피탈을 결의함으로써 조선을 집어삼키기 위한 첫 시작을 열었다.

재난은 세상에 태어날 때부터 함께 온다. 바꿔 말하면 세상의 수많은 인연과 운명은 타고나는 것이기에 끝없는 오묘함이 숨어있다. 1876년 구로다 기요타카가 일본 전권대신이라는 이름으로 강화도조약에 서명한 후 6개월이 지난 어느 날, 침략자 일본의 천적이 될 한 생명이 세상에 태어난 것처럼 말이다. 그는 바로 황해도 해주에서 서쪽으로 80리 떨어진 백운방 텃골의 한 농가에서 태어난 김창암(金昌巖), 나중에 대한민국 임시정부 주석이 되는 '김구'이다. 『백범일지』에 나오는 회고를 보면 그의 삶의 시작이 마치 어떤 징조를 보여주는 것 같다.

> 내가 태어난 날은 병자년 7월 11일 자시(子時)로, 마침 조모의 기일이었다. 이는 내 삶이 다사다난하고 파란만장할 것임을 예고하는 듯했다. 태어날 때도 쉽지 않았다. 엄청난 난산으로 어머니는 거의 일주일 동안 진통을 겪으며 생사의 갈림길에 섰다. 가족들은 민간요법을 동원하고 치성도 드리고 온갖 방법을 시도했지만, 아무 소용이 없었다. 보다 못한 집안 어른 한 분이 아버지에게 쇠질매를 쓰고 소처럼 음매 음매 울라고* 조언했다. 아버지가 그렇게 하자, 그 순간 비로소 내가 태어났다.

그 근원을 더 거슬러 올라가 찾는다면, 김구 선생이 말한 그 징조는 어쩌면 그가 태어나기 훨씬 전부터 복선처럼 드리워져 있었다. 그는 안동 김씨로 김자점(金自點, 1588~1651)의 방계 후손이다. 조선 후기 권신이었던 김자점이 반역죄로 몰려 일가가 몰살당하자, 살아남은 일부는 경기도 고양군 일대로 흩어졌고, 그 후 경기도에서 멀리 떨어진 벽촌 백운방 텃골에 자리 잡았다. 당시 조선 사회는 엄격한 신분제가 존재해 양반과 평민의 격차는 매우 컸다. 김구의 선조들은 원래 양반 가문이었지만, 멸문지화(滅門之禍)를 피하고자 신분을 감추고 평민이 되었다. 이후 그들은 양반으로서 달게 누리던 특권과 문화적 삶을 포기

---

* 평안, 해서지방 풍습으로 산모의 고통을 함께 나누기 위함이라고 한다.

하고 농사를 짓고 황무지를 개간하며 생계를 이었다.

당시 조선의 군제에 따라 역참의 '둔전(屯田)' 외에도 '군역전(軍役田)'이 있었다. 대개 가난한 농민들이 경작하는 땅으로, 나라의 징집이 있으면 또 동원되어 군역을 져야 했다. 김구의 선조 역시 이런 땅을 경작하며 살아야 했고, 그로 인해 완전히 평민으로 전락했다. 그 이후로 김구의 가문은 대대로 텃골 인근의 진주 강씨와 덕수 이씨의 양반들에게 멸시와 차별을 받아왔다.*

집안 형편도 어려웠고, 열일곱 어린 나이에 난산으로 큰 고통을 겪은 어머니는 출산 후 젖이 제대로 나오지 않자 절망해서 "차라리 이 아이를 그냥 죽게 두세요!"라고 소리쳤다고 한다. 그 후로도 어머니의 젖이 부족해서 묽은 미음을 먹이거나 아버지가 동네방네 다니며 젖동냥으로 간신히 김구를 키웠다.

그는 서너 살 무렵 천연두를 앓았다. 돈이 없어 제대로 치료받지 못하자, 어머니가 대나무침으로 수포를 찔러 고름을 짜냈다고 한다. 이 때문에 김구의 얼굴에는 평생 지워지지 않을 곰보 자국이 남았다.

다섯 살 때 이사 간 마을에는 자주 호랑이가 출몰했다. 호랑이 때문에 불안과 두려움을 안고 살았지만 어쩌면 이 경험이 김구의 혈액 속에 숨어있던 호랑이 같은 기질을 점차 깨우는 계기가 되었을지도 모른다.

어릴 적 김구는 엄청난 개구쟁이였다. 동네 아이들이 곰보라고 놀리고 때리자, 화가 나서 식칼을 들고 복수하러 갔다가 어른들에게 잡혀

---

* 인조 대의 영의정 김자점은 효종과의 갈등 끝에 북벌론을 청나라에 누설했고, 하마터면 만주로 압송될 뻔한 효종은 김자점과 김자점의 손자이자 조귀인의 사위 김세룡 등도 함께 처형했다. 김구의 11대조 김대충은 당시 개성으로 피신했다가 다시 해주 텃골로 낙향해 양반 신분을 숨기고 살았다. 『백범 일지』에 따르면, 집안 어른이 청년 양반에게 하대받았다고 했을 정도로 김구의 출생 전후에는 사실상 완전히 상민 신분으로 세탁된 상태였다.

서 매를 맞기도 했다.

열여덟 살 때 김구는 동학에 입문해 '김창수'로 개명하고, 꽤 이름을 떨친 동학 접주가 되었다. 스물한 살 때, 명성황후 시해에 대한 복수로 일본 육군 중사 쓰치다 조스케를 죽였다. 이 일로 사형을 선고받고 갇혔으나, 고종의 사면으로 사형을 면했다. 2년 뒤 김구는 탈옥해 머리를 깎고 공주 마곡사에서 승려가 되어 '원종'이라는 법명을 받고 숨어 살았다. 1년 뒤 환속한 그는 이름을 김두래(金斗來)로 바꾸고, 고향으로 돌아가 서당 훈장이 되었다. 이후 다시 이름을 김구(金龜)로 바꾸었다.

1910년 8월 22일, 일본이 조선을 공식적으로 병합한 뒤, 데라우치 마사타케가 조선 초대 총독으로 부임했다. 육군 대장 출신인 이 일본 군벌은 취임하자마자 공개적으로 선포했다.

"조선인은 우리에게 순종하면 살고, 거역하면 죽는다."

수천 년 역사를 자랑하는 이 문명국 조선에, 그는 전면적인 '무단정치(武斷政治)'를 시행하며 고압적인 통치망을 펼쳐놓았다.

이 무렵, 이미 서른을 넘긴 김구는 나라 잃은 백성이 되기를 거부하는 수많은 애국지사와 함께 굴하지 않는 구국운동을 펼치고 있었다. 1911년 김구는 일본 경찰에 체포되어 17년 형을 선고받고, 경성 서대문형무소와 인천감옥에 차례로 갇혔다. 이후 일왕과 왕비가 잇달아 사망하면서 대사면이 내려져 형이 감형되었고, 가석방으로 출옥했다.

김구는 세 차례 옥살이를 했다. 10년에 걸친 수감생활 동안 수갑과 쇠사슬을 차야 했고, 가죽 채찍질을 당했는가 하면, 굶주림이나 강제노동 등 온갖 고초를 겪었다. 하지만 감옥은 그에게 '전장'이자 특별한 '대학'과도 같았다. 감옥에서 그는 스스로 '백범(白凡) 김구(金九)'라고 이름을 바꾸었는데, 이는 평범한 사람도 일본 국적을 버리고 조국에 대한 애국심을 지닐 수 있음을 드러내기 위함이었다.

1919년, 러시아 10월 혁명의 영향 아래, 자유를 열망하던 조선 민중이 거대한 반일 시위 투쟁 '3·1운동'을 일으켰다. 그러나 이 운동은 일본 식민 당국의 무자비한 탄압에 피로 물들었고, 수많은 혁명지사가 국외로 망명했다.

김구도 압록강을 건너 중국 안둥(安东, 지금의 단둥)에서 숨어 지내다 상하이로 탈출하여, 대한민국 임시정부에 합류했다. 이후 그는 경찰국장, 내무총장에 이어 국무령과 임시정부 주석에 올랐다.

중국 망명생활 26년 동안, 그는 단 한 순간도 항일 구국 투쟁을 멈추지 않았다. 형부가 보낸 편지의 글과 같았다.

"김구 선생의 일생은 매우 비범했단다. 선생은 나라를 잃은 고통을 온몸으로 겪었고, 숱한 모험과 곡절로 가득 찬 전설 같은 삶을 살았어. 그의 행적은 곧 한국 민족과 국가가 흘린 피눈물의 역사 한 페이지와도 같아. 한국 근·현대사에서 문호개방부터 식민지화, 그리고 일본의 합병, 제2차 세계대전, 승전으로 인한 광복까지 굵직한 역사적 사건마다 그가 참여하지 않은 일이 없었고, 매번 영웅적이고 비장한 모습으로 역사를 관통했지."

김구 선생은 1919년 4월 13일, 43세에 상하이에 도착했다. 그는 안둥에서 영국 이룽양행(怡隆洋行)의 배를 타고 상하이에 왔는데, 황푸(黄浦) 부두에 닿자마자 전혀 새로운 기운과 풍경에 부딪혔다. 안둥에서 승선할 당시만 해도 사방이 얼어붙은 한겨울이었는데, 배가 상하이 조계지에 도착했을 때는 이미 나무에 잎이 무성하고 봄기운이 완연했기 때문이다. 그날 밤 그들은 공성시리(公升西里) 15번지의 한 동포 집에서 바닥에 이부자리를 깔고 하룻밤을 보냈다.

다음 날, 상하이에 먼저 와 있던 인물들을 수소문해 보니, 이동녕(李東寧)[1], 이광수(李光洙)[2], 김홍서(金弘敍)[3], 김보연(金甫淵)[4] 등이 이미 와 있었다. 특히 김보연은 몇 년 전, 부인과 함께 상하이에 와 있었기에, 김구를 자기 집에 머물도록 했다. 이렇게 김구의 중국 유랑생활이 시작되었다.

김보연의 안내로 김구는 먼저 10여 년 동안 마음속으로 존경하고 그리워하던 이동녕 선생을 찾아갔다. 예전에 양기탁(梁起鐸)[5] 집안의 객사에서, 김구는 이동녕이 서간도(西間島) 무관학교를 세우고 의사를 모집해 광복 사업을 준비하는 중책을 맡아 일하는 것을 본 적이 있었다. 10여 년의 고난의 세월이 흘러 다시 만난 이동녕 선생은 이미 예전과 달리 얼굴에 주름이 깊게 패 있었다. 당시 상하이에 거주하던 한인 동포는 500여 명에 달했다. 그중에 상인, 유학생과 10여 명의 전차회사 검표원 외에 나머지는 모두 독립운동에 참여하려고 조국과 일본, 미주, 러시아와 중국 각지에서 달려온 지사들이었다.

그때 한국 국내에서는 13도와 주요 도시는 말할 것도 없고, 궁벽한 시골에서도 '독립 만세'를 외쳤고, 해외에 거주하는 동포들도 한마음으로 독립운동을 전개했다.

그 원인은 크게 두 가지로 나눠볼 수 있다.

첫째. 백성들 대부분이 한일합방의 참뜻을 제대로 알지 못했다는 점이다. 조선은 단군 이래, 명목상 타국의 속국이었던 적은 있어도 실질적인 식민지로 전락한 적은 없었다. 그 때문에 사람들은 일본과 '합방'이 됐어도 예전의 당(唐), 원(元), 명(明), 청(淸)의 시대와 비슷한 정도의 지배를 받는다고 생각했다. 일본이 조선반도를 식민지로 만들려는 음모를 간파한 사람은 극히 일부였다. 그러나 합방 뒤로 일제의 잔혹하고 반인륜적인 만행을 보았고, 안악(安岳)과 선천(宣川) 사건* 등을 연이어 일으키자, 전국의 민중은 더 이상 가만히 앉아 죽음을 기다릴 수 없다고 분노하게 되었다.

둘째. 제1차 세계대전이 끝난 뒤, 파리 강화회의에서 미국 대통령 윌슨이 제창한 '민족자결주의'가 '만세운동'을 분출시키는 또 다른 동력이 되었다.

김구보다 상하이에 먼저 온 이들은 신한청년당을 결성해 김규식(金奎植)을 파리 강화회의에 파견하고, 김철(金澈)을 국내로 보내 활동하기도 했다. 그때 청년들 사이에서는 '정부(政府)'를 조직해야 한다는 요구가 점점 커지고 있었다. 그래서 각지에서 온 사람들이 대표를 뽑아 1919년 4월 초 '임시의정원'을 조직하고, 대한민국 임시정부 수립을 선언했다. 그리고 이승만을 국무총리로 추대했으며, 그 아래 내무부, 외무부, 법무부, 교통부 등 부서를 두고, 광복 운동 전선의 여러 원로 지도자를 총장으로 선임했다. 한편, 국내 13도 대표들도 경성에서 비밀리에 집결해 역시 정부를 구성하고 이승만을 집정관 총재로 추대했으나, 국내 활동이 어려워지자 이 정부 역시 상하이로 옮겨 왔다. 그리하여 상하이에 두 정부가 생겼다. 이후 조직 개편과 정리를 거쳐 두 정

---

* 1910년 12월 안명근(安明根) 등이 황해도 신천(信川)에서 무관학교의 설립자금을 모집하다가 민병찬의 밀고로 체포되었다. 이때 김구를 비롯한 160여 명의 독립운동가를 체포해 18명을 기소한 안악사건을 일으켰다. 1911년에는 독립운동기지 창건을 주도했다는 이유로 양기탁을 비롯한 신민회 간부 16명을 체포했는데, 이것이 선천사건이다. 이후 이 두 사건을 데라우치 마사타케 총독 암살미수 사건으로 조작하여 600여 명의 독립운동가를 감옥에 가두고, 그중 재판에서 105명에게 유죄판결을 내렸다. 이에 이 사건을 '105인사건'이라고 한다. 이는 애국계몽운동기의 비밀결사였던 신민회가 해체되는 원인이 되었다.

부가 합쳐지면서 이승만을 대통령으로 하는 단일 정부가 탄생했고, 마침내 4월 11일 헌법을 공포했다.

즉, 김구가 상하이에 도착하기 사흘 전인 4월 11일, 프랑스 조계지의 페레로베르 루트(Route Pere Robert, 金神父路)—현재의 루이진얼루(瑞金二路)—에서 열린 한인대표대회를 통해, 조선인들의 최고 민의기관인 '대한민국 임시정부'가 공식적으로 수립된 것이다. 이때부터 조선의 애국지사들은 중국 땅 곳곳을 누비며, 장렬하고 감동적인 투쟁사를 써 내려갔다.

같은 해 9월 26일, 중국《신보(申報)》지에 처음으로 '상하이에 있는 고려(한국)임시정부' 소식이 보도되었다. 기사에는 "몇 주 전, 샤페이루(霞飞路) 321번지 고려(한국) 임시정부의 기관에서 국회를 소집했다. 고려의 8도에서 비밀리에 대표를 뽑았는데, 각 도마다 3명씩 총 24명을 선출했다. 그중 21명이 상하이에 도착해 회의에 참석했다. 미주와 러시아, 만주의 한인들도 각각 대표 3명을 보냈다. 회의에서는 고려(한국)의 임시헌법을 제정하고 대통령을 선출했다."라는 내용이 담겼다. 3일 뒤《천보(晨报)》도 "한인이 상하이에 임시정부를 조직했다"라는 제목으로 같은 내용을 전재했다.

프랑스 조계지에서 대한민국 임시정부가 막 수립될 당시, 프랑스 총영사는 이를 어느 정도 묵인해 주었다. 단 정부 명판을 대놓고 걸지 말라는 조건을 붙였다. 하지만 영향력을 확대하고자 며칠간은 임시정부 간판을 걸어두었다고 한다. 그러자 10월 초, 상하이 주재 일본영사관이 프랑스 조계 공공관리국을 거듭 압박하며, 한국 임시정부가 반일 폭력 활동과 폭탄 제조를 하고 있다고 비난했다. 결국 공공관리국은 프랑스 경찰서를 통해 10월 17일 임시정부에 공식 통보했다. 48시간

이내에 모든 인원을 이 건물에서 퇴거시키고, 기관지인《독립신문》발행도 중단하라는 것이었다. 그리하여 임시정부는 샤페이루를 떠나 지하 비밀활동에 들어갔고, 일본의 정탐을 피해 거처를 수시로 옮기며, 끝없는 고난과 위험 속에서 활동했다.

상하이에 처음 도착했을 때, 김구는 일만 할 수 있다면 임시정부의 문지기라도 좋다고 했는데, '경무국장(警務局長)'에 임명되었다. 이후 5년간 그는 심문관, 판사, 검사, 형 집행관 역할을 겸직했다. 당시 범죄자에 대한 처분은 경고 후 석방하거나 사형에 처하는 것 두 가지뿐이었다. 예컨대, 17세 소년 김도순(金道淳)은 국내 임시정부 특파원과 함께 상하이에 왔는데, 일본영사관에 매수되어 10위안을 받고 그 특파원을 유인해 체포하려 한 간첩 행위를 했다. 비록 미성년자였지만, 특수한 시국이었던 터라 사형을 면치 못했다.

김구가 맡은 경무국 업무는 일반적인 국가의 경찰 행정과는 달랐다. 일본 밀정활동을 막아내고, 독립운동 내부에서 변절자를 색출하며, 일본의 침투행위를 방어하는 것이 주 임무였다. 이를 위해 김구는 20여 명의 경찰과 사복경찰을 두어, 홍커우에 있는 일본영사관과 때로는 노골적으로 때로는 은밀히 싸움을 벌였다. 그 시기 김구가 보여준 강직하고 솔직한 외교적 행보 덕분에 한국 독립운동은 프랑스 조계 당국의 동정을 끌어내고 암암리에 지원도 받게 되었다.

한 번은 일본 총리대신을 지낸 다나카 기이치가 상하이에 왔을 때, 오성륜(吳成倫)[8]이 황푸 부두에서 그에게 폭탄을 던졌으나 불발되었고, 이어 권총까지 쐈지만 빗나가 미국인 여성이 사망하는 예기치 못한 사건이 일어났다. 이 사건으로 일본, 영국, 프랑스가 연합하여 프랑스 조계지 안의 한인들을 대대적으로 수색했다. 때마침 김구의 어머니가 한국에서 상하이로 와 있던 때였다.

　어느 날 이른 아침, 한 프랑스 경찰관이 일본 경찰 7명을 대동해 김구의 거처를 급습했는데, 그는 아직 잠에서 깨지 않은 상태였다. 평소 그 프랑스 경찰관은 김구와 친분이 있었고, 일본어와 프랑스어가 통하지 않아 체포영장에 쓰인 이름이 김구라는 사실을 몰랐다. 그저 한국인 강도를 잡으러 왔다고 생각했다가, 막상 방에 들어가 보니 김구여서 그에게 옷을 입으라 한 뒤, 일본 경찰에게 수갑을 채우지 말라고 하고, 프랑스 경찰서에 잠깐만 가자고 했다.

　경찰서에 가보니 이미 원세훈 등 5명이 먼저 체포되어 있었다. 프랑스 조계 당국은 일본 경찰에게 이들을 심문하도록 허락하지 않았고, 한국인을 일본영사관에 넘기지도 않았다. 오히려 김구가 보증을 서자 함께 잡혀 온 5명도 전원 석방해 주었다. 이로써 일본 경찰은 김구가 프랑스 조계 당국과 특별한 관계에 있다는 것을 알게 되자, 더는 김구 체포 요구를 하지 않았다. 대신 그를 프랑스 조계 밖, 즉 영국 조계나 중국 관할 구역으로 유인해 납치한 다음, 중국과 영국 당국에 통보하고 체포하려는 계획을 세웠다. 그러나 김구는 일제의 음모를 간파하고, 프랑스 조계 밖으로 단 한 발짝도 나가지 않았다.

　1927년 11월, 김구가 국무령(즉 대통령)으로 선출되면서, 그의 거주지였던 프랑스 조계지의 푸칭리(普庆里) 4번지 일대는 사실상 임시정부의 활동 중심지가 되었다. 당시 상하이는 '모험가들의 낙원'이라 불릴 만큼, 아시아 각국의 혁명가들이 모여드는 격동의 도시였다. 이 국제항의 편리한 교통과 발빠른 정보망을 바탕으로, 인도, 조선, 베트남, 필리핀 등 여러 나라의 혁명 투사들은 아시아 민중의 해방을 위해 이곳에서 끊임없이 싸워나갔다.

1919년 대한민국 임시정부 경무국장 시기의 김구 선생

대한민국 임시정부. 두 번째 줄 오른쪽에서 첫 번째가 김구 선생

대한민국 임시정부 및 임시의정원. 앞 줄 왼쪽에서 세 번째가 김구 선생

대한민국 상하이 임시정부 유적지

2

역사를 찾아 읽는 손길은 신중하고 무겁다.

당시 내가 찾을 수 있는 자료는 많지 않았지만, 한·중 양국 국민이 손을 맞잡고 항일투쟁에 나섰던 피로 맺은 정이 내 마음을 움직였다. 이제 이 일은 단순히 형부의 부탁을 들어주는 데 그치지 않고, 각성한 어느 기자의 사명이 되었다.

자싱 곳곳을 돌아다니며 흔적을 찾다가 남문 시미펑샤(西米棚下)에서 추푸청의 집터를 물었다. 자싱 사람들이 '남문 어귀'라고 부르는 이곳은 전형적인 강남 수향(水鄕, 물가에 있는 촌락)의 모습을 간직하고 있다. 폭이 좁은 강이 북에서 남으로 칼날처럼 도심을 가르며 흐르고 있었다. 강을 따라 돌로 쌓은 둑과 부두가 있고, 나무 건물과 회랑, 수상 가옥들이 어깨를 나란히 하고 빼곡하게 늘어서 있었다. 비를 맞지 않고 다닐 수 있는 회랑 아래는 한때 미곡상이 줄지어 자리 잡고 있어 시미펑샤·둥미펑샤라는 이름을 얻게 되었다.

한 노인이 시미펑샤 아래쪽에 있는 넓은 공터를 가리키며 나에게 말했다.

"원래 저기에 2층짜리 큰 집이 있었어. 추푸청 선생의 집이었지. 그런데 52년 전에 일본 놈들의 폭탄에 파괴되었지."

기이한 것은 여기저기 알아봐도 당시 이 일대에는 같은 규모의 큰 집들이 많이 있었는데, 폭파된 곳은 이 집뿐이었다. 바로 오른쪽과 왼쪽에 있던 큰 집들도 전혀 손상을 입지 않았다고 한다. 그 때문에 사람들은 일본이 정확히 추푸청의 집을 목표로 폭탄을 투하한 것이라 했다. 어쩌면 일제는 추푸청 선생이 김구를 도와주었다는 정보를 이미 입수하고 있었던 것은 아닐까? 다행히 폭격이 있기 전, 추씨 집안사람들은 모두 다른 곳으로 옮긴 뒤였다. 그래서 지금 남문 일대에는 추푸청 선생 후손들의 행방을 아는 이는 아무도 없다.

자싱의 저명한 인사 추푸청에 대해서는 나도 오래전부터 들어는 봤지만, 이번 취재를 통해서야 정확히 알게 되었다.

추푸청은 1873년에 태어났다. 자는 혜승(慧僧), 저장성 자싱 출신으로 유명한 사회활동가이자 애국 민주인사이다. 그의 이름처럼 그는 '사람을 돕는 삶'을 살았다. 어려서부터 총명해 과거를 보고 수재가 되었지만, 나라의 환난이 생기자 새로운 사상을 배우기 위해 일본에 유학했다. 도쿄에 있을 때 중국동맹회에 가입하여 쑨원 선생을 따라 반청혁명에 가담했다. 1917년 쑨원 선생이 이끄는 호법(護法) 운동에 참여하여 국회 비상회의 부의장을 지냈다. 북벌전쟁 때, 저장성 정무위원회 주석을 맡아 취임하여 권세 있는 자를 처벌해서 그들의 노여움을 사서 두 차례나 감옥에 갔으나, 여전히 그 의지를 꺾지 않았다. 1927년 정계를 은퇴하고 상하이 법과대학을 설립하여 총장을 지냈고, 항일전쟁 당시 국민참정회 참정원을 지냈다. 1945년 7월 참정원 5명과 함께 옌안을 방문하여 중국공산당 중앙위원회와 회담하였다. 해방전쟁 중에는 애국 민주화 운동을 적극적으로 지지하고 참가했다. 나라와 국민을 위해 먼저 헌신했던 삶은 김구 선생과 매우 비슷하다. 특히 교육에 힘을 쏟은 점에서는 정말 똑같았다.

추푸청 선생은 자싱상회의 총리로 재직했을 뿐 아니라, 난후학당(南湖学堂)과 카이밍여학(开明女学)을 설립했다. 민펑제지창(民丰造纸厂), 수룬사창(秀纶纱厂) 등을 세워 자싱 지역에 기계를 이용한 근대 생산산업을 처음으로 일으킨 선구자이기도 하다. 또한 아편 근절 운동과 재해 구호사업 등 여러 지방사업을 주도하며 큰 역할을 했다.

각계 원로들의 증언을 들으면서, 추푸청 선생이 평생 구국을 위해 동분서주하고, 공익을 위해 힘써 온 모습이 눈에 아른거리는 듯했다. 온화하며 여유롭고 침착한 학자 같은 풍모를 지닌 선생의 모습, 또 한편으로는 반청혁명 시절 동지들과 시국을 성토하며 열변을 토하던 장면도, 또한 일제에 맞서 싸우기 위해 저장성 일대를 홀로 누비면서 분주하게 다니는 선생의 모습도 눈앞에 생생하게 보이는 듯했다.

나는 추푸청 선생를 더 잘 알고 싶어 후손을 찾기 위해 수소문했지만 2년이 지나도록 별다른 성과가 없었다. 그러던 어느 날, 베이징으로 출장을 가는 기차 안에서 뜻밖의 인연을 만났다. 자싱에서 같이 기차에 올라, 같은 침대칸에 탄 노부인과 대화를 나누던 중, 나는 그녀가 추푸청 선생의 며느리임을 알게 되었다. 그 순간 나는 인연이 서로 모인 운명의 신비함에 경탄하지 않을 수 없었다. 그 여정에서 나는 추씨 가문에 대해 많은 것을 알 수 있었다. 노부인은 추푸청의 일곱 번째 아들인 추펑샹(褚凤翔)의 부인 자오징루(赵敬如)로, 딸과 두 조카를 만나기 위해 베이징에 가는 중이었다. 그녀가 말한 두 조카는 추푸청 선생의 장남인 추펑장(褚凤章)[9]의 아들 추지위안(褚继元)과 추뤼위안(褚律元)이었다. 추지위안은 외교부에서 근무하고, 추뤼위안은 중국사회과

학원에서 일한다고 했다.

이후 나는 추뤼위안과 연락을 취해 그의 조부 추푸청에 대해 더 깊이 알게 되었다. 추뤼위안은 이렇게 말했다.

"······할아버지께서는 '높은 자리는 바라지 않지만 큰일을 하라'고 하셨어요. 할아버지는 정말로 평생 높은 관직에는 오르지 않았지만 나라의 큰일, 민족의 큰일은 몇 가지 하셨죠. 그래서 가족과 자신을 위한 일은 등한시하고 전혀 돌보지 않으셨어요. 1948년 할아버지가 돌아가셨을 때, 자손들에게 남긴 유일한 유산은 '충심으로 나라를 위하라'는 간곡한 유언뿐이었어요······."

《자싱 현대 인물지》에 추푸청 선생을 묘사한 구절이 있다.
"모습은 비록 문약해 보이나, 무를 숭상하는 기개가 있다."
이 말은 정말 선생과 딱 맞는 묘사라고 한다.
자싱에서 추씨 가문을 잘 아는 노인 좡이푸(庄一拂)라는 분이 있었다. 그가 『추푸청 선생 연보 초고』를 집필하면서 들려준 이야기다. 젊은 시절, 추 선생이 고향에서 국산품 사용을 장려하고, 외국 상품을 배척하자고 외쳤을 당시의 상황을 이렇게 전했다.
"추 선생은 맨 앞장서서 호소하고, 분주히 뛰어다니며, 먹고 자는 일도 잊은 채 열변을 토했습니다. 그런 모습이 마을 사람들 눈에는 미친 사람처럼 보이기도 했지요."
추뤼위안은 그 말이 자신이 느낀 할아버지의 모습과 가장 비슷하고, 적절한 표현이라고 했다.

"……할아버지는 평소 말수가 많지 않고, 세상사에 그리 욕심이 없는 차분하고 겸손한 분이었습니다. 행동도 느긋하고, 누구에게나 다정하고 온화하게 대하셨죠. 그러나 그 안에는 매우 단단한 무언가가 있었습니다. 바로 침착함과 굳센 의지, 두려움을 모르는 투쟁 정신입니다. 생각이 확고하고 애증이 분명하고 어떠한 상황에도 흔들리지 않았고, 한결같은 끈기를 지니셨습니다."

그 뒤 나는 추치위안(褚启元), 추정위안(褚政元), 추리전(褚离贞) 등 추푸청의 다른 손주들도 알게 되었는데, 그들의 진솔하고 소박한 기질에서 할아버지의 정신이 투영되어 있음을 느낄 수 있었다. 그들의 모습에서 나는 추푸청 선생이 남긴 진정 훌륭한 유산을 보았고, 그가 온 가족의 목숨까지 걸고 김구 선생과 대한민국 임시정부에 도움의 손을 뻗었던 필연적 인연을 연상할 수 있었다.

이렇게 맞잡은 두 손이 바로 같은 시기 일본 침략에 짓밟혀 있던 두 민족이었다. 이들은 마치 육지로 밀려온 물고기들이 서로 물을 적셔주며 생명을 이어가듯, 곤경 속에서 미약한 힘이나마 서로 도와줄 수 있다는 믿음을 실제로 보여주었다.

한 달여 동안 수소문한 끝에, 마침내 김신 선생이 오기 전에 김구 선생이 머물렀던 피난처를 찾아냈다. 바로 메이완제(梅湾街) 76번지. 김구 선생의 『백범일지』에 언급된 '추푸청의 양자 천퉁성(陈桐生)의 낡은 가옥'이 바로 여기다. 다만 형부 편지에서 말한 샤후이차오와 옌자방은 끝내 찾지 못했다.

맑은 어느 날 오후, 나는 직접 그 집을 찾아가 보았다. 사실 그곳은 추씨 저택에서 걸어서 불과 5분 남짓이었다. 추씨 저택 북쪽 쓰싱제(丝行街) 초입의 작은 골목으로 들어가 서쪽으로 꺾은 뒤 다시 북쪽으로 돌아들면, 곧 낡은 가옥들이 줄지어 있는 메이완제로 들어서게 된다.

미펑샤나 쓰싱제와 달리 이곳은 주거지역이어서 상점이 거의 없었다. 길 양옆으로는 기와지붕과 판벽으로 지어진 목조건물들이 빼곡했고, 드물게 스쿠먼(石库门)* 구조의 깊은 뒷마당을 가진 대저택도 한두 채 보였다. 거리 남쪽에 자리한 집들은 대개 2~3진(进)** 구조로, 집 가장 안쪽은 물가 위에 지어진 수상가옥 형태의 조각루(吊脚楼, 고상 가옥. 지표면으로부터 떨어져 있게 높게 지은 집)로 주방이나 땔나무를 쌓아두고 있고, 집마다 대부분 강가 출입로가 있었다. 대운하는 동쪽으로 흐르고, 난후의 물이 도시의 명맥을 이어주고 있었다.

천퉁성의 낡은 가옥은 메이완제 깊숙한 남쪽에 있는, 2진 구조의 가옥이다. 예전에 있던 담장과 문은 이미 철거되어, 들어서자마자 네 칸짜리 2층 목조건물이 눈에 들어왔다. 현재는 7~8가구가 나누어 살고 있는데, 천씨 집안의 친척은 없었다. 길가 쪽 북쪽 마당은 각 가구가 부엌 등을 증축해 좁고 복잡했고, 안쪽에 사는 사람들은 서쪽의 작은 마당 문과 어둡고 좁은 복도를 통해 드나들고 있었다.

그 어둡고 좁은 긴 복도를 지나, 2층 건물 뒤쪽 작은 하늘이 보이는 남쪽 끝에 이르러서야 당시 김구 선생이 몸을 숨겼다는 '정자(亭子)'라 불린 강가 쪽 작은 집을 찾을 수 있었다.

---

* 서양과 중국 전통민가의 특징을 혼합해 만든 주택으로, 여러 사람이 함께 살 수 있는 혼합형 주거 형태이다. 돌로 만든 문틀에 두꺼운 나무로 대문을 만든 데서 이름이 유래되었다. 중국 강남 일대, 특히 상하이에서 많이 볼 수 있다.
** 중국 전통가옥 형식에서 마당을 가운데 두고 건물 배치가 'ㅁ'자 형태가 많은데, 이것을 1진(进)이라 한다. 2진이면 이런 구조가 2개, 3진이면 이런 구조가 3개 이어져 있는 것이다.

두 칸짜리 집으로, 안채 남쪽은 강가에 맞닿아 나란히 긴 창문들이 나 있었고, 창문 아래에는 이 지방 사람들이 '후항캉(护航坑)'이라 부르는 난간이 달린 의자가 일렬로 놓여있었다. 창살에는 무늬가 새겨져 있었다. 창밖으로 눈을 돌리면 잔잔한 호수가 아득히 펼쳐지는 수려하고 광활한 풍경이 한눈에 들어온다. 서쪽 작은 방은 벽으로 창문이 없는 대신 강가로 바로 나갈 수 있는 작은 문이 하나 있었다. 강가로 내려서야 이곳이 2층 구조인 것을 확인할 수 있었다. 비록 큰 건물은 아니었지만, 물가에 자리한 강남식 누각 특유의 정교한 아름다움이 느껴졌다.

지금은 선(沈)씨 성의 가족이 살고 있었다. 주인 할머니는 무척 친절했지만, 해방 후에 이사 온 터라 이전 일에 대해서는 아는 바가 없다고 했다. 그저 예전에 이 집의 주인이 천씨였다는 정도만 들었다고 했다.

창가 쪽 나무 의자에 앉아, 주인 할머니가 내다 준 따뜻한 차를 마시고 있자니, 창밖 운하에서 철썩이는 물소리가 마치 오래전 지나간 시간을 조용히 들려주는 듯했다. 나는 2층으로 올라가는 계단이 어디 있을까 궁금했지만, 처음 보는 사이에 함부로 말하기가 뭐해서 결국 묻지 못했다.

3

1989년 7월 9일 오전, 나는 남편과 오빠, 올케 그리고 자싱시 사무국의 뤄(骆) 주임, 스녠(史念) 선생 등과 함께 자싱 기차역으로 김신 선생을 맞이하러 갔다. 김신 선생의 이번 방문 목적은 중국 쑹칭링(宋庆龄) 기금회를 통해 상하이, 자싱, 난징, 광둥, 충칭 등지를 순회하며, 김구 선생이 중국에서 망명생활을 하며 항일·구국운동을 펼친 발자취를 따라가려는 것이었다. 또 촬영팀도 함께 와서 선열의 자취를 따라가며 청소년 교육용 텔레비전 다큐멘터리를 제작할 계획이라고 했다. 사전에 나는 김신 선생 등 외국 손님들의 방문계획을 자싱시에 보고했고, 그 덕분에 관련 부서로부터 편의를 제공받을 수 있었다.

오전 9시 56분, 상하이에서 출발한 항저우행 351번 열차가 정시에 자싱역에 도착했다. 김신 선생과 김용재(金勇哉) 선생 두 분이 기차에서 내렸다. 처음 뵌 김신 선생은 무척 친근하게 느껴졌다. 이 친근함은 그분이 우리 형부와 맺은 인연 때문이기도 하지만, 그의 온화한 말투와 태도 그리고 유창한 중국어 덕분이었다.

선생은 한때 대한민국 공군참모총장, 교통부 장관, 국회의원 등을 지낸 3성 장군으로, 이미 은퇴하여 독립운동기념관 이사장직을 맡고 있었다. 대화를 나눌 때, 우리는 자주 김신 선생이 눈앞 풍경에 마음을

1989. 7. 9. 저자(왼쪽에서 세 번째)가 자싱역에서 김신 선생(오른쪽 세 번째)을 맞이하고 있다.

김신 선생(왼쪽에서 세 번째), 김용재 선생(오른쪽에서 첫 번째)과 저자,
저자 남편(왼쪽에서 첫 번째), 저자 오빠(왼쪽에서 두 번째)가 메이완제 76호 앞에서
함께 찍은 기념사진

자싱 메이완제 76호,
강에 인접한 작은 방과
바로 강둑으로 통하는 긴 복도

강에 인접한 작은 방 전경과
숨겨져 있는 2층으로
올라가는 길

자싱 메이완제 76호,
김구 선생 피난처

1층의 거실,
현재는 진열실의 일부

강둑으로 바로 통하는 문

빼앗기는 모습을 보고 감동을 받았다. 그는 자신의 어린 시절과 소년기, 청년기를 전쟁과 망명의 소용돌이 속에서 보냈다고 했다. 안전함도 편안함도 없었고, 늘 굶주렸고 심지어 그리워하던 아버지를 맘껏 만나지도 못했다고 했다.

"내가 중국에서만 18년을 살았고, 타이완 대사 시절까지 합치면 그보다 훨씬 더 오래입니다. 나는 중국을 사랑합니다. 내 청춘을 여기서 보냈고, 중국인들과 함께 항일투쟁을 했기 때문입니다."

그의 목소리는 크지 않았지만, 그 속에 담긴 묵직하고 깊은 정이 느껴졌다.

30분 후, 우리는 차를 타고 자싱으로 들어온 촬영팀과 합류해 메이완제로 향했다.

가는 중에 갑자기 비가 쏟아졌다. 천퉁성의 그 구식 목조건물 앞에서, 김신 선생은 한참 말없이 서 있었다. 그가 세월에 삭은 역사의 자취를 들여다보는 것인지, 아니면 여기 남아 있을지 모를 아버지의 흔적을 찾는 것인지 나는 알 수 없었다. 아니 어쩌면 당시 김구 선생이 왜 이곳에 왔는지를 되짚으며, 57년 전 상하이 홍커우(虹口) 공원에서 온 세상을 뒤흔든 그 거대한 폭음 속으로 다시 들어간 것일지도 모른다…….

1932년 4월 29일 새벽, 새벽노을이 불이 번진 듯 붉게 하늘을 물들였다.

그날 아침, 김구와 윤봉길이 김해산(金海山)[10]의 집에서 함께 아침식사를 마쳤을 때, 시계가 7시를 알렸다. 이는 일본 공사 시게미츠 마모루와 상하이 주재 총영사 무라이 쿠라마츠가 영사관에서 각국 영사 및 상인들에게 차와 다과를 대접하기로 한 시간보다 한 시간 일렀다. 그 아침식사는 김구가 윤봉길을 위해 김해산에게 특별히 부탁해 준비한 것이다. 쇠고기를 가득 담은 큰 그릇을 윤봉길 앞에 놓고, 마음껏 먹을 수 있도록 했다.

김해산은 의아했다. 평소 허름한 마대를 둘러메고 훙커우 채소시장에서 채소를 팔던 윤봉길이 이날 양복에 넥타이 차림으로 말쑥하게 꾸민 모습으로 나타났기 때문이다. 일이 있어 동북 만주 지역으로 먼 길을 떠난다는 소리를 들었다. 식사 전에 김해산은 김구에게 슬며시 물었다.

"요즘 상하이에 큰일이 많은데, 윤봉길처럼 침착하고 용감한 청년을 왜 다른 지역으로 보내려고 하십니까?"

김구의 대답은 간단했다.

"일은 능력 있는 사람이 가서 하는 것이 좋은 일 아니요? 나중에 윤 군이 어디에서 무슨 일을 하는지 봅시다!"

오랜만에 쇠고기를 먹게 된 윤봉길은 천천히 꼭꼭 씹어 먹었다. 그가 쇠고기와 함께 꼭꼭 씹어 삼키고 있는 것은, 어젯밤 마지막으로 가족에게 보낸 편지 속의 뜨겁고 절절한 마음이었다.

강보에 싸인 두 병정에게—아들 모순(模淳), 담(淡)
이것은 아버지가 멀리 중국에서 너희에게 보내는 유서다. 너희도 피가 있고 뼈가 있다면, 나중에 반드시 조선을 위하여 용감한 투사가 되어라…….
조국이 독립이 되었을 때, 태극의 깃발을 높이 드날리고 나의 빈 무덤 앞에 찾아와 한 잔 술을 부어 놓아라. 그리고 너희들은 아비 없음을 슬퍼하지 말라…….

윤봉길은 입안의 마지막 고기 조각을 음미하듯 꼭꼭 씹었다.

김구 귓가에는 이틀 전, 윤봉길이 '한인애국단[11]'에 입단하며 다짐했던 서약의 구절들이 맴돌고 있었다.

"한인애국단은 한국독립당의 특무대장 김구 선생이 애국 동지들을 모아 결성한 단체로, 그 목적은 무력으로 조국을 구하는 것이다. 오직 아무 대가 없는 희생으로 자원하는 자만이 단원 자격을 갖는다. 단원 선발과 인정은 모두 단장에 의해 이루어지기에, 단장만 알 뿐 단원끼리는 서로를 전혀 모른다. 단원은 회의를 열지 않으며, 활동 진행은 절대 비밀이다. 활동 목표는 적의 핵심인물 제거와 행정기관 파괴 등을 통해 조국 독립과 민족 자유를 되찾는 것이다."

더불어 윤봉길이 태극기 아래에서 엄숙하게 했던 선서 또한 김구의 귓전을 떠나지 않았다.

"나는 붉은 마음으로 조국의 독립과 자유를 되찾고자, 애국단의 일원으로서, 중국을 침략한 적군의 장교들을 척살할 것을 맹세하노라!"

마침내 윤봉길은 그릇을 내려놓았다. 김구가 담담한 얼굴에 잔잔한 미소를 짓고 있는 윤봉길을 바라보았다. 마치 밭일하러 나갈 농부처럼 차분하고 태연했다. 윤봉길이 손목에 찬 시계를 풀어 김구에게 내밀었다.

"이 시계는 제가 어제 선서 후, 선생님의 말씀대로 6위안 주고 샀습니다. 선생님 시계는 2위안짜리이니 우리 서로 바꿔 차시지요!"

"아니 아니요, 좋은 시계는 본인이 직접 지니시오."

김구는 고개를 돌려 목이 메려는 감정을 간신히 참았다. 그러자 윤봉길은 김구의 손을 잡아끌어 억지로 시계를 채워주며 말했다.

"몇 시간 뒤면 이 시계는 저한테 필요가 없습니다."

김구는 어쩔 수 없이 자신의 회중시계를 꺼내 윤봉길 손에 조심스레 건네며 말했다.

"이 시계는 내가 매일 차고 다니겠소!"

윤봉길은 김구의 따뜻한 온기가 남은 회중시계를 들고 가만히 들여다보더니 고개를 들었다.

"시간이 정말 빨리 가는군요. 이제 선생님께 작별인사를 드려야겠습니다."

마지막으로 그는 가족에게 전해달라며 편지를 꺼냈다. 김구는 편지를 받아 가슴에 꼭 눌러 감싼 뒤, 윤봉길에게 말했다.

"황천에서 다시 만납시다!"

윤봉길이 고개를 끄덕이며 미소 지었다.

"선생께서도 부디 국사를 위해 건강을 지키며, 끝까지 싸워주십시오!"

말을 마친 윤봉길은 몸을 돌려 자동차에 올라타 먼지를 휘날리며 떠나갔다…….

여러 대의 자동차가 예정된 시간에 맞춰 속속 홍커우 공원으로 들어갔다.

천장절(天長節) 승전 기념 축하대회는 일본군의 삼엄한 경비 속에서 윤봉길이 남기고 간 손목시계의 바늘과 마찬가지로 점점 성대한 개막 시간에 가까워지고 있었다. 이 행사는 그 자체가 중국을 상대로 한 일종의 무력시위이고, 도발이었다.

1931년 '9·18 만주사변'* 이후, 중국 동북지역을 점령한 일본 제국주의는 서슴지 않고 중국을 침탈했다. 1932년 1월 28일에는 '1·28사변[쑹후(淞滬)전투]'**을 일으켜 상하이를 무력 공격했고, 이로써 중·일 전쟁이 발발했다. 국민당 제19로군 제78사의 청년들은 상하이 시민들과 전국적인 항일 물결의 지원을 방패삼아, 목숨을 걸고 한 달 넘게 싸워 일본 침략군에게 막대한 손해를 입혔다. 영·미·프·이탈리아 등 여러 나라의 중재로 중·일 양측은 3월 3일 정전을 발표했고, 같은 달 24일부터 정식 협상을 시작했다. 양측이 5월 초 정전협정에 서명하기 직전, 일본군은 총 10만에 달하는 병력을 훙커우 공원에 모으고, '4·29 승전 축하대회'를 거행해 '1·28전투'의 승리와 일왕의 생일을 함께 기념하려고 했다. 이는 동북 지역을 빼앗은 뒤 강남 지방을 능멸하며 벌이는 첫 번째 대규모 축하 행사였다.

공원 안에는 이미 중무장한 일본 육·해·공군과 물통을 메고 도시락을 들고 손에 색색 깃발을 흔드는 일본 교민들로 가득 차 있었다. 윤봉길은 깔끔하게 차려입은 일본 교민 청년 모습으로 사람들 틈에 자연스럽게 서 있었다. 이날이 그의 인생에서 가장 깨어있고 가장 정신이 또렷한 날이라고 감히 말할 수 있었다. 윤봉길은 때때로 손에 쥔 작은 깃발

---

*   1931년 9월 18일 일제가 만주를 중국 침공의 병참기지로 만들고 식민지화하기 위해 침략한 전쟁으로, 철도를 스스로 폭파하고, 이를 중국 장쉐량이 지휘하는 동북군의 소행이라 발표한 후, 만주 침략을 개시했고, 1932년에 완전히 병탄하여 푸이를 옹립하여 괴뢰국 만주국을 세웠다.

**   9·18사변 후 일본은 국제사회의 시선을 다른 쪽으로 돌리고, 동시에 중화민국 정부를 굴복시키기 위해 1932년 1월 28일 상하이에서 도발하여 충돌을 일으켰다. 이를 1.28사변, 또는 '쑹후전투'라고 부른다. 중국 군대와 민중의 필사적인 항전으로 일본군은 세 번씩이나 사령관을 바꿨고, 끝내 상하이를 전면 점령하는 목표를 달성하지 못했다. 결국 중국 국민당 정부와 담판을 통해 '쑹후정전협정'을 체결했다.

을 흔들어 지나치게 예리하게 빛나는 자신의 눈빛을 가리곤 했다.

10시 정각, 열병 총책임자 우에다 켄키치가 열병 시작을 명했다. 이후 한 시간 동안 산포, 중포, 탱크, 장갑차 등으로 진행된 무장 시범은 그야말로 횡포한 힘을 과시하는 장면이었다. 단상에는 침략군 일본 대장 시라카와 요시노리, 제9사단장 우에다 겐키치, 해군 제3함대 사령관 노무라 기치사부로, 일본 공사 시게미츠 마모루, 상하이 주재 총영사 무라이 쿠라마츠, 그리고 재상하이 일본교민단 행정위원장 카와바타 테이지, 사무국장 도모노 시게루 등 요인들이 줄지어 서 있었다. 이들 모두 윤봉길 눈에는 하나 같이 증오의 대상이었다.

어깨에 맨 일본군 군용 물통이 자꾸 미끄러져 내려갔다. 거기에 든 것은 물이 아니라 폭탄이었다. 품 안에는 김구가 준 회중시계와 함께 헤어지기 직전 김구의 마지막 당부가 맴돌고 있었다.

"군(君)은 이제 세상을 떠나려 하오. 나는 조국 광복과 민족 자유를 위해 군이 치를 이 위대한 희생과 찬란한 성공이 영원히 함께하기를 바랄 뿐이오. 마지막으로 꼭 당부하오. 우리의 적은 왜놈뿐이니, 이번 거사를 하더라도 신중해야 할 것이요. 왜적 외의 다른 나라 인사들에게 해가 가지 않아야 하오!"

윤봉길은 물통이 어깨에서 내려갈 때마다 몇 번이나 다시 고쳐 맸다. 그는 그곳에 줄지어 선 일본 초등학생들에게 피해를 줘서는 안 되며, 사열대 위에 함께 서 있는 영·미·프 등 각국의 외교관이나 무관에게도 해를 입혀서는 안 되었다. 그는 자신의 생명을 걸고 완벽하게 이 사명을 완수해야 했다. 모든 원한, 모든 지혜, 모든 용기와 담력을 모으고, 때를 기다렸다.

품속에서 째깍거리는 시계 소리는 고요해지면서 점점 빨라지는 심

1932년 4월 26일, 윤봉길 의사 선서식

일본의 천장절
축하 대회장

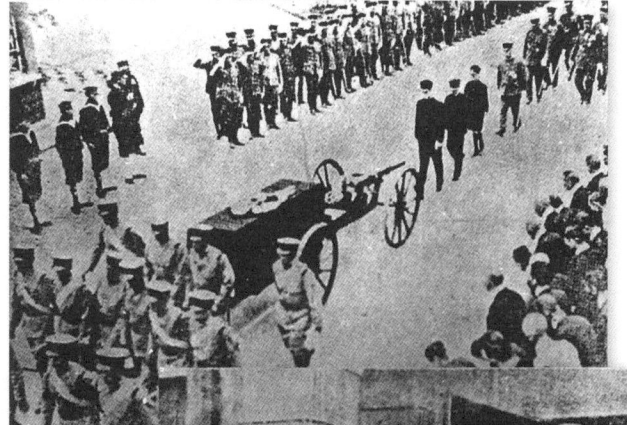

관에 누워
돌아가다

폭탄에
다리가 잘린 채
돌아가다

침략자들의 말로

장 박동과 어우러져 어느덧 오전 11시를 넘겼다. 그리고 다시 11시 20분도 지나갔다……. 기다림과 함께 하늘에는 점차 먹구름이 짙어지고 있었다. 마침내 11시 30분이 지나자, 먹구름이 짙은 하늘에서 가랑비가 내리기 시작했다. 외국 사절과 관리들은 임시로 지은 사열대 단상에서 내려와 비를 피했다. 이제 행사가 절정으로 향해가는데, 사열대 위에는 무장한 일본 고위 장교들만 남았다.

마침내 윤봉길이 그토록 바라던 순간이 하늘에서 내려왔다!

카와바타 테이지와 무라이 쿠라마츠가 차례로 축사를 마치자, 비행 시범을 위해 대기하던 전투기 18대가 우렁찬 일본 국가와 21발의 예포 소리와 함께 구름을 뚫고 솟구쳐 올랐다. 거의 동시에, 윤봉길 어깨에서 미끄러진 물통이 세 번째 예포 소리와 함께 허공으로 날아갔다.

"쾅!"

하늘이 무너지고 땅이 갈라지는 듯한 굉음과 함께, 사열대에서 하늘을 뚫을 것 같은 불길이 치솟더니 자욱한 연기 속에서 와르르 무너져 내렸다.

시간은 정확히 11시 40분에 멈췄다.

번개가 번쩍였다. 천둥소리가 요란하게 울렸다. 폭우가 쏟아졌다…….

그날 오후, 대한민국 임시정부 국무령이자 한인애국단 단장 김구는 의정원 의장 이동녕의 집에서 초조하고 애타게 소식을 기다리고 있었다. 그에 앞서 김구는 안창호 등 임정의 요인들에게 "오전 10시부터는 집에 계시지 말라. 중대한 사건이 일어날 것이다."라고 미리 알렸다. 하지만 이번 극비작전에 대해서는 사전에 누구에게도 알리지 않았다. 이동녕조차도 윤봉길이 떠나고 난 뒤에야 비로소 김구에게서 전말을 들었다.

오후 1시 무렵부터 상하이의 중국인들 사이에는 누군가가 훙커우 공원에서 폭탄을 던져 일본인을 많이 죽였다는 소문이 돌았다. 어떤 이는 중국인이 한 짓이라 하고, 또 누군가는 고려인이 했다고도 했다. 오후 3시가 되어서야 비로소 공식 호외가 나왔다. 이를 통해 시라카와 요시노리와 카와바타 테이지가 사망했으며, 시게미쓰 마모루, 노무라 기치사부로, 우에다 켄키치, 무라이 쿠라마츠 등이 크게 다쳤다는 사실이 알려졌다.

폭탄이 터진 직후, 일본군은 불과 몇 분 만에 주변 3리에 걸쳐 포위망을 펼쳤다. 자폭용 폭탄을 미처 터뜨리지 못한 윤봉길은 현장에서 체포되었고, 그 밖에도 여러 명의 조선인, 중국인, 소련인이 함께 붙잡혔다. 윤봉길은 상하이에 있는 일본 헌병사령부에서 6개월 넘게 모진 고문을 당한 뒤 일본으로 압송되었고, 같은 해 11월 19일 오사카에서 일제에 의해 처형당했다. 당시 그의 나이는 고작 스물네 살이었다.

훙커우 공원 폭탄 의거는 민족의 가슴을 시원하게 뚫어주는 통쾌한 사건이었다. 상하이 곳곳에서 환호의 폭죽 소리가 울려 퍼졌다. 동시에 국제사회에도 큰 반향을 일으켜, 세계 여러 나라 정부가 일본의 동아시아 침략 행위를 규탄하는 계기가 되었다. 국제 정의 여론은 이 사건을 빌려 일본의 침략 행보를 비판했다. 그 무렵 국제연맹에 파견된 중국 대표인 옌후이칭(颜惠庆)은 "훙커우 공원 사건은 군사력으로 타국 영토를 점령하는 것이 얼마나 무익한지를 보여주는 본보기"라고 분명히 밝혔다. 실제로 윤봉길의 의거는 중국 국민의 항일 의지를 크게 북돋웠을 뿐 아니라, 중국에 머무르는 한국 동포들의 독립운동에도 추진력을 불어넣었다.

그러나 커다란 타격을 입은 일본군은 분노하여 대규모 병력을 동원해 전면적인 수색을 벌였다. 그날 일본 신문들은 폭탄을 던진 이가 중국인이라고 발표하며, 이를 구실로 중국 정부를 압박했다. 김구는 자칫 일본이 중국인에게 보복하거나 무고한 조선인을 마구 잡아 죽일까 우려해, 신문에 공개적으로 '홍커우 공원 폭탄 사건의 진상'이라는 제목으로 성명을 발표했다.

"이번 사건을 도모한 자는 바로 나다. 나는 인도와 정의를 위해, 그리고 일본의 침략 정책을 타도하는 일에 많은 사람들이 함께하도록 환기하려고 이 사건의 진상을 세상에 알린다. 나는 이미 상하이에 없으므로 숨김없이 솔직히 말할 수 있다."

이로써 조선의 애국지사들이 펼친 용감한 투쟁은 중국 국민의 이해와 지지를 받게 되었다. 각계의 성원과 여론 압박에 밀린 프랑스 조계 당국과 일본군 당국은 붙잡아 두었던 수십 명의 용의자들을 결국 모두 풀어줄 수밖에 없었다. 반면 김구는 60만 대양의 현상금을 걸고 미친 듯이 뒤쫓는 일제의 추적 상황에 놓이게 되었다.

의거 이후, 김구는 안공근(安恭根)[12], 엄항섭(嚴恒燮)[13]과 함께 상하이의 미국인 선교사 조지 애쉬모어 피치(George A. Fitch)[14] 집에서 20여 일 넘게 몸을 숨겼다. 그러다 추푸청 선생의 도움을 받아 자싱으로 이동했다. 김신 선생의 말에 따르면, 그 이동 과정도 매우 아슬아슬했다고 한다. 그 상황에 관해 그의 아버지 김구 선생이 『백범일지』에 다음과 같이 서술했다.

…… 그러던 어느 날, 피치 부인이 내가 이 집에 숨어있다는 걸 정탐이 알았고, 지금 집을 포위하고 있으니 당장 떠나야 한다고 했다. 나와 피치 부인이 부부로 위장해 자동차 뒷자리에 타고, 피치 선생이 운전사가 되어 차를 몰고 문밖으로 나갔다. 대문을 나가면서 살펴보니 과연 일본인은 없었지만, 프랑스인, 러시아인, 중국인 등 각국 정탐이 수풀처럼 곳곳을 에워싸고 있었다. 하지만 미국인 집이라 누구도 함부로 손을 대지는 못했다. 피치 선생은 빠르게 차를 몰아 프랑스 조계지를 벗어나 중국 지역으로 들어가 차를 멈췄다. 나와 공근은 차에서 내려 기차역으로 가서, 기차를 타고 자싱의 수륜사창으로 갔다. 이곳은 박찬익(朴贊翊) 선생이 추푸청, 인루리(殷汝驪)[15] 선생에게 부탁해서 마련한 거처로, 이동녕 선생과 김의한(金毅漢)[16]의 가족, 엄항섭 군의 일가가 며칠 전에 먼저 가있었다…….

4

김신 선생은 오래된 가옥인 천퉁성 집에 대해서는 전혀 알지 못했다. 1933년 봄에 할머니를 따라 자싱에 온 적은 있었지만, 아버지가 지냈던 이 은밀한 거처에는 온 적이 없기 때문이다. 이번 방문에서는 전적으로 아버지의 『백범일지』에 적힌 서술에 의지해 장소를 대조하고 식별할 수밖에 없었다. 김구 선생은 『백범일지』에서 이 집에 대해 이렇게 기록했다.

…… 그래서 나는 잠시 자싱에 머물며, 할머니의 성을 따라 '장(張)'으로 성을 바꾸고, 이름도 '전치우(震球, 진구)'로 바꾸었다. 자싱은 추푸청 선생의 고향으로, 그는 한때 저장성 성장을 지낸 덕망 높은 인사였다. 그의 장남 평장은 미국 유학을 다녀와 민평제지창에서 기술책임자로 일하고 있었다. 추 선생의 저택은 자싱 남문 밖에 있었는데, 오래된 전통 가옥이어서 웅장하진 않았지만, 선비의 집안이라는 느낌을 주었다. 추 선생은 양자로 들인 천퉁성 군의 정자를 내 숙소로 사용하게 했는데, 이곳은 호숫가에 지은 반서양식 건물이었다. 구조가 매우 정교했고, 창밖으로 수룬사창(秀綸沙廠, 추푸청이 소유한 면사공장)이 내려다보여 풍경이 아주 아름다웠다.

우리가 어두운 복도를 지나 호수에 면해 있는 가장 안쪽의 작은 방으로 들어가자, 그곳에 사는 할머니와 가족들이 반갑게 맞아 주었다. 이미 몇 번 만나 익숙해진 터라 그들은 내게도 스스럼없이 대해주었다. 또 나에게 김구 선생의 항일 활동에 대해서도 대략적인 이야기를 들었기에 차를 내오고 자리를 권하는 태도에 존경심이 깃들어 있었다.

창가에 기대어 호수 건너에 있는 수륜사창의 옛터를 보던 김신 선생이 갑자기 잔뜩 흥분한 듯 얼굴에 들뜬 감정을 숨기지 못했다. 이어서 사방을 살피다가 난감한 표정을 지었다. 나는 그가 위층으로 올라가는 계단을 찾지 못해 당황하고 있음을 알고, 할머니께 여쭈었다.

"위층도 둘러볼 수 있을까요?"

"그럼요, 그럼요."

할머니가 그렇게 말하며 방 서쪽 벽 창문 옆에 마치 벽장처럼 보이는 문을 열었다. 순간 김신 선생의 눈이 반짝이며 흥분해서 소리쳤다.

"아, 바로 여기군요! 아버지께서 예전에 벽장 같은 문으로 올라가는 아주 은밀한 계단이 있다고 하셨거든요."

실제로 살펴보니 그 계단은 정말 아주 은밀하게 숨겨져 있었다. 벽과 강가 쪽 외벽 사이에 끼어 있어 안팎 어디서도 보이지 않았다.

"머리 부딪치지 않게 조심하세요!"

할머니의 당부를 들으며 김신 선생은 조심조심 위로 올라갔다. 선생이 당시 아버지가 숨어서 거의 2년 가까이 기거했던 방에 발을 들이는 순간, 어떤 감정이 들었는지 나는 알 수 없었다.

창가에 서서 잔물결이 반짝이는 난후(南湖)를 내다보는 김신 선생의 귀에는 다시 아버지가 담담한 목소리가 들리는 듯했다.

나의 내막을 아는 사람은 추씨 집안의 부자와 며느리, 양자 천퉁성 부부뿐이었다. 가장 곤란했던 건 언어 문제였는데, 나는 광둥사람을 사칭했지만 중국어를 못해서 완전히 벙어리나 다름없었다……. 자싱은 산이 없지만, 호수와 운하가 오징어 다리처럼 사방으로 뻗어 있어서 7~8살짜리 아이도 배를 저을 줄 안다. 땅이 워낙 비옥해 물산이 풍부하고 인심이 후해서 상하이와는 전혀 다르다. 가게에서는 흥정을 하지 않고, 손님이 물건을 두고 가면 잘 보관해 뒀다가 나중에 가면 그대로 돌려주었다.

김신 선생은 조용히 창가로 다가가, 아버지의 손길이 자주 머물렀을 창틀을 천천히 어루만졌다. 또 당시에는 특별한 의미가 있었던 처마 밑에 매달린 빨래걸이를 어루만지기도 했다. 선생은 몸을 돌리더니 이렇게 말했다.

"아버지 말씀이, 자싱에 온 지 얼마 안 되어 뒤쫓아온 일본 사복경찰이나 정탐이 기차역, 부두, 거리 곳곳 등 여기저기에 나타났다고 했어요. 당시에는 호구(戶口) 검사도 아주 엄격했죠. 그래서 천씨 집 강가에는 주아이바오(朱爱宝)라는 아가씨가 모는 배를 항상 대기시키고 있었답니다. 무슨 낌새가 보이면 아버지는 뒷문으로 나가 배를 타고 도망칠 수 있었죠. 천씨 집사람들과는 암호까지 미리 정해두었어요. 창가 빨래걸이에 검은 옷을 걸어두면 지금 위험하다는 신호였대요. 멀리서 검은 옷이 보이면, 그물망처럼 얽힌 운하를 따라 다른 곳으로 갈 수 있었죠. 만약 검은 옷이 없으면 아무 일 없이 집으로 돌아왔다고 합니다."

"오늘은 검은 윗도리가 없네요."

사연을 들은 내가 감개무량한 목소리로 말했다.

"그러네요. 오늘은 검은 윗도리가 없군요."

메이완제 76호를 돌아보는
김신 선생

창문 밖으로 당시 배를 댔던
부두를 바라보는 김신 선생

벽장처럼 보이는 문을 열자,
김신 선생이 흥분해서 소리쳤다.
"아! 바로 여기예요!"

"오늘은 검은 윗도리가 없네요."

선생이 의미심장한 눈빛으로 창밖에 매달린 작고 푸른 잎이 무성한 화분을 가만히 응시했다.

아마도 그 순간 그의 마음은 빗방울이 떨어져 일렁이는 호수 물결처럼, 물방울이 튀며 퍼져 나가는 파문 속으로 깊이 가라앉았을 것이다.

촬영팀을 이끌고 온 사람은 김신 선생의 장남 김진(金振)이었다. 그는 내게 광둥과 충칭, 난징, 상하이를 거쳐 오며 할아버지와 대한민국 임시정부가 중국에서 보냈던 자취를 찾는 동안, 아버지는 줄곧 감정이 벅찬 상태였다고 말해주었다. 특히 "자싱은 할아버지가 머문 기간이 2년 남짓으로 그리 길지 않았지만, 그의 항일투쟁 인생에 있어 가장 힘든 시기이면서도 가장 중요한 전환점이 되었던 곳이다. 또한 대한민국 임시정부도 암울한 상황에서 벗어나는 분수령이기도 했다. 그래서 오늘 아버지가 유난히 감격스러워하는 것 같다."고 말했다.

김진이 이끄는 촬영팀의 일정은 아주 빡빡했다. 그들은 메이완제 76번지에 있는 이 오래된 가옥 안팎을 꼼꼼하고도 세세하게 촬영했을 뿐 아니라, 대운하와 난후 그리고 옌위러우(烟雨楼)까지도 모두 카메라에 담았다. 촬영을 마치고 식당에서 만났을 때는 이미 오후 2시가 훌쩍 넘어, 식당 주방장이 벌써 퇴근해버린 바람에 일행은 달걀볶음밥 한 접시로 허기를 달랠 수밖에 없었다. 촬영팀이 외부 풍경을 촬영하는 동안, 우리는 비를 피해 천통성 집 처마 아래 서 있었다. 나는 하염없이 내리는 빗줄기처럼 이어지는 김신 선생의 지난 이야기를 들었다.

"나는 1922년 상하이 완핑난루(宛平南路)의 작은 집에서 태어났어요. 중국 이름은 '진선장(金申江)'이었죠. 갓 돌이 지났을 때, 어머니가 병으로 세상을 떠났고, 당시 생활이 너무 궁핍했어요. 아버지는 임시정부의 내무총장직을 맡아 밤낮없이 뛰어다니느라 집에 거의 못 들어왔고, 집에서는 끼니조차 잇기 힘들었어요. 그래서 할머니는 쓰레기더미에서 채소 껍데기 같은 것을 주워 와서 겨우 끼니를 때웠어요. 그 시절, 1각(角)은 동전 30개로 바꿀 수 있었고, 동전 1개면 뜨거운 물 한 주전자에 황설탕도 한 봉지 줬어요. 할머니는 뜨거운 물에 황설탕을 타서 내게 먹였고, 밤에 내가 너무 울어대면 자신의 빈 젖을 제게 물리고 달래줬어요. 어머니가 병상에 누워있을 때, 형(김인)도 중병을 앓고 있었어요. 어머니는 돌아가시기 전에 몇 번이나 차라리 날 고아원에 보내자고 했지만, 할머니는 도저히 그럴 수가 없었다고……. 그러다 더는 버틸 수 없자, 할머니가 아버지에게 먹고살 수 있는 일을 하거나 방도를 찾으라고 다그쳤어요. 그런데 아버지는 죽어도 임시정부를 떠날 수 없다고 버텼어요. 화가 난 할머니는 아버지에게 무릎을 꿇으라 하고, 대나무 회초리로 때리기까지 했죠. 아버지는 효자라 이미 쉰 살에 가까운 나이였지만 무릎을 꿇고 매를 맞았어요. 할머니가 지치도록 때렸지만 아버지의 말은 같았다고 합니다. 나중에 안중근 의사의 어머니가 오셔서, 김구는 우리 임시정부의 지도자이니 당신이 함부로 때리면 안 된다고 말렸어요. 하지만 할머니는 '아무리 큰 벼슬을 했어도 내 아들이다!'라고 맞섰어요……. 열한 살 되던 해, 할머니가 나를 데리고 자싱으로 와서 난후 가까이에 있는 스쿠먼에서 지냈습니다. 그러던 어느 날, 까만 얼굴의 한 남자가 허둥지둥 들어와서 털썩 무릎을 꿇고는 할머니께 '어머니!'라고 외쳤어요. 나는 깜짝 놀랐어요. 할머니가 눈물을 흘리며 날 불러, '신아, 얼른 아버지께 인사해야지.'라고 하셨죠. 그게 내가 철들고 나서 아버지를 처음 본 순간이었어요……."

 선생은 어느새 빗물에 젖어있었다. 선생의 얼굴 위로 흐르는 것이 빗물인지 눈물인지 분간할 수 없었다.

5

비가 그치고 날이 맑아져 우리는 함께 난후를 둘러봤다. 선생은 옌위러우에 올라가 중국공산당 당사(党史) 전시실을 둘러보았다. 1921년 여름, 중국공산당 제1차 대표대회가 방해를 받아 상하이에서 열리기 어렵게 되자, 자싱 난후의 배 위로 옮겨 회의를 계속했다. 그 자리에서 공식적으로 중국공산당 창당을 선포했다는 사실을 알게 되자, 선생은 손뼉을 치며 감탄했다.

"이런 기막힌 우연이 다 있습니까? 1935년 10월, 대한민국 임시정부가 위기를 극복하고자 열었던 특별 국무회의도 자싱 난후의 한 배 위에서 열렸어요. 이때부터 우리 독립운동도 새 이정표를 향해 나아갔죠……."

나는 선생을 부축해, 호수 한가운데 있는 섬의 북쪽에 정박해 있는 '역사의 붉은 배'로 향했다. 좁은 디딤판을 징검다리 삼아 배에 올라서자 마음이 숙연해졌고, 동시에 역사 속 우연이 놀라웠다. 특히 선생으로부터 상하이 임시정부 옛터가 중국공산당 1차 대회 개최지와 아주 가까웠다는 말을 들으니, 이 신기한 인연에 더욱 생각이 깊어졌다.

이날, 호수 위에는 가늘게 피어오르는 안개가 자욱해, 드넓은 푸른

자싱 난후와 옌위러우를 돌아보는 김신 선생(왼쪽에서 두 번째)

물결에 비친 반영(反影)이 더욱 아련하면서도 신비롭게 느껴졌다. 나는 마치 닿을 수 없는 역사라는 베일 너머로, 심장을 파고드는 눈빛들과 안개를 가르며 방향타를 잡고 나아가는 손들을 보고 있는 듯한 착각에 빠졌다. 그 배 위에는 마오쩌둥과 12명의 1차 대회 대표들이 있고, 또 김구와 임시의정원 의원 15명도 있었다. 비록 시기상으로 하나는 1921년이고, 다른 하나는 1935년이니 14년이라는 시차를 두었지만, 이 좁은 디딤판이 두 지도자와 그 동지들을 같은 호수 위 역사의 배에 오르게 한 인연이 되었다. 이 인연이 훗날 1941년 가을 옌안(延安)에서 개최된 '동양 각 민족 반파시스트 대표대회'에서 마침내 두 사람이 손을 맞잡게 한 것은 아니었을까.

그 대회는 조선 독립운동을 비롯한 여러 민족 해방운동을 지지하기 위한 대규모 회의였다. 개막과 동시에 소련, 미국, 영국, 프랑스 등 여러 나라의 지도자들과 장제스, 마오쩌둥, 주더(朱德), 김구 등 총 34인이 명예 주석단으로 추대되었다. 마오쩌둥은 인사말에서 "이 대회의 주요 목적은 단결이며, 여러 민족의 단결을 도모해 파시즘을 타도하는 것"이라고 밝혔다. 제2차 국공합작 시기, 중국공산당은 다시 합법적 지위를 되찾았고, 조선 독립운동을 한층 강력하게 지원했다.

역사책을 펼쳐보면, 1940년 충칭 자링빈관(嘉陵宾馆)에서 열린 '한국광복군 창립 축하 행사'에 저우언라이(周恩来), 덩잉차오(邓颖超), 동비우(董必武) 등이 직접 참석해 축하했음을 확인할 수 있다. 1942년 한·중 문화협회가 충칭에서 설립될 때, 김구는 또 한 번 중국 지도자들과 손을 맞잡았다. 장제스도 축하 자리에 와 있었고, 쑨커(孙科), 저우언라이 등이 열정적인 연설을 했다. 저우언라이는 다음과 같이 말했다.

"나는 학생 시절이나 황푸(黃埔) 군관학교 시절, 또 혁명 군대에 있

1940. 9.17. 한국광복군 창립 행사. 앞줄 왼쪽에서 8번째가 김구 선생

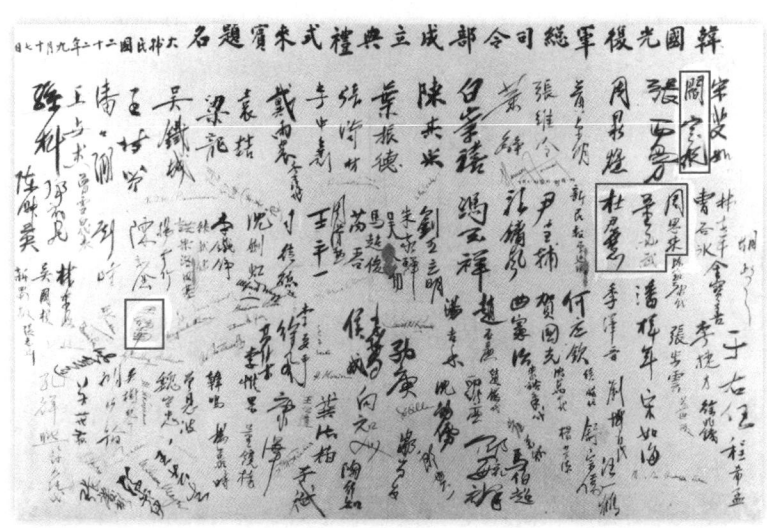

1940. 9.17. 한국광복군 창립 행사. 저우언라이, 덩잉차오, 동비우 등이
직접 참석해 서명을 남겼다. (네모 안이 중국공산당 대표단 서명)

을 때도 한국 동지들과 함께 일했었습니다. 한국인들의 용감한 희생정신은 누구나 직접 목격한 사실입니다. 그들은 중화민족 해방을 위해서도 피를 흘렸습니다. 중일전쟁 이후, 조선 의용대(한국광복군 소속으로 바뀌었음)는 중국 대지 곳곳에서 각 전선을 누비며 일본군과 맞서 싸웠고 수많은 희생을 치렀습니다. 북방 평원에서도 많은 용사들이 목숨을 바쳤습니다……. 우리는 머지않아 그들이 한국으로 돌아가 자유와 독립을 이루길 바랍니다."

아마도 김신 선생도 그 역사적 메아리를 들었고 숱한 애국지사들의 눈빛을 보았기에, 나에게 조국을 위해 목숨을 던지고 적을 무찌른 수많은 영웅의 이야기를 들려주었을 것이다. 1909년 안중근이 하얼빈에서 이토 히로부미를 저격한 이야기에서부터 1932년 이봉창의 '1·8' 도쿄 폭탄 의거, 윤봉길의 '4·29' 훙커우 폭탄 의거에 이르기까지, 그 모든 이야기를 듣는 나는 가슴이 벅차올랐고, 항일 구국을 위해 젊음을 바쳤던 그 청년들에게 무한한 존경심이 절로 솟아올랐다.

훙커우 공원 의거의 전주곡인 이봉창 의사의 '도쿄 폭탄 의거' 역시 세계를 놀라게 한, 한국독립운동사의 한 획을 그은 사건이다. 이 의거는 목표였던 일왕의 암살에는 실패했지만, 한국 독립운동의 침체된 국면을 뚫고 나와 한줄기 밝은 빛을 보여준 사건이었다.

이봉창은 한국 독립운동이 점차 쇠퇴해가는 민감한 시기에 나타났다. 당시 중국 동북지역은 이미 일본과 결탁한 토착군벌 장줘린(张作林)이 한국 독립운동가들을 마구 잡아 일본에 갖다 바치고 있었다. 중국인 중에서도 몇십 위안, 심지어 몇 위안을 위해 한국인의 수급(首級)

을 일본 영사관에 갖고 가는 이들이 있었다. 나중에는 중국에 사는 한국 동포 중에서도 밀고자가 생겨 한국 독립군의 소재지를 발고하기도 했다. 심지어 독립운동가 중에서도 일본에 투항하는 변절자들도 생겨났다. 그 때문에 중국 동북 3성의 항일운동 근거지는 아주 취약해졌다. 일제는 한·중 양국 국민을 이간시키려고 완바오산(万宝山) 사건*을 만들어, 조선에서 중국인에 대한 학살이 일어나도록 했다. 인천, 평양, 경성, 원산 등지에서 일부 무뢰한 한국인이 일본의 교사에 따라 중국인을 보면 닥치는 대로 죽였다. 또한 일제는 만주에서 '9·18 만주사변'을 만들었다. 이런 사건 속에서 일부 한국인이 일제의 힘을 믿고 온갖 못된 짓을 하며 중국인을 압박했다. 이 때문에 중국의 지식계층에서도 한국인에 대한 악감정을 품게 되었다.

이런 민감하고 복잡한 형세 앞에서 임시정부의 우려는 깊어질 수밖에 없었다. 사람도 자금도 턱없이 부족한 어려운 이 시기에 총통 이승만은 또다시 총통에서 물러나 버렸다. 박은식이 총통을 이어받은 지 얼마 지나지 않아, 임시정부의 총통제가 국무령제로 바뀌자, 박은식도 급작스레 물러났다. 이어서 첫 번째 국무령으로 당선된 이상룡(李尙龍)[17]이 서간도에서 황급히 돌아와 내각을 구성하려 했지만 지지하는 이가 없어 곧 한국으로 돌아갔다. 두 번째 국무령이 된 홍면희(洪冕熙)[18]는 전장(鎮江)에서 상하이로 와서 직을 맡았지만, 역시 같은 이유

* 1931년 7월 1일 중국 지린성에서 일어난 조선인 농민과 중국인 농민의 소요사태. 단 1명도 사망하지 않고 끝났지만 그다음 날인 7월 2일 《조선일보》에서 무려 200명의 재중 한인교포가 살해당했다는 오보를 냈고, 그 여파로 7월 4일 평양과 인천 등지에서 100명이 넘는 화교가 참혹하게 학살당했다. 그리고 그 결과로 수천 명의 화교가 테러 위험을 피해 중국으로 돌아가는 일이 벌어졌다. 당시 중국에서는 완바오산 사건은 심각하게 받아들이지 않았지만 그 뒤에 화교배척사건이 일어난 것이 알려지자 상황을 심각하게 받아들였다.

로 내각 구성에 실패하고 돌아갔다. 임시정부는 심각한 무정부 상태에 빠져버렸다.

1924년부터 임시정부의 국무총리와 의정원 의장을 맡고 있던 이동녕이 어쩔 수 없이 총통 직무대행을 맡았다. 어느 날, 이동녕이 김구를 찾아와 국무령을 맡으라고 권했지만, 김구는 완곡하게 거절했다. 당시 김구는 거절의 이유로 이렇게 말했다.

"첫 번째, 저는 해주 텃골 김순영의 독자(獨子)입니다. 우리 정부가 현재 조금 위축되어 있지만, 그래도 저같이 미천한 사람이 한 나라의 원수가 된다면 나라와 민족의 체면이 손상되는 일입니다. 두 번째, 이상룡과 홍면희 같은 분도 조직 구성에 실패했는데, 저 같은 사람은 더 말할 필요도 없습니다."

하지만 김구의 거절에도 이동녕이 말했다.

"첫 번째는 이유가 될 수 없으니 그 이야기는 더 할 필요 없고, 두 번째는 만약 내가 나선다면 지지하는 이들이 있을 것이오. 그러니 얼른 의정원 규정을 통해 내각을 구성해서, 무정부 상태에서 벗어나야 하오."

이동녕의 거듭되는 촉구에 김구는 피할 방법이 없었다. 그래서 의정원의 정식 규정을 통해 김구는 국무령을 맡게 되었다. 그것이 1927년 겨울이었다. 이후의 상황에 대해 김구는 자서전에서 당시 어쩔 수 없었던 심정을 이렇게 서술했다.

나는 윤기섭, 오영선, 김갑, 김철, 이규홍 등을 기용하여 내각을 구성했다. 그러나 현재 제도로는 내각 구성에 어려움이 많다고 생각하여, 결국 국무령제를 폐지하고 국무위원제로 바꾸었다. 이는 의정원의 의결을 거쳐 시행했다. 나는 국무회의 의장이 되었지만, 그저 회의를 주재하는 의장일 뿐, 다른 국무위원들과 권리와 책임은 동등했다. 또한 의장은 국무위원들이 번갈아 맡도록 했으니, 과거의 분쟁도 자연스레 잦아들었다. 이렇게 하여 임시정부는 무정부 상태에서는 벗어났으나, 경제적 어려움 때문에 정부라는 명맥을 유지할 수 있는 희망은 여전히 미약했다. 당시 정부가 빌린 건물의 월세는 고작 30위안이고, 일하는 분들의 월급은 20위안도 되지 않았지만, 그것마저 지급하기 어려웠다. 그래서 집세 때문에 집주인과 여러 번 소송을 치르는 일도 있었다…….

나는 처음에 임시정부의 문지기가 되기를 자원했는데, 이후로는 경찰국장, 노동국 총무, 내무총장, 국무령을 차례로 맡았고, 마지막에는 국무위원 겸 의장이 되었다. 이것은 문지기 자격밖에 없던 내가 무슨 큰 발전을 했기 때문이 아니라, 사람이 절대적으로 부족했던 탓이었다. 비유하자면 몰락해 버린 대가족은 거지 소굴과 별반 다를 바가 없다.

전에 이승만이 대통령으로 있을 때는, 중국인은 물론이고 파란 눈에 콧날 높은 영국, 미국, 프랑스 등 서양인들도 정부 출입문을 드나들곤 했다. 그런데 지금은 프랑스 조계 경찰이 일본인을 동행해 사람을 잡으러 오거나, 밀린 집세를 독촉하러 오는 경우를 빼면 아무도 찾아오지 않는다. 그런데도, 14년간 해마다 성탄절이 되면 우리는 몇백 위안을 들여 프랑스 영사와 경찰국, 예전부터 친분 있던 지인들에게 선물을 보냈다. 그래야만 임시정부의 존재를 대외적으로 드러낼 수 있기 때문이었다. 더욱 마음이 시린 것은 원래 천여 명에 달하던 독립운동가들이 이제는 수십 명도 채 되지 않는다는 사실이다…….

1931년 초봄 어느 날, 이봉창이 상하이 대한인 거류민단(임시정부 산하에 조직된 한인의 자치기관. 이하 민단) 거주지로 찾아와 당시 민단 단장을 겸하고 있던 김구에게 자신을 소개했다.

"일본에서 노동자로 일하면서 계속 독립운동을 하고 싶었습니다. 그런데 상하이에 가짜 정부(假政府)가 있다는 말을 듣고 얼마 전에 상하이로 왔습니다. 전차 검표원에게 물으니, 푸칭리 4번지로 가보라고 해서 이렇게 찾아왔습니다."

김구는 이봉창을 유심히 살펴보고, 그가 가짜 정부라는 표현을 쓴 것을 바로잡고는 차분히 말했다.

"상하이에 독립정부가 있긴 하지만, 식량과 의복을 지급해 줄 형편이 안 되오. 군은 돈이 있소?"

"여비까지 합쳐서 십여 위안 남짓 있을 뿐입니다."

"그럼, 생활은 어떻게 할 작정이오?"

"그것은 걱정 없습니다. 철공장에서 일하면서 독립운동을 병행할 수 있지 않겠습니까?"

"자, 오늘은 피곤할 테니 일단 근처 여관에서 쉬고, 내일 다시 이야기합시다."

이렇게 말한 뒤, 김구는 민단 사무원 김동우에게 지시하여 이봉창을 여관으로 안내했다.

김구는 한국어와 일본어를 섞어 쓰고, 임시정부를 계속 '가짜 정부'라 칭하는 이 청년의 태도가 거슬려 특별조사를 해야겠다고 마음먹었다. 또한 자기 자신도 냉정하게 생각할 필요가 있었다. 그는 "의심 가는 사람은 쓰지 않고, 한 번 쓰면 의심하지 않는다"라는 원칙을 평소 지켜 왔으나, 그 때문에 여러 번 피해를 본 적이 있었다. 천성은 쉽게 바뀌지 않는다 해도, 지금처럼 상황이 복잡할 때는 더욱 조심해야만 했다.

며칠 뒤, 이봉창이 다시 민단에 찾아왔다. 술과 국수를 사 와서 민단의 직원들과 함께 부엌에서 식사했다. 술기운이 오른 그가 큰소리로 물었다.

"당신들은 독립운동을 한다면서 왜 일본 왕을 죽이지 않는 거요?"

그 자리에 있던 단원들은 순간 말문이 막혔다. 잠시 후에야 한 단원이 대답했다.

"일본의 관리 하나 암살하는 것도 어려운 마당에, 일왕이라니!"

"일왕이 뭐 그리 대단하다고!"

이어서 이봉창이 작년 도쿄에서 일왕이 묘지에 참배하러 나서는 광경을 직접 보았던 이야기를 꺼냈다.

"행인들을 길가에 꿇어앉게 했고, 나도 그 자리에 엎드려 있었는데 말이오. 그때 폭탄 한 발만 있었더라면, 틀림없이 일왕을 죽일 수 있었을 거라고 생각했소!"

부엌 밖에서 이들의 대화를 듣고 있던 김구는 그날 밤 바로 여관을 찾아가, 이 혈기 왕성한 청년과 대화를 나누었다. 이봉창은 속내를 드러냈다.

"저는 이제 서른한 살입니다. 앞으로 서른한 해를 더 산다 해도, 지금보다 더 보람 있는 삶을 살 것 같지 않습니다. 이미 저는 늙었습니다! 인생의 목적이 쾌락이라면, 지난 서른한 해 동안 육신의 쾌락은 대충 맛보았습니다. 이제는 영원한 쾌락을 찾고자 독립운동에 목숨을 바치려 상하이로 온 것입니다."

이 이야기를 듣자, 김구는 그에게서 범상치 않은 담력과 깊은 인생관을 느꼈다. 가슴이 복받쳐 눈시울이 뜨거워졌다.

이봉창이 거듭 나라를 위하는 길을 알려 달라 청하자, 김구는 앞으로 1년 안에 그가 할 일을 준비하겠다고 약속했다. 당시 임시정부는 정말로 이봉창의 생계를 책임질 수 있는 형편이 아니었다. 또 앞으로 있을 그의 비밀활동을 위해서도 정부기관과 너무 가까워지는 것은 바람직하지 않았다. 그래서 김구가 어떻게 생활을 유지할 수 있겠느냐고 묻자, 이봉창은 주저 없이 대답했다.

"저는 철공 기술을 배웠고 일본어도 잘합니다. 일본에서 일본인 방식대로 생활하며 '기노시타 쇼조'라는 일본 이름까지 썼습니다. 이번에 상하이로 올 때도 배에서 그 이름으로 탑승 수속을 했습니다. 준비하는 동안 저는 일본인 행세를 하며 일본인 철공 공장에 취직하면 상당히 높은 임금을 받을 수 있으니 제 걱정은 마십시오."

과연 그는 말대로 행동했다. 월급이 80위안이나 되는, 당시로서는 아주 좋은 일자리를 구했다. 또 김구의 지시에 따라 한 달에 한 번만 민단을 찾아와 연락을 주고받았다. 그 후 그는 민단에 올 때마다 술과 고기, 국수를 사 와서 사람들과 나눠 먹었고, 술에 취하면 일본 노래를 막힘없이 불렀기에 '왜영감'이라는 별명까지 붙었다.

어느 날은 일본식 겉옷을 걸치고 게다를 신은 채 정부 건물 문턱을 막 들어서려다, 중국인 문지기에게 쫓겨난 적도 있었다. 그 일로 인해 김구는 이동녕 선생과 다른 국무위원들에게 정체를 알 수 없는 사람을 드나들게 한다며 추궁받았다. 김구는 동지들의 의심과 불신을 감수하며 조사 중이라고 설명했고, 안으로는 계속 준비작업에 박차를 가하고 있었다.

당시 가장 큰 어려움은 역시 자금 문제였다. 김구는 재외동포들에게 도움을 청할 수밖에 없었는데, 그 시절 낙후된 교통과 통신 상황으로 상하이에서 미국이나 하와이로 항공우편을 보낼 수도 없었다. 두 달 가까이 기다린 끝에야 겨우 하와이에서 몇백 달러가 도착할 정도였으니, 모금작업은 지지부진했다.

　게다가 당시 임시정부 재정도 극도로 열악해서 월세와 문지기 월급조차 주지 못할 정도니 큰 자금이 필요한 '그 일'을 준비할 여유가 어디 있었을까! 다른 국무위원들은 대부분 가정이 있었지만, 김구는 6년 전 부인과 사별한 뒤 두 아들을 잇따라 고국으로 보내 할머니 손에 맡긴 채 줄곧 혼자 지냈다. 임시정부 사무실에서 잠을 자고, 식사는 직업 있는 동포들 집을 돌며 얻어먹어야 할 정도로 거의 걸인과 다름없는 생활을 했다. 다행히 동포들은 그를 이해하고 잘 챙겨주었다. 특히 조봉길(曺奉吉)[19], 이춘태(李春泰), 나우(羅愚)[20], 진희창(秦熙昌)[21], 김의한 같은 이들은 모두 그와 각별한 사이라 더할 수 없이 친절했고, 다른 동포들도 진심으로 그를 측은히 여겼다.

　가까스로 재외동포에게서 모금한 돈이 들어와도, 그는 여전히 누더기 옷차림에, 끼니도 이 집 저 집을 전전하며 해결했으니, 그가 1000위안이 넘는 거금을 갖고 있다고는 아무도 눈치채지 못했다.

　12월 어느 날, 거센 바람이 부는 밤에 김구는 이봉창을 프랑스 조계지의 중싱(中兴)여관으로 불러 은밀히 만나 일본으로 갈 일을 의논했다. 커튼을 단단히 친 작은 방으로 이봉창이 들어서자마자 반가워하며 물었다.

　"드디어 행동을 시작할 수 있습니까?"

　"그렇네."

　김구는 예리한 눈빛의 청년을 따뜻하게 바라보며, 어깨를 토닥여 침대 가장자리에 앉도록 했다. 그리고 몸을 숙여 침대 밑에서 낡은 가죽 가방 하나를 꺼내고 엄숙한 표정으로 말했다.

"우리 대한민국 임시정부의 목숨과 우리 민족의 수많은 동포의 목숨이 모두 여기에 담겨 있다고 해도 과언이 아닐세."

이봉창이 몸을 일으켜 그 가방을 들어보았다. 무게는 별로 나가지 않지만 묵직했다. 김구의 두텁고 힘 있는 손이 다시 한번 청년의 어깨에 얹혔다.

"이 무게를 진정으로 실감할 수 있는 사람은 지금 우리 둘뿐일세."

그 말과 함께 김구는 옷 주머니에서 열쇠를 꺼내 가방을 열려 했다.

"선생님, 잠시만요!"

이봉창의 목소리가 가늘게 떨렸다. 김구는 잠시 손을 멈추고 고개를 들어 그를 바라보았다. 이봉창은 비장한 표정으로 청했다.

"제가 무릎을 꿇도록 해주십시오."

눈에서 한 번도 없었던 빛이 일렁거렸다. 김구도 흥분을 억누르느라 목소리가 떨렸다.

"이 가방을 받아들이는 순간, 그것은 자네가 목숨을 잃는다는 것을 의미하네."

털썩! 이봉창은 거침없이 무릎을 꿇으며 단호하게 말했다.

"압니다!"

김구의 눈에 눈물이 어렸다.

"또한 우리 둘의…… 영원한 이별을 의미하네."

"아니요, 선생님과 저는 다시 만날 겁니다. 저승에서요!"

이봉창의 눈에 순간 맑은 빛이 스쳐갔고, 목소리는 더 이상 떨리지 않았다.

1장 먼지에 덮여 있던 역사를 열다 85

"그때 선생님께서 제게 가져오실 것은, 우리 대한민족의 해방 소식이길 바랍니다!"

김구는 이 뜨거운 사내 이봉창을 와락 끌어당겨 서로 뜨겁게 부둥켜안았다.

딸칵!

마침내 가방이 열렸다. 그 안에는 수류탄 두 발과 미국 지폐가 한 뭉치 들어 있었다. 이봉창은 가방 안에 나란히 놓인 수류탄 두 개를 만져 보았다. 그도 알고 있었다. 하나는 일본 천황을 폭살하기 위한 것이고, 다른 하나는 그가 자결할 때 쓸 무기였다.

"이건 해외동포들이 모아준 돈으로, 반년 가까이 모으는 동안 내내 품속에 넣고 다녔다네. 자주 꺼내 확인하느라 구겨졌네."

김구는 낮지만, 따뜻한 목소리로 말했다.

"일본에 가서 자금이 부족하면 전보를 치게. 내가 어떻게든 더 마련할 테니."

이봉창은 떨리는 손으로 미국, 하와이, 멕시코, 쿠바 등지에서 보내 온 지폐를 조심스레 들어 올렸다. 그리고 낡아 누더기 같은 옷을 입은 김구를 바라보며 눈물을 떨구었다.

"선생님께서는 저를 믿고 이렇게 많은 돈을 주셨는데, 만일 제가 이 돈을 혼자 챙겨 달아난다면…… 선생님은 프랑스 조계 안에서 한 발짝도 밖으로 나갈 수 없으니 날 찾을 방법도 없으실 텐데요. 선생님은 정말로 영웅의 기개를 가지셨습니다! 전 일생 동안 이렇게 절 믿어주는 분을 만난 게 처음이자 마지막입니다!"

그날 밤, 온화하면서도 불길처럼 강렬한 기상을 지닌 청년은 주먹을 불끈 쥐고 태극기 앞에 선서했다. '일왕을 향해 폭탄을 던지겠다'는 결의를 다지며, 그는 한인애국단에 가입했다.

출발을 앞두고, 김구는 이제 막 서른을 넘긴 이 청년과 기념사진을 찍기 위해 사진관으로 갔다. 서로 어깨를 맞대고 나란히 섰을 때, 김구는 처연한 표정을 숨길 수 없었다. 이를 눈치챈 이봉창이 짙은 눈썹을 추켜세우며 말했다.

"저는 지금 영원한 쾌락을 찾으러 떠나는 길입니다. 선생님은 기뻐하셔야지요."

그가 환히 웃어 보이자, 김구도 억지로 웃으며 함께 사진에 담겼다. 그리고 그 뒤로 오랫동안, 김구는 이봉창이 환하게 웃고 있는 사진과 그가 도쿄에서 보낸 편지를 보며 하루하루 뜬눈으로 밤을 지새우기 일쑤였다. 똑딱이는 시계 소리가 심장 박동처럼 크게 울리는 날들이 이어지는 가운데, 그는 이봉창이 편지에 함께 동봉한 조그만 종이를 손바닥에 올려 몇 번이나 어루만졌다. 그것은 이봉창이 도쿄로 가던 중 어느 절에 들러 무심코 뽑은 35번 '길(吉)'이라는 제비뽑기 종이였다.

한때 마곡사에서 승려 생활을 했던 김구라면, 그 '길'이란 한 글자가 어떤 의미를 지니는지 읽어낼 수 있었을 것이다. 하지만 그는 이번만큼은 그 내용을 미리 점쳐보려 하지 않았다. 그저 '길할 길' 자 한 글자에 모든 염원을 담아, 일이 뜻대로 이뤄지기만을 바랐다.

1932년으로 해가 바뀌고, 김구는 일본 도쿄에서 이봉창이 보낸 마지막 전문(電文)을 받았다.

"상품은 1월 8일에 반드시 팔 예정이니, 안심하시길."

모두가 손꼽아 기다리던 날이 마침내 왔다.

1931. 12. 13. 이봉창 의사

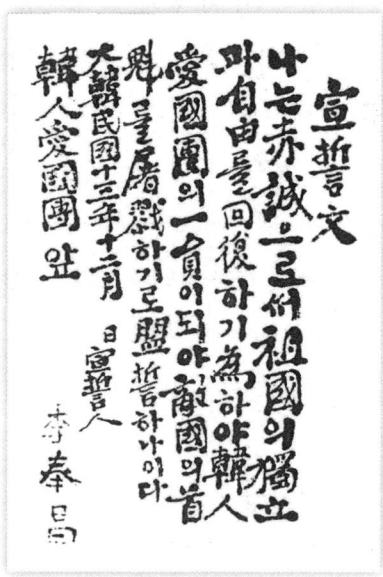

1931. 12. 13. 이봉창 의사의 선서문

새해 첫 달의 여덟째 날. 도쿄에서는 일본 육군의 성대한 신년 기념 열병식이 열렸다. 오전 11시 45분, 일왕 히로히토가 열병식을 마치고 궁으로 돌아가던 중, 차량 행렬이 일왕의 호위병에 둘러싸인 채 도쿄 사쿠라다몬 쪽으로 서서히 움직였다. 도로 양옆으로 수많은 일본 국민이 무릎을 꿇고 머리를 숙이고 있었다. 그 틈에 이봉창도 섞여 잠자코 상황을 지켜봤다. 일왕이 탄 검은 자동차는 점점 가까워지고 있었다.

그때, 이봉창은 벌떡 일어나 수류탄을 꺼내 일왕이 탄 차를 향해 힘껏 던졌다.

"쾅!"

첫 번째 수류탄은 일왕의 전용차 바로 뒤를 따르던 무관들의 마차 바퀴 아래로 떨어져 폭발해, 마차가 전복되었다. 그러나 일왕의 차를 맞히지 못했다고 생각한 이봉창은 바로 두 번째 수류탄을 던졌다. 이번에는 수류탄이 정확히 그 검은 자동차 바닥 아래로 굴러 들어갔지만……불발탄이었다.

며칠 후, 김구는 신문을 통해 "조선인 이봉창이 일왕을 저격했으나 아쉽게 실패"라는 기사와 체포 직전 이봉창이 가슴에서 태극기를 꺼내며 "대한 독립 만세!"라고 외쳤다는 소식을 확인하고 말할 수 없이 비통해했다. 여러 동지가 찾아와 이번에 비록 일왕을 죽이지 못했지만, 한국인이 신성불가침이라 여겨지던 일왕을 정신적으로 타격했고, 전 세계에 우리가 일본에 귀화하지 않았음을 알렸으니 그 자체가 성공 아니겠느냐며 위로했다.

그것은 누구보다 김구 자신이 잘 알고 있었다. 그렇다 해도 김구는 이봉창이 절에서 뽑았다는 '길'이라는 제비뽑기 종이를 다시 펼치고,

그 글귀를 곱씹으면서 슬픔과 함께 뭐라 말할 수 없는 감정에 젖어 들었다. 종이에 일본어로 빼곡하게 적힌 해설은 일왕을 노린 폭탄 투척 소리와 함께 역사 속으로 묻혀버린 파편이 되었지만, 정작 굵직하게 쓰인 몇 줄의 한자는 오히려 역사의 비문(碑文)처럼 선명히 남아 있었다.

 射鹿须乘箭 사슴을 쏘려면 화살을 써야 하고
 故僧引路归 스님이 길을 인도하면 돌아갈 수 있으리
 遇道同仙籍 바른 도를 만나면 신선의 반열에 오르고
 光华映晚晖 저녁노을처럼 빛나는 영광이 비치리라

비록 절에서 우연히 뽑은 한 장의 제비뽑기일 뿐이지만, 이 글귀가 기댈 것 없는 외로운 길 위에서, 죽음을 두려워하지 않고 의거를 한 이 젊은 청년에게 적잖은 위로가 되었으리라.
 이 이야기를 들을 때, 나는 마치 먼 하늘에서 오래된 사찰의 범종 소리가 은은히 울려 퍼지는 듯한 느낌이 들었다.

6

호숫가를 거닐면서, 나는 그 시절의 역사에 대해 선생에게 자세히 물어보았다. 김신 선생은 중국과 한국 두 나라 국민의 운명은 마치 국경을 맞대고 있는 영토처럼 긴밀히 이어져 있다고 말했다. 도쿄 사건이 발생한 뒤, 중국의 《칭다오국민일보(青岛国民日報)》는 제1면 주요 기사로 "한국인 이봉창, 일왕을 저격했으나 불행히 명중하지 못해"라는 소식을 실었다가, 바로 '불행히 명중하지 못해'라는 표현 때문에 일본 군경으로부터 습격을 받았다. 푸저우(福州), 창사(长沙) 등 여러 지역의 신문사들도 같은 기사를 전재했다가, 일본 당국의 강압에 굴복한 중국 정부에 의해 강제 폐쇄되었다.

그리고 일본 침략자의 도발은 더욱 거세졌다. 20일 뒤, 일본은 상하이에서 한 일본 승려가 중국인에게 맞아 죽었다는 핑계로 '1·28사변'을 일으켰다. 이렇게 중국과 일본의 쑹후전투가 발발했다.

김구는 동지들의 권유에 따라 낮에는 모든 활동을 중단하고 밤에는 동지들의 집이나 기생집에서 숨어 지냈다. 세 끼 식사는 동포들의 집을 돌며 얻어먹었는데, 이들은 정성을 다해 극진히 대접했다. 일본군은 전쟁 때문에 바빠서 김구를 뒤쫓으며 압박할 겨를이 없었다.

전투가 시작되자, 19로군(十九路軍)의 차이팅카이(蔡铤锴)와 중앙군

제5군장 장즈중(张治中)이 참전해, 상하이의 항일전이 가장 치열한 단계에 접어들었다. 일본군은 상하이 곳곳에 마구 불을 지르고, 남녀노소 가리지 않고 사람들을 불 속에 던져 산 채로 태워 죽이는 잔혹한 만행을 저질렀다. 그 결과 19로군이 용감히 맞섰으나 막대한 사상자가 발생했다.

프랑스 조계지의 후방 병원에 있던 김구는 중국 군인들이 시신과 부상자를 계속 실어 나르는 모습을 지켜보다가, 우리 한인도 언제쯤이면 떳떳하게 나서서 왜적과 맞서 싸우며 조국의 강산에 피를 뿌릴 수 있을까 하는 생각에 암울해져 눈물을 떨구었다. 당시 그가 가졌던 유일한 생각은 공개적으로 군사 공격을 할 수 없다면, 어떻게든 암살을 시도하자는 것이었다.

도쿄 의거가 전해지자, 미국, 하와이, 멕시코, 쿠바에 살고 있던 교민들의 사기가 크게 올라, 격려와 지지 서신이 태평양을 건너 눈송이처럼 날아들었다. 이전에 임시정부를 반대하던 사람들마저 태도를 바꾸었으며, 곳곳에서 모금한 자금을 상하이로 보내 임시정부의 대일 항전을 지지하고, 한인도 적극적으로 항전에 동참하라는 요구를 해왔다. 하지만, 이 전투에 한인의 직접적인 동참은 불가능했다. 이 상황에 관해 훗날 김구는 『백범일지』에서 이렇게 밝혔다.

목이 말라서 우물을 파려 하면 그때는 이미 늦어 그 기회조차 없는 우리에게 참전이 가당키나 하겠는가? 우리 청년들 중에 나의 제자이자 동지인 나석주(羅錫疇)[22], 이승춘(李承春)[23] 등이 있었다. 이들은 큰 뜻을 품고 상하이로 왔는데, 나석주는 얼마 전 권총과 탄약을 몸에 숨기고 경성으로 잠입해 동양척식주식회사에서 7명의 왜적을 사살한 뒤 자결했으며, 이승춘은 톈진에서 체포되어 사망했다. 1·28사변 당시 상하이에 거주하던 우리 청년 중에도 나라와 민족을 위해 뭔가를 하고 싶다는 자원자들이 많았다. 마침, 일본군 내부에 조선 출신 노동자들이 있는 점에 착안하여, 몇몇 젊은이가 노동자로 위장해 훙커우로 숨어들어 일본군 진지로 잠입한 뒤, 비행기 격납고와 군수품 창고에 폭탄을 설치하려는 계획이었다. 이를 위해 왕슝(王雄, 김홍일의 중국 이름)[24]을 통해 상하이 병기공장과 접촉해 폭탄을 제조하고자 했다. 그러나 모든 준비가 끝날 무렵, 1·28사변 정전협정이 체결되어 전쟁이 종식되자 이 계획 역시 수포가 되었다.

이후에도 많은 청년들이 몰래 찾아와, 이봉창 의사처럼 조국을 위해 목숨을 바치고 싶다고 김구에게 간청했다. 그들은 도쿄 의거가 가져온 파급력을 보고, 김구에게 계획이 있을 것이라 믿었다. 그래서 김구는 이덕주(李德柱)[25]와 유진식(兪鎭植)[26]을 국내로 파견해 조선총독 암살을, 류상근(柳相根)[27]과 최흥식(崔興植)[28]을 만주로 보내 일본 관동군 사령관 미야모토 쇼하루를 암살하려는 비밀 지령을 내리는 등 암살 시도가 활발하게 이뤄지고 있었다.

윤봉길은 바로 이 시기에 등장했다. 윤봉길은 큰일을 하기 위해 상하이에 왔다고 말했다.

채소장수 차림으로 채소를 짊어지고 찾아온 그는, "도쿄 의거 같은 계획이 있다면 꼭 자신이 하고 싶다"고 단도직입적으로 말했다. 심도 있는 대화를 나눈 뒤, 김구는 그 청년의 호기와 굳은 의지를 헤아릴 수 있었다. 마침, 그때 '1·28' 사변 전투에서 승리한 것을 기념하고, 4월 29일, 일왕의 생일에 훙커우 공원에서 천장절 대규모 축하행사를 연다는 정보를 입수했다. 김구는 이 기회를 잡아 윤봉길과 함께 새로운 폭탄 투척 계획을 세웠다.

얼마 뒤 일본어 신문《상하이 니치니치신문(上海日日新聞)》에, "천장절 행사에 참가하는 사람은 도시락통과 물병, 그리고 일장기를 지참해야 한다"라는 기사가 실렸다. 이를 본 김구는 곧장 시먼루(西門路)에 있는 왕승의 집을 찾아가, 상하이 병기공장 측과 다시 접촉해 일본인들이 가지고 다니는 물통과 도시락 모양의 폭탄을 만들 것을 의뢰했다.

사흘 뒤, 그는 왕승과 함께 장난조선공장(江南造船廠) 부지 안에 있던 병기공장을 직접 방문해 새로 만든 물통형과 도시락형 폭탄을 살펴보고 곧바로 기폭 실험까지 했다. 실험방법은 마당 한가운데 구덩이를 파고, 그 주변을 철판으로 둘러싼 뒤 폭탄을 구덩이 중앙에 놓고 뇌관에서 긴 줄을 빼내 수십 걸음 떨어진 곳에서 누군가가 엎드려 줄을 당기는 식이었다. 구덩이 안에서 폭발음이 울리자, 파편이 사방으로 튀었고, 실로 장관이었다. 병기공장 기술자는 도쿄 사건 당시 불발탄으로 실패했던 전례를 되풀이하지 않기 위해, 뇌관 성능을 20여 차례나 시험해 완벽히 점검한 뒤 탄체에 장착했다고 설명했다.

다음 날, 이 폭탄들은 차를 이용해 몰래 왕승의 집으로 옮겨졌다. 김구 선생은 훗날 자서전에서도 "이 일에 도움을 준 중국 형제들의 지원은 참으로 감격스러웠다"라고 거듭 밝혔다.

4월 29일이 다가오자, 윤봉길은 깨끗한 양복으로 갈아입고 매일 훙커우 공원에 들러 행사장 배치를 꼼꼼히 살피며, 미리 행동하기 좋은 지점을 골랐다. 그가 선택한 곳은 사열대 정면에서 열 걸음 뒤로 눈에 잘 띄지 않으면서도 거리상 딱 알맞은 위치였다. 또 그는 시라카와 요시노리 대장의 사진을 구하고, 입장 시 필수라는 일장기도 구매해놓았다.

어느 날 저녁, 윤봉길은 홍커우 공원에서 돌아오자마자 흥분된 목소리로 김구에게 말했다.

"오늘 시라카와 요시노리가 직접 행사장을 시찰하러 왔는데, 바로 제 옆에 서 있었습니다. 만약 폭탄을 가지고 있었다면 당장 해치울 수 있었을 텐데요"

그러자 김구는 호되게 꾸짖으며 말했다.

"그게 무슨 소린가? 사냥꾼은 새가 나뭇가지에 앉아 있거나 짐승이 자고 있을 때 쏘지 않네. 날개를 펼쳐 날아가게 하거나, 날아간 다음에 쏘아 맞혀야 통쾌함을 느끼는 것이네. 지금 그런 말을 하는 것을 보니 내일 거사에 대한 믿음이 부족한 것이 아닌가?"

윤봉길은 울먹이며 말했다.

"아닙니다. 그놈이 제 옆에 서는 순간 저도 모르게 그런 생각이 났을 뿐입니다."

김구는 누그러졌지만 단호하게 말했다.

"우리가 노리는 목표는 그자 한 명이 아니라, 왜적의 축하 행사장 전체이고, 무대 위에 잔뜩 모여 있는 악귀들 전부라네!"

윤봉길이 갑자기 무릎을 꿇고 오열했다.

"제가…… 제가 큰일을 그르칠 뻔했습니다! 선생님, 제게 실컷 야단을 쳐주십시오!"

한동안 침묵하던 김구는 마음을 가라앉히고, 목소리를 낮춰 말했다.

"윤 군, 사실 그 마음을 나도 잘 안다네. 다만 그런 불안정한 마음이 내일 행동에 악영향을 줄까 걱정한 것이네. 예전에 내가 치하포(鴟河浦)에서 일본 장교 쓰치다 조스케를 죽일 때도 마음이 어찌나 불안하던지, 폭발할 듯한 감정을 누르기가 쉽지 않았다네. 하마터면 일을 그르칠 뻔했지. 다행히 은사 고능선(高能善) 선생이 써주신 시구 '나무가 있으니 가지를 잡는 것쯤은 놀랄 일이 아니요, 낭떠러지에서도 손을 놓아버릴 수 있는 사람이 진정한 사내로다(得樹攀枝不足奇, 懸崖撒手丈夫兒)'가 번뜩 떠올라, 마음을 다잡고 마침내 쓰치다를 죽일 수 있었다네."

윤봉길이 고개를 들어, 그 시구를 한 글자 한 글자 곱씹어 외우며 가슴에 새겼다. 그리고 그날 밤, 윤봉길은 김구에게 헌정하는 마지막 시 한 수를 지었다.

높이 우뚝 솟은 웅장한 푸른 산이여, 만물을 품어 기르는 도다
저 멀리 곧게 서 있는 푸른 소나무여, 사시장철 변함이 없도다
반짝반짝 밝게 빛나게 나는 봉황이여, 천 길이나 드높이 날아오르는 도다
온 세상이 모두 흐림이여, 선생 홀로 맑도다
늙을수록 더욱 강건해짐이여, 오직 선생의 의기뿐이로다
원수 갚으려 온갖 핍박을 참고 견딤이여, 선생의 붉은 정성이로다

윤봉길은 시를 건네며, 이렇게 말했다.
"선생님 같은 벗을 얻었으니, 이제 떠나도 한이 없습니다"

창밖의 비바람도 마치 시구처럼 그대로 응고되어 검푸른 밤의 적막이 된 것 같았다.

24년 전, 충청도 예산군 덕산면 시량리에서 한 생명이 갓 태어났을 때, 그 아이의 머리 위를 맴돌던 독수리는 지금도 어딘가에서 재능이 남다른 그가 언젠가 돌아올 날을 기다리고 있을까? 감동 때문인지 아니면 전율 때문인지 모르지만, 나는 당시 신문에 실렸던 「훙커우 폭탄

사건의 진상」을 꺼내 와 눈물을 훔치며 글을 읽어 내려갔다.

…… 의사는 어려서부터 매우 총명해 '신동'이라 불렸다. 타고난 반골 기질로, 아무리 스승이라도 부당한 억압을 하면 매질을 당하더라도 전혀 두려워하지 않았고, 누구와 싸우든 절대 물러서지 않았다. 열다섯 살에 이미 한시(漢詩)를 지었고, 어느 날 마을 어른들이 시재(詩才)를 시험하려 운에 맞춰 시를 지으라 하자, 의사는 곧바로 시를 지었다.

불후의 명성은 선비의 기개를 더욱 밝히고,
선비의 밝은 기개는 만고의 맑은 마음을 드러내며,
만고의 밝은 마음은 모두 학행에서 비롯되고
학행에 매진함은 다시 불후의 명성을 얻게 하는구나.

열여섯 살에는 독학으로 일본어를 배워, 1년 만에 대화가 가능할 정도가 되었고, 열일곱 살에는 고향의 가난한 아이들을 모아 밤에는 야학을 열어 가르쳤다. 그는 일본이 우리 민족에게 가하는 정치적 압박과 경제적 수탈로 인해 조선인이 매일 굶주려 죽어가는 현실을 참을 수 없었다. 그래서 의사는 한 몸을 던져 국난을 구하고 동포를 물불에서 구하리라 다짐했지만, 적의 감시 아래 좀처럼 행동할 수가 없었다. 결국 스물세 살 되던 해, 부모와 처자, 형제들을 뒤로하고 압록강을 몰래 건너 칭다오(青岛)로 갔으나, 주머니에 남은 돈은 거의 없었다. 타향에서 떠돌며 살 곳조차 찾기 어려운 처지에, 울분을 삼키며 왜인의 세탁소에서 빨래하는 일을 하면서 근근이 먹고 살았다. 1년 뒤 그렇게 모은 돈으로, 예전에 학교에서 잠시 가져다 쓴 돈을 다 갚고 남은 약간의 돈으로 작년 5월 8일 상하이에 도착했다. ……

특히 윤봉길 의사가 선서식을 할 때 찍은 사진 속의, 죽음을 두려워하지 않는 듯 강건한 표정과 이마가 맑고 총명해 보이는 아내와 아버지가 돌아올 날을 꿈꾸며 기다리는 듯한 두 어린아이의 눈빛을 보고 있노라니, 말로 표현하기 어려운 감정이 솟구쳤다. 의사의 성장과정을 되짚고, 역사책에 길이 남을 영웅의 이름을 다시 떠올리니 또 한 가지 묘한 우연이 눈길을 사로잡는다.

이봉창과 윤봉길, 두 의사의 이름에는 공통으로 '봉(奉)' 자가 들어 있다. 이 안에 얼마나 고결한 정신이 깃들어 있는가. 자기 목숨까지도 '바칠[奉]' 각오가 있는 사람이라면, 세상에 그가 이루지 못할 기적은 없을 것이다.

한편, 김구 선생이 직접 쓴 「도쿄 폭탄 사건의 진상」을 보면, 이봉창이 품었던 원한과 복수심의 내력 역시 알 수 있다.

…… 이 의사의 선대는 경성 남쪽 수원군에 살았으나, 부친 이진규 선생이 물려받은 재산이 철도용지로 강제 편입되는 바람에 왜적에게 빼앗겨 생계가 막막해져, 어쩔 수 없이 용산으로 이주했다. 의사는 1900년에 용산에서 태어났다. 의사가 마지막으로 국경을 떠날 때에도 가족은 용산에 있었다. 의사는 가난한 집안에서 태어나 학업에 어려움이 많았고, 어릴 적 집에서 글을 조금 익히다 열 살 무렵 용산 문창소학교에 들어가 겨우 4년을 다녔다. ……

…… 열아홉 살에 용산역에서 전철 관련 업무를 배우던 중, 일본인들의 횡포를 목격하며 가슴에 의분이 가득 차 날로 분노가 치밀었다. 늘 기회만 있으면 의거에 나서 국치를 씻어내고 싶었지만 홀로 집안을 부양해야 했기에 애써 분노를 억눌렀다. 늦은 밤, 인적 없는 산길에서 피눈물을 쏟으

며 기차의 처량한 기적소리에 길게 통곡하곤 했다. 세월은 흘러 4년이 지났지만, 뼈저린 원한은 더욱 깊어져 도저히 참을 수 없었다. 마침내 결심을 굳히고 용산역을 떠나 일본 오사카로 향했다. ……

…… '복수', '혁명', '조국의 자유', '민족의 해방' 같은 생각들이 의사의 머릿속을 계속 맴돌았다. 상점에 고용되어 일하면서 직접 겪은 일본인들의 횡포와 모욕을 겪으면서 더욱 깨닫게 되었다. 의사가 용산에서 일하던 때가 바로 1919년, 한국 독립운동이 본격적으로 일어난 가을이었다. 그는 이 거대한 격변을 겪으며 더욱 굳은 뜻을 품게 되었고, 이에 의롭게 맹세하며 한몸을 희생하여 조국의 광복을 도모하겠다는 결심을 세웠다. 그는 몸소 동쪽으로 건너가 삼도를 삼킬 기세로 나아갔다. 이때 이미 그는 침착하고 단호한 철혈의 사나이로 성장해 있었다.

…… 의사는 "호랑이 굴에 들어가지 않고서야 어찌 호랑이 새끼를 얻을 수 있으랴." 하는 이치를 깨달았고, "내가 지옥에 들어가지 않는다면 누가 지옥에 들어가겠는가?"라는 결심을 품었다. 오사카에 도착한 후, 그는 곧 가족과의 모든 연락을 끊었다. 서른을 넘기도록 남녀 간의 사사로운 정조차 갖지 않았고, 유랑하며 외롭게 홀로 살아갔다. 이는 나라를 염려하는 그의 마음이 머리에서 떠나지 않았고, 그 생각을 지켜왔기 때문이다. 그의 충정은 오직 하나로 모였고, 다른 데에 마음을 둘 겨를이 없었다.

처음 도착했을 때 그는 대도시를 떠돌며 노동에 종사해 추위와 굶주림을 면했다. 짬이 나면 적정을 정탐하였고, 쉬지 않고 움직였다. 이에 따라 이국의 바람과 서리 속에서 더욱 고달팠고, 결국 나고야에서 병을 얻어 1년 가까이 자리에 누웠다. 주변엔 아는 사람 하나 없고, 사방을 둘러보아도 처량하기 그지없었다. 다행히도 친지 한 사람이 돌봐주어 병세가 점차 호전되었고, 그 뒤로는 오사카와 도쿄 등지를 전전하였다. 그 무렵, 그는 일본인의 말투와 행동을 익히고 익혀 거의 일본 사람 같아졌다. 이에 이름을 '기노시타 쇼조'로 바꾸었다. 이로 인해 일본인들조차도 그가 조선인이라는 사실을 알아채지 못했다.

…… 의사는 큰 뜻을 품고 적국에 잠입하여 6~7년 동안 은거하였다. 마침내 복수할 기회가 무르익었다고 판단했으나, 혼자의 힘으로는 부족함을 느꼈다. 이름을 바꾸고 나선 조선인의 신분으로 활동할 수도 없었다. 게다가 고국에 있는 형제와 조카들이 왜인과 빈번히 교류하여 이웃들은 그들을 친일파라 여겼다. 이로 인해 더욱 애국지사들과 접촉할 수 없게 되자, 때로 밤이면 혼자 방황했고, 막막한 심정에 사로잡혔다.

의사는 마침내 평소 동경하던 상하이로 가기로 결심하였다. 그곳은 '임시정부가 있는 곳', '많은 독립운동가들이 모여 있는 곳'이었다. 그는 작년 1월 중순, 상하이에 도착하였다. 낯선 땅, 낯선 사람들 속에서 정보를 구하기란 여간 어려운 일이 아니었고, 심신이 초조해졌다. 어느 날 길가를 맴돌던 중, 우연히 이름 모를 조선인을 만나 임시정부의 주소를 알게 되었고, 드디어 문을 두드릴 수 있었다.

그때는 밤이 깊은 시각이었고, 건물 위층에선 비밀회의가 한창이었다. 뜻밖의 방문객이 오자, 반쯤 일본어가 섞인 어눌한 한국어를 구사하며 행동도 수상한 그를 본 일행은 문을 열어주지 않았다. 의사는 정중하게 설명하며 간청했지만, 오히려 의심이 더 커졌다. 일행 중 두세 명의 청년은 그가 일본의 첩자가 아닌지 우려하여 당장 쫓아내려고 하였다.

그러나 의사는 물러서지 않았고, 끝내 애원하였다. 이때 마침 2층에 있던 내가 그 소리를 듣고 아래로 내려다보니, 그의 태도에서 평범하지 않은 무언가를 느껴 인근 여관에 임시로 머물도록 하였다.

…… 이제 다시 의사가 폭탄을 던진 후 의연하게 가슴에서 태극기를 꺼내

어 "대한 독립 만세!"를 힘차게 외치고 담담하게 체포된 모습을 떠올려 보면, 그 담대한 용기가 어디서 비롯된 것인지 어렵지 않게 짐작할 수 있다. 그리고 치욕을 참고 견디며 쌓은 원한은 몸을 바쳐 정의를 실현하려는 사람들에게 축적된 에너지를 분출하게 만드는 원동력임을 깨닫게 해준다.

7

　김신 선생이 자싱을 떠났다. 짧디짧은 반나절 동안 보고 들은 것들, 그리고 다시 찾아간 역사의 한순간마다 매번 마음을 울리는 감동을 받았다. 그 때문에 나는 갑자기 쏟아진 장대비와 그치고 난 뒤 난후 옌위러우 위에 걸렸던 무지개의 여운 속에서 한참 동안 빠져나올 수가 없었다. 왠지 시의적절하게 나타난 그 자연의 장관도 무언가를 예시하는 듯한 기분이었다.
　헤어질 무렵, 김신 선생은 아버지의 자서전 『백범일지』에 자싱 망명 생활에 대해 상세한 기록이 실려 있다고 내게 알려 주었다. 그리고 귀국하면 한 권을 구해 보내주겠노라 했다. 또 이번에는 너무 급하게 온 터라 경황이 없었지만, 내년 봄에는 반드시 다시 자싱을 찾아 제대로 둘러보고 싶고, 물의 고장에 어울리는 작은 배도 한번 타보고 싶다고 했다. 나는 그의 말을 이해했다. 선생은 아버지가 예전에 주아이바오의 조그만 나룻배에 몸을 싣고 운하 위를 다녔던 정경을 직접 체험해 보고 싶은 것이다. 또 아버지에게 아낌없는 도움의 손길을 내밀어 주었던 사람들을 직접 만나보고 싶어 했는데, 그분들의 후손이라도 만날 수 있다면 더할 나위 없이 좋을 터였다. 물론 어린 시절 가장 깊이 각인된 기억을 간직한 스쿠먼의 집도 다시 한번 보고 싶어 했다.

나는 늘 기대하는 마음은 아름다움이라 생각했다. 특히 오랫동안 간절히 기다리며 애태우던 끝에 뜻밖의 기쁨을 맞이하면 그 감동은 더욱 클 것이다. 마치 내가 아무리 찾아 헤매도 찾을 수 없던 정보를 우연히 기차 안에서 추 선생의 며느리를 만남으로써 얻게 된 것처럼, 우리의 삶에서는 종종 전혀 예상치 못한 순간에 놀라운 일이 찾아온다. 그저 마음속에 그 기대를 품고 있기만 한다면 말이다.

나는 이미 누렇게 바랜, 오래된 신문과 잡지들을 뒤적여 보았다. 훙커우 공원 의거의 동기에 대해, 김구는 《독립평론》과 1932년 5월 10일자 《대공보(大公報)》에서 이렇게 분명히 밝히고 있었다.

9·18의 치욕은 아직 씻기지 않았는데, 뒤이어 1·28 쑹후전투가 벌어졌다. 제19로군은 용맹하게 적을 무찔러 여러 번 오만한 적을 굴복시켰으나, 적은 병력으로 중과부적이었기에 32일간의 항전을 끝으로 자진 철수하였다. 정전협정이 체결되려 하자, 사억 오천만 중화의 아들딸들은 하나같이 분개하며 의분을 토했다. 모두의 가슴속에는 깊은 슬픔과 분노가 가득했다. 그런데도 왜구는 천장절을 운운하며, 조계 당국의 경고조차 무시하고 상하이 훙커우 공원에서 축하대회를 열고 열병식까지 거행하며 그 침략적 무력을 과시하려 하였다……

일본은 무력으로 한국을 병탄한 뒤 만주까지 강점했고, 다시 아무런 이유 없이 상하이를 침략하여 동아시아와 세계 평화를 파괴했다. 이에 나는 세계 평화의 적이자 인도(人道)와 공의(公義)를 파괴하는 자들에게 복수하기로 결심했다.

1장 먼지에 덮여 있던 역사를 열다   103

또, 훙커우 공원에서 대폭발이 일어나고 난 후, 김구는 《독립평론》에 다음과 같이 공개 논평을 실었다.

이 굉음을 듣고 통쾌함을 외치는 자가 과연 삼천만 한인뿐이겠는가! 사억 오천만 중국인 역시 같은 감정일 것이다. 쑹후 전투에서 목숨을 잃은 수많은 넋도 이제야 저승에서나마 한을 풀 수 있으리라. 아, 필부에게도 뜻이 있으면 삼군의 장수를 빼앗는 법이거늘, 진정으로 나라를 걱정하는 자라면, 이 중대한 위기에 어찌 가만히 앉아 죽음을 기다리며 분투하지 않을 수 있겠는가!

어느 우연한 기회에, 나는 1932년 12월 1일 자로 '한인애국단'에서 발행한, '비매품' 표시가 찍힌 『도왜실기(屠倭實記)』*를 접할 수 있었다. 이는 김구 선생이 친히 집필하였고, 한인애국단 명의로 출간한 책이다. 책에는 '김구 선생 소전(小傳)', '왜적의 말발굽 아래 있는 한·중 양국의 곤경', '도쿄 폭탄 사건의 진상', '상하이 폭탄 사건의 진상', '대련 폭파 사건의 진상' 등도 실려 있었다.

책에 실린 수많은 사진은 역사 속 장면을 그대로 재현해 주었고, 김구 선생의 강직한 필체를 보노라니 마치 그가 억눌린 분노를 토해내며 사자처럼 포효하며 책상에 엎드려 글을 써 내려가던 모습이 눈앞에 펼쳐지는 듯했다. 그는 폭발의 굉음으로 온 세상을 진동시키는 전쟁의 북을 치려고 했으며, 피와 불길 속에 높이 나부끼는 당당한 한인

---

* 『도왜실기』는 김구 선생이 1932년 주도한 일련의 대 일본 폭탄 테러 활동의 진상을 중국인에게 알리기 위해 중국어로 쓴 책이다. 이후 1946년 임시정부 요인이 환국 후, 우리말로 옮겨 발간했고, 이때 김구 선생의 간략한 전기, 도쿄, 상하이 의거에 관한 세계여론을 실은 신문자료 등 일부 기사가 추가되었다. 그 후 1989년 범우사에서 다시 발간했다.

애국단의 깃발을 사람들에게 똑똑히 보이고자 했던 것이다!

우리 한인애국단은 이제 1차 투쟁사를 세상에 내놓는다. 결코 이를 과시하거나, 홍보 수단으로 삼고자 함이 아니다. 다만 우리 가슴속 지극한 정성을 드러내고, 한국 삼천만 동포가 겪는 치욕과 투쟁의 고난을 눈물로 호소하여, 이 땅의 인도주의를 믿는 이들의 공정한 평론을 구하고자 함이다. 나아가 이 책이 살얼음판을 걷고 있는 중화 민족에게도 교훈이 될 수 있다면 그보다 더 큰 다행이 있으랴! 아, 일본이 중국을 유린하는 과정은 우리 한국과 다르지 않으며, 중국 정부의 저항 방식과 국민의 구국 운동 역시 20년 전 우리의 모습과 몹시 닮았다. 지금 중국은 존망이 갈리는 시점에 서 있다. 만약 목숨을 걸고 일본에 맞서 싸우지 않는다면, 일을 그르친 다음에 뼈아픈 후회를 한들 무슨 소용이 있겠는가!

이것이 그가 『도왜실기』에 서문으로 쓴 글이다. 그리고 이러한 뼈아픈 절규야말로, 그가 강남의 물가로 몸을 숨기고 일제의 거액 현상금이 내걸린 검거망을 뚫고 상하이에서 울려 퍼지게 만든, 또 다른 의미의 폭탄임이 틀림없었다. 서문을 찬찬히 읽어 내려가다 보면, 한국과 중국 두 나라 국민의 항일 투지를 북돋우기 위해 포효하는 김구 선생의 모습이 떠오른다.

우리 한국과 중국 두 나라의 동지들은 일본의 견고한 갑옷과 날카로운 무기를 두려워 말라. 도쿄와 훙커우의 두 차례 폭탄 사건만으로도 그들의 맹위를 충분히 꺾어 놓지 않았는가. 그렇다면 우리도 우리의 피와 살로, 우리의 정성으로 용감하게 나아간다면 무엇이 두렵고 무엇이 겁나겠는가? 아, 시국이 긴박하구나. 불행히도 중국마저 일본의 지배를 받게 되었으니, 그들이 받는 참혹한 고통은 옛날 만청(滿淸) 시절보다 열 배, 백 배는 더하며, 다시 일어서는 데 드는 어려움 또한 신해혁명 시절과 견줄 수 없을 만큼 가혹하다. 중국이 망한다면 우리 한국도 영영 헤어나지 못할 나락에 떨어지고 말 것이다! 그러므로 우리가 한국을 되찾으려면 먼저 중국을 구해야 하며, 중국이 한국의 독립을 돕는 것은 곧 중국을 구하는 길이기도 하다. 이것이야말로 내가 슬피 부르짖는 이유이며, 우리 한국과 중국 동지들이 깨어나 전장을 함께 누비기를 바라는 까닭이다!

나는 책을 덮고 깊은 생각에 잠겼다. 역사의 메아리가 아직도 귓가를 울리며 아스라이 맴도는 듯했다. 그리고 이 순간, 김구를 총사령관으로 하는 한인애국단 의사들이 몸 바쳐 싸웠던 이야기를 다시 되새겨 보니 더욱 각별한 감동이 가슴 깊이 파고들었다.

이봉창은 체포된 뒤, 자신의 진짜 이름과 나이, 본적 등을 일본 경찰에게 사실대로 말했고, 자신이 한인애국단 단원이며, 애국단의 명령을 받아 일왕을 암살하러 왔을 뿐, 다른 조직이나 개인과는 아무 관련이 없음을 분명히 했다. 적들은 온갖 고문으로 배후와 대한민국 임시정부의 소재를 캐내려 했으나, 아무것도 알아내지 못했다. 이봉창은 입을 굳게 다물거나 단호한 어조로 맞섰으며, 자신은 오직 대한민족의 독립이라는 정의로운 일을 하는 것이니 죽어도 여한이 없다고 선언했다.

같은 해 9월 16일, 일본이 첫 공판을 열자, 이봉창은 법정에서 조금의 두려움 없이 조리 있게 맞서며 일본 제국주의의 침략 행위를 매섭게 비판했다. 재판관은 당황해 어찌할 바를 몰랐고, 심지어 그는 재판관을 향해 당당히 비웃었다.

"나는 너희들의 왕을 내 상대라 여기고 업신여겼다. 쥐새끼 같은 너희 따위가 무슨 자격으로 나에게 말을 걸 수 있느냐!"

재판이 개정된 지 5분도 채 지나지 않아, 어쩔 줄 몰라 당황해하던 판사는 방청을 금지한다고 선포하고, 방청객과 기자들까지 모두 내쫓았다. 다음 날, 그들은 뻔뻔스럽게도 언론에 "재판이 매우 순조로웠고, 전원 재판관 합의로 이봉창에게 사형을 선고했다"라고 발표했다. 더불어 "이봉창이 죄를 인정하고 법에 따르겠다고 했다"라는 터무니없는 거짓말까지 퍼뜨렸다.

역사도 때로 도살자의 칼날에 짓눌려 소리 없이 피를 흘리며 흘러가기도 한다. 10월 10일 오전 9시 45분, 이봉창은 일본 가나자와에서 장렬히 순국했다. 대한민국 임시정부는 그 소식을 미리 접하고, 의사의 순국일에 모든 구성원이 하루 동안 단식을 하기로 결정하여 애국지사에게 깊은 존경과 애도를 표했다. 그다음 날, 김구는 상하이 언론에 '도쿄 폭탄 사건의 진상'을 발표하며, 이봉창 의사를 찬양했다.

"의사의 죽음은 더할 나위 없는 영광이며, 억만 인민이 우러러보는 바이다. 의사의 육신은 비록 단두대 위에서 피를 흘렸으나, 의사의 위대한 정신은 해와 달처럼 영원히 사라지지 않으며, 천추만대에 찬연히 빛날 것이다!"

선생의 말 그대로 이 역사를 읽고 있자니, 시간의 수레바퀴는 이미 반세기가 훌쩍 지나갔음에도 민족 독립을 위해 용감하게 싸웠던 그 굳센 사내들이 내 눈앞에서 예전 그 모습 그대로 환히 웃으며 당당히 서 있는 듯했다. 이웃 나라 우리 중국의 후손들까지도 오래도록 이 영웅의 이름을 기억하게 되었다. 기념비처럼 우뚝 솟아 있는 그의 모습은 대한민족 온 겨레의 기개이자 대들보이다!

2장

호랑이처럼 위풍당당하게 걷는 사람

1

김신 선생이 보낸 편지가 도착했다. 예상했던 시간보다 두 달쯤 늦은 때였다. 함께 도착한 소포를 열자, 단단한 검은색 표지에 금박 글씨로 장식된 『백범일지』 세 권이 들어 있었다.

편지에는 다음과 같이 적혀 있었다.

샤녠성 여사 귀하

안녕하십니까?

지난번 자싱을 방문했을 때 베풀어 주신 각별한 환대에 깊이 감사드립니다. 비록 몇 시간에 불과했던 짧은 만남이었지만, 잊지 못할 만큼 인상 깊었습니다. 이 자리를 빌려 다시 한번 감사의 인사를 드립니다.

지난번 중국 방문 중 촬영한 '대한민국 임시정부' 관련 TV 프로그램은 8월 15일(광복절)에 1부가 방영되었습니다. 이를 통해 온 국민이 조국의 해방과 독립운동을 위해 분투하셨던 선열들의 뜻을 다시 한번 되새길 수 있었습니다. 2부부터 5부까지도 곧 계속 방영될 예정이니, 좋은 반향이 있으리라 기대합니다.

『백범일지』 중문판은 타이완에서 출판되었는데, 귀국 후 타이완에 연락해 보니 이미 절판되어 구매가 어려웠고, 중고책 역시 찾기가 어려웠습니다. 그래서 서울에서 가까스로 헌책을 구해 복사본을 제작하느라 시간을 많이 지체하고 말았습니다. 양해 부탁드립니다.

동봉한 책 세 권 가운데 두 권은 뤄 주임님과 스녠 선생님께 전달해 주시기를 바랍니다.

워낙 오랜만에 중국어로 글을 써보니, 매우 서툴고 문장도 매끄럽지 못합니다. 부디 양해 바랍니다.

내년 봄에 다시 자싱과 항저우, 쑤저우 등을 여행할 수 있길 바랍니다. 그곳에 계신 여러 친구에게 대신 안부 전해 주십시오.

늘 건강하시길 기원합니다.

1989. 10. 3.

김신

편지에서 복사본이라고 했지만, 이 검은 표지에 금박으로 장식된 책은 복사본이라곤 도저히 믿기 어려울 만큼 제본이 훌륭했다. 무엇보다 선생이 직접 보내주신 것이라 더욱 소중했다. 책장을 넘기며 읽는 동안 나는 몇 번이나 가슴 깊이 떨리며 감동했는지 모른다.

'백범(白凡)'은 김구 선생의 아호이다. 내 생각에 『백범일지』는 '평범한 사람의 기록'이라는 뜻이 아닐까 싶다. 이 책은 상권과 하권 2권으로 구성되어 있다. 상권은 1929년에 쓰였고, 김구 선생의 출생과 가난했던 어린 시절, 파란만장했던 청년기, 그리고 국내에서의 항일투쟁 경험 등이 담겨 있다. 당시 김구는 이미 오십을 넘겼으며, 상하이에서 일본 침략자들을 상대로 비밀 암살 활동을 조직하며 망명생활을 이어가고 있었다. 그런 활동으로 민족 독립운동의 거센 물결을 일으키려

했다. 당시 임시정부 국무령이었던 김구는 늘 목숨이 위험에 처해 있었으므로, 이 책을 두 아들에게 남기는 유서 형식으로 썼다. 서두에 짤막한 서문과 함께 '인'과 '신' 두 아들에게 띄우는 한 통의 편지를 남겼다. 편지에 다음과 같이 썼다.

지금 아버지는 너희가 살고 있는 고향에서 물과 육지를 건너 5천 리나 떨어진 먼 타국에서 이 글을 쓰고 있다. 길이 너무 멀어 어린 너희를 내 곁으로 데려올 수 없으니, 내가 지금까지 어떻게 싸워 왔는지 적은 이 기록을 몇몇 동지에게 맡겨 두었다가, 훗날 너희가 성장해 아버지의 생애를 알고 싶어 할 때 보여주라고 부탁해 두었단다. 지금 너희는 어리고 또 멀리 떨어져 있어, 한자리에 모여 부모와 자식 간의 정을 나누지 못하니 애석하다만, 세상사가 늘 뜻대로만 되겠느냐!

나는 올해 쉰셋이고, 너희는 겨우 열 살, 일곱 살밖에 되지 않았으니, 너희가 장성하여 학식이 깊어질 무렵이면 나는 정신과 체력이 이미 쇠퇴한 노년이 되겠구나. 게다 지금 나는 일본 놈들에게 선전포고를 한 몸이기에, 언제 죽을지 모르는 상황 속에 살아야 한다. 내가 과연 너희가 다 자란 뒤까지 살아서, 얼굴을 마주 보고 이야기할 수 있을지 누가 장담하겠느냐. 그래서 지금 이 책을 써 두려는 것이다.

내가 평생 살아온 일을 기록으로 남기는 것은 결코 나를 자랑하여 너희가 따라 하길 바라서가 아니다. 진정으로 바라는 것은, 너희가 장차 대한국민으로서 동서고금을 통틀어 가장 본받을 만한 인물을 스스로 찾아 본받기를 바랄 뿐이다. 하지만 혹시 너희가 자라서도 아버지의 삶을 전혀 모르게 되면 안 되기에 이렇게 글로 남긴다. 다만 이 책에 담긴 것은 이미 지나간 일에 대한 나의 기억뿐이라 빠진 부분도 많고 완전치 못하다. 그러나 전부 내가 직접 겪은 사실이니, 허황한 거짓은 조금도 없다. 이는 의심하지 않아도 된다.

14년이 지난 뒤, 김구는 임시정부 주석 자격으로 충칭에서 망명생활을 이어 가며 다시 '하편'을 썼다. 1919년부터 1945년까지 중국 땅에서 끈질기게 이어진 항일투쟁의 여정이 고스란히 담겨 있다. 이때 그는 이미 예순일곱이었고, '하권'을 쓴 계기도 전과는 사뭇 달랐다. 단지 자손에게 남기기 위한 것이 아니라, 임시정부를 물심양면으로 도와준 재외동포들에게 자신과 임시정부가 그들의 기대에 부끄럽지 않은 길을 걸어왔음을 보여주려는 간절한 마음이 훨씬 더 컸다. 당시 임시정부는 재외동포들의 두터운 지지를 받으며 국제사회로부터 점점 더 인정받고 있었다. 그러나 정작 김구 자신은 1947년 겨울 이 책을 출판하면서 쓴 서문에 이렇게 적었다.

이제는 하루하루 늙고 병들어 죽음을 기다릴 뿐이다. 상하이 시절이 죽고 싶었던 시대라면, 충칭 시절은 반쯤 죽어 있던 시대였다. 만일 누군가 내게 어떤 방식으로 죽고 싶으냐고 묻는다면, 가장 큰 소망은 완전한 독립이 이루어지는 그날, 조국 땅에 돌아가 환영 행사라도 치른 뒤에 죽는 것이다. 그조차 안 된다면, 적어도 미주와 하와이에 계신 동포들을 찾아뵙고 돌아오는 비행기 안에서 죽고 싶다. 그 시신을 하늘에서 떨어뜨려, 산에 떨어지면 들짐승의 먹잇감이 되게 하고, 물에 떨어지면 물고기 밥이 되게 하라…….

거침없고 밝은 기개를 지닌 김구 선생의 이처럼 사심 없이 삶과 죽음을 대하는 태도는 단지 글에서만 드러나는 것이 아니다. 그의 파란만장하고 전설 같은 생애 전반에 일관되게 흐르고 있다. 분명 그는 평생 해온 일과 생각, 그리고 국가와 민족에 대한 모든 희망과 염원을 이 책에 고스란히 담아 자손에게 물려주고, 그 정신을 통째로 이어 나가고자 했다.

사람은 태어나면 언젠가는 죽는다. 누구나 피할 수 없는 일이니, 개인의 생사란 풀잎이 마르고 되살아나는 것과 다를 바 없다. 그러나 민족의 생명이 계속 이어지고 번성하는 일은 영원하며, 끝없이 젊음을 간직하는 것이다.

그는 정말로, 이렇게 믿었다.

2

자서전에서, 김구 선생은 자신의 인생 첫 장면을 이렇게 시작했다.

그의 아버지는 가난한 집안 탓에 결혼을 미루다가 스물네 살이 되어서야, 좀 특이한 삼각혼(三角婚)* 방식으로 문산촌의 현봉 곽씨 가문의 열네 살 난 아가씨와 혼례를 올렸다. 어머니는 몸이 허약하여 무척 고생했는데, 3년 뒤에야 그를 낳았다고 한다.

어머니께 늘 들었던 이야기가 있는데, 녹색 밤나무 숲속에서 붉게 잘 익은 밤 한 알을 발견해 그것을 소중히 간직했더니, 그 후에 내가 태어났다는 꿈을 꾸셨다고 한다.

이 꿈이 어떤 의미이든 간에, 적어도 나는 그 붉은 밤 한 알을 어떤 '불씨'의 상징처럼 느꼈다. 그 '푸른 밤나무 숲'이 곧 봄이 깃든 대지에서 되찾을 조국을 향한 꿈이라면, 그 '밤 한 톨'이 그의 전설 같은 삶의 아름다운 시작을 밝히는 불씨가 아닐까? 비록 그 아름다운 꿈이 하나

---

* 교환혼의 일종. 혼비(婚費) 절약이라는 경제적 이유로 세 집안이 딸을 서로 바꿔 시차를 두고 결혼시키는 것으로, 물레처럼 돌아간다고 해서 '물레혼'이라고도 한다. 18세기 이후 함경도와 평안도 하층민 사이에 흔하게 있었던 일이다.

의 생명으로 태어날 때, 엄청난 난산과 함께 그에게 주어진 재난 또한 함께 왔지만. 그리하여 그 재난은 마치 쇠를 백 번, 천 번 단련해 강철로 만드는 모루가 되었다. 그리고 붉게 달궈진 쇳덩이가 형태를 갖춰 가는 담금질 속에서 사방으로 튄 불꽃은, 훗날 그의 기억 깊은 곳에 소중히 간직된 이야기 조각이 되었다…….

내가 다섯 살 되던 해, 부모님은 나를 데리고 강령군(康翎郡) 삼거리로 이사를 갔다. 그곳은 뒤로 산이 있고 앞으로는 바다가 펼쳐진 곳이었다. 작은할아버지와 당숙 할아버지 등 어른들이 모두 그곳으로 이주하였기에, 우리도 그곳에 자리를 잡았다. 대략 2년 남짓 살았는데, 그 지역에는 호랑이가 자주 나타나 사람과 가축을 해쳤다. 우리 집이 하필이면 호랑이가 다니는 길목에 있어, 밤만 되면 집 밖으로 한 걸음도 나가기 두려웠다.

위 이야기는 김구 선생 자서전의 한 대목이다.

비록 2년 동안 실제 호랑이를 마주친 일은 없지만, 이런 용맹한 짐승이 살고 있는 산야에서 유년기를 보낸 김창수는, 어쩌면 일찍이 마음에 범상치 않은 기백을 품게 되었는지도 모른다. 그래서일까, 훗날 그를 가르치던 스승 고능선이 그의 상(相)을 보고 아버지에게 몰래 이렇게 말했다고 한다.

"자식은 부모가 제일 잘 안다고 하지만, 나는 아버님보다 저 아이를 더 잘 압니다. 용모 때문에 걱정할 것 없습니다. 창수는 범상(虎相)을 지녔습니다. 인중이 짧고 이마가 도드라졌고, 호랑이처럼 걷습니다. 훗날 반드시 온 세상을 흔들 만큼 포효할 겁니다!"

1896년, 갓 스물하나가 된 김창수가 마침내 인생에서 첫 포효를 했다. 조선을 떠들썩하게 만든 '치하포사건'이었다. 당시 조선은 명성황후 시해와 단발령으로 극심한 혼란 속에 있었다. 일본 공사 미우라 고로가 대원군을 앞세워 국정을 장악한 뒤 명성황후를 시해하고, 이어 '단발령'을 내려, 온 나라 백성에게 강제로 머리카락을 자르게 해 혼란이 극에 달하던 때였다.

그해 2월, 동학당 잔여 세력의 패장이었던 김창수는, 나라를 구할 길 없어 울분을 품은 채 평양으로 떠나려던 중이었다. 그 길에서 관리들이 상투를 자르고, 길 가는 사람들까지 잡아다 무리하게 머리를 깎는 바람에, 원성을 품었지만 어쩔 수 없어 산속으로 도망가는 백성들의 모습을 보고 분노가 치밀었다. 종로 일대에서도 단발령에 반대한 백성들이 폭동을 일으켜 일본인 가옥을 부수고 일본인을 무수히 죽였다는 소문도 들려왔다. 그 소식을 접한 그는 해외로 가려던 마음을 돌려, 삼남(三南) 지역에 의병이 많으니 우선 국내 정세를 살피며 항일 구국 방책을 세우기로 했다. 이에 안악(安岳)의 치하포로 가기로 하고 마지막 배에 올랐다.

그날 바람은 거세고 파도는 험하고 먹구름이 사방을 뒤덮고 있었다. 배가 대동강 하류에 이르렀을 때, 갑자기 무수한 유빙(流氷)이 떠내려오는 것이 보였다. 눈 깜짝할 사이에 배는 산처럼 떠내려오는 유빙에 둘러싸여 금방이라도 부서질 듯이 요동쳤다. 사나운 물결은 마치 사나운 짐승처럼 배를 사정없이 들이받으며 이리저리 휘두르며, 거센 파도를 일으켰다.

'쾅! 쾅!'

유빙에 부딪힌 배는 심하게 기울어 금세라도 가라앉을 것 같았다. 배

안의 열대여섯 명쯤 되는 승객들은 피할 길이 없어 절망에 빠졌고, 뱃사공조차 어찌할 바를 몰라 겁에 질린 표정을 숨기지 못했다. 매년 결빙기와 해빙기에 나루터에서 이렇게 배가 부서지고 사람들이 죽는 일들이 자주 일어났다.

'쿵!'

또 한 차례 사나운 충돌음이 울려 퍼지자, 사람들이 두려움에 울부짖기 시작했다. 김창수도 겉으로는 침착해 보였지만, 속으로는 이대로 죽을지 모른다는 예감에 휩싸였다. 사방에 펼쳐진 거대한 얼음조각과 거친 물살, 칠흑 같은 어둠을 바라보며, 배가 전복되지 않더라도 이대로는 결국 얼어 죽거나 굶어 죽게 되리라 생각했다. 하지만 동시에 울부짖는다고 해서 목숨이 구해지는 게 아니란 걸 분명히 깨달았다. 잠시 묵묵히 생각에 잠겼던 그가 갑자기 우렁차게 포효하듯 뱃사공과 사람들에게 소리쳤다.

"울고불고 할 시간에 힘을 모아 얼음을 밀어 치우고 길을 냅시다!"

그는 먼저 제법 큰 얼음 위에 뛰어올라 상황을 살핀 뒤, 큰 얼음덩어리로 작은 얼음덩어리를 밀어내는 식으로 배를 둘러싼 얼음을 뚫어나가며 길을 냈다. 마침내 배는 치하포에서 대략 5리 정도 떨어진 강기슭에 닿아 상륙에 성공했다.

어느덧 서쪽 하늘의 달이 서서히 기울어, 강물 전체에 싸늘한 달빛이 드리웠다.

이들은 추운 바람 속에 밤길을 한참 걷고 나서야 배 주인의 집에 도착했다. 배 주인은 자그마한 여관도 겸하고 있었는데, 방 세 칸밖에 없었다. 거친 풍랑 탓에 배가 더는 떠나지 못해, 이미 여러 나그네가 묵고 있었고, 밤이 깊어 코 고는 소리가 사방에서 울렸다. 새로 도착한 이들이 간신히 자리를 비집고 들어가니, 또 어떤 사람들은 잠에서 깨어 곧 날이 새면 바로 길을 떠나자며 뱃사공에게 새벽에 날이 좋아지면 바로 배를 띄워달라고 시끄럽게 굴었다. 그러다 보니 자려고 막 준비하는 이들과 막 일어나 떠나려는 이들이 뒤섞여 소란스러웠고, 주인은 그 틈에서 밥상을 준비하느라 분주했다.

김창수는 다른 사람들처럼 서둘러 자리에 눕지 않았다. 오히려 아랫방에 앉아 차분히 식사를 기다리며 방 안팎 사람들을 눈여겨보았다. 그때 가운데 방에 있던 한복을 입고 있는 단발머리 사내가 눈에 띄었다. 그는 누군가와 이야기를 나누고 있었는데, 성은 정(鄭)이라고 했고, 황해도 장연(長淵) 출신이라고도 했다. 장연은 가장 먼저 단발령을 내린 고장인데, 그의 말투는 사투리가 아니라 분명 경성 말투였다. 게다가 그가 입고 있는 한복 아래로 왜군의 군도 일부가 살짝 보였다.

김창수의 머릿속이 순간 온갖 예측으로 복잡해졌다.

'혹시 명성황후를 해친 미우라 고로가 변장해 달아나는 중이 아닐까? 아니면 왜놈들의 앞잡이일 수도 있어. 둘 다 아니라 해도 저렇게 군도를 품고 몰래 다니는 자라면 우리 민족에겐 종기 같은 존재다. 저놈을 죽이자. 하나라도 죽이면 그만큼 나라에 이롭다!'

이런 생각이 스치자, 그는 재빨리 자기 힘과 주변 상황을 가늠했다. 방 세 칸에만 40여 명이 묵고 있으니, 그의 동료가 몇 명인지 알 수가 없었다. 적어도 함께 있던 열일고여덟 살쯤 돼 보이는 젊은이 한 명은 동행인 듯했다. 그는 다시 속으로 생각했다.

'상대는 둘이고, 군도까지 들고 있다. 난 맨손뿐이니, 무턱대고 달려들다가 오히려 내가 먼저 죽을 수도 있다. 아직 뜻을 펼치지 못했는데 이렇게 생을 마감할 수는 없다. 게다가 맨손으로 죽이지 못한다면, 이

방 안 사람들도 말리다가 나를 붙잡아 둘 것이고, 그 사이에 저놈이 칼로 내 목을 댕강 잘라 버릴 게 뻔하다. 그렇다면 그를 죽이는 것은 불가능하다.'

얼음과 거친 파도 속에 다시 갇힌 것처럼, 그의 생각과 감정은 갈피를 잡지 못한 채 어지러웠다. 그때, 마치 눈앞의 큰 얼음이 크게 충돌할 때처럼 머릿속에 쩌렁쩌렁 울리는 소리가 들렸다.

"나무를 의지해 가지로 오르는 것은 신기할 것이 못 되나, 벼랑에 매달리다 손을 놓아버리는 것이 참된 사내의 기개이니라!"

스승 고능선 선생의 가르침이었다.

문득 정신이 번쩍 든 그가 자신을 다그쳤다.

'일본 놈을 죽여 우리 국모의 원한을 갚고자 하면서도, 실패해 도리어 죽을까 봐 걱정한다면, 내가 목숨을 아끼는 겁쟁이와 다를 게 무엇인가?'

스스로에게 묻는 중에 마음이 점차 맑아졌고, 대책이 떠올랐다. 그는 먼저 다른 손님들과 마을 사람들을 기세로 제압해 감히 못 움직이게 한 뒤, 상황을 보고 일격을 가하기로 결심했다.

연극은 순식간 구상되었고, 곧바로 시작되었다.

이윽고 밥상이 줄줄이 들어오자, 사람들은 비몽사몽 중에 밥을 먹기 시작했다. 그중 홀로 또렷한 정신으로 있던 젊은 사내가 순식간에 밥 한 그릇을 뚝딱 비우더니, 소리 나게 그릇을 내려놓고 주인에게 큰 소리로 말했다.

"오늘 하루에 700리를 가야 하니, 밥을 일곱 사람 몫을 더 갖고 오시오!"

주인 이화보(李和甫)가 어처구니가 없는지, 주위 사람들을 둘러보며 말했다.

"아이고, 이 청년 정신이 좀 이상한 게 아닌가!"

그리곤 고개를 절레절레 흔들고 물러났다. 그러자 사람들은 수군거렸고, 글을 좀 배운 청년들도 주인 말에 동조하여 "저 사람 정말 미쳤나 봐!" 하고 비웃기 시작했다. 그때 긴 담뱃대를 물고 있던 노인이 "함부로 떠들지 말게! 세상이 뒤숭숭하니, 정말 별난 이도 있을 수 있지 않나?"라고 호통을 쳤다. 청년들은 도리어 "그래, 별난 사람이야 어딘들 없겠소만, 저 행색을 좀 보시오!" 하며 빈정댔다.

김창수는 눈을 감은 채 옆으로 비스듬히 누워서 그들의 이야기에 귀를 기울이며, 곁눈질로 일본인의 움직임을 지켜보았다. 다행히 그는 별다른 의심을 품지 않았고, 밥을 먹고 나서 방을 나가 툇마루 기둥에 기대어 동행한 청년이 계산하는 모습을 보고 있었다. 그제야 김창수는 때가 왔다 싶어 벌떡 일어났다. 호랑이가 산에서 내려오듯 번개 같은 몸놀림으로 그 왜놈에게 발길질을 날렸다. 그러자 상대는 '쿵' 소리를 내며 툇마루 아래로 떨어져 한참을 굴렀다. 김창수는 바로 몸을 날려 계단 아래로 뛰어내려, 왜놈의 목덜미를 짓밟았다.

소란한 소리에 모든 방의 문이 한꺼번에 열리며, 사람들이 달려 나왔다.

"함부로 움직이지 말라!"

김창수가 분노에 찬 목소리로 외쳤다.

"누구든 이 왜놈을 두둔하며 나와 맞선다면 가만두지 않는다! 알겠나?"

놀란 사람들은 벌벌 떨며 다가서지 못했다.

그러나 발밑에 짓눌려 있던 사내가 재빨리 몸을 비틀며 칼을 뽑아 들고 달려들었다. 희미한 새벽 달빛 속에서 군도가 날카롭게 반짝였다. 단련된 군인인 듯, 내리치는 칼은 바람을 가르며 엄청난 기세를 뿜어냈다. 맨손인 김창수는 옆으로 몸을 틀어 칼날을 피한 뒤, 바로 발길질로 그의 허리를 차 쓰러뜨렸다. 이어 넘어진 상대의 손목을 재빠르게 발로 눌러 칼을 떨어뜨리게 한 뒤, 군도를 주워 들고 마구 찔렀다. 피가 샘솟듯 터져 땅바닥을 흥건히 적셨다. 김창수는 그 피를 움켜 입에 머금고 얼굴에 문질렀다. 그러곤 피가 뚝뚝 떨어지는 군도를 높이 치켜들고 방 안으로 돌아오며 사람들에게 소리쳤다.

"방금 이 왜놈과 한통속이었던 자는 누구냐?"

제때 도망가지 못한 사람들은 겁에 질려 모두 엎드렸다.

"장군님, 제발 목숨만 살려 주십시오! 저희는 저 사람이 왜놈인 줄도 몰랐습니다. 그래서 괜히 말려 보려 했을 뿐입니다."

"저는 어제 장군님과 같은 배를 탄 사람입니다. 저는 장사꾼이지 그놈과 관계가 없습니다." 사람들이 저마다 벌벌 떨며 변명했다. 조금 전에 이 시절엔 별난 사람도 있다고 중얼거리던 노인만이 앞으로 나서서 다른 사람들을 살려 달라고 간청했다.

"장군님, 저들은 어리석을 뿐 공범은 아니니 한 번만 용서해 주시지요!"

이때 주인 이화보는 방 안으로 들어올 엄두도 내지 못하고, 꿇어앉아 애걸했다.

"소인이 눈이 어두워 장군님을 몰라뵈었습니다. 죽어 마땅하오나 저와는 아무 상관이 없으니 용서해 주십시오. 저는 밥을 판 것뿐이오."

김창수는 잠시 숨을 고르고 사람들을 자리에 앉힌 뒤, 주인에게 물었다.

"그자가 일본 놈이라는 것을 어떻게 알았소?"

주인은 자기 집에서 작은 나룻배로 황주(黃州)와 진남포(鎭南浦)를 오가며 손님을 싣고 있다고 했다. 일본인도 종종 있었지만 이렇게 한복 차림으로 온 것은 처음이었다고 했다. 그리고 그자는 몇 시간 전 황주에서 나무배를 타고 왔는데, 뱃사공 말로는 일본 육군 장교라고 들었다고 했다. 김창수는 그 나무배가 아직 포구에 있다면 못 떠나게 붙들어 두고, 뱃사공을 불러오라고 말했다.

주인은 밥상에 밥을 일곱 그릇을 놓고, 다른 상에 반찬들을 차려 방으로 가져왔다. 김창수는 얼굴과 손에 묻은 핏자국을 씻은 뒤 식사를 시작했지만, 일곱 그릇을 다 먹을 수는 없었다. 하지만 이미 큰소리를 친 터라 적어도 체면을 지켜야 했다. 그는 큰 대야와 국자를 갖고 오라해서 밥과 반찬을 한 데 섞어 비빔밥처럼 만들었다. 두 개의 큰 숟가락을 겹쳐 사용하니 한 번 푹 떠 올리면 거의 밥 한 공기 분량이었다. 주위 사람들은 금세 그걸 해치우는 것 아닌가 싶어 잔뜩 긴장했다. 대충 두 공기쯤 먹었을 때, 그는 갑자기 숟가락을 내던지며 중얼거렸다.

"오늘 왜놈 피를 실컷 마셨더니, 밥맛도 없구나!"

아무도 감히 입을 열지 못했다.

이윽고 그는 뒷일을 처리하기 시작했다. 뱃사공을 시켜 일본인의 짐을 가져오게 했다. 살펴보니 그자는 일본 육군 중위 '쓰치다 조스케'라는 인물로, 짐 속엔 800냥가량 되는 동전이 들어 있었다. 김창수는 뱃삯을 제하고 남은 돈을 전부 주인 이화보에게 맡기면서, 마을의 가난한 농민을 돕는 데 쓰라고 했다. 시신은 물고기와 자라가 먹도록 강물에 던져 버렸다.

이 모든 일을 마친 김창수는 종이와 붓을 가져오라 하여, 국모의 원수를 갚기 위해 왜놈 일곱을 죽인다는 내용의 격문을 써서 길가에 붙였다. 거기에는 '해주 백운방 텃골 김창수'라고 서명하고, 마을 이장인 주인에게 말했다.

"이 사실을 안악군수에게 보고하시오. 나는 집에서 기다리겠소. 이 군도는 기념으로 내가 가져가겠소."

김창수는 문득 자신을 살펴보니, 흰옷 곳곳에 피가 엉겨 붙어 붉게 물들어 있었다. 다행히 미리 벗어 둔 장포가 있어 그걸 걸친 뒤 허리에 군도를 차고는 아무렇지도 않은 듯 당당히 마을을 떠났다. 수백 명의 마을 사람들이 몰려들어 그가 멀어지는 모습을 지켜보았다. 모두 속이 바싹 탔다. 곧 일본군이 들이닥쳐 범인을 잡으려고 날뛸 게 뻔했기 때문이다.

김창수도 여유롭게 걷는 척했지만 속으로는 불안이 가시지 않았다. 언덕에 올라 내려다보니, 마을 사람들은 아직도 흩어지지 않고 그 자리에 모여 서 있었다…….

3

김창수는 집으로 돌아온 뒤, 부모님께 그날 있었던 일을 사실대로 말씀드렸다. 부모는 당장 다른 곳으로 피하라 했지만, 그는 받아들이지 않았다. 나라의 원수를 갚고 왜적을 죽인 일은 정당한 일이라 믿었기에 도망칠 생각은 없었다. 또 이미 본명과 본적을 남긴 이상 체포도 두렵지 않았다. 설사 죽임을 당한다 해도 많은 민중에게 본보기가 될 수 있다면 죽어도 영광이라고 생각했다.

그로부터 석 달쯤 지난 어느 새벽, 쇠 채찍과 쇠망치를 든 자들이 백운방 텃골로 들이닥쳐 푸른 기와집을 포위했다. 김창수는 집에서 붙잡혔다. 쇠사슬로 온몸이 꽁꽁 묶인 채, 김창수는 30여 명의 순검과 사령에 포박되어 해주감옥으로 압송되었다. 잡혀갈 때, 마을에 사는 30여 가구의 친척들이 모두 두려움에 문조차 열지 않는 것을 보고 그는 슬픔을 느꼈다. 하지만 아버지 김순영과 어머니 곽낙원은 기어이 아들을 따라 해주까지 함께 갔다.

어머니는 옥에 갇힌 아들에게 주려고 매일 음식을 얻으러 다녔다. 아버지는 영리청(營吏廳)이나 사령청(使令廳) 등 이곳저곳에 연줄을 대어 아들을 구할 방법을 찾았지만, 죄명이 중대해 아무런 소득도 없었다. 7월 초, 김창수는 해주에서 인천으로 이송되었다. 아버지는 아들을 구

1914년 김구 선생은 인천감옥에서 노역했다.

할 방도가 보이지 않자, 일단 집으로 돌아가 전 재산을 처분해서 인천과 경성에서 다시 구명 활동을 하기로 결심했다. 어머니는 아들과 함께 가겠다면서 끝내 뜻을 굽히지 않았다.

어머니는 비록 글은 읽지 못했지만, 대의를 알고 누구보다 강인했다. 나진포에서 배를 탈 때, 어머니는 역리들에 몇 번이나 배에서 쫓겨났고 심지어 물에 던져졌지만, 온몸으로 버티며 기어 올라와 아들과 동행하겠다고 완강히 주장했다.

그날 밤, 하늘에 달빛 하나 없고, 사방은 칠흑 같은 어둠뿐이었다. 거센 물결 소리만 귓가에 울렸다. 배가 강화도 근처를 지날 무렵, 여름의 땡볕 아래 긴 여정에 지친 순검들이 모두 곯아떨어진 틈을 타, 어머니는 아들 귀에 바짝 다가와 아주 낮게 속삭였다.

"얘야, 이번에 끌려가면 왜놈에게 죽임을 당할 게 뻔하다. 그렇다면 차라리 여기 이 바닷물에 몸을 던져 우리 함께 죽는 게 낫지 않겠니? 죽어서도 모자가 함께 있을 수 있으니, 설사 귀신이 되어도 한이 없을 게야!"

말이 끝나기 무섭게, 어머니는 갑자기 벌떡 일어나 아들을 잡고 배 난간 쪽으로 향했다. 김창수는 얼른 어머니를 말리며 다급히 말했다.

"어머니, 제가 죽을 것 같습니까? 아닙니다! 나라를 위해 목숨을 바치겠다는 제 마음을 하늘이 알아주고 저를 지켜줄 겁니다!"

그러나 어머니는 들으려 하지 않고, 끝내 그를 난간 가까이로 끌고 갔다. 김창수는 간절하게 다시 말했다.

"저는 절대 죽지 않습니다! 어머니는 제 말을 믿어주세요!"

어머니는 비록 당장은 결심을 접었지만, 여전히 단호한 어조로 말했다.

"네가 죽으면, 너희 아버지와 나도 곧바로 따라 죽을 거라고 이미 약속해 두었다!"

그렇게 말한 어머니는 고개를 들어 어두운 밤하늘을 우러르며 간절히 두 손을 모았다. 마치 저 하늘 너머 어딘가에서 누군가 지켜보고 있기라도 한 듯, 진심으로 기도했다.

인천감옥에 처음 들어갔을 때, 김창수는 도둑과 죄인을 함께 가두는 방에 갇혔다. 발에 아홉 명의 죄수가 함께 차는 기다란 족쇄가 채워졌다.

'콰당!'

긴 족쇄에 채워져 바닥에 넘어지자, 옆에 있던 한 사내가 반가운 듯 소리쳤다.

"아, 당신이군요!"

김창수가 돌아보니, 한 달 전 치하포에서 붙잡혀 온 이화보였다. 이화보는 김창수가 잡혀 온 것을 보고 자신이 누명을 벗을 증거가 생겼다며 기뻐했다. 일본인이 치하포 사건을 조사하러 왔을 때, 김창수가 사람을 죽였다고 자백한 격문을 일본 측이 슬쩍 떼어 간 탓에, 이화보가 범인으로 몰린 것이다. 따라서 김창수가 진실을 밝혀 주기만 하면 자신은 무죄가 될 것이라 기대한 것이다.

김창수도 그에게 확실히 증언해 주겠다고 약속했다. 그러나 그는 이화보에게 희망을 줄 수 있었으나, 어머니에게는 어떤 희망도 줄 수 없었다. 아무리 강인한 어머니라 해도, 아들이 감옥에 들어가는 모습을 보는 것은 견디기 힘들었다. 김창수는 문득 어머니의 머리가 하얗게 세었음을 깨달았다. 어머니는 시골 아낙네였지만, 놀라운 인내심과 무엇이든 해내는 손재주를 지닌 분이었다. 특히 바느질 솜씨가 뛰어났다. 어머니는 인천 감리서(監理署)* 밖 개성 출신 박영문(朴永文)의 집에 찾아가 무릎 꿇고 애원했다.

"무슨 일이든 할 테니, 제발 아들을 살릴 수 있게 도와주세요."

박씨 집안은 인천에서 장사와 중개업으로 유명한 부잣집이라 부엌일과 바느질할 일이 넘쳐났다. 아들에게 매일 하루 세 끼에 밥 한 그릇씩 챙겨 달라는 어머니의 조건을 박씨 집에서 받아들였다. 그러나 감옥살이는 밥 세 끼만으로 유지되는 것이 아니었다.

---

* 조선 말기, 항구에서 감독관리 업무를 하던 관청. 1895년 5월에 부산, 원산, 인천 등에 개항장재판소가 설치됐는데, 감리서 안에는 감리가 집무하던 정청을 비롯해 감리서, 경찰서, 순검청, 사령청, 관사, 내삼문과 외삼문, 감옥 등이 있었다. 감리서 안의 재판소는 감리가 재판소의 판사를 겸하도록 해 그 지역의 민·형사와 외국인 관련 재판도 담당했다. 감리서 제도는 1906년 2월 1일 통감부가 설치된 후, 같은 해 9월 24일에 일괄 폐지되었지만 감리서가 폐지된 후에도 인천감옥은 계속 사용되었다. 1909년 기유각서 체결 이후 감옥사무가 통감부에 넘어가면서 '경성감옥 인천분감'이 되었고, 1912년 경성감옥이 서대문형무소로 개칭되면서 인천감옥도 '서대문형무소 인천 분감'으로 개칭되었다. 이 인천 분감에 안악 사건으로 복역 중이던 김구가 1914년에 이송 수감되기도 했다.

자유를 빼앗긴 삶은 우리 안에 갇힌 호랑이 같았다. 족쇄와 쇠사슬에 묶여 몇 발짝 걷는 것조차 쉽지 않았다. 김창수는 무기력한 몸을 이끌고 기억 속 과거를 더듬으며, 삶을 버틸 힘을 찾고자 애썼다…….

…… 그는 엿장수의 목소리를 들은 듯했다. 그 소리는 어렸을 때보다 훨씬 더 유혹적으로 들렸다. 어릴 적, 멀리서 엿장수의 목소리가 집 앞을 지날 때면, 그는 창가에 엎드리거나 문틈으로 내다보곤 했다. 하루는 혼자 집에 있는데, 밖에서 엿장수의 카랑카랑한 목소리가 들렸다.
"찌그러진 놋그릇, 놋수저 엿으로 바꿔 드려요!"
그는 엿을 너무 먹고 싶었지만, 엿장수가 남자아이의 중요한 부위를 잘라 간다는 어른들의 농을 믿고 있었기에, 혹시 몰라 방문을 꼭 잠그고 엿장수를 불렀다. 그리고 집 안에서 낡은 놋그릇이나 수저를 찾았지만 보이지 않자, 아버지가 새로 산 놋수저를 발로 힘껏 밟아 두 동강 냈다. 그중 절반을 남겨 '망가진 놋수저'라고 우기며 창문으로 건넸고, 엿장수는 반쪽짜리 수저를 받고, 주먹만 한 엿 덩어리를 주었다. 그는 신이 나서 엿을 먹으며 반만 남은 놋수저를 만지작거리고 있는데, 아버지가 돌아오셨다. 아버지는 사정을 듣고는 기가 막혀 웃고는 다시는 이런 짓을 하지 말라고 혼을 냈다.

그는 또 줄기차게 쏟아지는 비와 울긋불긋하게 물든 작은 샘물을 떠올렸다. 그때 자기가 왜 그런 엉뚱한 생각을 하게 되었는지는 기억나지 않지만, 장마로 인해 집 근처의 작은 웅덩이가 작은 샘처럼 변한 것을 보고 집으로 달려갔다. 집에 있던 빨강, 파랑, 노랑 염료 통을 들고 신나게 달려와 한 물줄기에는 빨간색을, 다른 물줄기에는 파란색을, 또 다른 물줄기에는 노란 색을 풀고, 그것들이 합류하여 뒤섞이며 만들어내는 기이한 변화를 관찰하고 있었다. 그러다 염료를 죄다 쓴 걸 본 어머니한테 호되게 맞았다.

…… 입 안에서 달큼한 떡 맛이 아련히 번진다. 그 향긋한 맛과 찰진 식감이 점점 희미해져 가고, 온몸의 고통이 뜨거운 불처럼 번졌다. 열 살 무렵 저지른 어리석은 일이 떠올랐다.

그날, 아버지가 외출해 혼자 집에 있던 그는 마을 입구 가게에서 떡을 사 먹기로 마음먹었다. 아버지가 아랫목 이불 속에 감춰 둔 동전 스무 냥을 꺼내 허리춤에 동여맨 뒤 밖으로 나섰다. 길에서 마주친 셋째 할아버지가 그 많은 돈을 들고 어디 가느냐며 길을 막아섰다. 그가 떡을 사러 간다고 공손히 대답하자, 할아버지는 바로 얼굴빛이 달라지며 호되게 나무랐다.

"네 아버지가 알면 널 마구 두들겨 팰 게야. 당장 집으로 돌아가거라!"

셋째 할아버지는 허리에 매단 돈을 빼앗았고, 나중에 아버지에게 돌려주었다.

그날은 운이 정말 나쁜 날이었다. 떡을 못 먹은 건 그렇다 치고, 뒤이어 집에 돌아온 아버지는 무서운 얼굴로 아무 말도 없이 그를 빨랫줄에 묶어 들보에 매달아 놓고 나뭇가지로 마구 때렸다. 어머니도 밭에 나가 없었고, 중간에 말리는 사람도 없어 한참 맞았다. 다행히 지나가던 친척 할아버지가 그의 울음소리를 듣고 뛰어와 줄을 풀어 주었다. 아버지가 뭐라 설명도 하기 전에, 할아버지는 아버지가 든 나뭇가지를 빼앗아 거꾸로 아버지를 마구 후려치며, "어린애를 어떻게 그렇게 때리느냐!"라며 야단쳤다. 그 할아버지는 아버지와 나이가 비슷했지만, 의술을 알고 어른 대접을 받던 분이라 아버지도 감히 대들지 못했다. 그때 어린 김창수는 아버지가 매 맞는 걸 보며 속으로 기분이 좋아서, 아픈 것조차 잊었다.

지금 돌아보면 아버지의 매를 맞는 것조차도 행복이었다. 그는 아버지를 지극히 사랑했다.

아버지는 많은 교육을 받지는 못했지만, 호방한 성격에 술을 무척 잘 드셨다. 그래서 잘난 척하는 강씨나 이씨 집안사람들과 시비가 붙고, 곧잘 싸움을 벌였다. 그 때문에 1년에 몇 번씩 해주 관아에 붙잡혀 갇히는 바람에 가족과 문중은 골머리를 앓았다. 인근 양반들은 아버지를 달갑지 않게 여겼지만, 별도리가 없었다. 당시 시골에서는 싸움하다 다친 이가 있으면, 상대 집에 데려다 놓고 책임지라고 강제로 합의를 요구하는 풍습이 있었다. 그래서 피투성이가 된 이들이 한 달에도 몇 차례씩 들것에 실려와 그의 집 사랑방에 드러눕곤 했다. 아버지는 술김에 폭력을 쓰기는 했지만, 억울한 일을 당한 약자 편에 서서 강자에게 맞서는 일이 많았다. 어린 김창수 눈에 아버지는 마치 「수호지」에 나오는, 일단 일이 생기면 누구든지 무력으로 겨루는 영웅호걸 같았다.

주변 사람들은 아버지의 불같은 성정과 불의에 맞서는 용감한 기개를 알았기에 아버지를 존경했고, 양반들은 아버지를 보기만 해도 꺼리고 두려워했다.

매년 연말이면 계란, 닭, 담배 등 선물을 감영의 관리나 사령청 등 관청에 잔뜩 바쳐야 했다. 이게 다 강씨, 이씨 양반 가문들과 다툴 때를 대비해 감사와 판관과 관계를 맺어 두기 위해서였다. 영리청이나 사령청과 관계를 맺는 일을 '설방(楔房)'이라 하는데, 이런 설방이 만들어지면, 설사 관가에 잡혀가도 형식적인 구금에 그쳐 관리들과 같은 곳에서 먹고 자며 지낸다. 심지어 곤장을 맞을 때도 사령들이 세게 때리는 척했고, 맞는 쪽도 죽을 듯이 괴로운 척 연기하며 때우는 식이었다. 때로는 아버지가 양반들을 관가에 고발해 잡혀가도록 했다. 그 때문에 두려움을 느꼈는지, 양반들이 오히려 아버지를 '도존위(都尊位)'로 추천했다. 아버지가 그 임무를 맡은 뒤에도 결코 양반들에게 특혜를 주지 않았다. 세금을 거둘 때는 양반들에게는 더 거둬들이고, 가난한 백성에게는 관대하게 대하거나 아예 대신 내주기도 했다. 그 때문에 직을 맡은 지 3년 만에 '공금에 구멍을 냈다'는 죄목으로 파면당하고 말았다.

이제 아들이 옥에 갇혔지만, 예전에 도존위로 있을 때 관청과 끈끈한 관계를 맺었던 아버지조차 별다른 힘을 쓸 수 없었다.

감옥은 지저분하고 더웠다. 김창수는 들어온 지 얼마 되지 않아 장티푸스에 걸려, 고문과 병환으로 혹독한 시간을 보냈다. 그러나 육체적 고통보다도 갇힌 짐승처럼 어디에도 울부짖을 곳이 없다는 절망감에 더욱 괴로웠다. 모든 게 무너지고 어떤 희망도 보이지 않던 그 상황 속에서, 그는 죽음을 생각했다. 어느 깊은 밤, 함께 갇힌 죄수들이 잠든 사이, 그는 이마에 손톱으로 '충(忠)'자를 새긴 뒤, 바지 허리끈을 목에 둘러 자살을 시도했다. 숨이 끊어지려는 순간, 아득한 의식 속에서 그는 고향 하늘을 날아다니던 새들과 사촌동생 창학과 함께 들판을 달리며 사냥꾼에게 쫓기는 호랑이를 쫓아가는 모습을 본 듯했다…….

이틀 동안 나는, 호랑이 기질을 지닌 사내가 자살을 결심하는 그 참담한 장면을 차마 펼쳐 볼 용기가 없었다. 그의 용맹함과 나약함이 동시에 칼날처럼 내 가슴을 베는 듯했기 때문이다. 눈앞에서 붉은 피가 흐르고, 귀에는 핏물 떨어지는 소리가 또렷하게 들리는 듯했…….

그와 똑같은 장면이 어느 여름날, 나에게도 일어났다.

1970년, 저장성 한 대학교 식당 바깥쪽 세면대에서, 나와 여동생은 시뻘겋게 물든 이불과 침대보를 빨고 있었다. 수도꼭지에서는 물이 콸콸 쏟아졌고, 빨래판 아래로 하얀 비누거품과 선혈이 뒤섞인 붉은 물이 줄줄 흘러내렸다. 막힌 배수로를 넘쳐 거품과 핏물이 복도를 타고 운동장 한쪽 푸른 잔디밭까지 줄줄 흘러갔다……. 그날 우리는 아버지의 이불과 침대보를 빨고 있었다.

평소 그렇게 긍정적이고 낙천적이며 선량하고 호탕했던 선생님이 자살할지 누가 상상했겠는가? 자식인 우리조차도 전혀 예상하지 못했다. 성실하고 늘 배려하는 희생정신이 강한 아버지는 그만큼 강인한 분이셨기 때문이다. 그러나 시커멓게 굳어 버린 피가 짙게 얼룩진 침대보를 온 힘을 다해 씻어내면서, 나는 마음속으로 수없이 소리쳤다.

'내가 미리 알아챘어야 했어! 조금만 더 자주 위로하고 격려해 드렸다면! 더 확실하게 믿음과 희망을 드렸더라면…….'

마지막으로 학교에 찾아가 강하게 항의해 간신히 면회를 허락받았을 때, 아버지는 고개를 저으며 말하셨다.

"아, 이제는 소용이 없구나. 무슨 말을 해야 할지도 모르겠고, 말해도 소용이 없어!"

그랬다. 그 시절에는 누군가를 '무엇'이라고 몰아세우면 그는 그대로 '무엇'이 되어야 했던, 미쳐 돌아가는 시대였다. 아버지 사위가 간첩인지 아닌지, 아버지가 간첩인지 아닌지, 설명할 기회조차 허락되지 않았다. 아니라고 말하면 변명한다고 몰아세우고, 저항한다고 갖은 자백을 강요당하고 구타를 당했다. 가장 슬펐던 것은 아버지를 곤죽이 되도록 때리고, 삼각형 모양의 쇳덩이에 무릎 꿇려 놓고, 라디오 소음으로 밤낮없이 고문했던 이들이 바로 아버지가 자식보다 사랑했던 제자들이었다는 사실이다. 그들 중 누군가는 아버지가 무상으로 거처를 마련해 주었던 이였고, 또 누군가는 아버지가 직접 지은 밥을 먹으며 생활했고, 어떤 이는 기계제도 과목을 배울 때 아버지가 밤낮없이 첨삭지도까지 해줬다. 또 밤늦게까지 재봉틀을 밟으며 아버지가 지어 준 옷을 입고 다니던 이들도 있었다.

그런데 그들이 이제는 아버지를 간첩이라고 자백시키려 온갖 수단을 다 쓰면서도, 예전처럼 순진하고 충직한 표정을 짓고 있었다. 좋은 사람, 좋았던 사람끼리 서로에게 수치와 고통을 안기는 이 부조리야말로 아버지를 진정한 절망으로 몰아넣었다. 결국 답답한 장마가 이어지던 어느 밤, 함께 감금된 노목수가 잠든 틈에 아버지는 도끼로 손목을 긋고 나서, 다시 오른쪽 이마를 향해 내리쳤다.

나와 동생은, 모두가 이상하게 쳐다보는 시선을 견디며 아무 말 없이 피 묻은 이불을 빨았다. 그 순간에도 혹시 누가 달려와 어깨를 치며, "아, 잘못 알았어. 자살한 사람이 네 아버지가 아니래!"라고 말해주길 바라는, 기적 같은 일이 일어나기를 바라는 마음을 놓지 않았다. 심지어 병원에서 아버지가 응급수술을 받으시는 장면을 보고서도, 난 여전히 악몽이길 바랐다. 믿고 싶지 않아 팔을 몰래 꼬집어 봤지만, 너무도 생생하게 아팠다.

만약 내가 이런 일을 직접 겪지 않았다면, 김창수가 자살을 시도하던 장면을 그저 방관자처럼 지켜보며, 결국 사람은 평범한 존재이니, 용맹함과 비겁함은 한 끗 차이일 뿐이라고 쉽게 말했을지도 모른다. 그러나 지금의 나는 전혀 다르게 느낀다. 내가 하고 싶은 말은 이것이다.

"절망은 결코 비겁함이 아니다."

오늘 영화 「천국보다 아름다운」에서, 좋은 사람이 죽으면 천국에 가고, 자살한 사람은 무거운 죄로 지옥에 떨어진다는 내용을 보았다. 그래서일까. 우리 아버지는 다행히 목숨을 구하셨고, 이후 완전한 명예 회복도 이루어졌다. 그 뒤 열린 '명예회복대회(平反會)'에서 나는 아버지를 이 세상에서 가장 훌륭한 아버지라고 소개했고, 제자들은 가장 훌륭한 선생님이라고 고백했다. 동료 교사들은 가장 좋은 동료라고 칭송했다. 그의 깊은 상처 뒤에 가려진 사랑과 재능, 그리고 모든 사람과 모든 일을 향한 관용과 포용이 새삼 드러나자, 행사장은 뜨거운 울음과 박수로 가득했다…….

그리고 십여 년 뒤인 1983년 3월 22일 깊은 밤, 자싱 제1병원 응급실에서 아버지는 내 손을 두 번 꼭 잡은 뒤, 편안히 눈을 감으셨다. 그때 마침 하늘을 찢듯이 번개가 번쩍이고 대지를 뒤흔드는 천둥소리가 나자, 옆 침대에 있던 어르신이 탄식하며 말씀하셨다.

"하늘로 가는 남천문(南天門, 중국 신화에 나오는, 인간계와 신선계를 이어주는 입구)이 열렸구나. 아버님은 천국에 오르셨을 거야!"

4

잠시 기절했던 김창수가 소란스러운 소리에 눈을 떴다. 함께 족쇄에 묶여 있던 죄수들이 떠들썩하게 난리를 치는 통에 깨어났다. 그들은 그가 죽을까 걱정해서가 아니라, 김창수가 정신을 잃고 몸부림치는 바람에 족쇄가 요동쳐 모두의 발목이 심하게 아팠기 때문이다. 그들의 고통 섞인 아우성이 간수들의 귀에까지 들렸고, 그 덕분에 죽어가던 이 사내는 기사회생할 수 있었다.

이후 간수들은 김창수를 더욱 엄중히 감시해, 다시 자살할 기회조차 없어졌다. 기진맥진한 상태에서 간신히 살아난 그는, 자살은 결코 강한 사람의 선택이 아니란 걸 깨달았다. 적의 손에 죽든 병이 들어 죽든 다시는 그런 생각을 하지 않겠노라 굳게 다짐했다.

거의 보름 가까이 아무것도 삼키지 못하고 있던 때, 심문을 받으라는 통지가 왔다. 그가 해주에서 혹독한 고문을 받을 때도 자백하지 않은 이유는 가장 높은 심사기관인 내무부 고위 관리 앞에서 시원하게 한마디 하기 위해서였다. 하지만 지금은 중병에 걸려 언제 죽을지 모르니, 차라리 이참에 그 일본인을 죽인 이유를 다 털어놓는 게 낫겠다고 생각했다.

김창수가 간수의 등에 업혀 형구(刑具)로 가득한 공포 분위기의 경무청에 도착했다. 경무관이 그의 비쩍 말라붙은 몰골을 보고 깜짝 놀라 물었다.

"지금 내 질문에 대답할 기운은 있는가?"

김창수는 차분히 대답했다.

"기력은 있지만 목이 말라서 목소리가 잘 나오지 않는군요. 물 한 그릇만 주면 말하겠습니다."

경무관은 간수에게 그를 부축해 앉히게 한 뒤 물을 떠오게 했다. 그 다음 안악 치하포에서 일본인을 살해했느냐고 물었다. 김창수는 물 한 그릇을 꿀꺽꿀꺽 마신 뒤 침착하게 대답했다.

"그렇소. 나는 국모께서 왜놈에게 참혹히 살해당한 원한을 갚기 위해 그놈을 죽였소."

그의 태연한 대답에 경무관, 총순(總巡)·권임(權任) 등 고위 관리들이 서로 얼굴을 마주 보며 아무말도 못했다. 심문정은 순간 고요해졌다. 한쪽에서 방청과 감시 역할을 하던 일본 순사 와타나베는 갑작스러운 침묵에 통역에게 물었다.

"대체 무엇 때문에 갑자기 이렇게 조용해진 거지?"

그러자 통역이 미처 대답하기도 전에, 김창수가 마지막 남은 기력을 끌어모아 고함을 질렀다.

"이 무뢰배들아! 도대체 어느 나라 법에 '통상우호조약을 맺은 뒤 왕이나 왕비를 죽여도 된다'는 조항이 있단 말이냐? 개 같은 왜놈들! 너희는 어째서 우리 국모를 죽였느냐? 내가 살아있는 동안 반드시 이 원수를 갚을 것이고, 죽더라도 원귀가 되어 너희 왕과 왕비를 죽일 것이며, 너희 오랑캐를 송두리째 없애 우리 치욕을 씻어내고야 말 것이다!"

김창수 곁에 앉아 있던 와타나베는 그가 눈을 부릅뜨며 거칠게 몰아

붙이자, 자리에서 펄쩍 뛰어올랐다. "짐승 같은 놈!"이라 욕을 퍼부었지만, 잔뜩 겁먹은 기색으로 뒤쪽으로 물러났다. 재판정 공기가 더욱 살벌해졌고, 결국 심문은 중단되었다. 총순이 상부에 급히 보고를 올려, 더 높은 직급의 감리사가 와서 다시 심문하게 했다.

그러나 새로 온 감리사가 미처 입을 떼기도 전에, 김창수가 먼저 말했다.

"나 김창수는 시골에 사는 평범한 백성이오. 하지만 국모께서 왜적에게 희생당하신 뒤로, 나라가 입은 치욕이 너무나 커서 내 그림자조차 수치스럽게 느꼈소. 그래서 왜놈 하나를 죽였소. 그런데 아직도 '왜왕을 죽여 임금의 원수를 갚자'는 말이 나오지 않는 것 같소. 이제 보니 다들 상복을 입고 있으나, 정작 춘추대의(春秋大義, 대의명분을 밝혀 세우는 큰 의리)가 가르치는 임금과 아버지의 원수는 갚지 않고, 권력과 부귀영화를 좇는 모습이 아니오? 이게 어떻게 임금을 섬기는 태도라 할 수 있단 말이오?"

심문정에 모인 고위 관료들은 낯이 벌게져 시선을 떨구고 아무 대꾸도 하지 못했다.

그날, 김창수가 심문을 받는다는 소식을 들은 어머니는 이른 아침부터 감옥 문밖에서 기다렸다. 간수한테 업혀 나오는 아들의 병색 짙은 초췌한 몰골을 보고, 만약 잘못 말하면 맞아 죽을 수도 있겠다는 걱정이 컸다. 그래서 어머니는 재판이 끝날 때까지 문밖에서 기다리고 있었다. 한낮의 태양은 뜨거웠고, 굶주린 데다 애가 탄 어머니는 얼마 못 가 쓰러지고 말았다. 다행히 주변 사람들이 그늘로 옮겨 물을 마시게 하자 간신히 정신이 들었다. 나중에 누군가에게 "해주의 젊은이 김창수는 기개가 대단해, 감히 국모의 원수를 거론하며 감독 관리에게 대든 뒤, 일본 순사를 호되게 꾸짖었다네."라는 말을 전해 들었다. 어머니가 힘이 풀린 다리를 부여잡으며 간신히 몸을 일으키고 있는데, 누군가의 외침이 들렸다,

"온다! 나온다!"

사람들이 몰려가는 곳으로 그녀도 비틀거리며 맨 앞까지 밀려들어가 보니, 평소 아들에게 밥을 갖다줄 때 얼굴을 익혔던 간수가 김창수를 업고 경무청에서 나오고 있었다. 간수가 주변을 두리번거리다 그녀를 발견하고는 다가와 조용히 한마디 건넸다.

"아주머니, 걱정하지 마십시오. 아주머니가 호랑이 같은 아들을 낳았습니다!"

세상 두려울 게 없는 당당한 청년의 정의로운 기세가 사악한 기운을 누른 것인지, 아니면 그가 나라를 향한 사람들의 양심을 일깨운 것인지 알 수 없지만 이후 경무청의 명령이 떨어졌다.

"이 사람은 다른 죄수와는 달리 도둑질을 한 것도 아니고, 지금 큰 병을 앓고 있으니 더 나은 감방으로 옮기고 족쇄도 채우지 말고, 잘 보살피도록 하라."

그때부터 김창수는 감옥의 왕이 되었다.

어느 날, 면회 온 어머니 얼굴에 근심이 어려 있었다. 그녀는 아들에게 조심스레 말했다.

"네가 심문을 받고 나온 뒤, 경무관이 150냥을 보내 왔어. 몸이 안 좋으니 보약이라도 먹이라고. 내가 기거하는 주인집 부부야 말할 것도 없고, 그 집 식객들까지 나를 존중해 준단다. 집주인이 네가 감옥에서 뭘 먹고 싶다고 말만 해주면, 무엇이든 해주겠다고 했단다."

이 말을 할 때 어머니의 얼굴에 좀처럼 보기 힘든 밝고 환한 미소가 번졌다. 그리고 그런 환한 미소를 짓게 된 건 어머니만이 아니었다. 김창수가 그날 재판에서 보여준 의연함과 애국심 덕분에, 전혀 모르는 사람들까지도 그를 만나보겠다고 감옥을 찾았다. 심지어 힘 있는 인사부터 인천 항구의 노동자에 이르기까지 많은 이가 다음 재판 날짜를 수소문하며 기다렸다. 그 덕분에 두 번째로 재판을 받으러 간 날, 간수 등에 업혀 감옥 밖으로 나오니 주변 도로가 인파로 가득했다. 경무청 안에도 여러 부서의 관리와 항구의 세력가들이 몰려들었고, 심지어 그 넓은 마당과 담장, 지붕 위에도 사람들이 빼곡히 들어찼다.

김창수가 자리에 앉자, 경무관이 그의 곁을 지나며 살짝 귀띔했다.

"오늘 왜놈이 또 와 있소. 마음껏 욕해도 되오."

그날 김창수는 단 한마디로 심문을 끝냈다.

"할 말은 지난번에 이미 다 말했다."

그리고 남은 시간은 와타나베를 향해 욕설을 퍼붓는 데 전부 썼다. 그러자 그를 흠모하여 감옥에 밥을 보내오는 이들이 점점 더 늘어났다. 그 음식들은 하나같이 정성스러운 음식이었으며, 어떤 이들은 자신들도 먹기 힘든 별미를 마련해 보내왔다. 그는 음식들을 두 손으로 공손히 받아 한 입씩 맛본 뒤, 감사함을 표했고, 남은 음식은 죄수들과 나누어 먹었다. 자연스레 그는 죄수들 사이에서 더 깊은 신망을 얻게 되었다. 또한 김창수는 치하포 사건의 모든 책임은 전적으로 자신에게 있고, 주막 주인 이화보와는 무관하다며 이화보의 석방을 거듭 요청했다.

판결을 기다리는 동안, 김창수는 밤낮없이 책을 읽었다. 먼저 아버지가 보내준 『대학(大學)』을 읽었고, 이어 감리서의 한 관리가 권해 준 서양 신간서적들을 차례차례 접했다.

그 관리는 그에게 이렇게 일깨워 주었다.

"이 나라가 문을 닫아걸고 옛 지식과 옛 사상에만 매달려 있으면 결코 나라를 구할 수 없소. 세계의 정치, 문화, 경제, 윤리, 교육, 산업 등을 폭넓게 연구하여 그들의 정수를 우리 것으로 소화해야만 국력이 생길 것이고, 진정 시대를 읽는 영웅이 될 것이오!"

또 그는 대의를 좇고 당당한 남자라면 새 지식을 깨우쳐 훗날 조국을 위해 큰일을 도모해야 한다고도 했다. 아마도 그 관리는 예전에 스승 고능선이 김창수에게서 '범상(虎相)'을 알아본 것처럼, 비범한 눈을 지닌 사람이었는지도 모른다. 실제로 그는 『태서신사(泰西新史)』, 『세계지지(世界地志)』 등 구하기도 어려운 서적들을 갖다주었다.

김창수는 언제 사형당할지 모르는 신세였지만, 아침에 진리를 들으면 저녁에 죽어도 한이 없다는 말로 스스로를 다잡으며 손에서 책을 놓지 않았다. 감옥 안의 다른 죄수들에게도 그가 공부하는 내용을 가르쳐 주었기 때문에, 당시 《황성신문(皇城新聞)》은 김창수 사건을 이렇게 보도했다.

"김창수는 인천감옥에서 죄수들에게 글을 가르쳐, 감옥을 학교로 만들었다."

감옥 안에서 그가 즐긴 또 다른 일은 억울한 이들을 위해 탄원서를 써주는 것이었다. 실제로 몇몇 수감자는 그의 글 덕분에 무죄로 풀려났다. 관리 중에도 탐관오리를 고발하는 상소를 써 달라고 찾아올 정도였다. 그들은 김창수가 마음을 얻기 위해 어떤 논리로 글을 쓰는지 알지 못했다. 다만 호랑이 기운을 타고나 글씨에도 범의 위세가 깃들어 있어서 그가 써 주는 상소가 신통하게 잘 먹힌다고 생각했다. 덕분에 간수들도 일을 소홀히 하거나 죄수들을 함부로 학대하지 않았다. 그러나 자기 자신을 구할 상소를 쓰는 것은 잊었던 걸까, 아니면 쓰더라도 일본의 압박 탓에 소용없을 거라 판단한 걸까?

어느 날《황성신문》이 다시금 인천에서 전한 소식은 불길한 내용이었다.

"7월 27일, 살인 강도범 김창수를 교수형에 처할 예정이다."

이 신문기사를 간수가 직접 김창수에게 보여주었다. 울었는지 간수의 눈은 이미 퉁퉁 부어 있었다. 곧이어 그를 찾아와 오열하며 작별 인사를 건네는 이들이 줄을 이었다. 정작 김창수는 담담한 마음으로 그들을 달랬고, 모두가 돌아간 뒤에는 예전처럼『대학』을 펼쳐 읽었다. 그때 그의 얼굴을 본 사람들은 누구나 알 수 있었다. 그의 평정은 억지로 연기한 것이 아니라 마음에서 기인한다는 것을. 사형 집행일까지 얼마 남지 않았는데도, 그는 여느 때처럼 밥을 먹고, 책을 읽으며, 또렷한 음성으로 사람들과 대화를 나눴다. 다만 혼자 생각에 잠길 때면, 스승 고능선에게 들었던, 한 남자의 이야기가 자꾸만 귓전에 맴돌았다.

'그 사내가 달아오른 쟁기로 지지는 고문을 당할 때 뭐라고 외쳤더라? 아, 그렇지. 쇠가 식었구나. 불에 더 빨갛게 달군 뒤에 지져 봐라! 라고 저항했지.'

하지만 김창수의 담담한 표정이 문득 무너지는 순간이 있었다. 바로 어머니를 볼 때였다. 그는 어머니에게 대체 뭐라 말해야 할지 알지 못했다. 그런데 막상 밥을 들고 온 어머니는 평소처럼 따뜻하면서도 강인한 미소를 띠며 그에게 똑같이 말했다.

"먹어라! 하늘이 무너질 리 없단다. 네 배부터 채우는 게 가장 중요하지. 스스로만 쓰러지지 않는다면, 아무도 널 쓰러뜨리지 못한다!"

이럴 때면, 김창수의 가슴속에 삭이고 있던 깊은 설움이 거대한 물결처럼 솟구쳤다. 그는 고개를 숙이고 어머니가 지어 온 밥을 먹으면서 생각했다.

'이 밥 한 숟갈에 어머니의 눈물이 얼마나 섞였을까…….'

어머니의 눈물과 자기 깊은 곳에서 솟아오르는 눈물까지 꾹꾹 삼켜 낸 뒤, 고개를 들면 보이는 것은 마치 단단한 쇠로 벼려진 듯한 어머니의 미소였다. 그는 분명 사람들이 사형집행 소식을 어머니에게만 비밀로 하고 있다고 생각했다.

5

 강천(江川) 감옥에서 사형집행은 오후로, 장소는 우각동(牛角洞)으로 정해졌다.
 그날은 유난히 눅눅하고 후텁지근했다. 아침과 점심, 김창수는 여느 때와 똑같이 많이 먹었다. 밥은 어김없이 어머니가 직접 가져주었다. 어머니 얼굴에는 무쇠로 빚은 듯 단단한 미소가 어려 있었다. 아들이 한 입 두 입 크게 밥을 떠먹는 모습을 그저 고요히 바라보았고, 아들이 맛있게 먹자, 표정은 한층 더 부드럽고 평온해졌다. 밥을 다 먹은 뒤, 어머니는 품에서 커다란 복숭아 세 개를 꺼내 정성스럽게 껍질을 벗기며 말했다.
 "복숭아가 참 달구나. 우리 나눠 먹자."
 그러곤 복숭아를 아들 입 가까이 내밀어 한입 베어 물게 하고, 자신도 한입 베어 물었다.
 "정말 달지?"
 마치 젖먹이를 대하듯 하는 모습에 같은 방 사람들 모두 넋을 놓고 보고 있었다. 김창수도 어머니의 미소를 멍하니 바라보았다. 그토록 달콤하고도 평온한 표정은 처음 보았다. 그 순간, 마치 성모의 미소를 마주한 듯 울컥했다. 이전에 느껴본 적 없던 감정이 가슴에 잔물결처럼 번졌다.

 점심을 먹고 나서, 그는 벽을 마주하고 앉아 사형 직전에 마지막으로 '호랑이의 포효'를 어떻게 내지를지 생각해 보려 했다. 그러나 아무리 마음을 가라앉히려 해도, 감옥 안 여기저기서 울려 퍼지는 울음소리에 집중할 수가 없었다. 특히 그가 나눠 준 밥을 함께 먹었던 사람들, 그에게 글을 배운 사람들, 청원서를 대신 써주며 도와줬던 이들······. 철창 너머로 손을 내밀며 흐느끼거나 얼굴을 감싸고, 목이 메어 우는 모습은 그 하나하나가 날카로운 칼처럼 가슴을 도려내는 듯했다.

 교수대에 오를 시간이 시시각각 다가오고 있었다. 그는 자리에 앉아 계속「대학」을 읽었다. 귀에 들리던 온갖 소리는 점차 멀어졌고, 마음 속에는 성현이 함께하는 발걸음과 가르침만 고요히 남았다. 어느새 해가 기울어 주위가 어두워졌고, 저녁밥이 왔다. 감방 안은 숨죽인 듯 조용했다. 아무도 밥을 먹지 않았다. 혹시 그를 데려가는 것을 깜빡 잊고 있는 사신(死神)을 깨우지 않으려 조심하는 것 같았다. 사람들은 아무 말 없이 기도하고 있었다. 사신이 이 김창수라는 청년을 영영 잊어주기를. 하지만 김창수는 이 밤을 넘길 수 없으리라는 걸 알고 있었다. 아마도 이 특별한 죄수가 또 어떤 돌발행동을 할까 봐 일부러 집행 시간을 밤으로 바꾼 듯했다.

 과연 어둠이 짙어지는 초경(初更) 무렵, 밖에서 웅성거리는 소리와 함께 '덜컹'하며 무거운 감옥 문이 열리는 소리가 들렸다. 다른 죄수들은 다들 조용히 누워있었지만, 잠든 이는 아무도 없었다. 그 소리에 모두 벌떡 일어났다. 창백한 얼굴로 마치 자신들이 끌려가는 것처럼 몸을 떨며, 그를 데려가지 못하게 막으려는 듯 김창수를 둘러쌌다.

 김창수는 저녁을 먹고 난 뒤 계속 책 읽던 자세로 어둠 속에 앉아 있었다. 떠나는 순간이 누구도 놀라게 하지 않고 조용히 오길 바랐다. 그런데 간수가 문을 너무 시끄럽게 열자, 살짝 짜증이 일었다.

"창수는 어느 방에 있나?"

다시 경무관의 외침이 울려 퍼졌다. 그 목소리가 떨리고 있었고, 게다가 "창수야"라고 친근하게 부른 적은 단 한 번도 없었다.

"저 여기 있습니다."

김창수가 일어나 문 쪽으로 다가가자, 경무관은 문을 열기도 전에 달려와 철창 너머로 그를 부둥켜안듯 외쳤다.

"창수야! 살았어! 살았다고!"

흥분해서인지 제대로 설명도 못하고 소리만 지르자, 옆에 따라온 사람이 그 경위를 설명했다.

"아이고, 사실 오늘 우리 감리서 감리와 서원, 각 청의 관원들은 밥 한 술도 뜨지 못했소. 어찌 우리 손으로 국모의 원수를 갚은 영웅을 죽일 수 있단 말이냐며 애가 탔어요. 이 사실을 대군주 폐하께서 들으시고 곧바로 감리를 불러 '김창수의 사형 집행을 중지하라'는 칙령을 내리고, 그 밤에 바로 감옥에 명을 전하셨어요. 아휴, 오늘 하루 사람들이 얼마나 애가 탔는지 모를 것이오!"

순간 철창을 쾅쾅 두드리는 소리가 사방에서 울려 퍼지더니, 온 감방이 열기로 들끓었다. 죄수들은 기뻐서 신발과 밥그릇으로 족쇄를 두드리며 눈물을 흘리며 환호했다. 또 어떤 이는 알 수 없는 온갖 노래를 불렀고, 어떤 이는 무거운 족쇄를 질질 끌며 춤을 추었다. 흥분하여 뛰어다니는 사람들 때문에 족쇄가 붉은 피로 물들었다. 이 감옥에서 한 번도 본 적 없는 정경으로, 마치 자신들이 특사를 받은 것처럼 축하했다. 나중에 김창수는 자신이 어떻게 죽음에서 살아 돌아왔는지 정확히 알고 나서, 가슴을 쓸어내렸다.

그날의 시작은 일상적인 절차였다. 법무대신이 김창수를 비롯한 사형수 몇 명의 공술서를 들고 입궐해, 국왕에게 최종 승인을 청했다. 왕이 하나하나 죄목을 살펴보고 모두 사형을 승인했다. 그런데 당직 승지가 김창수의 공술서에 '국모의 복수'라고 적힌 것을 보고는 이상히 여겨, 곧바로 다시 궁으로 들고 가 아뢰었다. 왕이 어전회의를 열어 이 사형 집행을 중지하기로 하고, 바로 전화로 칙령을 공표한 것이었다. 만약 그 승지가 '국모의 복수'라는 말을 세심하게 여기지 않았다면, 김창수는 벌써 교수대에 매달렸을 것이다. 이것이 그가 죽음에서 벗어난 첫 번째 기막힌 우연이었다.

또 하나 놀라운 행운이 있었다. 바로 '전화' 덕분이었다. 만약 인천과 경성 사이에 전화선이 없어 전갈을 제때 보내지 못했다면, 김창수는 결국 교수대로 끌려갔을 것이다. 이 두 지역을 잇는 전화가 개통된 게 바로 사흘 전이었다.

나중에 감리서 주사(主事)가 김창수에게 이런 사실을 전해 주었다.

"당신이 사형 판결을 받았다는 소식이 퍼지자, 인천 항구의 32개 중개업체가 주민들에게 통지문을 돌려, '집행 당일 우각동에서 사형대를 막아서라. 가정마다 최소한 한 명은 나가야 하며, 1냥씩 모아 김창수 구명금으로 보태자. 모자라면 32개 업체가 부담하겠다. 며칠이라도 목숨을 연장해 놓으면 그 사이에 혹시라도 궁에서 은혜로운 명이 내려올지 모른다'고 했다오."

나는 곰곰이 생각해 보았다. 그날 우각동 앞에 모인 백성들이 목숨 값을 손에 쥐고 한마음으로 기도한 힘이, 혹시나 궁궐 안 그 승지의 눈을 뜨이게 해 임금 앞에 되돌아가도록 한 건 아닐까? 어떻든 민심의 힘은 결코 무시할 수 없다.

이후 민심에 의해 온갖 전설 같은 이야기도 퍼져나갔다.

"김창수가 그날 전혀 동요하지 않은 건, 이미 하늘에서 명이 내려온 걸 미리 알고 있었기 때문이다.", "그는 앞날을 내다보는 예지 능력이 있는 사람이었다." 등등.

심지어 그 어머니조차 아들이 예지력이 있다고 믿었다. 전화로 왕의 교지를 받아 죽음을 면한 이야기를 들은 어머니는 이렇게 말했다.

"우리 애는 갑곶진에서 나와 함께 바다에 몸을 던지려 할 때도. 나는 죽지 않는다고 말했어요."

알고 보니 어머니의 흔들림 없는 미소는 아들에 대한 절대적인 믿음에서 비롯되었다.

그로부터 2년 뒤, 먹구름이 몰려오고 바람이 거센 어느 봄밤, 김창수는 탈옥했다.

사실 그전까지 그가 탈출을 결심했다는 낌새를 눈치챈 사람은 없었다. 아니 그는 애초에 탈출할 생각이 없었다.

어느 날, 감리서 주사가 옷 한 벌을 가져와 감리사에게 내밀며 말했다.

"이건 강화도의 김주경(金周卿)이라는 분이 보내신 겁니다. 김창수에게 입히라고 하셨고, 꼭 이 옷을 입고 자신과 만나 달라고 전하라고 하더군요."

얼마 지나지 않아 정말로 누군가 찾아와 김창수를 만나 이렇게 한마디만 하고 돌아갔다.

"고생 많았습니다. 괜찮습니까? 내가 바로 김주경입니다."

2장 호랑이처럼 위풍당당하게 걷는 사람

곧이어 저녁밥을 가져온 어머니가 김창수에게 전했다.

"방금 강화의 김우후(金虞侯)라는 사람이 아버지랑 나를 찾아왔다. 네 옷 한 벌을 챙겨 주고, 우리한테도 옷감과 200냥을 주고, 열흘 뒤 다시 온다고 하더구나. 다들 아주 좋은 분이라는데, 네가 보기엔 어떤 사람이니?"

김창수가 대답했다.

"한 번 보고서 어찌 알겠습니까. 다만 호의는 감사하지요."

김주경이 김창수 이야기를 듣게 된 건 인천감옥의 사령 반수(班首)로 있는 최덕만(崔德萬)을 통해서였다. 최덕만은 김씨 집안의 여종과 혼인했으나, 아내가 죽고 난 뒤 인천에 와서 몇 해 동안 경찰청 사령으로 일했고, 지금은 사령 반수로 일하고 있었다. 김창수는 나중에 최덕만에게서 김주경의 내력과 인품을 조금 더 들을 수 있었다.

김주경은 본래 강화의 이속(吏屬)이었다. 병인양요 이후 대원군이 강화에 별무사 3천 명을 양성하고 섬 곳곳에 포루를 세워 국방영을 꾸릴 때, 그는 포량고직(砲糧庫直, 강화 진무영의 창고지기)을 맡았다. 그는 성격이 호탕하고 어려서부터 책 읽는 것을 싫어하고, 도박에 빠져 살았다. 어느 날, 부모가 그를 벌주려 창고에 가두었는데, 몸에 투전용 두패(斗牌)를 숨기고 들어가, 갇혀 있는 며칠 동안 각종 도박 기술을 연구하고 익혔다.

그 뒤 경성으로 올라가 수만 벌의 두패를 만들어, 패마다 자신만 알아볼 수 있는 표식을 하나씩 새겨 놓고 다시 강화로 돌아와 팔았다. 강화는 섬이라 작은 포구마다 어선들이 늘어서 있는데, 배 위에서 도박이 성행했다. 이들이 갖고 하던 두패는 전부 김주경이 만든 것이라, 표식 덕분에 어떤 패인지 단박에 알아볼 수 있어, 내기만 했다 하면 십중팔구 이겼다. 그는 단숨에 은 10만 냥을 모았고, 그 돈으로 강화, 인천 일대 여러 관청의 아전들에게 뇌물을 주어 세력을 키웠다.

또 곳곳에서 지혜와 용기 있는 이들을 찾아 문객(門客)으로 받아들여 세력을 키웠다. 양반이라도 말도 안 되는 짓을 하면, 그가 직접 혹은 간접적으로 꾸짖어 벌을 줬다고 한다. 관가에서 도둑 사건이 나서 포교를 파견해 범인을 잡더라도, 먼저 김주경의 허락을 구해야 했다. 김주경이 잡아가도 좋다 하면 잡아가고, 직접 손보겠다 하면 포교들도 거절하지 못하는 식이었다. 당시 강화에는 큰 인물 둘이 있었는데, 하나는 양반 이건창(李健昌)이고 또 하나가 상놈 출신 김주경이었다. 강화유수조차도 둘을 함부로 건드리지 못할 정도였다. 대원군이 그를 군량 담당으로 기용한 것도 이런 내력을 들었기 때문이라고 한다.

최덕만이 김창수에게 들려준 말은 이랬다.

"어느 날 김주경이 우리 집에서 식사하다가 김창수를 반드시 구해야 한다고 말하더군. 그러면서 요즘 관가 높은 사람들은 돈밖에 몰라서 돈을 써야만 일이 될 테니. 집에 가서 재산을 처분해 김창수 부모를 모시고 경성으로 올라가 어떻게든 김창수가 풀려나도록 힘쓸 참이라고 했네."

과연 열흘쯤 지났을 때, 김주경이 다시 인천에 나타나 어머니를 데리고 경성으로 향했다. 아버지는 인천에 남았다. 경성에 도착한 김주경은 먼저 법무대신 한규설(韓圭卨)을 찾아가, 김창수 같은 인물을 구해 내야 충의지사를 더 길러낼 수 있다며 그를 풀어 달라고 간청했다. 한규설도 속으로는 같은 마음이었지만, 일본 공사 하야시 곤스케가 국제 문제로 삼겠다며, 김창수를 두둔하는 자가 있다면 어떤 대신이라도 가차 없이 처벌하겠다고 엄포를 놓은 탓에, 결국 어찌할 도리가 없다고 한숨만 내쉬었다.

그러자 김주경은 자신의 명의로 법무부에 정식 탄원을 내어 김창수 석방을 요구했다. 돌아온 것은 그 의도는 가상하나, 사안이 중대하여 함부로 결정할 수 없다는 답이었다. 이후로도 그는 여러 관청에 거듭 청원했지만, 서로 책임을 미룰 뿐 별 소득이 없었다. 김주경은 7~8개월간 뛰어다니며 온갖 힘과 재산을 쏟았지만 결국 허사였다. 부모 역시 차례로 경성에 올라와 애써 봤지만, 성과는 없었다. 막다른 지경에 이르러, 김주경은 부득이 소송을 포기하고 말았다.

이후 강화로 돌아간 그는 감옥에 있는 김창수에게 편지를 보내, 위로와 격려의 말을 전하면서 오언시(五言詩) 한 수를 덧붙였다.

脫籠眞好鳥 새장을 벗어나는 새가 참으로 좋은 새이고
跋扈豈常鱗 오만한 기상을 지녔는데 어찌 평범한 물고기이겠는가.
求忠必於孝 충성을 구하려면 먼저 효를 실천해야 하니
請看依閭人 주변에 의지하고 있는 이를 살펴보라

김창수는 곱씹어 읽어 본 뒤, 이 시가 사실상 '탈옥'을 권유하는 내용임을 눈치챘다.

그는 바로 회신을 보내, 김주경이 재물과 정성을 아끼지 않고 노력한 데 대해 감사를 표하면서도 나는 구차하게 목숨을 부지하려고 떳떳함을 버릴 수 없으니, 더는 신경 쓰지 말라고 했다. 김창수는 계속 감옥 생활을 하면서 신학문 서적들을 파고들며 지냈고, 그 뒤로 김주경의 소식은 들리지 않았다.

얼마 지나 김주경에 관한 갖가지 소문이 들렸다. 누구는 김주경이 동료들과 함께 관선을 한 척 탈취해 해적이 되려는 계획이 강화유수에게 새어나가 실패했다고 했고, 또 누구는 도망치던 길에 유수를 만나자, 유수를 마구 두들겨 팬 뒤 블라디보스토크로 가버렸다고도 했다. 또 누구는 근처 어딘가에 은신 중이라고도 했다.

김주경이 떠난 뒤에도 아버지는 아들을 포기하지 않았다. 그는 김주경이 법정에 낸 탄원 서류를 모두 챙겨 강화의 이건창 등 여러 사람을 찾아다니며 아들을 구할 방도를 물었지만, 다들 고개를 저으며 한숨만 쉬었다.

지금 와서 돌이켜 보니, 김창수의 탈옥은 어쩌면 운명이었는지도 모른다. 그는 그 생각을 포기할 수도 있었고, 김주경에게도 그런 터무니없는 생각은 하지 말라고 설득할 수도 있었다. 하지만 수감생활을 아무리 인내하며 이어간다 해도, 그 자신은 물론이고, 마음이 갇힌 사람들이 진정 평안해질 수는 없었을 것이다.

1898년 2월, 대원군이 사망했다는 소식이 전해졌다. 같은 감방에는 무기징역을 선고받은 죄수와 10년 형을 받은 조덕근, 김백석 그리고 3년 형을 받은 양봉구 등이 있었다. 이들은 종종 김창수에게 '탈옥'을 암시하곤 했다. 그들의 말투에는 마치 김창수는 힘이 세고 위세가 있는 신통한 인물이라 도움만 주면 모두를 한 손에 쥐고 허공으로 날아올라 데리고 나가 줄 거라고 믿는 것 같았다.

어느 날, 조덕근이 눈물을 글썽이며 말했다.

"위에서 갑자기 상감의 명이 떨어져 김 서방만 나가 버리면, 우리는 간수들에게 호되게 시달리다 10년 형을 다 못 채우고 죽을 게 뻔해요. 김 서방, 우리 사정을 좀 생각해 봐주시오. 우리도 국문과 한자를 배워 편지 정도는 쓸 수 있게 됐지만, 만약 여기서 죽는다면 배운 게 무슨 소용이겠습니까?"

김창수는 정색하며 대답했다.

"나도 여기에 갇힌 죄수일 뿐이오. 혹시 혼자 나가게 된다면, 저 또한 마음이 편치 않겠지요."

"김 서방도 지금은 우리와 함께 계시지만, 언제든지 석방되실 수도 있지 않겠습니까. 혹시 그때 우리도 같이 내보내 주신다면, 평생 은혜를 잊지 않겠습니다."

김창수는 그 말에 더 대꾸하지 않았다. 그는 조덕근의 속내를 정확히 헤아릴 수 없었다. 다만 그날 대화를 계기로 김창수 안에 망설임이 싹텄다.

'내가 이대로 영영 풀려나지 못한다면 감옥에서 죽어야 할까? 아니, 왜놈을 죽이는 일은 진정한 의미에서 국법의 범죄라 보지 않을 텐데……. 목숨을 걸고 왜놈을 죽였으니 그게 적에게 당해 죽든, 관이 나를 죄인 취급해 죽이든, 나는 별 후회가 없다고 생각했는데……. 지금 국왕께서도 나를 직접 살려두라 하셨고, 나를 죄인이 아니라 여기시는데다, 감리서와 관부 관리들도 죄인으로 취급하지 않아. 게다가 김주경이나 인천의 중개인들까지 돈을 모아 내 목숨을 구하려 했던 건 내가 살아 있길 바랐기 때문이고, 오직 왜놈들만이 내가 감옥에서 죽기를 바란다. 내가 꼭 그놈들 뜻대로 되어 줄 필요가 있을까?'

그렇게 곰곰이 생각한 끝에, 김창수는 탈옥을 결심했다.

어느 날 밤, 그는 조덕근에게 방법을 마련해 같이 나가보자며 슬그머니 귀띔했다. 조덕근은 벌써 새 생명을 얻은 듯 기뻐하며, 무슨 일이든 지시에 따르겠다며 굳게 맹세했다. 김창수는 먼저 그에게 집에 알려 200냥을 가져오라고 일렀다. 조덕근은 곧장 식사를 날라 주는 사람을 통해 비밀리에 연락했고, 돈이 금방 전달되었다. 둘은 탈옥 준비를 시작했다.

당시 죄수들 중에 황순용이란 꽤 세력이 있는 인물이 있었다. 강화 출신으로, 도둑질로 3년 형을 받고 이제 열흘 남짓 후면 석방될 처지였다. 그는 다른 죄수들을 감독하는 임무도 맡고 있었는데, 이 사람을 자기 편으로 끌어들이지 않고서는 계획을 성공시킬 수 없었다. 김창수가 유심히 보니, 황순용은 김백석이라는 소년 죄수를 무척 아낀다는 사실을 알아차렸다. 김백석은 열일곱이나 열여덟쯤 된 미소년으로, 도둑질로 들어온 지 겨우 몇 달밖에 되지 않아 출소까지는 까마득했다. 김창수는 김백석을 이용해 황순용을 설득해야겠다고 마음먹었다.

김창수는 직접 나서지 않고 조덕근을 통해 김백석을 꼬드겨, 김백석이 황순용에게 부탁하게 만든다는 계획이었다. 예상대로 황순용은 김백석의 애원에 견디지 못하고 몰래 김창수를 찾아와 도움을 줄 방법을 묻고, 김백석을 꼭 같이 데리고 나가달라 부탁했다. 김창수는 그의 말에 일부러 꾸짖듯 말했다.

"이제 곧 풀려날 텐데, 세상에 나가서 착하게 살 생각은 않고? 아직 나가지도 않았는데 또 범죄를 저지르려 하나? 김백석이 어려서 죄를 짓고 중형을 받은 건 나도 안타깝지만, 나 역시 죄수일 뿐이라 어찌할 재주가 있겠나?"

이어서 조덕근은 김창수의 지시대로 김백석에게 김창수의 도움을 받아야 성공할 수 있다고 황순용을 다시 조르도록 부추겼다. 다음날,

김백석의 끈질긴 애원에 다시 김창수를 찾아와 울며불며 말했다.

"내가 대신 징역을 살아도 좋습니다. 당신은 못할 일 없지 않습니까? 김백석을 살려주시면 전 죽어도 좋습니다."

그 말에 김창수는 일부러 믿지 못하겠다는 듯 떠보았다.

"자네가 김백석을 얼마나 사랑하는지 나는 모르네. 나도 아직 어린 그 아이가 감옥의 귀신이 되어야 하니 불쌍한 마음이 들지만, 그렇다고 도와주겠다고 할 수는 없네. 내가 그를 도와주었는데 만약 네가 고발해서 내가 곤란해지면? 나와 2년을 같이 지냈으니 알겠지. 전에 이순보가 탈옥해서 감방 사람 모두 잡혀가 얻어맞을 때도, 간수들이 나에게는 아무 말도 못했네. 지금 만약 내가 김백석을 도와주다 일이 잘못되면 나는 명성도 잃고, 김백석도 오히려 죽게 될지도 모르네. 나는 살고자 하는 김백석이 아니라 살리려고 하는 자네를 믿을 수가 없네!"

김창수의 의중을 파악한 황순용은 바로 무릎을 꿇고 연신 고개를 숙이며 맹세했다. 그가 김창수의 말을 무조건 따르겠다고 맹세하자, 김창수가 마지못해 수락하면서, 조덕근과 양봉구도 같이 데리고 나가겠다고 덧붙였다.

다시 하루가 지나 황순용이 다시 찾아와 바깥으로 나가려면 돈이 필요하다고 했다. 김창수가 알아서 마련해주겠다고 하자 황순용은 기뻐 어쩔 줄 몰라 했다. 이어서 김창수는 아버지와 면회를 청해, 옷에 삼각줄톱을 싸서 가져다 달라고 부탁했다. 아버지는 그의 의도를 알아차리고, 새 옷에 줄톱을 몰래 넣어 건네주었다. 김창수는 들키지 않게 잘 숨겼다.

이틀 뒤 저녁, 어머니가 식사를 가져오자, 그는 살짝 귓속말로 전했다.

"오늘 밤 제가 나갈 겁니다. 어머니와 아버지는 밤배를 타고 고향으로 돌아가 저를 기다리세요."

어머니는 눈을 반짝이며 기쁜 표정으로 작별했다.

낮에 이미 그는 당직 간수에게 150냥을 건네며, 오늘 손님을 초대했으니, 쌀과 고기, 술 한 통을 사다 달라 부탁해 두었다. 비슷한 일이 전에 몇 번 있어, 간수도 별 의심 없이 승낙했다. 그는 추가로 50냥을 더 주며, 아편이나 사서 즐기라고 했다. 그 간수는 소문난 아편 중독자로, 성품이 나빠 다들 싫어했다.

그날 저녁, 노역형을 받은 죄수와 미결수 50여 명이 술과 고기에 취해 노래를 부르며 떠들썩하게 즐겼다. 김창수는 좀도둑 방과 잡범 방 사이를 슬렁슬렁 오가며, 속으로 셈을 하고 있었다. 감옥 바닥 아래에 통로가 거의 완성되어, 마지막 벽돌을 뜯어내기만 하면 감옥 밖으로 연결된다. 술에 취해 시끌시끌한 틈을 타 조덕근 등의 엄호하에 김창수가 지하로 내려갔다. 줄톱으로 통로를 마무리 짓고, 감옥 담장에 줄사다리를 달아놓았다. 그런데 일을 순조롭게 마무리 짓고 나니 문득 이런 생각이 들었다,

'조덕근 일행과 함께 가다가 혹여 불상사가 생기면 어떡하지? 이 틈에 나 혼자만 슬쩍 빠져나가는 게 낫지 않을까? 어차피 그들이 좋은 사람도 아닌데, 내가 굳이 다 데리고 갈 필요가 있나?'

하지만 이내 고개를 저었다. 계획도 다 알고 있고, 약속도 했는데, 저들을 버리고 떠나면 도리가 아니라고 생각했다. 그래서 다시 지하통로로 들어가 원래 자리로 돌아간 뒤, 아무 일 없었다는 듯 동료들을 불러 탈출구를 알려 주고, 자신이 안에서 상황을 살피고 먼저 넷이 나가도록 했다.

잠시 뒤, 별다른 소란이 없기에 그도 마지막에 지하통로를 통해 빠져

나갔다. 그런데 정작 밖으로 나오자, 그 네 명이 담장 아래서 줄사다리를 붙잡고 우왕좌왕하며 덜덜 떨며 담을 넘을 엄두도 못 내고 있었다. 마음이 급해진 김창수가 일행을 일일이 들어 올려 담 너머로 밀어 올렸다. 그런데 김창수가 줄사다리를 타고 담을 넘으려는데, 먼저 넘어간 이들이 송판으로 덮은 곳을 건느느라 요란한 소리를 내고 있었다. 그 소리에 감옥 바깥을 지키던 순검 등이 듣고 비상 호각을 불며 우르르 몰려왔고, 옥문 바깥에서도 요란한 발소리가 들려왔다.

바로 그때 김창수는 담장 아래 선 채로 진퇴양난에 빠졌다. 그러나 어떻게든 뛰어야 했다. 남을 도와 담을 넘길 때는 쉽게 보였지만, 막상 키보다 훨씬 높은 담을 자기 혼자 올라가려니 쉽지 않았다. 게다가 급박한 상황이라 줄사다리를 타고 갈 새도 없었다. 사방에서 문이 열리고 함성이 울려 퍼졌다. 절체절명의 순간, 김창수 눈에 물통을 걸 때 쓰는 나무 막대기가 벽에 세워져 있는 게 들어왔다. 그는 망설임 없이 낚아채 지렛대로 삼아 힘껏 솟구쳐 올랐고, 손을 담장 꼭대기에 짚은 뒤 잽싸게 담장을 뛰어넘었다. 원숭이보다 더 날렵했다.

철창을 벗어난 호랑이가 된 김창수는 결심했다.

'만약 누가 길을 막으면 죽을힘을 다해 싸우겠다!'

원래 계획했던 경로로 가지 않고, 삼각 줄톱을 손에 움켜쥔 채로 곧장 감옥 정문으로 향해 씩씩하게 걸어갔다. 경비병들은 비상 소집되었는지 대문 주변엔 아무도 없었다. 그는 어떠한 저지도 받지 않고 당당히 문을 나섰다. 2년이나 갇혀 있던 문을 벗어나던 순간, 김창수는 바깥의 맑고 상쾌한 공기를 몇 번이나 힘껏 들이마셨다.

6

늦은 봄, 밤안개에 온 세상이 아련하게 잠겼다.

인천은 김창수가 예전에 경성으로 갈 때 스쳐 지났을 뿐, 사람도 땅도 낯설었다. 게다가 지금은 달아나는 상황이니 도대체 어디인지 방향도 알 수 없었다. 동서남북조차 분간할 수 없는 칠흑 같은 밤, 그는 밤새도록 해변 모래사장을 서성일 수밖에 없었다. 날이 밝아오고 나서야 비로소 자신이 감리서 뒤쪽 용동산 기슭에 와 있음을 알았다.

김창수는 재빨리 몸을 낮추고 사방을 둘러보았다. 그러다 몇십 걸음쯤 떨어진 곳에서, 순검이 칼집을 달그락거리며 이쪽을 향해 달려오는 모습이 눈에 들어왔다. 숨을 곳을 찾던 그는, 길가 가게의 아궁이가 눈에 들어왔다. 경성이나 인천의 가게들은 아궁이를 바깥에 두고, 긴 나무판으로 덮어 두었다가 드나들 때 신발을 그 위에 벗어 놓곤 했다. 김창수는 잽싸게 그 나무판을 들추고 안으로 몸을 밀어 넣었다. 잠시 뒤 순검이 다가왔는데, 어찌나 가까운지 칼집이 아궁이 안에 있던 김창수 코끝을 스치듯 지나간 것 같았다.

아궁이 밖으로 기어 나오니, 어느덧 날이 훤히 밝아져 있었다. 멀리 천주교회 첨탑이 또렷이 보였다. 그는 동쪽을 향해 걸음을 계속 옮겼다. 가던 중 어떤 집 대문을 두드렸고, 안에서 누구냐고 묻는 소리가 들렸다.

"어르신, 일단 한번 밖으로 나와 보시면 압니다."

잠시 후, 문을 열고 나온 건 노인이었다. 노인은 의심스러운 눈으로 그를 위아래로 훑어보았다. 김창수는 자신의 이름을 밝히며, 어젯밤에 인천 감리서에서 비밀리에 풀어주었는데, 지금 이 몰골로는 대낮에 돌아다니기 어려우니 잠시 댁에서 숨었다가 밤에 다시 길을 떠날 수 있게 해 달라고 솔직히 털어놓았다. 하지만 노인은 거절했다. 어쩔 수 없이 그는 다시 길을 물어 화개동 쪽으로 걸음을 옮겼다.

얼마쯤 가다가, 아침식사를 하려고 주막을 찾아가는 어떤 인부를 만났다. 김창수는 또다시 같은 사연을 말하며 길 안내를 부탁했다. 다행히 그 사람은 무척 친절하게 김창수를 좁은 골목으로 이끌어 왼쪽 오른쪽으로 이어지는 미로 같은 길을 지나, 사람 눈에 띄지 않도록 화개동 입구까지 데려다주었다. 그리고 이쪽으로 가면 수원이고, 저쪽으로 가면 시흥이니 경성으로도 이어진다고 알려 주었다. 김창수는 마음이 급해서 감사 인사도 제대로 못 하고 황급히 길을 나섰다. 그는 시흥 방향을 택해 경성으로 가기로 했다.

그는 허둥지둥 움직이는 데다 지금 행색을 보면 도둑으로 오인당하기 쉽겠다고 생각했다. 장티푸스로 머리가 전부 빠졌다가 이제야 솔잎처럼 뾰족뾰족 올라온 상태라 짧은 머리를 위만 간신히 묶은 다음 천으로 동여매고 다니는 형편이었다. 두루마기 없이 바지저고리 차림이었지만 그래도 새로 지은 옷이라 가난한 사람처럼 보이지는 않았다. 다만 아까 아궁이를 기어 나오느라 군데군데 진흙이 잔뜩 묻어있어 평범한 사람처럼 보이지는 않았다.

인천 시내를 벗어나 5리쯤 걸었을 때, 해가 떠올랐다. 때때로 바람결에 호루라기 소리가 울려 퍼졌다. 산기슭에 등산하는 사람들이 제법 보이자, 김창수는 걸음을 멈췄다. 이런 차림으로 걷다가는 금방 잡힐 것이고, 그렇다고 산속에 몸을 숨긴다 해도 수색망을 피하기 어려우리라 생각한 김창수는 차라리 제갈량의 공성계(空城計)처럼 허를 찌르는 수를 써야겠다고 생각했다. 그리고 큰 길옆에 변변한 은신처라고는 없는 낮은 소나무 숲을 골라 그 안으로 몸을 숨겼다. 키 작은 소나무 중 한 그루 밑동에 몸을 엎드려 잔가지로 덮고 가만히 있었다.

얼마 지나지 않아, 순검과 간수들이 길 위를 지나갔다. 서로 나누는 말에서 그는 조덕근은 경성으로 달아났고, 양봉구는 배를 타고 도망갔다는 소식을 들을 수 있었다. 또 그중 누군가가 "김창수는 힘이 장사고 용맹한 사나이니 잡기 쉽지 않을 거다! 내 생각엔 차라리 잘 도망쳤어. 감옥에서 괴로움만 당하다 죽는 게 무슨 의미가 있겠는가."라고 하는 말도 들었다.

그렇게 김창수는 소나무 밑에 하루종일 누워있다가, 어둠이 내려서야 겨우 몸을 일으켰다. 긴장한 데다 물 한 모금, 밥 한 숟갈 못 먹어 기진맥진하여 고개를 들었을 때, 세상이 빙빙 도는 듯해 걷기도 힘들었다.

내려가는 길에 그는 허기를 달래기 위해 여기저기서 음식을 구걸해 먹고, 때로 노숙하거나 밤을 새워 가며 힘겹게 발걸음을 옮겼다. 그러나 감옥이라는 지극히 비좁고 답답한 세계에 갇혀 있던 데 비하면, 그 고단한 여정마저도 숨통이 트이는 해방감을 느끼기에 충분했다.

경성에 도착한 뒤에 김창수는 다시 남쪽 지방으로 이동해 공주 마곡사(麻谷寺)에 은신하고 승려가 되었다. 법명은 '원종(圓宗)'이었다. 이 과정은 실로 우연이 겹치고 인연이 얽힌 결과였다.

길에서 우연히 동행하게 된 '이씨'라는 사람을 따라 마곡사까지 가게 되었다. 이씨는 마흔을 넘긴 나이였고, 지은 시나 말투로 봐서 좌절을 맛보고 비관적인 생각을 하는 듯했다. 둘이 처음 마주친 건 계룡산 갑사(甲寺)에서였다.

그날 절에서 점심 공양을 하다 처음 만났는데, 이야기가 상당히 잘 통했다. 처음에는 이씨가 마곡사 풍광이나 둘러보자고 제안했다. 길을 가는 동안 그의 상황을 듣게 되었다. 그는 혼자 살고, 서당 훈장 노릇을 몇 년 하다 이제는 마곡사에서 승려가 되어 평생을 조용히 마무리하고 싶다고 했다. 그는 김창수도 세상에 염증을 느끼고 떠도는 처지로 비쳤는지, 같이 가서 스님이 되자고 부추겼다.

해가 질 녘, 두 사람은 마곡사 앞자락 산비탈에 도착했다. 산 전체가 금빛 단풍으로 물들어 말할 수 없이 아름다웠다. 이런 풍경을 보니, 떠도는 나그네의 마음이 스산해졌다. 저녁 안개가 드리운 마곡사는 세속의 눈길조차 사양하는 듯, 산꼭대기에 홀로 앉아 속세의 경지를 벗어나 묵묵히 참선하는 것처럼 보였다. 댕-댕- 울리는 종소리는 끊길 듯 이어지며, 번뇌를 털어 버리고 얼른 입문하라고 속삭이는 듯했다.

이씨가 생각에 잠겨있는 김창수에게 물었다.

"김형, 어떻게 할 텐가? 다 버리고 나랑 같이 중이 됩시다!"

김창수가 대답했다.

"여기서 말만 한다고 될 일인가요. 스님이 되려면 절 주지와 상의해야죠."

"그 말도 맞군."

이씨도 고개를 끄덕였다. 둘은 짙은 안개를 뚫고 천천히 산문(山門)으로 내려갔다. 김창수는 그 순간을 훗날 "속세에서 해탈해 정토(淨土)

로, 지옥에서 극락으로 한 걸음씩 나아가는 느낌이었다"라고 회고했다.

매화당(梅花堂)을 지나 물살 요란한 긴 나무다리를 건너 검을 찾는다는 뜻의 심검당(尋劍堂)에 이르자, 노승 한 분이 그림을 감상하고 있었다. 이씨가 다가가 아는 척 인사했는데, 그는 포봉당(抱鳳堂) 노승으로, 예전부터 이씨와 인연이 있어 두 사람은 그날 저녁을 절에서 함께 대접받으며 묵게 되었다. 밤에 그들은 하은당(荷隱堂) 고승과도 깊은 이야기를 나누었다.

이튿날 아침, 김창수는 머리를 깎고 승복까지 입어, 몰라보게 깔끔하고 기운차게 변한 이씨를 보았다. 하은당은 이 절의 재산을 맡아 보는 보경대사(寶鏡大師)의 상좌(上座)인데, 하은당의 상좌가 되면 학비를 면제받을 수 있다면서, 이씨는 김창수더러 빨리 출가하라고 권유했다.

날 때부터 불교와 인연이 있어서인지 아니면 청정한 산사에서 하루를 보내며 모든 것이 부질없어 번뇌에서 벗어나고 싶은 마음이 일었는지 알 수 없지만, 김창수는 이내 승려가 되기로 마음먹었다. 이씨는 그를 사제 '호덕삼(扈德三)'에게 데려가 계곡에서 삭발하게 했다.

계곡 물가에 쪼그리고 앉아 '삭발진언(削髮眞言)'을 잠시 낭독했다. 이어서 차가운 느낌이 느껴지더니 김창수의 상투가 '툭'하고 모래땅에 떨어졌다. 결심 끝에 치르는 일이었지만, 자기 머리카락이 땅에 떨어지는 광경을 보자 왈칵 뜨거운 눈물이 뺨으로 흘러내렸다.

법당 종소리가 울려 퍼졌다. 산속 여러 암자에서 수백 명의 승려가 가사를 두르고 모여들었고, 향적실(香積室)에서는 공양을 짓고 있었다. 김창수도 검은 장삼과 붉은 가사를 걸친 뒤 대웅전에 들었다. 호덕삼의 가르침대로 부처 앞에 절을 올렸다. 하은당이 부처님께 고하며 그에게 '원종'이라는 법명을 주었다. 수계사(受戒師) 용담(龍潭)대사가 엄숙히

경문을 낭독하며 그에게 오계(五戒)를 내렸다.

　예불 절차가 끝나자, 김창수는 보경대사를 비롯해 산중 고승들에게 차례대로 예를 올렸다. 또한 예불 공부와 함께 진언집(眞言集)을 암송하고, '초발심자경문(初發心自警文)' 등 간단한 법규를 배웠다. 승려의 행실은 하심(下心, 자기를 내려놓는 일)이 제일이니, 스님들은 마음가짐이 제일 중요하며, 거만함을 몰아내야 하고, 사람은 물론 금수(禽獸)나 벌레까지도 귀히 여기지 않으면 지옥의 고통을 받는다는 것이 가르침의 핵심이었다.

　그런데 처음에는 김창수를 무척 공손히 대하며 출가를 권유하던 하은당 스님은 이젠 "원종아!"라고 그의 법명을 함부로 부르면서 말했다.

　"생긴 것이 우둔해서 훌륭한 승려는 못되겠다. 못생긴 주제답게 어서 땔나무나 해오고 물이나 길어 오너라!"

　이처럼 하은당 스님이 자신을 함부로 대하는 모습에 김창수는 놀랐다. 중이 되면 뭔가 근사할 줄 알았는데, 현실은 달랐다. 망명객으로 곳곳을 떠돌던 시절에도 마음 한편에는 언젠가 공을 세워 관직에 오르고, 천한 신분의 설움을 씻으며 양반들에게 복수하겠다는 포부가 있었다. 그러나 불문(佛門)에서 그런 허황한 야망은 용인되지 않는 야욕에 불과했다. 그런 잡념이 치밀 때마다 불법(佛法)을 지키는 선한 부처의 힘으로 물리쳐야 했다.

　잠시 마음을 가라앉히고 돌아보니, 문득 '내가 왜 여기까지 와서 중이 되었지?' 하는 의문이 들었다. 쉽게 답을 찾을 수 없어서 가끔은 자신을 원망하기도 했다. 그러나 이미 중이 된 이상 다른 도리가 없었고, 그저 명령에 따르며 땔나무를 하고 물을 긷는 등 온갖 허드렛일을 해내야 했다.

하루는 물을 길으러 가다가 발이 미끄러져 물동이 하나를 깨뜨렸다. 이를 본 하은당 스님은 호되게 그를 질책했고, 그 모습이 너무 매몰차 보였는지 보경대사까지도 탄식했다.

"지난번에도 저분이 한 청년을 받아들여 같이 지냈는데, 관리가 너무 혹독하여 결국 그 청년이 견디지 못하고 달아났는데 아직도 저러다니……. 이런 식으로 가다가는 과연 원종이 남아 있을지 모르겠소. 올바르게 잘 가르치기만 하면, 누구든 일을 잘 해낼 수 있을 텐데 말이오."

그 말에 김창수는 어느 정도 위안이 되었다. 그는 낮에는 잡일을 하고, 밤에는 다른 사미(沙彌)들과 함께 예불 순서를 배우고 「천수경(千手經)」, 「심경(心經)」 등을 외웠다. 또 수계사인 용담대사에게서 불학(佛學)의 고전인 「보각서장(普覺書狀)」을 배웠다.

당시 마곡사에 머물던 용담대사는 불학은 물론 유학에도 밝아 사람들에게 깊은 존경을 받았다. 용담대사를 모시던 상좌 혜명(慧明)은 젊은 승려로, 막 들어온 이 젊은이를 안타깝게 여겼다. 용담대사 또한 하은당의 괴팍한 태도를 늘 걱정했고, 그래서 종종 김창수를 위로하며 이렇게 말했다.

"옛말에 달을 보았으면 손가락은 잊으라는 말이 있네. 달을 보면 그만이지, 굳이 달을 가리키는 손가락에 집착할 필요가 무엇이겠나? 또 날카로운 칼을 손에 쥐되, 분노를 뿌리째 잘라낼 줄 알아야 하네. 그것이 바로 '인(忍)'의 이치라네."

세월은 쏜살같이 흘러 어느덧 반년이 지났다. 김창수에게 이 시간은 고단했지만, 다른 스님들 눈에 그는 모두가 부러워하는 행운아로 비쳤다. 보경대사와 하은당 모두 70~80대 노승이었으니, 그들이 세상을 떠나면 엄청난 재산은 자연히 김창수 것이라 여겼기 때문이었다. 실제로 김창수가 가을 문서를 본 바에 따르면, 소작농들이 바치는 쌀만 해도 2백 석 이상이었고, 현금과 각종 물품도 수십만 냥에 달했다. 그러나 이들은 몰랐다. 이미 승려가 되었어도, 김창수는 세속과의 인연을 완전히 끊은 것이 아니었다. 절을 잠깐 은신처로 삼았을 뿐, 불가(佛家)에 일생을 바칠 뜻은 전혀 없었다.

당시 그에게는 무엇보다 헤어진 부모의 소식을 알고 싶은 마음이 간절했다. 인천감옥에서 나온 뒤로는 집안과 연락이 완전히 끊어진 상태였다. 또한 그를 구하기 위해 가산을 탕진했던 김주경을 찾아가 감사의 뜻을 전하고 싶었고, 해주, 청계동 등지에 있는 옛 친구들을 만나보고도 싶었다. 그러니 보경대사나 하은당의 재산에 욕심을 낼 이유가 없었다.

결국 어느 날, 그는 보경대사를 찾아가 이렇게 말했다.

"이미 승려가 된 이상, 응당 배워야 할 것을 공부해야겠습니다. 금강산에 가서 불경을 배우고 충실한 불자가 되고 싶습니다."

보경대사는 김창수의 속마음을 읽은 듯 깊은 한숨을 내쉬었다.

"그럴 줄 알았네. 자네 뜻이 그렇다면 어쩔 수 없지."

곧 하은당을 불러 잠시 실랑이가 오갔지만, 결국 승낙을 해주었다. 김창수는 쌀 열 말과 가사와 바리때를 받아 큰방으로 거처를 옮겼고, 그날부터 비로소 자유를 얻었다.

며칠 뒤 그는 쌀 열 말을 팔아 만든 여비를 챙겨 마곡사를 떠나 경성으로 향했다. 여러 날을 걸어 간신히 경성에 도착했다. 당시 경성 도성에는 승려와 비구니의 출입을 금지하고 있어서, 그는 성문 밖의 여러 사찰을 돌아다니다가 서대문 밖 신사(新寺)에서 하루 묵었다. 거기서 경상도 풍기 출신의 혜정(慧定) 스님을 만나 함께 평양의 빼어난 경치를 구경하러 가기로 의기투합했다.

가는 길에 해주를 거쳐 가기로 했다. 도양산(道陽山) 신광사(神光寺) 인근 북암(北庵)에 들렀을 때, 김창수는 자신의 처지를 혜정에게 털어놓고, 텃골에 있는 집에 몰래 안부를 전해달라고 부탁했다. 김창수는 자기가 어디에 있는지는 말하지 말고, 그저 살아있다고만 전해달라고 신신당부를 했다. 혜정을 보낸 뒤, 김창수는 애타는 심정으로 소식을 기다렸다.

그런데 어느 날 해 질 무렵, 혜정의 뒤로 그의 부모가 들어왔다. 그날을 그는 분명히 기억했다. 4월 29일이었다. 혜정에게 아들의 안부를 들은 부모가 바로 스님을 따라나선 것이었다. 승복을 입은 아들과 마주한 부모는 부둥켜안고 오랫동안 울음을 터뜨렸다. 기쁨과 슬픔이 뒤섞인 순간이었다.

며칠간 북암에 머무른 뒤, 그는 부모를 모시고 혜정과 함께 평양으로 향했다. 길을 가는 동안 아버지가 그간 상황을 털어놓았다. 인천에서 집으로 돌아간 뒤, 바로 다음 날 인천 순검이 뒤를 밟아 부모를 체포했고, 나흘 뒤 두 분을 인천감옥에 가두고 모질게 고문했다는 것이다. 하지만 아무리 고문해도 입을 굳게 다물자, 결국 며칠 뒤 어머니만 먼저 석방되었고, 아버지는 석 달을 꽉 채워 감옥살이를 시켰다고 했다. 아버지는 슬픈 목소리로 말했다.

"그 뒤로 2년이 넘도록 네가 죽었는지 살았는지 몰라 애를 태웠단다. 밤에 악몽이라도 꾸면 네 어미와 나는 하루종일 밥도 못 먹고 애태웠지. 설마 이렇게 살아 있는 널 다시 볼 수 있을 거라곤 상상조차 하지 못했다."

이듬해 늦가을, 김창수는 환속하여 고향으로 돌아왔다.

숙부는 그에게 농사를 짓도록 권했지만, 그는 마음이 내키지 않았다. 결국 다음 해 이른 봄, 가족 몰래 강화도 쪽으로 건너가, 한때 그를 구하기 위해 동분서주했던 김주경을 수소문했다. 그러고는 이름을 '김두래(金斗來)'로 바꾸었다가 다시 '김구(金䱥)'로 바꾼 뒤, 경성의 양반집을 드나들었다.

어느 날, 악몽을 꾼 뒤 불길한 예감에 급히 귀향했는데, 꿈이 적중했다. 아버지의 병세가 깊었다. 집에 닿은 것은 해가 질 무렵이었는데, 집 안에 채 들어서기도 전에, 어머니가 방에서 뛰어나오며 말했다.

"아이고, 네가 드디어 돌아왔구나! 네 아버지가 지금 위중해서 정신이 오락가락하시는데, 조금 전에도 저 애가 이미 집에 왔는데 어찌 바깥에 서 있기만 하느냐고 하시더구나. 난 정신이 없어 횡설수설하는가 싶었는데, 참말로 네가 돌아오다니!"

그는 황급히 방으로 달려가 아버지를 뵈었다. 아버지는 아들을 보자 반가운 미소를 지었다. 그는 아버지를 열흘 남짓 정성을 다해 간호했지만, 아버지는 끝내 세상을 떠났다. 이는 그의 가슴에 영영 지워지지 않는 상처로 남았다. 사실 그가 집으로 돌아온 이유는 부모를 모시고 효도를 다하고자 함이었는데, 이런 이별을 맞게 될 줄은 상상도 하지 못한 일이었다.

당시 집은 시골인데다 형편도 어려워 치료를 받거나 약품 구하기가 막막했다. 아버지가 임종 전 며칠 동안 사경을 헤맬 때, 그는 할머니가 세상을 떠나기 전에 아버지가 손가락을 자른 적이 있었음을 떠올리고 아버지를 살릴 수 있다면 자기 몸을 희생하겠다는 마음을 먹었다. 하지만 어머니가 보실까 염려되어, 사람들 눈을 피해 왼쪽 다리 살을 조금

베어 그 피를 아버지 입에 떨어뜨리고, 베어낸 살을 구워드렸다. 그러나 이미 너무 늦었다. 깊은 후회와 회한만 남을 뿐이었다.

불행과 재난은 그림자처럼 이 기구한 청년을 계속 따라다녔다. 그의 결혼마저 여의치가 않았다. 일찍이 스물한 살 무렵, 청계동에서 은사 고능선을 다시 만났을 때 선생의 손녀와 혼약이 잡혔으나, 정작 그의 아버지가 술김에 이미 다른 집과 혼약을 맺었다고 실토하는 바람에 혼사는 깨지고 말았다. 스물일곱 살에는 아버지의 상을 마친 뒤, 어머니가 친척의 주선으로 성사한 혼례를 서둘러 추진하려 했는데, 갑자기 신부가 장티푸스에 걸려 위중하다는 소식을 듣고 달려가 보니 사흘 만에 세상을 떠나 결혼도 하기도 전에 상례부터 치러야 했다.

스물아홉에야 가까스로, 신천(信川) 사평동(謝平洞) 예수교회 목사의 중재로 기독교 신자인 열여덟 살 최준례(崔遵禮)를 소개받았다. 그러나 이 혼사도 숱한 진통을 겪었다. 최준례는 신천 세평동 의사 신창희(申昌熙)의 처제였다. 어머니는 일찍 남편을 여의고 두 딸을 키웠고, 온 식구가 예수교를 믿었다. 어머니는 큰딸을 신창희와 결혼시키고, 그가 세평동에 개업하자 여덟 살짜리 최준례와 함께 그곳으로 이주했다. 최준례는 이웃 청년 강성모(姜聖謨)와 어릴 적에 이미 정혼을 맺었다. 그러나 성인이 된 최준례는 그 결혼을 원치 않았다.

최준례는 결혼은 본인의 뜻이 우선되어야 한다고 여겼다. 이에 미국인 선교사 윌리엄 헌트(William Hunt, 한국명 한위렴)와 에드윈 쿤스(Edwin Koons, 한국명 군예빈)도 강성모와 결혼하라고 강권했지만, 최준례는 끝까지 고개를 저었다. 김구 역시 결혼을 강요하는 관습이 빚어내는 폐해에 늘 분노해 왔기에 최준례에게 공감했고, 서로 대화를 나눈 뒤 교회의 압박을 무릅쓰고 결혼하기로 약속했다.

이 사실을 안 강성모가 선교사들에게 고발하자, 김구는 교회로부터 약혼을 중단하라는 경고를 받았다. 친지들조차 괜히 문제만 커진다며 결혼을 말렸지만, 그는 단호히 거절했다. 신창희는 처제의 생각을 존중했고, 김구의 편을 들어주었다. 그래서 그녀를 사직동 김구 집으로 데려가 집안끼리 정식 혼약을 한 뒤, 최준례를 경성의 경신학교로 보냈다. 그런데 이 일이 교회에 발각되자, 교회는 두 사람에게 심한 벌을 내렸다.

그러나 김구는 이에 굴하지 않았다. 오히려 교회가 구시대적 조혼을 당연하게 여기고 개인의 자유를 무시한다며 강하게 비판했다. 그의 주장과 진심에 감동한 황군빈(黃群彬) 목사는 결국 두 사람의 결혼을 주례해 주었고, 교회도 그들에게 내렸던 처분을 철회했다.

수많은 장애를 딛고 드디어 김구와 최준례가 부부의 연을 맺었을 때, 러일전쟁이 발발했다. 당시 을사늑약에 따라 한국이 일본의 보호국으로 전락하자, 전국 곳곳의 지사와 은둔하던 유학자들이 잇달아 의병을 일으켰다.

이듬해 그는 '김구(金龜)'라는 이름으로, 진남포(鎭南浦) 의법청년회 총무 자격으로 경성상동교회에서 열린 애국운동 대회에 참석했는데, 대한문 앞에서 왜경과 충돌을 빚고 돌아온 뒤로 국민계몽과 반일 선전 활동에 힘썼다.

서른넷이 되던 해, 마침내 운이 트이는 듯했다. 안악 양산(楊山) 학교에서 그를 교사로 초빙했다. 게다가 이사하는 길에 장녀가 태어나 오랜 고난을 겪었던 가정에 작은 희망이 솟아오르는 듯했다. 하지만 뜻밖의 비극이 또다시 덮쳤다. 한겨울 먼 길을 가는 도중 태어난 딸아이가 안악에 도착하고 얼마 지나지 않아 병으로 세상을 떠났다. 같은 해, 그는 해서(海西) 지역 교육총회를 조직하고 학무총감이 되어 도내 여러 지역을 순회하며 연설할 때마다 "김구 선생 만세!"라는 환호가 터져 나왔지만, 반일 연설을 하다가 일본 형사에게 체포되어 해주감옥에 투옥되었다. 일본측 검사는 '김구(金龜)'라는 제목의 수백 쪽 분량의 행적에 대한 기록을 바탕으로 그를 심문했으나, 결정적 증거를 찾지 못해 결국 석방하고 말았다.

하지만 2년 뒤, 일제가 한국을 강제 병합한 뒤 처음으로 애국지사들을 대대적으로 탄압했을 때, 그는 또 한 번 체포되어 징역 17년을 선고받았다. 오십 줄에 접어든 어머니는 전 재산을 팔아 마련한 돈으로 천 리 길을 마다않고 경성까지 와서 수감된 아들에게 밥을 날랐다. 그가 경성으로 오기 전, 아내와 두 살 된 딸 화경(和敬)을 평산(平山)의 장모 댁으로 피신시킨 상태였다.

서대문형무소에 갇혀 있던 그는 왜경에게 몽둥이질을 당하고, 불로 지지고, 손가락을 죄는 등 온갖 가혹 행위를 당했다. 1년 뒤, 일왕 부부가 잇달아 사망하여 이른바 대사면으로 형이 5년으로 줄었다. 그때 옥중에서 스스로 '김구(金九)'라 이름을 고쳤다. 그리고 다시 2년 뒤, 인천 감옥으로 이감된 뒤 가석방되어 집으로 돌아왔는데, 그때 어머니의 입에서 나온 첫 말은 청천벽력 같은 소식이었다.

"그래도 네가 살아 돌아와서 다행이다! 네 딸 화경이가 매일 아빠를 찾더니, 석 달 전 병으로 세상을 떠났단다. 혹시 네가 받을 충격이 클까 봐, 모두가 감췄는데……. 화경이는 고작 일곱 살밖에 안 됐지만, 죽기 전에도 '아빠에겐 알리지 마세요. 아빠가 슬퍼하실까 무서워요.'라고 했단다."

1906년 해서교육총회 학무위원으로 있을 때의 김구 선생
(뒷줄 오른쪽에서 첫 번째)

1921년 가족사진. 오른쪽이 부인 최준례, 가운데가 큰아들 김인

김구는 딸의 묘 앞에 무릎을 꿇고 눈물을 쏟았다. 그리고 3년 후, 그가 농촌계몽운동에 매달리던 시기에, 셋째 딸 은경(恩敬)마저 가난과 질병 때문에 두 돌도 되지 않아 세상을 떠났다. 세 번이나 딸을 잃는 고통을 겪으며, 부부는 그저 서로 부둥켜안고 통곡할 수밖에 없었다. 특히 밝고 활발했던 아내도 잇단 비극에 웃음을 잃고 무거운 표정에 말수가 줄었다. 하지만 그녀도 운명이 눈물로 쉽게 바뀌지 않는다는 걸 알았다. 그래서 눈물을 닦고 시어머니와 남편처럼 어떻게든 희망을 품고 굳세게 살아가야겠다고 결심했다. 이듬해 늦가을에 태어난 장남 '인(仁)'은 집안에 비로소 새로운 희망의 빛을 비춰주는 듯했다.

그로부터 석 달 뒤, 경성 탑골공원에서 울려 퍼진 '독립만세!' 함성과 각지로 번져 나간 '독립선언'이 그에게 가져다준 감격은, 가정에 막 떠오른 한 줄기 빛보다 훨씬 더 강렬했다. 기미년(己未, 1919년) 2월, 겨우내 매서웠던 추위도 한풀 꺾여 서서히 봄기운이 돌 무렵이었다. 청천벽력처럼 경성에서 처음 터져나온 "대한 독립 만세!"라는 외침이 온 하늘과 땅을 뒤흔들었다. 평양, 진남포, 신천, 안악, 은정 등 곳곳에서도 민중들이 들불처럼 봉기해 만세를 외치고 있었다.

그때 동산평(東山坪)에서 농촌계몽 사업을 하던 김구에게 지인 장덕준(張德俊)[29]이 편지를 보내왔다.

"나라에 큰일이 벌어졌소. 어서 재령(載寧)으로 오시오. 함께 국사를 논의합시다."

명신여학교(明信女校)의 장덕준과 김구는 자주 서신을 주고받으며, 일본 유학 중 그가 연구한 마을 개발 방안을 공유하곤 했다.

김구는 출옥 후 일제가 계속 그를 감시하고 있음을 잘 알고 있었다. 그래서 기회가 오길 기다리겠다고 답장을 보낸 뒤 우선은 진남포로 향

1924년 부인 최준례의 묘비 앞에서

1934년 가족사진.
왼쪽이 장남 김인, 가운데 앉은 이가 모친 곽낙원 여사, 오른쪽이 차남 김신

했다가 평양으로 가려 했으나, 현지 친구들이 평양은 위험하다며 당분간 조용히 기다리라고 충고했다. 그는 다시 동산평으로 돌아왔다.

어느 날, 청년 몇 명이 찾아와 외부 상황을 자세히 전해주었다. 도쿄에 유학 중인 학생들이 독립운동 회의를 열었고, 상하이 프랑스 조계지에서도 대한청년단(大韓靑年團)의 여운형, 김규식 등이 독립운동을 준비 중이라는 소식이었다. 이 사건이 바로 대한민국 역사상 민족 각성의 지표가 된 '3·1 독립운동'이다. 그리고 안악에서도 이미 모든 준비가 완료됐으니 함께 가서 만세를 외치자고 했다. 그러나 김구는 자신의 처지를 생각해 선뜻 동행하지 않았다. 청년들은 물었다.

"선생님께서 안 가신다면, 누가 우리를 이끌겠습니까?"

김구가 대답했다.

"독립은 소리 높여 만세만 부른다고 얻어지는 게 아니네. 나는 앞으로 해야 할 많은 일을 구상해야 하니 자네들은 먼저 가보시게."

청년들은 더 억지를 부리지 않고 그날 바로 안악으로 떠나 만세운동에 가담했다.

다음 날 이른 아침, 김구는 평소처럼 농부들에게 농기구를 챙겨 논둑을 보수하러 가자고 지시했다. 그들을 계속 지켜보던 일본 헌병은 농사일에 열중하는 그를 보며 경계심을 늦추었다. 정오 무렵, 김구는 농부들에게 다시 한번 작업 상태를 점검해준 뒤 옆 마을에 잠시 볼일이 있으니 금방 돌아오겠다고 했다. 이렇게 김구는 감시가 소홀한 틈을 타 홀연히 안악읍에 나타났다.

그곳에서 김용진(金庸震)[30]의 권유를 받고, 독립운동에 뛰어들기로 결심했다. 이미 더 지체할 여유가 없었다. 그는 '3·1 독립운동'의 열기가 채 식기도 전에 열차를 타고 평양, 신의주를 거쳐 중국 안둥에 도착한 다음, 영국 영사관 소속 배를 타고 혁명가들의 집결지 중국 상하이로 향했다.

가는 길 내내 거의 모든 사람들이 들떠서 한 가지 주제로 대화를 나누고 있었다. 평안도 김천에서 누군가가 '만세!'를 외쳤고, 황해도 연백과 봉산에서도 '만세!'를 외쳤다는 이야기였다. 열차가 평양을 지날 무렵에도 어디 어디에서 만세를 외쳤고, 일본 헌병에게 얼마나 많은 사람들이 부상을 입었는지 등등의 이야기들이 끊이지 않았다. 누군가는 흥분한 목소리로 "희생 없이도 독립을 이룰 수 있다"라고 했고, 심지어는 "우리는 이미 독립했다. 다만 일본 놈들이 아직 물러가지 않았을 뿐이다. 온 국민이 함께 일어나 만세를 외치면 일본 귀신들도 자연스레 국경 밖으로 쫓겨날 것이다!"라고 말하는 이도 있었다.

이런 환상에 들뜬 이야기들에 빠져 사람들은 배고픔도 잊은 채 흥분에 젖어 있었고, 김구 또한 그 고조된 분위기 속에서 신의주에 도착했다. 들리는 말로는 이곳에서도 '만세!'를 외쳤다가 21명이 체포되었다고 했다.

일본 헌병들은 개찰구를 지키며 여행객들을 철저히 수색하고 있었다. 다행히 김구는 아무런 짐도 없었고, 허리띠에는 천 하나만 메고 있었다. 그 수건 안에는 여비가 들어 있었다. 헌병이 그의 천을 풀며 물었다.

"이게 뭐냐?"

그는 태연하게 대답했다

"돈이요."

헌병은 직업이 뭐냐는 말에 그는 망설이지 않고 목재 상인이라고 답했다. 그렇게 무사히 검문을 통과할 수 있었다.

역을 나와 김구는 작은 밥집에서 허겁지겁 밥을 먹었다. 그곳 역시 불안한 기운이 감돌았고, 오늘 밤 다시 만세를 외친다는 소문이 퍼져 있었다. 김구는 중국인이 끄는 인력거를 잡아타고 압록강 철교를 건넜고, 신의주와 강 하나를 사이에 둔 안둥현에 도착했다. 작은 여관에 묵을 때, 그는 목재 상인에서 다시 좁쌀 장수로 신분을 바꾸었다.

안둥현에서 일주일가량 머문 뒤, 뜻을 함께하는 동지 15명과 함께 영국 이륭양행의 배를 타고 상하이로 향했다. 가는 도중에도 만만치 않은 위험을 겪었다. 특히 서해 연안에서 일본 경비정이 계속 경적을 울리며 쫓아오면서 검사하겠다며 정박을 요구했지만, 배의 영국인 선장은 이를 무시하고 전속력으로 뱃머리를 몰아 경비구역을 돌파했다. 나흘간의 항해 끝에 마침내 상하이 황푸부두에 무사히 도착했다.

7

『백범일지』에서 '자싱에서의 망명생활'이라는 장을 읽을 때면, 왠지 익숙한 풍경과 알지는 못하지만 정겹게 느껴지는 사람들이 하나둘 생생하게 떠오른다. 아마 자싱에서 살았거나 자싱을 알고 있는 사람이라면 나와 비슷한 감정을 느낄 것이다. 김구 선생이 자싱을 회상하는 대목에서는 그의 감정이 절절히 배어난다. 그는 이렇게 적었다.

...... 나는 천퉁성 부부와 함께 난후의 연위러우나 서문 밖의 삼탑(三塔)을 구경하러 다녔다. 이곳에는 명나라 시절 왜구가 쳐들어왔던 흔적이 남아 있다. 임진왜란 때 침입했던 왜구가 어떤 절에 여성들을 납치해 두고, 스님 하나를 시켜 지키게 했는데, 그 스님은 밤에 그 여성들을 몰래 다 내보냈고, 결국 왜구에게 맞아 죽었다고 한다. 지금도 돌기둥에 피가 밴 흔적이 희미하게 남아 있다고 한다.

동문 밖으로 약 10리 정도 가면 한나라 관리 주매신(朱買臣)의 무덤이 있고, 근처에 뤄판팅(落帆亭)이란 정자가 있다. 전해지는 말에 의하면 주매신이 열심히 글을 읽다가 장마가 와서 마당에서 말리던 볏짚이 몽땅 떠내려갔다고 한다. 아내 최씨는 남편이 책벌레라며 능력 없는 그를 떠나 목수와 재혼했는데, 뒤에 주매신이 태수가 되어 돌아오자, 그녀는 이미 엎질

러진 물이라며 이 정자에서 스스로 물에 뛰어들어 목숨을 끊었다고 한다.

이렇게 자싱의 전설까지도 생생히 적어둘 정도라면, 그가 이 땅을 얼마나 마음을 담아 사랑했는지 짐작할 수 있다.

김구 선생이 상하이에서 자싱으로 옮겨가는 일을 계획한 박찬익이 미리 추푸청의 세세한 이력을 김구에게 알려주었다고 한다. 김구가 상하이에 도착한 후에 추 선생을 한 차례 만난 뒤 오랫동안 흠모했는데, 막상 추 선생의 고향 땅에 직접 와서 일상을 겪어보니 자싱의 추씨 가문은 정직하고 덕망이 높은 명문가임을 더 절감하게 되었다.

하지만 일본의 후각은 예민했다. 김구가 자싱에 도착하자마자 바로 현상금 은화 60만 대양이 김구의 머리에 걸렸다. 이로써 조용하던 도시의 평안이 깨질 위험에 처했다. 김구가 자싱에 몸을 숨긴 지 얼마 지나지 않아, 상하이에서 정보가 전해졌다. 일본 총영사관 내의 정보원이 전해온 정보에 따르면 일제가 상하이를 샅샅이 수색했으나 김구를 찾지 못하자, 혹시나 후항선이나 후닝선(상하이-닝보) 노선 근처에 몸을 숨겼을 가능성이 있다고 보고, 대량의 정탐과 사복경찰을 보내 이 두 노선 일대를 샅샅이 조사한다는 것이다. 심지어 구체적 날짜까지 잡아 수색을 개시한다고 했으니, 김구에게 특히 조심하라 전했다.

김구도 잘 알고 있었다. 추푸청 선생이 이렇게 진심으로 자신을 지켜준다는 것은 추푸청 일가 전체가 목숨을 걸었다는 뜻이었다. 추푸청 본인도 우린 이미 한 줄에 묶인 멧돼지 같은 처지라며 농담처럼 말했지만, 사실 이때 한국과 중국 두 민족의 운명도 딱 그런 모습 아니었을까?

사람을 보내 알아보니, 기차역이며 부두에서 일본의 사복경찰이 순찰을 하고 있었다. 심지어 경찰국 내부 교신으로도 자싱 지역이 일본

수사대의 중점 수색 대상으로 지정되었고, 곧 기습적 가택 조사와 호구조사를 펼칠 것이라는 구체적 소문이 돌았다. 이에 김구는 천퉁성 집을 떠나 일단 하이옌으로 가기로 했다. 추푸청 선생 며느리 주자루이(朱佳蕊)[31]의 친정으로 피신하라는 것이었다. 그녀의 친정이 교외에 별장을 갖고 있어, 한동안 그곳에 숨어 지내면 안전하리라는 결론이었다.

김구 선생은 자서전에서 이 일을 비교적 자세히 적었다.

주자루이는 추평장의 후처로, 갓 아이를 낳은 젊고 아름다운 여성이다. 추펑장 선생은 자기 아내에게 아이를 데리고 배를 타고 나를 하이옌으로 데려다주도록 했다.

이때가 김구가 처음으로 난후와 운하, 그리고 강남의 물길을 가까이 접한 때였다.

추푸청 집안에서는 며느리 혼자 김구와 함께 친정에 가는 것으로 해서 세심한 검문을 피하겠다는 계획을 세웠다. 이 계획을 김구는 전혀 몰랐다. 그래서 떠나는 날 밤, 추푸청의 안내로 짙은 안개가 자욱한 호수에 있는 배에 올랐을 때, 김구는 배에 갓난아이를 안고 있는 젊은 여인을 보고 깜짝 놀랐다.

"아니, 왜 부인이 여기에? 이럴 수는 없어요. 안돼요! 얼른 돌아가세요." 하고 김구가 고개를 들어 뱃사공에게 외쳤다.

"남문 쪽으로 돌아가, 부인을 집에 내려드리시오!"

어둠 속이라 김구는 사공의 표정도 보이지 않았다. 하지만 분명 배는 원래 방향 그대로 계속 나아가자, 김구는 배 뒷전으로 뛰어가 막아보려 소리쳤다.

"내 말 안 들립니까? 먼저 부인을 집에 모셔다드리라니까!"

"아무 소용없어요."

등 뒤에서 여성의 부드러운 목소리가 들렸다. 돌아보니 주자루이가 품에서 자고 있는 아기를 토닥이고 있었다. 뱃사공은 오직 주인의 지시만 듣는 다는 뜻이다. 주자루이는 살짝 웃으며 말했다.

"친정에 가는 것이니 제가 장보보(張伯伯)˙를 모시고 가는 게 제일 안전하고 합리적이에요."

김구는 추푸청의 성격을 잘 알았다. 그가 추씨 집안으로 들어온 그때부터, 추씨 집안 모든 사람들은 장쩐치우라는 이름의 광둥 상인을 귀한 손님으로 대했다. 특히 이 지역 말을 못하는 김구를 위해, 추푸청은 그가 어디를 가든 항상 추씨 집안 사람이 함께 가야 한다고 규칙을 정했다. 그래야 안심이 되기 때문이었다. 하이옌 행을 결정하고, 김구는 추푸청에게 가족들에게 폐를 끼치고 싶지 않으니 배만 태워주면 된다고 신신당부했다. 그런데 이렇게 추푸청과 그 가족들의 고집 앞에서 그저 한숨을 쉴 수밖에 없었다.

"남편이 그러더군요. 장보보는 식견이 넓은 분이니 여자가 길 안내를 하는 건 신경 쓰지 않을 거라고요. 아버님도 이렇게 하면 친정에 가는 모양새니 가는 길이 수월할 거라 하셨고요."

주자루이의 뺨에 홍조가 일었다. 그 말에 김구가 얼른 해명했다.

˙ 보보는 삼촌이란 의미로 어른에 대한 친근감 있는 호칭이다. 당시 김구는 장쩐치우라는 광둥인으로 신분을 위장했기에 다들 장보보라 불렀다. 대부분은 김구의 본명과 신분을 몰랐고 나중에 해방이 되고 나서야 알게 되었다.

"부인, 제 말을 오해하셨습니다. 나는 부인과 아이가 배에서 밤바람과 안개 때문에 힘들까 봐서입니다. 게다가 아기는 겨우 한 달밖에 안 됐는데……."

말을 마친 김구가 미안함에 얼굴을 들지 못했다.

"편하게 자루이라고 부르세요."

주자루이가 걸치고 있던 망토를 벗어 자고 있는 아이에게 덮으며 미소 지으며 말했다.

"모르시겠지만 이 지역은 물길이 그물처럼 이어져 있어요. 밤에 강에 이는 안개는 정말 운치 있고, 여름날의 연꽃 향기가 밤바람에 실려 와요. 배를 타고 이런 경치를 보는 것도 좋은 일이지요."

김구는 주자루이가 문예에 조예가 깊은, '강남의 재녀(才女)'라고 들었다. 과연 그 말이 틀리지 않는다 생각했지만, 아이를 낳은 지 얼마 되지 않아 회복되지 않은 몸으로 이 힘든 여정을 어찌 감당할지 걱정이었다. 안타깝게도 김구는 중국어가 서툴러 그 마음을 제대로 전할 수 없었다. 김구는 그녀의 마음을 바꿀 수 없음을 느끼며 감동했지만, 동시에 자신을 위해 이렇게 고생하는 연약한 모자 때문에 견디기 힘들었다.

"사실 그렇게 먼 길도 아니에요. 하룻밤 물길을 따라가면, 날이 밝기 전에 도착하죠."

주자루이는 김구의 마음을 읽은 듯, 잔잔한 미소를 띠며 말했다.

"내일은 하이옌에서 하루 묵고, 모레 제가 예야링까지 모셔다드릴게요. 그곳에 아주 조용한 거처가 있는데, 분명히 마음에 드실 거예요."

주자루이의 얼굴에는 아직 산후의 창백함이 남아 있었고, 섬세한 이마에는 피로에 지친 기색이 역력했다. 그러나 그녀는 애써 정신을 다잡으며, 아무렇지 않은 듯 밝은 표정을 지었다. 그 모습에 김구는 마음속 깊이 알 수 없는 아픔이 스며들었다.

그는 말없이 고개를 끄덕이며 무슨 말을 더하려고 했지만, 순간 갑자기 밀려온 먹먹함에 목이 꽉 멨다. 자신을 대장부라 자처하면서도, 연약한 여자와 아이를 위해 내줄 처마도, 작은 배의 덮개도, 심지어는 비바람을 막아줄 작은 우산 하나 마련하지 못한 채, 오히려 그들에게 짐만 안긴 현실이 부끄럽고도 미안했다.

안개 짙은 시야 너머로, 그는 또 다른 짐을 짊어진 여인의 얼굴을 떠올렸다. 바로 그의 어머니였다. 난산 끝에 그를 낳은 뒤로 단 한 번도 평온한 나날을 보내지 못했던 어머니. 감옥으로 면회를 가던 길, 바다에 몸을 던지자고 그를 끌고 가던 어머니의 절박한 모습이 떠올랐다…….인천 거리에서 구걸하며 외치고 다니던 어머니의 발자취가 떠올랐고, 그가 두 번째로 출옥했을 때, 두 딸을 연이어 잃은 슬픔을 간신히 눌러 담고, 다시 그의 떠돌이 삶을 따라 함께 중국까지 온 어머니와 아내의 모습도 생각났다.

또 8년 전, 상하이 병원에서 허망하게 눈을 감았던 아내를 떠올렸다. 갓 말을 배우던 큰아들 인과 젖먹이 신은 어머니에게 맡겼다. 그는 임시정부의 일을 포기할 수 없었고, 결국 어린 아들을 고아원에 맡겨야 했다. 그런데 그 아들을 몰래 데려와, 배고픔에 우는 아이를 품에 안고 마른 젖을 물리며 달래던 이도 바로 어머니였다. 어머니는 채소 껍질을 주워 삶고, 설탕물로 아이들을 키우며 하루하루를 버텼다. 굶주린 신은 종종 할머니의 말라붙은 가슴을 물고 잠이 들곤 했다. 결국 더는 버틸 수 없어, 환갑이 넘은 어머니는 두 손자를 데리고 고향으로 돌아갈 수밖에 없었다. 지금, 천 리 밖에서 어머니와 아이들은 어떻게 지내고 있을까?

김구는 얼굴을 두 손 깊숙이 묻었다.

당시의 상황을 김구 선생은 『백범일지』에서 다음과 같이 기록하고 있다.

주가는 그 지방 최고의 부잣집이라 집이 대단히 넓었다. …… 하이옌의 주가에서 하룻밤 묵고, 다음 날 곧바로 부인과 함께 작은 기선을 타고 리우리옌으로 갔다. 거기서 다시 서남쪽으로 56리 산길을 올라가야 했다. 부인은 굽이 높은 신발을 신고, 7, 8월 땡볕 속에 땀을 연신 훔치며 고개를 넘었다. 집에서 따라온 시녀가 음식과 일용품을 챙겨 들고 뒤를 따랐다. 그 광경을 보고 있자니 정말 활동사진을 찍어 대대손손 후손에게 보여 주고 싶었다. 그것은 불가능하지만, 글자로는 전할 수 있으니, 이 장면을 이렇게 기록으로나마 기념하려 한다.

김구 선생이 자서전에서 남긴 그 회한과 탄식의 문장은, 마치 그날의 정경과 땀에 흠뻑 젖은 얼굴, 눈물 어린 떨리는 눈빛까지도 눈앞에 보이는 듯 생생하게 그려냈다. 영상으로는 담을 수 없었지만, 김구의 기억 속에는 수없이 반복하여 재생된 장면일 것이다.

그날 리우리옌 부두에서 배에 오른 시간은 정오 무렵이었다. 뙤약볕이 그야말로 시간을 잘못 맞춰 산에 간 도시인을 비웃듯 내리쬐었다. 한참 뒤 그들은 예야링으로 통하는 산길에 들어섰다. 길을 아는 주자루이가 맨 앞에, 김구가 그 뒤를 따랐고, 맨 뒤에는 시녀가 음식 바구니를 들고 따랐다.

이때 주자루이는 연분홍 잔꽃 무늬 치파오를 입었는데, 환한 색감이 유난히 눈에 띄었다. 더워지자, 어깨에 걸쳤던 숄을 벗어들고, 높은 신발을 신고 초록 숲길을 우아하게 걷는 모습이 보기 좋았다. 김구 역시 짙은 남색 장삼에 추푸청이 챙겨 준 새 헝겊신을 신었는데, 뒤에서 보면 제법 깔끔하고 단정해 보였다. 두 사람이 만들어 낸 장면은 시녀의 눈에는 하나의 풍경이 되었다. 하지만 이 아름다운 풍경은 오래가지 못했다. 불구덩이 같은 태양 아래, 산길은 점점 가팔라졌다. 길어야 1리쯤 갔을까, 이마에서 흘러내린 땀 때문에 눈조차 뜨기 어려웠다. 주자루이는 자주 멈춰서 손수건으로 얼굴과 목의 땀을 훔쳤다. 더군다나 구두 굽에 험한 비탈이 겹쳐, 조금만 헛디뎌도 넘어질 수 있었다. 그 광경이 보이지 않는 손처럼 김구의 마음을 어루만졌다. 울컥하는 마음에 고개를 숙이고 씁쓸함과 고뇌를 얼른 삼켰다.

바로 그때 갑자기 뒤에서 '꺅!' 하는 날카로운 비명이 터졌다. 김구가 급히 돌아보니, 시녀가 "큰일이 났어요! 부인께서 넘어지셨어요!" 하고 외치며 달려오고 있었다. 김구도 황급히 달려가 보니 주자루이가 길가에 넘어져 있었다. 그는 급히 그녀를 일으켰다.

"괜찮아요, 괜찮아······."

그녀는 치파오에 묻은 먼지를 툭툭 털며 쑥스러워했다.

"십여 년 만에 산에 오르다 보니, 신발을 바꿔 신어야 한다는 걸 잊었어요."

하지만 무릎 부근에는 붉은 핏자국이 비쳐 나왔다. 시녀가 다급히 손수건을 꺼내 상처를 감싸려 했지만, 주자루이는 거절했다.

"별거 아니야. 살짝 긁힌 건데 뭘 그래."

김구는 무어라 위로의 말을 찾지 못했다. 그저 그녀의 이마에서 땀방울이 뚝뚝 떨어지는 모습을 멍하니 바라보며, 그 모든 것을 마음에 깊이 새겼다.

마침내 비탈 꼭대기에 올라서 작은 정자에서 잠시 쉬게 됐다. 이 정자는 본래 주가에서 별장을 지을 때 함께 세운 사각 정자로, 지나는 이들이 쉬어갈 수 있게 마련한 것이었다. 김구는 한문에 밝아, 정자 돌기둥에 새겨진 호방한 초서 문구에 눈길이 멈췄다. 주자루이가 손수건으로 바람을 만들며 말했다.

"장보보도 서예에 능하다고 들었어요."

김구는 어눌한 중국어 발음으로 말했다.

"어려서 한문을 배워서 뜻은 알지만 읽지는 못합니다. 한글에서도 한자를 쓰지만 발음은 완전히 달라요."

그가 그 문구를 읽어 달라 청하자, 주자루이가 청아한 목소리로 운율에 맞춰 대련을 읽어 내려갔다.

极目水云低载酒林亭消永昼
멀리 바라보니 물과 구름이 낮게 깔리고,
술을 싣고 숲 속 정자에 들어 한낮을 달랜다.
昂头霄汉近青山红树好安身
고개를 들면 하늘이 가까이 있고,
푸른 산과 붉은 나무가 참으로 마음 편한 곳이다.

그녀는 덧붙여 설명했다. 이 별장은 본래 그녀의 숙부 주짠칭(朱赞卿)의 여름별장이었는데, 숙부가 세상을 떠난 뒤 근처에 묘를 마련하고, 이 집을 묘루와 제각을 관리하는 용도로 쓰게 되었다고 한다. 이 대련의 문구 중에 '載(짜이)'와 '靑(칭)' 두 글자가 숙부의 이름 '贊卿'과 발음이 비슷해서 운을 맞추기 위해 넣은 것이고, 그래서 별장도 '짜이칭(載靑)' 별장이라 부른다고 했다. 이곳은 관리인 노인 한 분이 묘를 지키며 지내고, 평소엔 거의 사람이 오지 않는다고 했다.

주자루이는 또 김구에게 한곳을 가리키며 예야링이라고 알려주었다. 김구가 둘러보니 산봉우리 두 개가 서로 어깨를 맞대듯 이어져, 가운데가 푹 파여 있는 지형이 보였다. 아래쪽 난베이후(南北湖)는 거울처럼 잔잔하고, 야생 오리가 무리를 지어 쉬던 곳이란다. 가을바람 부는 밤이면 야생 오리가 이 고개를 지나 북쪽 산림에 앉는데, 오리 떼의 날갯짓과 바람 소리가 어우러져 밤이면 가슴 철렁할 정도였다고 한다. 또 밤길을 지나다가 무리로 날아오는 오리 떼와 부딪혀 크게 다친 장정이나 사냥꾼들이 이 고개를 지키며 줄줄이 오리들을 잡았다는 이야기도 전해진다.

이야기를 들으며 녹음이 짙은 그늘 길을 내려가니 한결 시원했고, 어느새 예야링을 넘어 산허리에 이르렀다. 흰 담장과 검은 기와지붕의 별장 정원이 플라타너스와 대나무 숲 사이로 서서히 나타났다. 걷는 내내 새소리만 들릴 뿐, 사람은 전혀 보이지 않았다. 김구는 이 호젓함과 더불어 추푸청 일가의 헌신적 배려를 느낄 수 있었다.

별장 앞에 이르자, 문지기는 주가 큰아가씨가 직접 모셔 온 귀한 손님이라며 반가워하며 정중히 대했다. 주자루이도 손님의 의식주를 정성껏 챙겨 달라고 세심하게 일렀다. 그리곤 갓난아기를 친정에 두고 왔기에 물 한 모금 마실 새도 없이 부랴부랴 하이옌으로 돌아갔다.

이렇게 김구 선생은 예야링 남쪽 짜이칭별장에서 반년 가까이 은신

했다. 당시의 심경을 『백범일지』에서 이렇게 서술하고 있다.

> 정말 명문가가 산에 별장을 지을 법한 좋은 자리로 경치가 유려했다. 산봉우리에 서면 멀리 바다가 한눈에 들어오고, 양옆으로 푸른 소나무와 붉은 단풍이 한층 인상적이었다. 그러다 보면 문득 나도 모르게 타향을 떠도는 이의 서글픔이 밀려오곤 했다.
> 이때부터 난 매일 산에 오르는 습관을 들이게 되었다. 상하이에서 14년을 살면서도 소위 명승지인 쑤저우, 항저우, 난징은 물론 상하이 시외조차 못 나가 봤던 형편이었는데, 이렇게 산과 물 사이를 거닐 수 있다는 게 얼마나 큰 기쁨이었는지 모른다…….

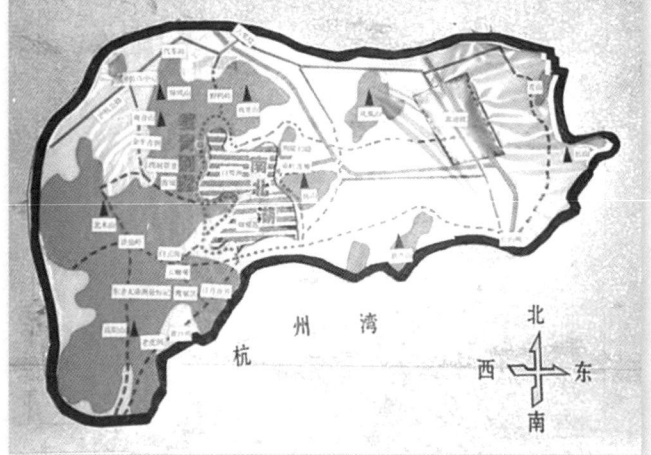

난베이후의 김구(가운데 굵은 글씨)
김구 피난경로(상단부 오른쪽)
1932년 4·29 의거 이후, 김구 선생은 상하이를 떠났다.
초여름, 그는 추푸청 선생의 도움으로 자싱으로 무사히 옮겼다.
7월 초, 김구 선생은 추푸청 선생의 큰며느리 주자루이와 함께
일본 정탐의 눈을 피해 배를 타고 하이엔 주씨 집에 도착했다.
김구 선생과 주자루이 여사는 뜨거운 여름 낮, 예야링을 넘어 짜이칭 별장에 도착했다.

하이옌 난베이후의 풍경 (김구 선생이 숨었던 곳)

하이옌 짜이칭 별장. 김구 선생의 피난처

짜이칭 별장 안
당시 김구 선생의 침실

짜이칭 별장 안 주방과 부뚜막

8

　『백범일지』를 다 읽고 난 뒤, 나는 언젠가 꼭 한 번 하이옌에 가보고 싶다는 마음을 품게 되었다. 그런데 하이옌에 가기 전에 짜이칭 별장에 대한 정보를 더 찾아보고 싶어서 현지의 지리지나 지도 등을 아무리 뒤져봐도 '예야링'이나 '짜이칭 별장' 같은 명칭은 나오지 않았다. 어쩌면 그 지역에서만 불리는 명칭인지도 모른다는 생각이 들었다. 게다가 이듬해 봄, 예정되어 있던 김신 선생의 방문이 무산되었다. 당시에는 한·중 두 나라가 아직 수교 전이라 왕래가 쉽지 않았다. 자연히 하이옌을 찾아가려는 내 계획도 당분간 접어 둘 수밖에 없었다.
　그렇지만 김구 선생이 책에서 언급했던 '샤후이차오(砂灰桥)의 엄항섭 집'은 계속 수소문해보았다. 자싱 남문 일대를 거의 샅샅이 돌아다녔는데, 그 누구도 그런 지명은 들어본 적이 없다고 했다. 그러던 어느 날, 현지 사투리로 다시 한번 '샤후이차오'를 물었더니, 한 노인이 잠시 생각하더니 이렇게 말했다.
　"남문 쪽엔 샤후이차오는 없고, 르후이차오만 있지. 거기 가서 물어봐."
　그 노인의 말대로 르후이차오 17번지를 찾아가 보니 스쿠먼 형식의 높은 담장이 있었다. 인근 주민들에게 물었더니, 연세 지긋한 분들 몇

몇이 1937년, 중일전쟁이 일어난 어느 밤, 이곳에 살던 장화를 신은 조선인 여럿이 한꺼번에 사라졌다고 했다. 문을 살짝 열어 보니, 마당엔 3층짜리 나무 건물이 있었는데, 이미 벽돌담을 두 개나 세워 3등분으로 막아 놓았으며, 스쿠먼 바깥으로 검은 칠을 한 대문 양쪽으로도 각각 작은 문을 새로 냈다. 아마도 그 작은 문들은 후에 담을 쌓으면서 만든 듯싶었다.

그로부터 반년 뒤, 1990년 5월 23일, 일요일 정오 무렵. 소파에 기대어 느긋하게 책을 보고 있는데, 갑자기 전화벨이 울렸다. 신문사 1층 안내실에서 걸려 온 전화로, 상하이에서 온 택시가 숙소에 와 있는데, 한국에서 온 부부가 나를 찾고 있다고 했다.

집이 신문사 뒤편 기숙사 건물이라 서둘러 내려가니 눈앞에 인자한 표정의 노부부가 서 있었다. 두 분 다 간단한 중국어를 할 줄 알았다. 유창하지는 않았지만 충분히 소통이 가능했다. 그들은 나의 형부가 연락해 보라고 했다며 편지 봉투를 내밀었다. 형부의 편지를 보니, 이들은 한국전력 초대 사장 박영준(朴英俊) 선생 부부였다. 박영준 선생의 부친은 바로 남파 박찬익으로, 김구와 추푸청을 연결하고 김구가 자싱으로 피하도록 주도한 인물이었다.

당시 임시정부가 상하이를 떠나 자싱으로 거처를 옮길 때, 박영준 선생도 아버지를 따라와서 엄항섭, 김의한 등 임정 요인 가족들과 함께 스쿠먼 대원(大院)에 살며, 자싱에서 시우저우중학교(秀州中學)를 다녔다고 했다. 그래서 자싱에 대한 남다른 애정이 있다고 했다. 얼마 전 김신 선생에게 김구 선생이 자싱에서 은거한 집을 찾았다는 얘기를 듣고 너무나 기뻐, 이번에 상하이에 온 김에 꼭 들러보고 싶어 왔다고 했다.

형부 편지에는 형부가 한국 귀국 초기에 이들 댁에 기거하면서 부모처럼 보살핌을 받았고, 이후 한국 정부가 형부의 부모에게 훈장과 공훈 주택, 각종 보상정책을 마련해줄 때까지 줄곧 그 댁에서 지냈다는 내용이 담겨 있었다. 박영준 선생은 형부 부모와도 가까워, 항일전 시절 형부 어머니와 함께 시사 문제를 다룬 연극공연도 했다고 쓰여 있었다.

그날 만남에서 나도 형부처럼 그를 아저씨라고 불렀고, 덕분에 어색함 없이 대화가 오갔다.

"젊은 시절에 수송의 어머니 쑹징쉬안과 함께 연극을 했어요. 어머니는 젊었을 때 무척 아름답고 마음씨도 곱고 영리하며 부지런했던 훌륭한 독립유공자였어요. 그래서 광복 후에 한국이 수송의 아버지뿐만 아니라 어머니에게도 훈장을 수여했어요. 정말 대단한 혁명가였어요."

아저씨의 말에 우리는 가족처럼 편안하게 이야기를 나눴다. 우리 자매는 형부의 어머니를 할머니라 부르며 따랐는데, 아저씨 말대로 늘 솔직하고 활달한 지식인이었다.

내 기억 속에 형부의 어머니 쑹징쉬안은 언제나 부드러운 미소를 짓고 있었다. 나는 그 모습을 보고 저런 고상하면서도 안온한 기질은 그분의 이름 '靜軒'(조용하고 높다는 뜻)과 관계가 있는 것이라고 여러 번 생각했다. 아저씨가 말하는 그 '대단함'의 숨은 뜻은 어쩌면 온갖 시련을 겪었으면서도 여전히 그런 평온함과 미소를 유지하고 있다는 점이 아닐까?

회상을 이어가던 아저씨가 그의 아버지 박찬익 선생에 관해 들려주었다.

그의 아버지는 중국에서는 '푸순'(濮純)이라 불렸고, 호는 '정일(精一)'

1932년 김구 선생(뒷줄 오른쪽에서 세 번째) 자싱 피난 시기 중국 친구들과 함께 찍은 사진

뒷줄 왼쪽 첫 번째 추푸청 선생의 양아들 천퉁성
앞줄 왼쪽에서 첫 번째 천퉁성의 부인
뒷줄 오른쪽에서 첫 번째 추푸청 선생의 장남 추펑장
앞줄 오른쪽에서 첫 번째 추펑장의 부인 주자루이

1935년 김구 선생(앞줄 가운데)과 임시정부 요인들(자싱에서 촬영)

1936년 김구 선생(두 번째 줄 가운데)과 임시정부 요인들(자싱에서 촬영)

1937년 김구 선생(앞줄 오른쪽 두 번째)과 임시정부 요인들[전장(鎭江)에서 촬영]

1940년 6월 17일 한국혁명여성동맹 창립.
두 번째 줄 왼쪽에서 네 번째가 유평파의 부인 송징쉬안

이다. 1921년 대한민국 임시정부 광둥 대표를 지냈고, 1928~1934년에는 난징에서 중국 국민당 중앙 국제선전부 국제과 간사로 활동하며, 동시에 대한민국 임시정부의 난징 파견 비밀 연락관이었다. 당시 천궈푸(陈果夫)[32]와 친해서 국민당 정부의 비밀 지원을 받았고, 1934년 이후에는 대한민국 임시정부 주중대표단 단장을 맡았다. 1932년 4월 29일 훙커우 공원 폭탄 의거로 일본군이 광분해서 곳곳에서 살인을 하고, 각국 대사관과 영사관을 무차별적으로 뒤지며 한국 독립운동가를 잡으려 할 때, 박찬익은 난징에서 소식을 접하고 재빨리 상하이로 가서 임정 인사들을 보호하고 탈출 계획을 주도했다.

그가 난징을 떠나기 전, 천궈푸의 직속 부하인 샤오정(萧铮)[33]을 만나 난징 정부의 보호와 지지를 요청했다. 사실 세계를 뒤흔든 훙커우 폭탄의거가 일어난 후, 이미 중국 정부의 깊은 관심을 받고 있었다. 특히 김구가 직접 "이 일은 나 혼자 한 일이니, 중국은 무관하다"라는 성명을 발표해 중국이 일본으로부터 받는 압박을 상당 부분 덜어주었다. 이에 장제스(蔣介石)는 김구의 배포와 도량을 높이 평가했다. 이 때문에 박찬익이 상하이에 도착한 뒤, 국민당 중앙조직부장 천궈푸는 은밀하게 샤오정에게 추푸청을 찾아 도움을 청하라고 지시함으로써 임시정부 인사들을 항저우와 자싱으로 나눠 피신시켰던 것이다. 항저우로 간 이들은 이시영(李始榮)[34], 조완구(趙琬九)[35], 조소앙(趙素昻)[36], 차리석(車利錫)[37], 송병조(宋秉祚)[38] 등이었다. 추푸청이 자신 출신이고, 아들 추평장이 민평제지창과 수륜사창의 책임자여서 안전하고 믿을 수 있었기에 김구와 이동녕 등은 자싱으로 향했다.

아저씨는 당시 상황을 이렇게 얘기했다.

"당시 김구 선생의 이동은 정말로 아슬아슬했어요. 이미 일본 측이 김구가 사용한 에쉬모어 선교사의 전화 통화 내용을 포착했고, 그 미국인 선교사를 의심해 일본 형사들이 그의 집을 포위했대요. 다행히 에쉬모어 부부가 일본 수색대가 들이닥치기 불과 30분 전에 김구를 변장시켜서 기차역까지 몰래 태워 보냈고, 임시정부가 프랑스 조계지에 파견한 연락관 엄항섭이 김구와 함께 자싱까지 갔어요."

그러니까 그날 김구가 에쉬모어 선교사의 집을 떠난 시간과 일본군이 들이닥친 시간은 불과 30분 차이였다는 말이다. 그 간발의 시간차가 역사의 운명을 바꾼 것이다.

점심을 간단히 먹고, 내가 박영준 부부를 모시고 시우저우중학교가 있는 남문 일대를 걸었는데, 어쩐 일인지 또 비가 내렸다. 지난번 김신 선생이 자싱에 오셨을 때처럼 거센 비가 내리는 모습을 보고 어쩌면 거동이 힘든 노인 부부의 그 열정에 하늘도 감동한 것이 아닌가 하는 생각이 들었다.

시우저우중학교에 들렀을 때, 고희를 넘긴 아저씨는 자신이 묵던 기숙사 건물이나 강당을 단번에 알아보았다. 특히 잘 보존된 서양식 건물을 보자, 무척 들떠서 여기가 당시 교장실이 있던 곳이라고 외쳤다. 이후 비를 무릅쓰고 남문까지 가서 메이완제, 르후이차오 등지를 돌아보며 그는 감동과 회한의 눈물을 여러 번 삼켰다. 특히 과거 그가 머물던 스쿠먼에 들어갔을 때는, 아내에게 감정이 북받친 듯 말했다.

"그때는 담이 없었고, 중간에 벽도 없었어. 저 위층 동쪽 끝 방이 바로 내가 쓰던 자리였지······."

동쪽 뜰에 사는 할머니가 멀리서 온 그들에게 안으로 들어가 보라며 반갑게 맞았다. 그 할머니와 함께 올라가 침실의 북쪽 창문에 서서 바깥을 내려다보는 순간, 아저씨는 감개무량한 듯 말했다.

1990년 5월 23일
작가와 박영준 부부.
자싱 피난 시절 자주 갔던
르후이차오에서

당시의 노옥에 들어간
박영준은 감개무량한
표정을 감추지 못했다.

"아래는 예전에 강이 흘렀고, 강가로 나가 빨래하고 물 긷는 돌계단이 있었는데……."

그 말에 할머니가 말을 받았다.

"정말 기억력이 좋으시네요. 그 강은 몇 해 전에 메워졌답니다."

할머니 역시 사라진 강과 강둑을 그리워하는 듯했다.

우리는 함께 대문 앞에서 기념사진을 찍었다. 아저씨가 한국으로 돌아간 뒤, 그 사진을 편지에 동봉해 보내왔다. 편지에는 이렇게 적혀 있었다.

"…… 역사의 안개가 마음속에 아직도 남아, 마치 사진 속 저 낡은 담장처럼 무겁게 느껴집니다……."

정말 그랬다. 낡고 칙칙한 담장이 작은 사진 한 장에 압축되니, 정말 그 격동의 역사가 응축되어 눈 앞에 생생하게 되살아나는 것 같았다.

9

　세상에는 묘한 인연이 수없이 존재한다. 그것은 우연처럼 보이지만 어쩌면 필연인지도 모른다. 하이옌 답사는 미뤄졌지만, 내 마음속 갈증은 날로 커졌다. 어느 날, 오빠와 함께 상하이로 가면서 한참 얘기를 나누는데, 갑자기 하이옌 얘기가 나왔다. 그때 오빠는 자싱시 제련기계국 부국장이었고, 나는 신문사 기자였다. 각자 바빠 평소엔 거의 만나지 못했다. 그런데 이날 정말 드물게도 100여 킬로미터의 거리를 가는 동안 기차 안에서 이런저런 대화를 하게 되었는데, 놀랍게도 거기서 끊겼던 실마리가 다시 이어졌다.

　오빠 말로는 연초에 홍콩에서 열린 자싱시 투자 유치회에 참석했을 때 하이옌 대외경제담당 '부원다(步文達)'라는 분을 만났고, 마침 한국에서 가족을 만나러 온 큰언니(유수송의 부인)도 저녁식사 자리에 와서 부원다와 만났다. 한국과 자싱, 하이옌의 역사적 인연에 대해 말하다가, 자연스레 우리 집안이 자싱, 하이옌과 역사적으로 인연이 깊다는 말이 나왔다. 덧붙여 오빠가 김신 선생이 동생에게 하이옌의 짜이칭 별장을 찾고 싶다고 했다는 말도 전했다. 부원다는 세심한 사람이었다. 집에 돌아가서 여기저기 알아보고 준비를 한 뒤, 오빠에게도 여러 번 전화했는데, 당시 오빠가 너무 바빠서 주말도 쉬지 못하는 상황이었다. 그렇게 한번 둘러보러 오라는 한가하게 들리는 초청은 몇 달이나 미뤄져 버렸다. 나는 그 말을 듣자마자 화들짝 놀라 소리쳤다.

"아니, 왜 그걸 진작 말해주지 않았어? 난 그걸 찾느라 발이 닳게 헤맸는데!"

그리곤 바로 다음 주말에 하이옌에 가기로 했다.

1994년 9월 2일, 나와 남편, 오빠, 그리고 자싱시 상공회의소 부회장 왕루이진(王瑞金) 씨가 함께 차를 타고 하이옌으로 향했다. 부원다와 난베이후(南北湖) 풍경구 관리위원회 주임 후껀량(胡根良)은 김구가 걸었던 길을 되짚어 보는 일정을 잡았고, 우린 흔쾌히 수락했다.

차가 한때 증기선이 정박하던 선착장 부근에서 멈춰 섰는데, 지금은 부두가 있었다는 흔적조차 없었다. 우린 차에서 내려서 김구 선생이 걸었을 법한 한적한 산길을 따라 서남쪽으로 올랐다. 그날은 "추분이 지나고 열흘 뒤까지 더위는 계속된다"라는 옛말을 입증하듯 섭씨 38도를 웃도는 무더위가 기승을 부리고 있었다. 조금만 걸어도 땀이 비 오듯 했는데, 하필 나는 별 준비 없이 높은 구두를 신고 와서 더욱 힘들었다. 남편은 당시 주자루이가 김구를 배웅하던 상황을 그대로 재현해 체험하는 중이라고 나를 놀려댔다. 그 말에 정말로 그런 것 같아 묘한 기분이었다. 울퉁불퉁 돌밭 길을 오르면서, 하이힐 발자국과 큰 발자국은 보이지 않았지만, 위험 앞에서도 침착함을 잃지 않던 주자루이 부인의 선량하고 아름다운 모습이 눈에 그려지는 듯했다.

예야링에 올랐을 때, 땀방울 때문에 눈이 흐려졌지만, 우리는 기쁜 마음으로 당시 김구 선생이 쉬었다던 정자로 가서 기둥에 새겨진 비문을 찾아보았다. 이미 지붕은 허물어졌고, 돌기둥의 글자는 희미해져 읽기 어려웠다. 역사란 종종 이렇게 예상치 못한 곳에서 시간의 흐름과 세상의 변화를 일깨워준다.

예야링을 넘었지만, 우리는 푸른 플라타너스와 대나무숲 속에 숨은 별장은 찾을 수 없었다. 한참을 내려가니 '작은 시후(西湖)'라 불리는 난베이후가 펼쳐졌다. 마을에 들어가 여러 집을 찾아 물었는데, 1916년에 지었다는 짜이칭 별장은 20여 년간 마을 창고로 쓰이다가, 1978년에 낡아 허물어졌다고 한다. 그런데 그 별장을 짜이칭 별장이라고 부르는 사람은 드물고, 대부분 '치엔라오예(钱姥爷, 치엔 성씨의 어르신이란 뜻이지만 치엔은 돈이란 뜻도 갖고 있다.)의 산장'이라 했다. 주씨가 지은 집인데 왜 '치엔'이라 부르냐고 물으니, 농촌 사람들은 소유주 성씨는 중요치 않고, 이렇게 큰 집을 지었으면 분명 돈 많은 사람일 테니, '치엔 어르신'이라 부르는 게 다들 훨씬 쉽게 이해해서라고 했다.

짜이칭 별장은 이미 10년도 훨씬 전에 허물어진 별장이지만, 물어보면 마을 사람들은 누구나 어렴풋하게나마 풍경과 모습을 기억해 냈다. 여든을 바라보는 주윈바오(朱云宝) 할머니를 만났는데, 운 좋게도 그녀가 열대여섯 살쯤 아버지가 그 별장을 지키는 관리인이었고, 손님이 오면 그녀도 일손을 도왔다고 한다. 우리가 김구란 사람이 여기에 온 적 있느냐고 물었지만, 그녀는 기억하지 못했다. 생각해보면 세월이 50년 넘게 흐르기도 했지만, 설사 당시에 김구가 눈 앞에 서 있었다 해도 그가 누군지 알 수는 없었을 것이다. 그런데 지금 이 일대 사람들은 김구가 이곳에 있었다는 사실은 대부분 알고 있었다. 하이옌현 문사위원회가 펴낸 자료집 《난베이후 풍경집》에도 김구 이야기가 실려 있고, 산완(三湾) 풍경구 개발 계획에도 '김구 피신처'를 기념하기 위해 짜이칭 별장를 재건하자는 아이디어가 실려 있다.

후건량 국장이 이미 완성된 재건 설계도를 보여주며, 이를 위해 산

저자(오른쪽 첫 번째) 일행, 김구 선생이 걸었던 길을 따라 예야링에 올랐다.

저자가 당시 짜이칭 별장에서 자주 일을 했던 주윈바오 할머니와 인터뷰를 하고 있다.

완 풍경 개발구가 이미 추진하던 도로공사를 조금 변경해 예산 20만 위안을 추가해서 도로를 산장 뒤로 우회시키기로 했고, 10월 말에 완공될 것이라고 했다. 부원다 주임도 짜이칭 별장 복원은 큰 의미가 있어, 한국 측과 김구 후손들의 적극 지원, 특히 의미 있는 역사 사료 기증이 있으면 좋겠다고 말했다. 그것이 중국과 한국의 친목을 이어주는 영구적 끈이 될 뿐 아니라, 풍광 좋은 난베이후에 문화관광 요소를 더해 후대에 애국심과 혁명 역사의 산 교실로 삼을 수 있다면서.

주원바오 할머니는 우리와 함께 산자락 절반 정도를 더 올라가서 옛 별장 터를 살폈다. 넝쿨과 잡초가 우거진 곳을 살펴보더니, 예전 뜰에 있던 배롱나무를 찾아냈다. 베어졌지만 새로 가지가 돋아났고, 가지 끝에는 꽃이 활짝 피었다며, 빨간 꽃은 올해 처음 본다며, 기쁜 표정으로 꽃이 핀 가지를 들어 우리에게 보여주었다. 이웃들도 베어졌던 플라타너스에도 여기저기 싹이 자라 아주 무성해졌다며 감탄했다. 중국에 '봉황은 오동나무에 깃든다'는 전설이 있으니, 이곳이 정말로 봉황이 깃드는 좋은 땅이 아닐까 하는 생각이 들었다.

더욱이 이곳은 예로부터 귤의 고장으로 유명하다. 이곳의 귤나무는 100년이 넘었다고 들었다. 그렇다면 이 귤나무들은 이곳에 머물렀던 김구 선생을 정말로 보았을 것이다. 선생이 숲길을 걸을 때 이 나무들은 자신들 곁을 지나가는 김구 선생의 발걸음을 지켜본 목격자가 아닐까? 지금 이곳에는 늘씬하게 키가 큰 귤나무와 키가 작고 튼실하지만 씨가 없는 귤나무 모두 초록빛 열매가 한창이다.

'한 달쯤 지나면 귤이 황금빛으로 익겠지.'

그때 김신 선생이나 한국 지인들이 이곳을 찾아온다면, 진심으로 기뻐할 것이다. 그런 생각이 들자 또 다른 설렘이 내 마음에 가득해졌다.

3장

피는 물보다 진하다

1

시간은 종종 같은 화제를 다른 형식으로 되살려내곤 한다. 어쩌면 그것이 시대적 흐름이며 역사의 발전 방식일지도 모른다.

추푸청 선생의 묘를 이장하는 문제가 고향 사람들에 의해 중요한 의사일정으로 다시 떠올랐다. 선생은 1948년 3월 29일, 상하이에서 76세로 세상을 떠났다. 그의 생애는 병상에서 힘들게 쓴 유언에서도 잘 드러난다.

나는 어린 시절부터 유학(儒學)을 읽고, 나라를 위한 포부를 품었으며, 50여 년 동안 한시도 쉬지 않았다. 다만 나라의 어려움이 잇따르고 외침이 계속되는 시절에 충의가 미약해 큰 도움이 되지 못했다. 청조 말기에 나라의 위기를 보고, 홀로 동쪽으로 건너가 동지들과 더불어 부국과 자강을 도모했다. 신해년 민국 수립 후, 여러 해 의회에 몸담으며, 줄곧 법에 바탕을 두어 자신을 지키고, 청렴함으로 스스로를 경계하며, 백성을 보살피는 일에 힘쓰고, 벗을 성심으로 대했다. 악을 미워하고 탐욕을 배척했으며, 친소(親疏)와 원한을 떠나 정의에 기초했다. 지금 국정이 어지럽고 백성들이 도탄에 빠졌는데, 세계정세가 급변해 진정한 민주와 헌법 시행 없이는 나라를 구할 길이 없을 것이다. 바라건대 애국지사들이 지극한 정성으로 단결하여 국사를 함께 도모하고, 국가의 근본을 영원히 다지기를…….

그가 죽음을 앞에 두고도 나라를 걱정하며 남긴 뜻을 알 수 있는 대목이다.

추푸청 선생의 유해는 자싱 외곽에 있는 추씨 가문 선영에 모셨다. 그해 6월 항저우시 참의회가 런허루(仁和路)를 푸청제(輔成街)로 바꿀 것을 건의하자, 저장성에서 바로 허가했다. 그러나 '문화대혁명'의 소용돌이는 이 혁명의 선각자 무덤마저 '혁명'이라는 명분 아래 처참하게 파괴해 버렸다. 그러던 중 1995년, 항일전쟁 승리 50주년이자 구삼학사(九三學社)* 창립 50주년을 맞이하여, 구삼학사 자싱시 위원회가 구삼학사 창립자 중 한 명인 추푸청 선생을 자싱공묘(嘉興公墓)로 이장(移葬)하겠다는 계획을 알렸다. 이때 상하이에 있던 추푸청 선생의 손자 추정위안을 통해 김신 선생이 500달러를 기부했다는 소식이 전해졌다.

추정위안에 따르면, 김신 선생이 상하이에서 일을 마친 후 만나자고 청했고, 할아버지의 묘를 자싱으로 옮기려 한다는 계획을 전해 듣자 선생이 크게 감동했다는 것이다. 선생은 "이장이 확정되면 꼭 참석하겠으니, 한 달 전에만 알려주면 일정을 맞추고 비자를 준비하겠다"고 말하고는 그 자리에서 자신의 마음이라며 급히 있는 돈을 다 털어 500달러를 건넸다고 한다.

자싱 구삼학사 위원회가 정식으로 김신 선생을 초청하고, 1995년

---

* 중국의 8개 민주당파 정당 가운데 하나. 1944년 민주과학좌담회(民主科学座谈会)란 이름으로 충칭에서 민주주의자들에 의해서 성립되었다. 1945년 항일전쟁의 승리를 기념하여 구삼학사로 이름을 바꾸었다.

12월 22일을 추푸청 선생 이장식 날짜로 확정하자, 김 선생은 이미 계획해 놓은 모든 일정을 포기하고 시간을 비워두었다. 12월 21일, 새벽 6시. 나는 구삼학사 부비서장 장허전(張和珍) 여사와 함께 시정부의 부탁으로 상하이로 향했다. 마침 날씨가 맑고 햇살이 아주 따스했다. 사실 10월 28일, 김신 선생이 한국에서 전화로 자싱 방문 소식을 전해왔을 때부터, 우리는 그를 맞이할 생각으로 이미 가슴이 설레고 있었다.

상하이 외곽까지는 막힘이 없었으나, 시내에 진입한 뒤 교통이 원활하지 않아 예정 시각보다 약 30분 늦고 말았다. 8시 30분, 우리가 호텔 로비에 들어서자, 이미 소파에 앉아 기다리고 있던 김신 선생이 환한 미소로 일어나서 반겨주었다. 6년 만의 재회였지만 선생의 모습은 전과 다름없었다. 온화한 미소, 반듯한 자세, 씩씩한 걸음걸이 그리고 따뜻한 손길까지…….

장 비서장이 준비해 온 꽃다발을 건네며 자싱 시민의 존경심도 함께 전했다. 꽃다발은 김신 선생의 '첫 공식 자싱 방문'을 좀 더 격식 있게 축하하고 싶어서 준비한 것이었다. 함께 온 의사 이소심(李素心)* 여사가 오늘 선생께서 특히 일찍 일어나 7시 반부터 꼼짝도 하지 않고 로비에서 기다리셨다고 하면서, 중요한 일을 앞두면 언제나 일찌감치 준비를 마친다고 덧붙였다.

---

* 독립유공자 이달(李達) 선생의 딸. 이달 선생은 김좌진 장군이 만주에서 설립한 신민부에서 일했고, 베이징, 상하이에서 일제 요인 암살을 도모하다가, 1938년 조선의용대에 입대해 선전업무와 《광복군》 잡지 주필을 맡았다. 부인은 중국인 의사로 1939년 충칭에서 이소심 여사를 낳았다. 이달 선생은 1942년 사망했고, 이소심은 중국에 남아 의사가 되었다. 1992년 부친을 대신해 독립유공훈장을 받으러 한국에 왔다. 충칭시 인민병원 원장을 지냈고, 1995년 충칭 임시정부청사가 재개발로 헐릴 위기에 처했을 때, 김신 선생에게 연락해 개발을 막아냈다. 1994년 『백범일지』 중국어판 출판을 했고, 2005년 한국 국적을 취득했다.

추푸청 선생

1945년 8월. 한국과 중국 인사들이 탕지야오(唐继尧)[39] 무덤 앞에서 찍은 기념사진.
가운데 긴 수염을 기른 이가 추푸청 선생이다.

그러고 보니, 한 달 전 추푸청 선생 후손들이 조부의 묘를 이장한다는 소식을 들은 이후, 김신 선생은 한국에서 여러 번 전화를 걸어 이장 준비 상황과 정확한 일정을 재차 확인했다. 추푸청 선생에 대한 그의 존경과 감사의 마음은, 직접 대하고 보니 그 진정성을 곳곳에서 느낄 수 있었다.

로비에서 기다리는 동안, 김신 선생의 차분한 표정 뒤로 오래된 기억들이 물결치고 있었을 것이다. 그의 기억 속 아버지는 언제나 온 몸과 마음을 나랏일에 쏟느라 가족과 온전하게 함께 보낸 기억은 거의 없었다. 임시정부가 중국에서 26년간 망명생활을 이어가는 동안, 선생은 아버지를 거의 보지 못했다. 해방 후 아버지가 귀국했을 무렵, 그는 중국 공군 장교로 복무 중이었고 미국에 가서 비행 훈련을 받느라 또 함께 지낼 수 없었다. 1947년 10월, 훈련을 마치고 중국군에서 퇴역해 귀국했을 때, 이미 칠순이 넘은 아버지와 채 2년도 함께 살지 못했다. 그 짧은 기간조차도 아버지는 여전히 조국의 통일을 위해 동분서주했다.

그래도 그즈음에야 비로소 결코 잊어서는 안 될 지난 이야기들을 얼마간 들을 수 있었다고 한다. 이를테면 '장쩐치우(張震球, 장진구)'라는 이름. 김구가 자싱에 은신했을 때 추푸청 선생이 지어준 이름이라고 한다.

어느 날, 김구가 추씨 집 거실에서 차를 마시며 '장공귀안(長空歸雁)'이라는 그림을 물끄러미 보고 있었다. 수천수만 리 먼 길을 마다치 않고 고향으로 날아가는 그림 속 기러기 모습에 김구는 깊은 생각에 잠긴 듯했다. 추푸청도 기러기가 아무리 높이 난들 화살을 피하기란 쉽지 않을 것이란 생각에 이르렀고, 조심스럽게 제안했다.

"일단 이름을 바꾸고 이곳에서 안전하게 잠시 숨어 지내는 것이 어떻겠습니까?"

"나도 그런 생각을 했습니다. 중국 이름이 자연스럽고 좋을 듯합니다. 선생께서 지어주시겠습니까?"

잠시 생각한 후 추푸청이 말했다.

"선생은 손에 긴 활을 잡고 언젠가 시위를 당겨 세상을 흔들 사람이니, '장(張)'씨 성이 어떻겠습니까?"

그 말에 김구의 눈이 반짝였다.

"좋습니다! 제 할머니도 장씨였는데, 이것 참 묘한 인연이네요"

추푸청이 차 한 모금을 마시고 나서, 살짝 상기된 표정으로 물었다.

"이름은…… 쩐치우(震球)는 어떤가요?"

김구는 상대방의 상기된 표정에 반짝이는 눈빛으로 화답했다.

"쩐치우? 절 알아주시는군요. 추 선생! 세상이 아무리 드넓다 해도 결국 작은 지구에 불과한데, 이 작고 둥근 세상을 흔들어 깨울 사람은 또 그리 많지 않습니다. '장쩐치우'라는 이 이름으로 세상을 놀라게 할 대업을 꿈꿔볼 테니, 내가 그런 인물이 될 수 있는지 지켜봐 주십시오!"

사실 추푸청은 이미 김구가 상하이에 있을 때 주도했던 '도쿄 폭탄 의거'와 '훙커우 공원 폭탄 의거'에서 그의 '세상을 흔드는[震球]' 큰 의지를 읽었다. 그 정의로운 정신이 추푸청 자신의 삶과 가문 규범의 근간과 같았기에, 추푸청은 생명을 걸고 김구를 도운 것이다.

2

차가 자싱에 도착했을 때, 시간은 이미 정오를 넘기고 있었다.

추푸청 선생의 후손들이 민펑제지창 식당에 음식을 정성스레 마련해 놓고 김신 선생을 기다리고 있었다. 이곳은 예전에 추푸청 선생이 세운 공장으로, 지금은 그의 손녀인 추리전이 공장 엔지니어로 일하고 있다. 게다가 오늘 추푸청 가문의 젊은 후예들이 여럿 모였다는 말에 김신 선생은 기뻐하며 먼 길의 피곤함도 잊고 곧장 그곳으로 향했다.

식탁에 둘러앉아 옛이야기를 나누고 일상을 공유하는 모습은 마치 한 가족 같았다.

60여 년 전, 추푸청 선생이 자기 아버지 김구를 구해준 일을 이야기할 때마다, 김신 선생은 가슴 벅차했다.

선생은 즐거운 표정으로 『백범일지』가 1년 전 베이징의 민주젠셔(民主建設) 출판사에서 출간되었는데, 번역도 만족스럽다고 전했다. 이번에 그 책 몇 권을 가져와, 직접 서명해서 사람들에게 선물해 주었다. 그리고 추씨 일가와 내게는 특별한 선물을 건넸다. 바로 부친 김구의 친필 휘호였다.

추씨 일가에게는 '양심건국(良心建國)'이라는 글자를, 내게는 김구 선생이 1948년 38선을 넘어 남북통일을 모색하기 위해 김일성을 만나러 갔을 때 썼다는 글귀를 주었다.

踏雪野中去 不須胡亂行
눈 덮인 들판을 걸어갈 때는 어지러이 함부로 걷지 마라.
今日我行跡 遂作後人程
오늘 내가 걸어간 발자국이 뒤따라오는 이들의 이정표가 되리니.

공교롭게도 1948년은 내가 태어난 해이다. 그래서 이 뜻깊은 글귀가 더욱 소중하게 느껴졌다. 김신 선생은 아버지를 모시고 평양에 두 차례 가서 김일성 장군과 면담했다. 그 이야기를 할 때, 선생의 기백은 만약 훙커우 공원 폭탄 의거가 일어난 그해에 선생이 열 살 어린아이가 아니었다면, 또 멀리 있지 않았더라면 기꺼이 목숨을 걸고 아버지를 호위해 상하이를 빠져나오는 데 큰 힘이 되었을 것임을 확신할 수 있었다.

그런데 선생의 아버지는 정말로 목숨이 오가는 여정에서 당시 선생과 비슷한 또래의 소년을 만났다.

땅거미가 쓸쓸히 내려앉은 어느 저녁, 상하이역 대합실은 어두웠다. 김구는 이미 양복 차림의 외국인에서 검은색 챙이 넓은 모자와 검은 장포(長袍)를 걸친 중년 상인 모습으로 변모해 있었다. 그와 함께 사람들 틈을 비집고 가죽 가방을 들고 개찰구를 통과하는 젊은이는 엄항섭이었다. 기차가 연착해서 승강장은 사람들로 북적였다. 개찰구를 통과하자마자 둘은 곧장 흩어졌다. 가방의 안전과 김구가 더 가볍게 움직이도록 미리 이야기해 둔 것이었다.

지하통로 쪽에서 한 노파가 김구의 시선을 끌었다. 잔뜩 굽은 허리에 몸도 가누기 어려워 보이는 노파가 등에 커다란 이불 짐을 지고 비틀비틀 힘겹게 걷고 있었다. 옆에는 병이나 잡동사니가 잔뜩 든 망태를 어깨에 멘 열 살가량의 소년이 그녀의 옷깃을 꽉 움켜쥐고 걸어가고 있었다. 김구는 그들의 모습이 안쓰러워 다가가 노파의 짐을 들어주었다. 노파는 연신 고개를 숙여 감사 인사를 했다. 가난한 집 아이는 일찍 철이 든다. 소년은 남자가 도와주려는 것을 알면서도 혹시 짐을 뺏어갈까 경계심 가득한 눈으로 그를 자꾸 훔쳐봤다. 하지만 검은 장포를 입은 남자는 키가 큰 데다 짐을 들고 계단을 성큼성큼 내려가 버려, 플랫폼에 도착하기 전까지 소년은 남자의 얼굴을 자세히 볼 수 없었다.

기차는 매우 낡았다. 오늘 후항선(沪杭線, 상하이-항저우 노선) 마지막 완행열차였다. 김구는 노파의 이불 짐을 짐칸에 올려주고 창가 쪽 빈자리에 앉았다. 소년과 노파도 그의 맞은편 자리에 앉았다. 그런데 그가 제대로 앉기도 전에 노파는 손짓으로 뭐라고 말했다. 이불보를 내려 그의 옆 빈자리에 놓아달라는 뜻이었다. 아마도 짐이 너무 높이 있어 내리기 힘들까 봐 걱정된 듯했다. 김구가 그대로 해주자, 노파는 연신 고맙다고 했다.

곧이어 기차가 출발했다. 출발하면서 강하게 덜컹거리자, 김구의 모자가 의자 등받이에 부딪혀 하마터면 떨어질 뻔했다. 그 모습에 맞은편 소년이 큭큭 웃음을 터트렸다. 기차가 흔들리며 조금씩 속도를 내기 시작했다.

기차 안은 습하고 이상한 냄새로 가득했다. 다행히 창밖에서 바람이 들어와 환기가 되고 있었는데, 검은 구름이 드리우더니 금세 어두워졌고, 이어서 비바람이 들이쳤다. 그는 얼른 일어나 창문을 닫으려 보니,

유리가 다 깨져 창틀만 남아 있었다. 어쩐지 기차에 마지막에 올랐는데 자리가 있었던 건 행운이 아니었다. 다행히 노파와 소년은 비를 등지는 쪽에 앉아 있었고, 김구는 어쩔 수 없이 엉덩이를 이불 짐 쪽으로 옮기며 모자로 비바람을 막으려 했다. 노파가 그 모습을 보고 꾸러미에서 낡은 기름종이 우산을 꺼내 그 창에 끼워주었다. 우산살도 몇 개 부러지고 입구 부분도 터진 상태였지만, 창틀에 끼워 놓자 비바람을 어느 정도 막을 수 있었다. 마침내 피곤한 얼굴에 장사꾼은 의자에 기대 선잠을 잘 수 있게 되었다.

희미한 객차 조명이 꾸벅꾸벅 졸고 있는 승객들을 비추고 있었다. 사실 이렇게 끈끈하고 이상하게 어딘가 나른한 기운이 감도는 분위기는 이미 20일 가까이 계속되고 있었다.

4월 29일 훙커우 공원 폭탄 사건이 일어난 후, 이성을 잃은 일본군은 주모자를 색출한다는 명목으로 무차별적인 보복에 나섰다. 사람들을 마구 잡아들였고, 이유도 없이 칼을 휘둘러 무고한 사람들을 죽였다. 상하이 전역은 삽시간에 핏빛 공포에 휩싸였고, 역이며 부두, 공항마다 사복경찰이 촘촘히 깔려 있었다. 특히 낮에 운행하는 급행열차는 검문이 더 심해, 며칠 전에도 기차역에서 여러 명이 붙잡혔다는 소문이 돌았다.

허리가 굽은 노파는 기진맥진한 듯 앞에 작은 탁자에 엎드려, 규칙적인 숨소리와 함께 낮게 코를 골았다. 그녀 곁의 머리를 빡빡 깎은 소년은 졸지도 않고, 망태에 든 빈 병 뚜껑을 만지작거리며 주변을 두리번거렸다. 맞은편 검은 장포를 입은 남자는 꽤 깊은 잠에 빠진 듯 움직임이 전혀 없었다. 기차의 움직임에 따라 의자 등받이에 기댄 고개만 왼쪽, 오른쪽으로 흔들렸다. 넓은 챙이 달린 검정 모자는 어느새 흘러내려, 얼굴 대부분을 가리고 통통한 콧방울과 굳게 다문 두툼한 입술만 보였다. 소년은 그 모습이 우스꽝스러워 혼자 킥킥 웃었다.

기차가 출발한 지 두 시간이 지났을 무렵, 기차가 갑자기 급정거하며 멈춰 섰다. 승객들이 앞뒤로 휘청이며 넘어졌고, 소년도 그 충격에 맞은 편 남자의 품으로 넘어졌다. 남자가 순간 눈을 뜨더니, 소년임을 보고 안도의 숨을 내쉰 뒤 손목시계를 보았다. 뭔가 이상했다. 역에 도착할 시간은 아직 멀었고, 도착역을 알리는 나팔 소리도 없었다.

소년은 토끼보다 빠른 남자의 움직임을 보았다. 남자는 성큼성큼 불이 밝혀진 창문 쪽으로 걸어가더니 창문 밖으로 머리를 빼고 보던 남자의 얼굴이 순간 굳어졌다. 열차는 역에 도착한 것이 아니었다. 칠흑같이 어두운 벌판에 커다란 손전등 불빛이 이리저리 흔들리고 있었다.

곧 중국 경찰과 사복 차림의 일본 헌병들이 기차에 올랐다. 이런 기습 검문은 이제 드문 일이 아니었다. 노파는 창가로 매달려 밖을 내다보는 이들 속에서 소년을 끌어내 자리에 앉히며 겁에 질린 얼굴로 타이르듯 말했다.

"가만히 앉아 있어! 괜히 나서지 말고. 별일 없을 게야."

그러나 그 말이 채 끝나기도 전에, 총을 든 경찰들이 우르르 객차 안으로 들이닥쳤다. 그들은 둘로 나눠 객차 양쪽 문을 봉쇄했다. 개미 한 마리 빠져나가지 못할 기세였다.

승객들은 술렁였고, 여자들과 아이들은 두려움에 비명을 질렀다. 그 중 한 중국인 경찰이 기세등등하게 총을 치켜들고, 다른 손으로 사진 한 장을 들고 거친 쇳소리로 소리쳤다.

"잘 들어라! 우린 훙커우 폭탄 사건의 범인 김구를 잡으러 왔다! 이 한국인을 본 사람은 얼른 말해라. 말만 하면 1000대양을 주겠어!"

얼굴에 살이 두툼하고, 입매가 비뚤어진 사내가 위협적인 표정을 지었다. 객차 안은 순간 정적에 잠겼다.

"알면서도 숨긴다면, 모조리 처단할 테니 그때 가서 나를 원망하지 마!"

비뚤어진 입매의 사내가 한껏 위협하더니 다시 소리쳤다.

"이 전단을 똑바로 봐! 이 겁대가리 없는 한국인을 본 적이 있나!"

이 얼굴은 이미 현상수배 전단을 통해 널리 퍼져있기에, 누구나 그가 일본군에게 폭탄을 던진 한국인이라는 것쯤은 알고 있었다. 그 비뚤어진 입매의 사내 옆에서, 키 작고 뚱뚱한 경찰이 허리춤에 권총을 만지작거리며 사진을 한 명 한 명에게 들이밀었다. 그러나 다들 하나같이 못 봤다고 대답했다.

노파에게 물었을 때, 소년을 당겨 끌어안고선 본 적 없다며 고개를 저었다. 그런데 그 소년이 뭔가 떠오른 듯 "저 사람은……?" 하고 말을 뱉었다. 경찰은 얼른 사진을 소년 손에 쥐여주며 말했다.

"이봐, 꼬마. 똑똑히 봐라. 이 사람 본 적 있어?"

소년은 두려움이 깃든 눈망울을 굴리며, 맞은편 좌석을 힐끗 보고는 우물거리며 연신 고개를 흔들었다. 노파 역시 얼굴이 잿빛으로 질렸다.

"흠, 너 분명 본 것 같은데? 봤지?"

경찰 하나가 군화로 소년 발등을 거칠게 짓밟았다. 소년이 너무 아파 입술을 잔뜩 일그러뜨렸지만, 소리 내어 울지는 못했다. 그때 갑자기 '짝' 소리가 나더니, 노파가 소년의 뺨을 세게 내리치며 소리쳤다.

"이 망할 녀석! 누군지 똑똑히 알아보지도 못하고 함부로 지껄여? 두들겨 맞고 싶어!"

그리곤 얼른 경찰을 향해 억지웃음을 지으며 연신 허리를 굽혔다. 경찰은 사진을 홱 낚아채더니 소년을 밀쳐 넘어뜨리고, 욕설을 퍼부었다.

"본 적 없으면 꺼져! 괜히 귀찮게 굴지 말란 말이다!"

그리곤 으스대며 입매가 삐뚤어진 사내와 함께 다음 칸으로 이동했다. 노파는 그들이 나간 뒤에야 고개를 홱 돌려 바닥에 침을 퉤 뱉었다.

소년은 눈물을 닦으며 벌떡 일어나더니, 누구에게 뺏길세라 잽싸게 검은 장포의 남자가 앉았던 자리에 털썩 주저앉았다. 그런데 문득 생각해보니, 그 아저씨가 언제부터 안 보였는지 전혀 떠오르지 않았다. 아까 창가에 몰려 구경하던 때, 그리고 경찰들이 들이닥친 순간부터 없었다. 하지만 모두가 험악하게 날뛰는 경찰들의 눈치를 보느라, 그가 사라진 것을 알아챈 이는 아무도 없었다.

경찰들은 들어오자마자 양쪽 문을 막았는데, 그 남자가 어디로 갈 수 있었을까? 그 순간, 소년은 번개처럼 머리를 돌려 깨진 창을 가리고 있던 낡은 기름종이 우산을 보았다. 우산이 기울어져 있었다! 소년은 다시 실수하지 않으리라는 듯 주변을 조심스레 살폈다. 우선 복도 쪽으로 몸을 기울여 경찰들이 다른 칸으로 간 것을 확인하고는 낡은 우산과 깨진 창 사이 틈으로 얼굴을 바짝 대고 밖을 보았다.

"앗……!"

비명을 지르려던 소년이 얼른 손으로 입을 틀어막았다. 그러고는 의식적으로 보이지 않도록 자기 머리로 틈을 가렸다. 소년의 커다란 눈동자가 금방이라도 쏟아질 듯 휘둥그레졌다. 그 검은 장포 차림의 남자가 창틀 옆 봉을 움켜쥐고, 문가의 손잡이에 발을 짚은 채 마치 도마뱀처럼 납작 매달려 있는 모습이 보였다.

쏟아지는 빗줄기가 채찍처럼 남자를 마구 내리쳤다. 빗발이 얼마나 거센지 눈조차 뜨기 힘들어 보였다. 게다가 머리에 쓰고 있던 검은 모자는 보이지 않았다. 소년이 고개를 숙여 보니, 검은 모자가 탁자 밑에 떨어져 있었다. 창문 넘어 나가다 벗겨진 듯했다. 이런 생각을 하고 있는데, 문득 자신을 뚫어지게 보고 있는 누군가의 따가운 시선이 느껴졌다.

할머니였다. 할머니는 느리고 쇠약했지만 눈빛은 날카롭고 매서웠다. 소년은 그 누구보다 할머니가 사람 마음을 꿰뚫어 본다고 믿었다. 마치 자기 뱃속에 기생충이 몇 마리가 있는지도 다 아는 것 같았다. 지금 자기가 하려는 일은 할머니의 눈길을 피할 수 없을 것 같았다. 하지만 소년은 주저하지 않고 재빠르게 몸을 낮춰 모자를 움켜쥐고는, 창밖으로 내밀어 빗물에 흠뻑 젖은 사내의 머리에 씌워주었다. 동작이 어찌나 빨랐던지, 할머니조차도 분명히 보지 못했을 정도였다.

기차가 조금씩 속도를 줄이더니 앞에서 불빛이 보였다. 이번엔 진짜로 역에 가까워지는 듯했다. 소년은 이제 곁눈질로 바깥 동정을 살폈다. 기차가 철교를 지나자마자, 그 남자는 몸을 날려 달리는 열차에서 뛰어내렸다. 남자는 대굴대굴 굴러 선로 옆 둑 아래로 떨어진 뒤, 곧 어둑한 갈대숲 속으로 사라졌다.

3

 오후 3시, 우리는 다시 김신 선생과 함께 메이완제 76번지로 향했다. 선생이 지난번 이곳을 찾았을 때는 1989년 여름이었다. 여러 해가 흘렀지만, 그는 2층짜리 낡은 목조주택을 단번에 찾아냈고, 그해 여름에 나와 함께 비를 피하던 처마도 한눈에 알아보았다.

 어두컴컴한 복도를 지나 강가 쪽 작은 방에 들어서자, 그 집 주인도 두 번째로 찾아온 한국 손님을 기억하고 반갑게 맞아 주었다. 김신 선생의 유창한 중국어 덕분에 분위기가 한결 편안하고 친밀해졌다.

 흐르는 강물이 내려다보이는 창가에 서서, 김신 선생은 함께 온 이소심 여사에게 어디가 수륜사창이었고, 어디가 주아이바오가 배를 대던 곳이었는지, 그리고 난후로 이어지는 수로가 어디쯤인지 하나하나 설명했다. 마치 자싱에 오래 살아온 토박이처럼 보이지만, 사실 선생은 부친이 『백범일지』에서 묘사한 내용을 전부 외우고 있을 뿐이었다.

 선생은 창가에 서거나 벽장 같은 계단을 따라 올라가 위층을 살펴보면서, 부친이 이곳에서 보냈던 세월을 상상하고 느끼려는 듯했다. 그때마다 얼굴에는 숨길 수 없는 벅찬 감정이 드러났다. 저녁놀이 오래된 목조주택에 내려앉아 창가에 잔잔한 금빛을 드리웠다. 이 고요함을 깨뜨리는 것은 창밖으로 쉬지 않고 흐르는 강물뿐이었다. 어쩌면

이 물소리가 선생이 난창(南昌)에서 재회한 천퉁성의 장남 천궈천(陈国琛)으로부터 전해들은, 오래된 이 집과 부친의 이야기를 다시 떠올리게 했을지도 모른다.

…… 그때 나는 아홉 살이었어요. 초여름의 어느 날, 학교를 마치고 집에 오니 낯선 분이 와 계셨어요. 얼굴은 거무스름하고 얽은 자국이 있었고, 체격이 매우 건장했어요. 말씀하실 때, "저기… 저기…" 하며 혀가 잘 안 굴러가는 듯, 더듬더듬 어눌하게 말했는데, 어머니는 그분을 '장보보'라 부르라 하셨어요. 그래서 내가 "안녕하세요!" 하고 인사를 드리니, 활짝 웃으며 고개를 끄덕였어요. 그날부터 그분은 우리 집에서 함께 지내게 되었어요. 장보보는 뒤쪽 강가에 붙은 2층짜리 작은 집에 묵었는데, 위층을 침실로 쓰고, 아래층 방 두 칸을 평소 생활공간으로 썼어요. 부모님 외에는 아무도 그쪽에 드나들지 않았어요. 친척이나 손님이 오면 앞채 응접실에서 맞이했고, 뒤채에 장보보가 산다는 건 누구에게도 알리지 않았어요. 어머니는 나와 동생에게 장보보는 광둥에서 온 아버지 손님이니, 어른이 부르지 않는 한 너희는 뒤채에 함부로 들어가서 방해하지 말라고 신신당부하셨어요.

…… 내 기억 속의 장보보는 근엄하면서도 소탈하고 친절한 어른이었어요. 정직하고 성실한 인품이랄까요. 평소 말씀은 거의 없고, 주로 책이나 신문을 읽으며 보냈어요. 낚시도 좋아하셨는데, 우리 집 뒷문이 바로 난 후에 닿는데, 호숫가 버드나무 아래서 홀로 낚시하는 걸 좋아했었죠. 지금 생각해 보니 아마 무언가 깊이 생각하고 계셨을 텐데, 어린 나는 어른의 근심은 짐작조차 못했고, 오히려 즐거운 시간이었어요. 장보보가 낚시하고 있으면 신이 나서 종종걸음으로 마당이나 담장 근처에 가서 지렁이

를 잡아 미끼로 드렸으니까요. 그때 잡히는 건 대개 가늘고 작은 물고기라, 고양이만 실컷 먹었어요.

…… 아버지는 매일 퇴근하면 꼭 장보보를 찾아가 대화를 나눴어요. 어른들의 이야기라 나는 한 번도 들어간 적이 없었어요. 아버지는 그때 자싱 정부에서 일했고, 나중에 남문 밖에 작은 농장을 운영했어요. 아버지는 성실하고 진중한 분이라, 나중에 어린 시절을 돌아보며 이야기를 나눌 때도, 장보보와 무슨 얘기를 나눴는지는 한 번도 말씀하지 않았어요. 가장 또렷하게 남아있는 기억은 한여름에 수박을 먹을 때마다 장보보 옆에 앉는 게 좀 두려웠던 거예요. 그분은 꼭 갈아둔 소금을 수박 조각에 뿌려 먹으면서, 나에게도 소금 뿌린 수박이 제일 맛있다며 건네주곤 하셨죠. 처음에는 입에 맞지 않아 도망쳤는데, 한 조각씩 맛을 보다 보니 나중엔 그 맛을 알게 됐어요.

…… 하루는 점심을 먹는데, 장보보가 어머니께 말하는 걸 들었어요. "부인, 제가 돈이 좀 필요합니다." 하니까 어머니는 "그럼, 오후에 은행에 가서 찾을게요."라고 했어요. 그러자 장보보가 "통장에 있는 돈으로 충분할까요?"라고 물었어요. 적지 않은 액수가 필요한 듯한 기색을 보였어요. 이내 어머니가 "걱정하지 마세요, 충분히 남아 있어요."라고 대답했어요. 이 대화를 듣고 나는 장보보가 맡긴 돈을 어머니가 관리하고 있음을 알게 되었어요.

다만 그 돈이 어디에 쓰였는지는 당시 아홉 살이던 천궈천이 알 수는 없는 노릇이다. 나중에 내가 좀 더 취재하면서, 그의 고종사촌누나 쉬신푸(許新福)로부터 그 답을 얻을 수 있었다. 장보보가 그 돈으로 비행기 복권을 대량으로 샀다는 것이다. 다음은 쉬신푸의 이야기다.

…… 어느 날 내가 장보보 방에 들어가 보니, 손에 두툼한 비행기 복권 묶음을 들고 계셨어요. 그래서 "복권을 왜 이렇게 많이 사세요?"라고 물었더니, "1등에 당첨되려고 그러지."라고 하시는 거예요. 그래서 "1등에 당첨되면 그 돈으로 뭐 하시려고요?"라고 다시 물으니, "비행기 살 거야!"라고 서슴없이 답하시더군요. 내가 "비행기는 왜 사시는데요?"라고 또 물었더니, 주먹을 불끈 쥐고 흔들며 "일본 놈들을 치러 가야지!"라고 하셨어요. 그때 난 막 중학생이 되어 학교에서 '1·28 사변'이나 '4·29 상하이 훙커우 사건' 같은 걸 배우며 막 항일에 관한 생각을 품기 시작했어요. 하지만 내 앞에서 '비행기를 사서 일본군을 때려부수겠다'고 하는 장보보가 내가 존경하던 그 훙커우 사건의 주역이라는 건 꿈에도 몰랐습니다. 그냥 농담인 줄로만 알았지요."

머리가 하얗게 센 쉬신푸 여사가 지난 일을 회상하며 그때 일을 들려줄 때, 그녀의 주름진 입가에 살짝 미소가 그려졌다. 그녀에겐 기억 깊은 곳에 간직한 소중한 추억 같았다.

…… 고모 집에 자주 드나들었는데, 갈 때마다 장보보는 자싱 사투리로 대화하는 걸 유난히 좋아하셨어요. 한 번은 시험 때문에 2주 넘게 못 갔더니, 고모가 "신푸야, 이제야 왔구나! 널 기다리느라 목이 빠져 수세미가 되어버렸어!"라고 농담을 했어요, 그러자 장보보가 그게 무슨 뜻이냐고 물어서, 고모가 아주 간절히 기다렸다는 뜻이라고 설명했어요. 그랬더니 장보보는 기억해 두었다가 다음번에 내가 가자, "널 기다리다 목이 빠져 수세미가 되고 났더니, 네가 이제 왔구나!"라고 하셨죠. 그 말에 우리 모두 배를 잡고 웃었어요. 장보보는 이렇게 유쾌하고 재미있는 분이었죠.

…… 또 한 번은, 고모부가 내 성적이 좋다고 칭찬을 하자, 내가 "우리 아버지는 밤에 내가 등불 켜고 공부하면 기름 아끼라고 잔소리해서, 책을 오래 볼 수가 없어요."라고 툭 내뱉은 적이 있었어요. 그냥 별 생각 없이 한 말이었는데, 장보보는 그걸 마음에 두셨나 봐요. 며칠 뒤 내가 갔더니, 장보보가 기름 한 통을 내밀면서 "신푸야, 이제 기름 걱정하지 말고 마음껏 공부하렴!"하는 거예요. 그때 정말 감동했어요.

…… 고모부와 고모가 한번은 옌자방 친척 댁 결혼식에 가신다고 하자, 장보보도 따라가고 싶다고 하셨어요. 고모부가 시골은 불편하니 안 된다며 말렸는데, 장보보는 결국 인력거를 잡아타고 슬며시 따라가셨지요. 지금 생각해 보면 아마도 중국 시골마을이 어떤지 보면서 더 은신하기 좋은 곳을 알아보려 했던 게 아닌가 싶어요. 결혼식에서 결혼 술을 받아 마시고, 축의금 10위안을 내셨고, 예식이 끝나 친척들이 편육을 선물로 드렸는데, 정작 돌아오실 땐 빈손이었어요. 고모부가 "아니, 편육은 왜 안 가져왔어요?"라고 물으니, 장보보는 "인력거꾼이 너무 힘들어 보이고 집도 가난하다기에 그냥 줬소."라며 웃으시는 거예요. 누구에게나 따뜻한 마음을 가진 분이셨죠.

…… 또 한 번은, 내가 고모 댁에 들어서자마자 장보보가 날 한쪽으로 불러내 "신푸야, 내가 부탁할 일이 하나 있는데, 괜찮겠니?"라고 하셨어요. "네, 뭐든 말씀하세요!" 하고 따라갔더니, 2층 방 서랍에서 편지봉투 여러 개를 꺼내며 영어로 주소를 써달라 하셨어요. 그 편지들은 미국이나 멕시코 같은 곳으로 부치는 것이었어요. 그때는 해외에 친척·친구가 많으시구나 싶어 부러워했지, 항일운동을 위해 해외 교민들에게 연락하시는 줄은 전혀 몰랐어요.

4

내가 르후이차오 17번지, 옛날 대한민국 임시정부 요인들이 거주했던 스쿠먼 집을 찾아냈다는 소식을 김신 선생께 전했을 때, 그분은 반짝이는 눈빛으로 기쁨을 감추지 못했다. 그곳은 메이완제에서 멀지 않아 걸어서 7~8분 정도밖에 걸리지 않았다.

스쿠먼 특유의 높은 벽으로 둘러싸인 문 앞에 서자, 김신 선생의 두 눈에 금세 눈물이 가득 고였다. 1933년, 할머니를 따라 이곳에 온 당시 그의 나이는 겨우 열한 살이었다.

안으로 발을 들여놓자마자 선생이 벅찬 기색을 숨기지 않았다.

"바로 여기요! 여기가 틀림없어요!"

선생은 자신과 할머니가 쓰던 맨 서쪽 끝 방을 가리키며, 거기가 바로 자신이 태어나서 처음으로 아버지를 본 장소라고 했다. 그때, 그는 바닥에 무릎을 꿇고 할머니를 '어머니'라고 부르던, 얼굴이 검게 탄 건장한 사내가 자신이 그토록 그리워했던 아버지라는 사실이 도무지 믿기지 않았다고 했다. 겁에 질려 할머니 뒤로 숨어서, 아무리 다독여도 앞으로 나가 '아버지'라 부르길 주저했다. 꿈속에서 수없이 그려왔던 아버지의 모습과는 너무도 달랐기 때문이었다. 꿈속에 아버지는 그다지 크지 않은 체구에 그렇게 까맣지도 않았고, 따뜻하게 웃는 얼굴이었다.

그 시절을 선생은 또렷이 기억했다. 아버지는 바닥에 꿇어앉은 채, 한참을 일어나지 않았다. 얼굴에서 눈물이 흐르고 있었고, 할머니 얼굴도 눈물로 가득했다. 생사를 알 수 없는 9년의 긴 이별 끝에, 타향 낯선 땅에서 겨우 다시 만난 모자는 서로 가슴속에 겹겹이 쌓인 그리움과 회한을, 끌어안고 우는 것 말고는 달리 표현할 방법이 없었을 것이다.

어쩌면 그들은 상하이에서 겪었던 그 험난한 날들이 새삼 떠올랐을지도 모른다…….

…… 어느 칠흑같이 어두운 밤, 임시정부 내무총장 김구는 어머니의 부름을 받고 오랜만에 집으로 돌아왔다. 대체 몇 달 만인지 기억조차 나지 않을 정도였다. 낡고 허름한 거처 용칭팡(永庆坊) 10번지에 발을 들이기 전부터, 아내가 오래 앓아 입원 중이라 더는 회생 가능성이 희박하다는 사실도, 다섯 살 된 장남 인이 병에 걸려 몇 주째 집에서 생사를 오가고 있고, 갓난아기 신은 말라비틀어진 할머니의 젖꼭지를 물고 겨우 숨만 붙어있다는 사실도 전부 알고 있었다. 모진 고생을 하며 자신을 도우며 버티고 있는 노모를 생각하면 당장이라도 달려가 아들 노릇을 하고 싶었지만, 임시정부에서 맡은 일들이 너무 많아 도저히 시간을 뺄 수 없었다.

집 안에 들어서 몇 번이나 어머니를 불렀으나, 어머니는 고개조차 돌리지 않았다. 김구는 차가운 바위 같은 어머니의 뒷모습을 보며 그저 무릎을 꿇을 수밖에 없었다.

"그래, 이 가정이 너에게 필요하기는 한 게냐? 말해 보거라!"

서늘하게 낮은 목소리가 천둥처럼 울렸다. 떨리는 뒷모습에서 매서운 한기가 감돌았다.

"당연히…… 필요합니다."

김구는 고개를 깊이 숙였다. 미안함과 자책감이 뒤섞인 목소리였다.

"하지만 어머니…… 제게도 내려놓을 수 없는……."

"입 다물어라!"

어머니는 몸을 돌리더니 강하게 질책했다.

"필요하다고? 원한다고? 그럼 대체 어떻게 할 게냐?"

김구는 어머니의 분노에 아무런 소리도 내지 못했다. 어머니는 그의 침묵에 화가 화산처럼 폭발했다.

"생각 좀 해 봐라! 네가 감옥에 있을 때도, 우린 너와 함께했어. 네 딸이 죽었을 때도 우리는 숨겼다. 네가 정신없이 바쁘게 다닐 때도 우린 따랐다. 나와 네 아내, 자식들이 언제 네게 불평 한마디라도 했느냐? 없다! 그저 살아갈 수만 있다면 절대로 네 걱정을 시키지 않으려 했고, 널 부르지 않았다! 그런데 이젠 어쩌겠냐? 준례는 죽어가고, 인이나 신이도 얼마나 버틸지 모르는데, 너는 집에 코빼기도 안 비치니! ……네가 과연 남편이냐? 아버지가 맞느냐?"

노모가 파르르 떨리는 손으로 지팡이를 내리치자, 마룻바닥이 쾅쾅 울렸다.

"어머니, 제발…… 진정하세요. 건강 상하십니다."

김구는 금방이라도 쓰러질 듯 흔들리는 어머니를 부축하고 싶었지만 다가서지 못했다. 자신이 옳다고 믿는 일 앞에서는 누구의 말도 듣지 않는 어머니의 성정을 잘 알고 있기 때문이다.

잠시 숨을 고른 어머니가 단호하게 물었다.

"그래! 오늘 당장 결판을 짓자. 가족이냐? 임시정부냐?"

김구는 망설임 없이 답했다.

"둘 다, 다 필요합니다!"

"둘 다?"

어머니 눈에서 서늘한 빛이 번뜩였다.

"예로부터 충과 효, 둘 다 이루긴 어렵다 했다. 나는 아들이 없어도 그만이지만, 네 아이들한테는 아버지가 꼭 있어야 한다!"

어머니는 거의 포효에 가까이 소리쳤다. 김구는 어머니의 날 선 시선을 피하며 낮지만, 단호한 목소리로 말했다.

"어머니, 저도 이미 생각해 봤습니다. 그러니까……."

하지만 마음속에서 수없이 그려 왔던 말을 차마 입에 올리지 못했다.

"뭐냐? 똑바로 말해 보거라!"

낡고 헤진 옷을 입고 있는 쉰 살의 아들이 바닥에 꿇어 있는 모습을 보며 가슴이 미어졌지만, 어머니는 더욱 이를 악물었다. 더 강한 어조로 말했다.

"우물거리지 말고 당장 말하거라!"

결국 김구는 이를 꽉 깨물고 잔뜩 가라앉은 목소리로 말했다.

"제가…… 신이를 고아원에 보내면 어떨까 합니다. 거긴 그래도 죽이라도 먹을 수 있다고 들었습니다. 또……"

"닥쳐라!"

어머니가 소스라치게 놀라며 화를 냈다.

"옷 벗어라!"

김구는 더 아무 말도 못 하고, 누덕누덕 기운 솜옷을 벗어 상반신을 드러냈다. 고개를 푹 숙이고 바닥에 꿇었다. 노모가 들고 있던 대나무 지팡이를 그대로 그의 등에 내리쳤다.

퍽!

어둡고 낡은 집 안에 무거운 소리가 울려 퍼졌다. 김구는 꿈쩍도 하지 않았다. 어머니는 고함치며 매질했다.

"네가, 네가 네 아들을 버린다면, 나도 너 같은 자식은 필요 없다!"

대나무 지팡이가 채찍처럼 쉴 새 없이 그의 등을 내리쳤다. 몸에 금세 피맺힌 자국이 생겼지만, 그는 고개를 더 숙일 뿐 꼼짝도 하지 않고 버텼다. 그는 어머니가 더 세게 때려주길 바랐다. 몸의 고통이 클수록 어머니와 아내, 자식들에 대한 죄책감이 조금은 덜어지는 듯했다. 다만 어머니 몸이 상하지 않을까 하는 걱정뿐이었다.

"어머니, 힘드시니 앉아서 때리세요. 몸 상하시면 안 됩니다."

퍽! 퍽!

어머니가 더욱 세차게 지팡이를 내려치며 가쁜 숨을 몰아쉬었다.

"너를 죽이고, 나도 죽을 거다. 가족은 죽어도 같이 죽어야지!"

김구가 고개를 들어 눈물 어린 눈으로 어머니를 바라보았다.

"어머니께서 저를 때려죽이신다 해도, 전 같은 말씀밖에 드릴 수 없습니다. 임시정부가 제 집입니다. 우리 대한민족의 집이기도 합니다. 한 개인의 집이 어찌 한 나라의 집보다 중하겠습니까? 이는 어머니께서 저를 기르실 때 온갖 고생을 참으며 제게 가르친 뜻이지 않습니까!"

그때 마침 안중근 의사의 어머니가 들어와 어머니를 달랬다. 어머니는 지팡이를 놓고, 아들의 피투성이 등을 보고서 눈물을 쏟았다.

…… 우르릉 꽝!

마치 채찍이 땅을 내리치는 듯한 큰 소리가 또 하늘을 갈랐다. 번개 화살이 가르고 지나간 틈처럼 좁은 상하이 농탕(弄堂, 상하이 전통 양식의 스쿠먼 사이의 골목) 곳곳에서 벼락이 지나간 뒤에 파편이 튀듯 부서지는 것 같은 소리가 들렸다.

김구는 몸을 부르르 떨며, 낡은 포대기를 품에 꼭 안았다. 안에 있던 아이의 미세한 움직임을 느꼈다. 너무 허기져서 울 힘도 없었는지, 아니면 천둥소리조차 잠든 아이를 깨울 수 없었는지, 어쩌면 아버지 품속에서 안전하고 편안하게 잠든 것인지……. 잠깐의 움직임 뒤에는 아무런 동정도 없었다. 그는 품에 아이를 꼭 안더니 아이 얼굴 위로 고개를 숙였다. 마치 아이 얼굴 위에 지붕을 만들어, 무정한 비바람과 예기치 못한 소리를 막아주려는 듯했다.

하지만 북을 치는 듯이 거세게 우산 위로 무언가 떨어지는 것 같은 소리는 막을 수 없었다. 무엇 때문에 그런 소리가 나는 건지 손을 뻗어 확인하려는 순간, 콩알만 한 단단한 얼음이 마구 쏟아져 내렸다. 길 위, 담벼락, 지붕 위로 떨어져 미친 듯이 튕겨 나가는 자잘한 우박 파편들이 눈 앞을 온통 메웠다. 그는 골목 깊숙이 서둘러 발걸음을 옮겼다.

그때 뒤에서 '쿵' 하는 소리가 들려, 걸음을 멈추고 고개를 돌렸다.

"어머니!"

찢어진 포대기 같은 것을 걸친 채, 진흙탕 바닥에 넘어진 노모가 대나무 지팡이에 의지해 간신히 몸을 일으키고 있었다. 흰 머리카락은 우박에 맞아 여기저기 헝클어졌고, 얼굴은 온통 빗물에 젖어있었다.

"어머니, 제발 따라오지 마세요! 우박이 쏟아집니다, 어서 피하세요!"

하지만 어머니는 아들의 만류를 못 들은 듯, 우박을 맞으며 비틀비틀 아들 쪽으로 걸어왔다. 결국 김구가 달려가 우산을 들어 씌우며 다급히 호소했다.

"어머니, 이렇게 큰 우박이잖습니까! 제발, 제발 피하세요."

어머니는 아들의 우산을 세차게 뿌리치고, 품속에서 뭔가를 꺼냈다. 샤오빙(燒餠, 밀가루 반죽을 화덕에 구운 빵) 반쪽이었다. 그걸 손자가 덮은 포대 속으로 밀어 넣었다. 그 순간 커다란 우박 덩어리 하나가 찢긴 우산을 뚫고 김구의 이마를 세게 내리쳤다. 둔탁한 충격음이 울렸다. 김구는 얼른 어머니를 처마 밑으로 끌어당기며 애써 웃어 보였다.

"어머니, 그건 어머니가 드세요. 고아원에서도 먹을 거 준대요······."

어머니는 아무 말 없이 다시 품을 더듬더니, 끈적끈적한 대추 몇 알을 꺼내서는 아이 품에 밀어 넣었다. 김구가 어머니를 말렸다.

"그거라도 어머니 드세요. 정말 고아원에도 대추가 있다니까요."

"닥쳐라!"

어머니는 노기를 품은 목소리로 호통했다.

"더는 나한테 거짓말하지 마라! 내가 그 고아원 문 앞에서 사흘을 지켜봤는데, 날마다 죽은 아이를 내보내는 걸 똑똑히 봤단 말이다!"

김구의 가슴은 비수로 찔리는 것처럼 아팠다. 눈물을 삼키며 말했다.

"어머니 마음 잘 압니다······ 정말······ 신이를 떠나보내기 싫으시겠지······."

"네가 뭘 안다고. 이제 네 심장이 점점 굳어 가는구나."

어머니의 말이 우박보다 차갑게 그의 가슴을 때렸다. 김구는 아이를 꼭 끌어안고 젖은 바닥에 무릎을 꿇었다.

"어머니, 불효한 자식이 또 속을 썩입니다."

"이제 와서 그런 말 해봤자 뭣 하겠느냐!"

노모는 입술을 파르르 떨더니 지팡이를 땅바닥에 내려찍으며 말했다.

"네 아내도, 더는 너를 믿고 기댈 수 없다는 걸 알기에, 죽기 전에 신이라도 굶어 죽지 않게 하려고 고아원에 보내는 걸 동의한 게야. 내가 아직 좀 더 몸을 움직일 수 있고, 네 두 아들을 내가 어떻게든 돌볼 수 있다면, 내가 왜 아이를 보내게 하겠느냐!"

지난 며칠 동안 어머니는 저 말을 몇 번이나 했는지 모른다. 이미 수없이 한 질책이었지만, 김구 마음에는 여전히 비수처럼 꽂혔다. 그는 비바람과 눈물이 뒤섞인 얼굴로 말했다.

"어머니, 뭐라 드릴 말씀이 없습니다……."

"네가 미안해해야 할 사람은 내가 아니고 네 아내와 자식들이다!"

어머니는 지팡이에 몸을 기댄 채, 가슴을 움켜쥐었다. 그러다 문득 세상이 꺼지는 듯한 현기증을 느꼈다. 악몽 속에서 발밑이 까마득한 심연으로 꺼져 들어가는 것 같았다.

"어머니! 괜찮으세요?"

김구는 황급히 우산을 내던지고 비틀거리는 노모를 부축해 안았다. 그는 진한 한숨을 토하며 어쩔 수 없다는 듯 중얼거렸다.

"그렇다면, 어머니 뜻대로 신이를 그냥 집으로 데려가겠습니다."

어머니는 고개를 저으며, 주룩주룩 흐느꼈다.

"그럴 순 없어. 그러면 인이도 굶어 죽게 될 게 뻔하다! 너도 봤다시피 인이의 열이 이제 막 떨어지기 시작했다. 그런데 벌써 사흘째 제대로 먹지 못하고 있잖아!"

일에 있어서는 늘 결단력 있던 김구도 한순간 망연자실했다.

"그럼 제가 어떻게 해야 합니까, 어머니?"

어머니는 등 뒤에 걸친 낡은 포대를 벗어 손자에게 덮어주고, 지팡이로 아들을 후려치며 외쳤다.

"지금 뭐하고 있는 거냐! 어서 가, 당장!"

그러자 김구는 진흙탕에서 간신히 몸을 일으켜 어머니께 절하고, 아이를 품에 더 꼭 껴안은 채 돌아섰다. 마치 채찍에 내몰리듯 장대비와 우박을 헤치고 골목을 빠져나갔다…….

…… 갑자기 강렬한 햇빛이 비치는 바람에 김신은 눈이 부셔 눈을 제대로 뜰 수 없었다. 곁눈질로 흘깃 보니, 서쪽 건물 유리창에 비친 노을빛이 그를 향해 반사되고 있었다. 노을은 여전히 그 창가를 비추고 있는데, 할머니의 모습을 다시는 볼 수 없다니. 하지만 이 광경이 가슴 시린 옛 기억을 생생하게 떠올리게 했다.

…… 자싱에 온 지 얼마 되지 않아 할머니 생신을 맞았다. 같은 집에서 살던 엄항섭, 김의한 등의 가족들이 모여 의논했다. 어머니는 칠십 평생을 온갖 고난을 겪느라 생신을 제대로 챙겨 본 적이 한 번도 없었다. 그래도 지금 이곳은 안전하다 할 수 있으니 조촐하게 생신을 쇠며 건강을 기원해 드리자고 뜻을 모았다.

김구도 이 기회를 통해 불효의 죄책감과 미안함을 조금은 갚고 싶었다. 그렇게 해서 엄항섭과 김의한의 부인이 장수를 기원하는 복숭아 모양의 떡을 만들고, '남산보다 오래 사시라'라는 글귀도 장식했다. 그리고 어머니의 기분이 좋아진 틈을 타, 김구가 '수(壽)' 자 문양이 들어간 비단을 정중히 건네며 말했다.

"어머니, 그간 제가 제대로 모시지 못해 늘 송구합니다. 이 비단을 제 마음의 작은 성의로 받아 주십시오."

그런데 뜻밖에도 어머니 표정이 굳어졌다.

"이게 뭐냐?"

"비단입니다."

대답하면서도 김구는 왜 어머니가 갑자기 기분이 상했는지 알 수 없었다. 주위 사람들도 분위기가 심상치 않음을 느끼고, 아무 말도 못하고 오랜만에 만난 모자를 조용히 지켜보고 있었다.

"이건 대체 어디서 났느냐?"

어머니의 눈빛이 날카로운 화살처럼 아들에게 날아갔다.

"샀습니다."

김구는 왠지 모를 불안감에 휩싸였다. 방 안 공기가 삽시간에 얼어붙는 듯했다. 김구 주변 사람들은 어머니의 성정을 모르는 이가 없었다. 일단 화가 나면 사정 따위는 절대 봐주지 않는 분이셨다.

"얼마나 주고 샀어?"

어머니 목소리는 싸늘하고 매몰찼다. 김구는 황급히 변명했다.

"그리 비싸지 않습니다. 가장 싼 자투리입니다."

"이노옴!"

어머니가 탁자를 치며 벌떡 일어나더니, 아들이 건넨 비단을 움켜쥐고 창문 너머 강으로 힘껏 던져버렸다. '풍덩' 하며 비단이 물에 빠진 소리와 거의 동시에, 김구도 '털썩'하고 무릎을 꿇었다. 어머니가 숨을 격하게 몰아쉬며 외쳤다.

"우린 지금 나라가 망하고 갈 곳 없이 떠도는 신세다! 동포들은 얼마나 굶주리며 고생하는지 네가 정말 모른단 말이냐? 이곳까지 오면서 얼마나 많은 사람들이 길에서 굶어 죽었는지 보지 못했느냐? 우리도 차표를 못 사서 화물칸에 몰래 올라타고 겨우 여기까지 왔단 말이다! 아이들에게 한번 물어봐라! 여길 오는 동안 우리가 며칠 굶었는지! 그동안 우리가 어떻게 견뎌내고 살았는지 한번 생각을 해보라고!"

김구는 고개를 떨군 채, 더듬거렸다.

"어머니가 너무 고생하셔서 그 마음을 조금이라도 위로해 드리려고……."

"닥쳐라!"

어머니의 서릿발 같은 목소리가 김구의 말을 끊었다. 탁자 끝을 움켜쥐고 있는 어머니의 손이 부들부들 떨렸다.

"내가 고생이라고? 진짜 고생은 네 아내와 네 자식들이 겪었어! 난 생일이고 비단이고 다 필요 없다! 나중에 나라가 독립이 되고 좋은 날이 와서 비단을 입게 된다면, 반드시 우리나라 비단을 걸치지, 남의 나라 비단은 입지 않을 거다!"

비로소 김구는 어머니가 왜 화내는지 온전히 깨닫고, 당장 사죄했다. 옆에 있던 박찬익, 엄항섭, 김의한은 안타까웠지만 누구도 나설 수 없었고, 엄항섭의 부인과 김의한의 부인은 안절부절못했다. 사실 비단을 사자고 제안한 건 바로 이 두 부인이었고, 십시일반 돈을 모아 김구에게 사오라고 부탁한 것이었다. 어머니를 기쁘게 하고픈 마음이었는데, 뜻밖의 이런 사달이 날 줄은 생각지 못했다. 다행히 어머니는 회초리를 들지는 않았다. 한참 숨을 고르고 나서 말했다.

"다들 나가 있게. 아들과 둘이 할 말이 있으니."

사람들이 모두 물러나자, 방 안에는 모자 둘만 남았다. 어머니는 아들을 일으켜 세우고서 말했다.

"오늘부터 너라고 반말은 쓰지 않겠다. 회초리를 들지도 않고, 몇 마디 호통으로 끝내마. 네가 무관학교를 세워 젊은 사람들을 가르친다 들었다. 스승 자리에 올랐다니, 네 체면을 세워주어야지."

김구는 연신 네, 네…… 하며 고개를 끄덕였다. 마치 엄청난 은혜를 받은 듯한 모습이었다.

이 장면을 회상하며, 김신 선생은 끝내 북받치는 슬픔을 숨기지 못했다. 그는 아버지와 할머니를 누구보다 자랑스러워한다. 인천 거리 어귀에는 '그릇을 들고 구걸하던 위대한 어머니'의 거대한 동상이 세워져 있다고 한다. 그 우뚝 선 모습은 단지 세상에서 가장 강인하고 고결한 모성뿐 아니라, 굴복할 줄 모르는 민족정신의 상징이 아닐까.

그리고 비록 동상은 세우지 않았어도 영원히 잊을 수 없는 한 노인이 있다. 바로 추푸청. 깡말랐지만 정정하고 기품 있는 그의 자세, 이제 막 집 대문을 나와 북적이던 거리를 지나 시대 속으로 걸어가는 그 모습⋯⋯. 다음은 추푸청의 셋째 아들 추펑화(褚凤华)가 부친을 회고하면서 쓴 글에 나오는 대목이다.

1942년, 내 아버지는 충칭에서 칠순을 맞이하셨다. 그날 새벽, 아버지는 홀로 일찍 집을 나서면서, 생일을 피해 나간다고 하셨다. "우리 집은 국난 시국에 생일을 기리는 법이 없다. 누가 찾아오거든, 항전에 승리해 상하이로 돌아가면 그때 손님을 청하겠다 전해라." 그날 장제스도 직접 축하를 전하러 오셨지만, 아버지께서는 계시지 않아, 결국 생일 축하 편액(壽圖)만 놓고 발길을 돌리셨다.

그러나 항일전쟁이 승리로 끝난 날, 추푸청 선생은 축하 잔치를 치를 새도 없이 바로 앓아누웠다. 오래된 피로 누적 때문이었는지, 혹은 격렬한 감동으로 인한 흥분 때문이었는지, 코피가 멈추지 않았다고 한다. 그 뜨거운 피가 우리 고향 후손들 가슴속에서도 영원히 시들지 않는 꽃을 피워 냈으리라 믿는다!

5

　해질 무렵, 자싱빈관 5층 영빈홀에서 시당위원회 서기 왕궈핑(王国平)이 김신 선생을 따뜻하게 맞이했다. 접견장에는 부시장 자오여우류(赵友六), 시위원회 비서장 쉬량지(徐良驥), 시 외사처 주임 주언런(朱恩仁), 구삼학사 사무총장 딩후이츠(丁惠慈), 무역촉진회 부회장 왕루이진(王瑞金), 그리고 추푸청 가의 대표로 추뤼위안 등이 자리를 함께했다.
　김신 선생은 진심을 담아 열정적으로 말했다.
　"자싱은 우리 한국과 깊은 인연이 있는 곳입니다. 이번에는 추푸청 선생의 이장식에 참석하기 위해 왔습니다. 제 가족을 대신하고 나아가 대한민국 국민의 한 사람으로서, 당시 우리를 도와주신 은혜에 감사드리려고 왔습니다. 사실 이번 방문은 사적인 방문이라 여러분이 이렇게까지 세심하게 신경써 주실 줄 몰랐습니다. 상하이에 도착하면 언어 문제도 없고, 기차를 타고 혼자 어렵지 않게 자싱에 올 수 있었는데, 일부러 차까지 보내 주시니 몸 둘 바를 모르겠습니다. 진심으로 감사 드립니다. 올해는 참 각별한 해입니다. 중국 항일전쟁 승리 50주년이자, 우리 한국의 광복 50주년이기도 하지요. 돌이켜보면 지난 세월 한국과 중국은 함께 어깨를 나란히 하고 일제에 맞서 싸웠습니다. 그 시절, 우리 임시정부는 중국에서 망명생활을 이어갔고, 특히 1932년 '1·28사변' 이후, 아버지께서 직접 기획하신 '4·29 홍커우 공원 폭탄 의거'에서 일본 고위급 지휘관들이 폭사하자, 일본군은 오늘날 가치로 1,000만 달러가 넘는 60만 대양을 걸고 아버지를 추적했습니다. 하지만 추푸청 선생의 도움으로, 아버지는 이곳 자싱으로 피신할 수 있었습니다. 다시 말해, 중국 국민의 전폭적인 도움이 없었다면, 오늘의 대한민국은 없었을 겁니다."

자싱의 입장에서도 이는 분명 역사적인 만남이었다. 접견장은 '피는 물보다 진하다'는 말을 실감할 만큼 친근하고 따뜻한 분위기였다. 그 자리에서 이소심 여사는 내게 그동안 김 장군은 한국과 중국 두 나라가 국교를 맺도록 정말 애를 많이 썼다고 전해 주었다. 오랫동안 대사직을 맡았고 이제는 퇴직했지만, 선생은 민간 대사로서의 역할에서만큼은 영원히 은퇴하지 않을 것이라고 했다.

"나와 중국의 인연은 정말 길고 깊습니다. 아마도 한국에서 나만큼 중국에 특별한 감정을 가진 사람은 드물 겁니다. 나는 상하이에서 태어나 중국에서 초중등 교육을 받았고, 이어 시난롄허대학(西南聯合大學, 항일전쟁 시기 베이징대, 칭화대, 난카이대가 함께 윈난성 쿤밍에 만든 대학)에 진학했습니다. 또 항전 시기에 중국 공군에 복무하기도 했습니다. 그래서 한국엔 학창시절 친구가 없어요. 제 동창들은 전부 중국 사람이라, 지금도 자주 중국에 와서 동창회를 엽니다. 게다가 우리 집안 3대, 즉 제 할머니, 어머니, 제 형님 모두 중국 땅에 잠들어 계십니다. 그래서 중국에 대한 저의 감정은 남다를 수밖에 없습니다. 저는 반은 중국인이라 할 수 있습니다. 솔직히 중국에 오면 해외에 나온 게 아니라, 마치 집에 돌아온 것만 같습니다."

그가 이런 말을 할 때마다, 눈시울이 붉어졌다. 소탈한 마음에서 나오는 솔직한 발언들은 처음 만난 이들 사이의 경계를 금방 허물어뜨렸다. 대화가 깊어질수록 양측의 이해와 친밀함은 더욱 깊어졌다. 한·중 수교가 이루어진 지 어느덧 3년, 무역과 교류가 활발해지는 현실을 언급하며, 김신 선생은 더 큰 발전이 있길 바란다고 말했다.

"우리도 중국이 평화롭게 통일되길 바랍니다. 그리고 중국도 부디 우리나라가 평화통일할 수 있도록 도와주시길 기대합니다. 우리가 힘을 합쳐야 아시아가 한층 더 평화로운 공동체가 될 수 있습니다."

이번이 스무 번째 방문이고, 1995년 한 해에만 벌써 다섯 번째라고 했다. 오늘날 중국의 놀라운 발전을 직접 목격한 그는 이렇게 전망했다.

"중국은 엄청난 가능성을 품고 있으며, 이 추세대로라면 세계 평화와 발전에 크게 이바지할 겁니다. '태양'이 이제 유럽이나 미국, 일본의 머리 위에서 서서히 멀어져 중국의 머리 위로 옮겨가고 있다고 봐도 과언이 아니지요!"

끝으로 김신 선생은 감정이 복받치는 듯 눈물을 머금은 채 말했다.

"중국엔 옛 속담이 있지요. '작은 은혜를 받으면, 큰 샘물로 보답하라(滴水之恩,涌泉相報)'. 내가 비록 샘물 같은 보답을 하지 못한다 해도, 그 은혜를 영원히 잊지 않겠습니다."

밤이 깊어, 호텔 침대에 누운 김신 선생은 좀처럼 잠이 오지 않았다. 마음에서 피어나는 생각을 편히 다스릴 수 없었다. 생각이 시공을 거슬러 60여 년 전 난징으로 날아갔다. 마치 아버지 김구가 난징 중앙호텔(中央飯店)의 유리창 앞에 서서, 밤새 담배를 피우며 깊은 생각에 잠겨있던 모습을 보고 있는 것 같았다.

때는 1933년, 김구가 장제스와 첫 면담을 앞두고 있었다. 직접 말아 피우는 궐련의 맵싸한 연기가 불을 환하게 밝힌 고풍스러운 장식의 호텔 방안을 가득 메웠다. 그 연기 속에는 밤새 한숨 자지 못하고 머릿속에서 하루종일 정리한 그의 생각들도 함께 흩날리는 듯했다. 김구는 바로 어제 오후 기차를 타고 난징에 도착했다. 안공근과 엄항섭이 동행했고, 난징에서 박찬익이 나와 맞이해 주었다. 샤오정, 공페이청(贡沛诚) 등 국민당 당부 요인들이 천궈푸 대신 김구를 맞이해, 중앙호텔로 안내했다.

김구 생애에서 이렇게 호화로운 호텔에 묵는 것은 처음이었다. 마호가니 나무 가구와 비단 커튼, 그리고 피로를 풀어 줄 침대도 있었다. 하지만 그는 이것들을 만져볼 틈도 없이 다음 날 있을 중요한 회담 준비에 정신이 없었다. 안공근과 엄항섭 역시 밤새 수많은 자료를 정리했고, 재떨이에 담배꽁초가 수북하게 쌓였다. 몇 해 동안 김구가 공들여 온 광복계획도 차곡차곡 쌓였다.

저녁 7시 정각, 검은색 승용차가 중앙호텔 입구에 멈춰 섰다. 김구가 담뱃불을 끄고 창밖을 바라보던 시선을 거둬들였을 때, 노크 소리가 났다. 문을 열자, 박찬익이 그에게 가볍게 눈짓을 했다. 김구가 고개를 끄덕인 다음 중절모를 쓰고 박찬익과 함께 1층으로 내려가 천궈푸가 보낸 차에 탔다.

당시 박찬익은 국민당 국제부에서 일하며, 국민당 여러 요인과 폭넓은 인맥을 맺었는데, 특히 천궈푸와 친분이 두터웠다. '4·29 훙커우 의거' 후, 일본은 난징 정부에 압박을 가해, 한국 혁명가들을 잡아들이려 했다. 김구는 무고한 중국인의 피해를 막기 위해 로이터 통신을 통해 '도쿄 사건과 훙커우 사건은 모두 김구 한 사람의 행동이며 다른 누구와도 무관하다'고 선언하자, 일본은 그에게 막대한 현상금을 걸고 대대적 추적을 벌였다. 그때, 박찬익은 김구를 보호하기 위해 천궈푸를 설득했고, 그의 인맥을 통해 추푸청까지 연결되면서 김구와 임시정부 요인들에 대한 민간 보호 계획이 전개된 것이다. 이러한 계기로 난징 정부는 김구와 대한민국 임시정부를 보다 깊이 이해하게 되었고, 장제스가 김구를 직접 만나고 싶어 한 배경이 되었다.

자동차가 중앙군관학교 안으로 들어섰다. 장제스는 그의 관저에서 김구를 맞았다. 간단한 인사를 마친 뒤, 장제스가 자신의 정치적 입장을 다음과 같이 간명하게 밝혔다.

"동양 각 민족이 쑨원(孫文) 선생의 삼민주의 원칙에 따라 민주정치 체제를 도입하는 것이 이상적입니다."

다만 장제스의 저장성 펑화(奉化) 지역 사투리 때문에 김구는 거의 알아듣지 못해, 박찬익이 중간에 통역으로 나섰다. 김구는 한자는 잘 썼지만, 말은 그렇지 못했다. 부정확한 발음과 성조 때문에 말하는 김구도 듣는 이도 힘들었다. 그래서 김구는 차라리 필담을 하면 어떻겠느냐고 제안했고, 장제스도 흔쾌히 수락했다. 그래서 천궈푸, 박찬익은 방을 나갔고, 장제스가 친히 붓과 벼루를 꺼내 책상 위에 놓았다.

필담이 시작되자, 김구는 아름답고 힘찬 필체로 한 획씩 단호하게 적어 내려갔다. 두 사람 간의 대화는 아무런 장애 없이 순조롭게 흘렀다.

"선생이 100만 위안을 지원해 준다면, 2년 안에 일본, 조선, 만주 세 곳에서 큰 폭동을 일으켜 대륙 침략을 위한 일본의 교두보를 파괴하겠소. 어떻습니까?"

김구의 필체는 힘차고 굳셌다. 뼛속까지 끓어오르는 피와 강인한 의지가 담겨있고, 마치 온몸 구석구석 땀구멍까지도 금방이라도 터질 지뢰를 숨겨놓은 듯했다. 반면 그의 눈빛과 미소는 고요한 물처럼 평온했다. 누가 봐도 가슴속에 백만 대군을 품은 장수와 같은 위엄과 기개가 느껴졌다.

장제스는 김구가 쓴 글을 보고, 역시 붓으로 몇 자를 적었다.

"상세한 계획을 글로 작성해 주시오."

김구는 고개를 끄덕였다. 첫 번째 극비 회담은 이렇게 마무리되었다.

그날 밤, 호텔로 돌아온 김구는 오랫동안 구상해 온 계획을 밤새 정리해 문서로 작성했다. 이튿날 아침 일찍 박찬익이 이를 장제스에게 전달했고, 바로 그날 오후, 천궈푸가 자택으로 김구를 초대해 저녁식사 자리를 마련했다. 그 자리에서 천궈푸는 장제스의 의견을 전해 주었다.

"특무 공작으로 일왕을 죽인다 해도 일왕은 또 나올 것이고, 대장을 죽인다 해도 대장은 또 나올 것입니다. 그러니 앞으로 독립하려면 군인을 키워야 하지 않겠습니까?

그러자 김구는 크게 감동해 자리에서 벌떡 일어나 말했다.

"사실 감히 먼저 청하지 못했지만, 그것이 내가 진실로 바라는 바입니다. 문제는 장소와 재력입니다.

"그렇다면 잘됐습니다."

천궈푸가 화답했고, 여러 차례 상의를 거쳐 즉석에서 합의가 이루어졌다. "허난성(河南省) 뤄양(洛阳) 군관학교 분교를 훈련기지로 쓰고, 예산은 상황에 맞춰 중국 정부가 전폭 지원한다. 우선 100명의 장교를 양성하고, 임시정부 일상 운영비도 함께 지원한다."는 내용이었다.

그날 밤, 김구는 푹신한 침대 위에 옷을 입은 채로 누워, 오랜만에 단잠에 들었다.

6

1995년 12월 22일 오전 9시. 자싱 공동묘지.

추푸청 선생의 이장 의식이 예정대로 시작되었다. 의식을 앞두고, 김신 선생은 입고 있던 두툼한 외투를 벗고, 정갈하게 접은 새하얀 종이꽃을 조심스레 가슴에 달았다. 자싱시 정부, 구삼학사, 하이옌시 정부에서 참석한 이들과 함께 추푸청 선생의 묘 앞에 섰다. 그의 표정은 어느 때보다 진지하고 엄숙했다.

한겨울이라 나는 두툼한 솜옷에 두꺼운 외투까지 입고도 찬바람에 덜덜 떨고 있는데, 셔츠와 양복만 입은 김신 선생이 매서운 바람을 견딜 수 있을지 내심 걱정됐다. 몇 번이고 외투를 입으시라고 권하려 했지만, 그때마다 이소심 여사가 만류했다. 그녀의 말에 의하면, 선생은 이장 의식을 아주 중대한 의식으로 여기며, 그런 자리에 맞는 가장 단정한 옷차림으로 자신의 진심과 존경을 표현한다고 했다. 주치의지만 선생의 성격을 잘 아는 그녀는 지금 이 순간만큼은 선생의 고집을 꺾을 수는 없다고 했다.

이소심 여사는 올해 9월 3일, 김신 선생과 함께 난징에서 열린 '항일기념비 추모 행사'에 참석했을 때 직접 목격한 장면을 말해주었다.

"가을이라 해도, 난징의 날씨는 엄청 더웠어요. 난징은 원래부터 덥기로 유명해서 중국의 '큰 화로'라 불리잖아요. 장군은 늘 그렇듯 넥타이를 맨 양복 정장을 차려입고, 미국, 러시아, 이탈리아 등 각국에서 온 노 장군들과 뙤약볕 아래 나란히 섰습니다. 그날 온도가 38도까지 올라가서, 반소매 차림이어도 땀이 비 오듯 흐를 날씨였습니다. 하지만 항일전에서 장렬히 산화한 전몰 영령들을 기리는 추모비 앞에 선 김 장군과 외국의 노 장군들은 하나 같이 작열하는 태양 아래 조각상처럼 꼼짝도 하지 않고 우뚝 서 있었어요. 아니나 다를까, 비 오듯 쏟아지는 땀으로 김 장군의 양복이 흠뻑 젖어, 나는 혹시 더위를 먹지 않을까 얼마나 걱정했는지 몰라요. 그런데 더 두꺼운 정복을 입은 노 장군들이 있었고, 훈장으로 가슴 가득 장식한 분도 있었죠. 가장 연로하신 러시아 장군은 90세가 넘었는데, 결국 추모비 앞에서 쓰러지고 말았어요. 김 장군 역시 방금 물에서 나온 사람처럼 땀으로 옷이 흠뻑 젖었어요."

지금 내 눈앞에 선생은 찬바람에 입술이 보랏빛이 되었지만, 묘비 앞에 장엄하고 경건한 조각상처럼 서 있다. 바람이 그의 가슴에 달린 하얀 꽃잎을 가볍게 흔들었지만, 선생의 얼어붙은 흰 머리카락은 흔들지 못했다.

김신 선생은 자싱시 주석 베이펀밍(贝品明)과 함께 추푸청 선생의 새 묘비 제막식을 거행하며, 감개무량한 어조로 연설했다. 약 8분간 즉흥적으로 이어진 연설은, 준비한 원고 한 장 없이 모두 진심이 우러나오는 말이었다. 50년도 더 된 과거, 그의 부친이 항일운동 속에서 쌓아온 추푸청 선생과의 돈독한 우정, 그리고 추씨 가족과 자싱 지인들의 용감한 지원에 관해 이야기했다. 특히 자신은 아버지의 유언을 이행하기 위해 이곳에 왔고, 은혜에 보답하고자 왔다는 부분에 이르자, 무더위와 혹한 그리고 수많은 인생의 풍파조차 묵묵히 견뎌 온 장군도 목소리와 표정으로 끓어오르는 감정을 감추지 못했다.

"그 시절, 우리 임시정부와 중국 여러 지역 중 특별히 긴밀했던 곳이 바로 상하이, 충칭, 난징, 자싱이었습니다. 한국과 중국 두 나라 우정은 그때부터 싹텄습니다. 그래서 오늘 이장식만큼은 반드시 직접 참석하고 싶었습니다. 설령 하루 아니 한나절 일정이어도, 꼭 와야 했습니다. 나는 63년 전 추푸청 선생이 놓아 주신 그 길 위에서, 한·중 두 나라가 대대로 한 가족처럼 친밀하게 지내길 바랍니다."

김신 선생이 추푸청 가문 그리고 자싱에 쏟는 깊은 애정에는 정말로 입술과 이가 한 몸이고, 피는 물보다 진하다는 감정이 담겨 있었다. 이장식 준비 무렵, 자싱에 사는 어느 열정적인 청년이 김신 선생께 추푸청 선생의 묘비 제명을 부탁했지만, 선생은 정중히 사양했다. 자신 같은 소인배가 그런 중임을 맡을 자격이 없다는 이유였다. 하지만 거듭된 청에 결국 그는 종이를 펼치고, '음수사원(飮水思源, 물을 마실 때 그 근원을 생각한다)' 네 글자를 써서 그 마음을 표현했다.

이소심 여사와 교류가 늘어가며 이야기를 많이 나누게 되자, 자신의 사연을 들려주었다.

그녀 역시 우리 형부와 비슷한 운명의 한국계 고아로, 충칭에서 수십 년을 살았다. 아버지 이달(李達)은 당시 임시정부에서 비서로 일하며 《광복군(光復軍)》 잡지 편집을 맡았는데, 1943년 폐결핵으로 세상을 떠났다. 어머니는 중국인이었으며, 임시정부가 광복 직후 귀국할 때 함께 가지 않고 그곳에 남았다. 이후 어머니마저 세상을 떠나자, 이소심과 남동생은 돌봐 주는 사람 없는 고아가 되었는데, 그녀 나이 불과 열두 살이었다.

추푸청 선생의 묘지 이장식에서 연설하는 김신 선생

김신 선생과 추푸청 선생의 후손들

추푸청 선생은 '대한민국 건국훈장'을 받았다.
오른쪽은 주상하이 한국 영사 경창헌 선생, 왼쪽은 추푸청 선생의 장손 추치위안 선생

수훈 증서

1989년 여름, 김신 선생의 아들 김진이 촬영팀을 이끌고 충칭에 취재하러 갔을 때 우연히 그녀와 인연이 닿았다. 항전 후반기 충칭은 한때 대한민국 임시정부가 머문 도시였다. 김진과 촬용팀은 현지에서 혹시 남겨진 동포 고아가 있는지를 수소문했고, 그러다가 충칭 제1인민병원 원장이던 이소심을 찾아낸 것이다. 귀국한 김진은 아버지에게 이를 전했고, 김신 장군은 우리 형부와 마찬가지로 그녀를 직접 돌봐 주었다고 한다. 덕분에 이소심은 한국에 건너가 부친의 '건국훈장'을 대신 받았고, 그곳에서 다시 한국어를 배울 기회를 얻었다. 김 장군은 젊은 시절 비행사로서 귀가 나빠진 데다, 노령으로 더욱 청력이 약해졌기에, 중국을 방문할 때면 이소심 여사에게 주치의 겸 통역 역할을 맡겼던 것이다. 그녀가 표준 중국어를 정확하게 구사하기에 김신 장군이 중국을 찾을 때면 가장 믿음직한 동반자가 되었다. 이소심 여자는 선생이 영원한 민간대사로 일할 수 있도록, 또 다른 의미의 보청기가 돼 준 것이다.

이소심 여사는 우리 형부와도 아주 잘 안다며 웃었다.

"처음 귀국했을 때, 바로 수송 씨가 나를 여기저기 데리고 다녔어요. 아주 열정적이고 따뜻한 '따거'더군요!"

그 말을 들으니, 갑자기 형부의 솔직한 성품과 당당함이 어쩌면 한국인 혈통의 유전인자인지도 모른다는 생각이 들었다. 마치 내가 이소심 여사를 보고 한눈에 전형적인 한국 여성 같다고 느낀 것처럼 말이다.

이장식을 마친 뒤, 김신 선생은 자싱 경제개발구를 둘러보았다. 곳곳을 돌아보며 교통, 산업, 자원, 무역 등에 관해 세밀하고도 전문적인 질문을 던졌다. 특히 한때 한국 교통부 장관을 지낸 절반의 중국인답게, 그가 도시 경제가 발전하려면 가장 먼저 교통이 발전해야 한다고

김신 선생이 '음수사원(飮水思源)'이란 글자를 쓰고 있다. 왼쪽은 이소심 여사

김신 선생에게 가장 맛있는 음식, 더우장, 따빙, 여우티아오

솔직하게 말했다.

23일 아침, 나와 장허전, 이소심은 호텔에서 김신 선생과 같이 아침 식사를 했다. 요즘 호텔 식당답게 음식이 깔끔했다. 그런데 엊저녁에 선생은 당신 기억에 가장 그리운 맛은 더우장(豆漿, 콩물)과 따빙(大餠, 화덕에 구운 밀가루 빵), 여우티아오(油條, 중국인이 아침으로 먹는 긴 막대 모양의 밀가루 튀김빵)라고 했다. 하지만 그것들은 호텔에는 없었다. 선생이 추억의 맛을 잊지 못하고 있다는 걸 알고는 나와 장허전은 바깥에서 그 음식들을 사서 호텔로 갖고 왔다. 선생은 우리가 사온 음식을 보자마자 환한 미소를 지으며, 정말 오랫동안 먹지 못했다고 반겼다.

그는 따빙을 크게 두 번 베어 먹으며, 그 옛날 상하이에 살 때는 꿈에서도 이것들을 맘껏 배불리 먹기를 바랐다면서 지금 먹어도 여전히 맛있다고 했다. 아마도 여우티아오와 따빙 속에는 그가 간직해 온 수많은 기억과 감정이 한껏 스며 있을 것이다.

오전 9시, 호텔 로비에는 이미 많은 사람이 김신 선생을 배웅하려고 기다리고 있었다. 스녠 씨는 오랜 친구처럼 물었다.

"어젯밤에 푹 주무셨나요?"

김신 선생은 환히 웃으며 대답했다.

"푹 잘 잤습니다. 일을 잘 마무리해서 아주 기쁩니다."

그러다가 잠시 뜸을 들이더니, 마음속의 아쉬움을 털어놓았다.

"추푸청 선생은 그렇게 위대한 분이신데, 묘지가 외진 데다 좀 작지 않나요? 내가 너무 늦게 알았어요. 더 일찍 알았다면 뭔가 더 크게, 더 뜻깊게 만들 수 있었을 텐데 아쉬움이 남습니다."

그렇게 말할 때 그의 표정은 조금 무거워 보였다. 그러자 옆에서 스넨 씨나 추푸청 가문의 후손들이 위로했다.

"앞으로 기회가 있을 겁니다. 지금도 여러 사람과 힘을 합쳐 노력하고 있어요."

그 말에 김신 선생의 표정이 조금은 밝아졌다.

이번에도 나와 구삼학사의 장 비서장, 시 국제무역촉진회 왕 부회장과 함께 차로 선생을 상하이 공항까지 모셔다 드렸다. 가는 길에, 김신 선생은 현대 사회에서의 청소년 교육 문제를 이야기하며, 우리에게 전통 미덕과 함께 현대인들이 자칫 잃어버리기 쉬운 '효' 사상을 강조했다. 그리고 짤막하면서도 깊은 울림을 주는 말을 남겼다.

"나는 부모에게 불효하는 사람이 자기 나라를 진정 사랑할 리 없다고 믿습니다."

공항에 도착한 건 11시 무렵이었다. 김신 선생은 우리가 안쪽까지 배웅하겠다는 걸 완강히 사양했다. 점심시간이라 공항 안도 복잡할 테고, 돌아가는 길도 막힐 텐데 그럼 점심을 굶게 될 수도 있지 않겠냐는 이유였다. 그의 따뜻한 배려에 감동한 우리는 결국 공항 입구에서 작별 인사를 하고 차에 올랐다. 그런데 정작 우리가 차에 타자, 그가 여전히 입구에서 뒤를 돌아보며 서성이고 있었다. 무슨 물건이라도 깜빡하셨나 싶어 물으니, 운전사 샤오천(小陈)을 찾는 것이었다. 직접 "수고 많았고 감사했다"는 말을 전하고 나서야 안으로 들어갔다.

돌아오는 차 안, 모두가 말없이 생각에 잠겼다. 아마도 김신 선생과 이소심 여사가 남긴 여운이 너무 진해서였으리라. 그들과 헤어지는 순간부터 우리는 또다시 다음 만남을 기대하고 있었다.

7

기자가 느끼는 것은 결코 혼자만의 것일 수 없다. 그 후 나는 김신 장군의 방문 과정을 두 편의 특집보도로 정리했다. 하나는 「하늘이 맺어준 인연(天造的缘分)」, 다른 하나는 「피는 물보다 진하다─한국 장군의 중국 사랑(血浓于水─韩国将军的中国情)」이라는 제목으로, 《자싱일보(嘉兴日报)》에 연이어 게재했다. 나는 자싱 시민 모두가 이 소중한 역사적 자산을 함께 공유하길 바랐다.

어느 날 오후, 사무실에서 문학 파트 원고를 편집 중이었는데, 책상 위 전화가 울렸다. 수화기를 드니 낯선 목소리였다. 내 기사를 보고 감동했다며, 꼭 한번 만나서 얘기하고 싶다고 했다. 50대쯤으로 들리는 낮고 약간 허스키한 남자 목소리였고, 분명한 자싱 사투리를 쓰고 있었다. 특집기사가 나가고 나면 항상 이런 전화를 여러 번 받았고, 또 매일 기사 업무로 바쁘다 보니 처음엔 정중히 사양했다.

하지만 상대는 전혀 개의치 않고 오히려 며칠 뒤라도 괜찮으니, 연락만 주면 직접 찾아가겠다며 열정적인 태도를 바꾸지 않았다. 예의상 그의 전화번호만 적어 놓고 일단 끊었는데, 그의 마지막 한 마디가 계속 내 귓가를 맴돌았다.

"아, 그리고 말이 나왔으니…… 내가 아주 중요한 단서를 들려 드릴 수도 있습니다. 김구와 관련된 거예요!"

'김구와 관련된 새로운 단서?' 그 말에 나도 마음이 바빠졌다. 30분 뒤에 원고 정리를 마치자마자, 바로 그에게 전화를 걸었다.

"아직 퇴근 전이니, 지금 당장 만날 수 있을까요?"

상대가 반색하며 대답했다.

"좋습니다! 자전거 타고 가면 10분이면 충분합니다."

정확히 10분 뒤, 내 예상대로 까무잡잡한 얼굴의 중년 사내가 사무실에 들어섰다. 그는 들어서자마자 흥분한 목소리로 말했다.

"기자님, 기사 읽고 갑자기 20여 년 전 화두피(花肚皮)가 해주던 얘기가 떠올랐어요. 어젯밤 바로 그 기사를 들고 시골로 달려가, 화두피에게 보여주고 설명해 줬거든요. 그가 감정이 얼마나 복받쳤던지…… 눈물이 후두둑 떨어지더라고요."

"잠깐만요."

나는 그의 말이 이해가 안 돼 말을 끊고 물었다.

"먼저 천천히 말해주세요. 그 '화두피'라는 분은 누구시죠?"

"아, 그러니까 옌자방에 사는 쑨구이룽(孙桂荣)입니다!"

그는 자전거를 타고 와서인지, 아니면 내게 빨리 알려주고 싶은 마음에 다급해서인지 얼굴에 땀이 송골송골 맺혔다. 나는 우선 그에게 부채질 좀 하라며 신문을 건네고, 물 한 잔을 따라 줬다. 사실 쑨구이룽이 누군지는 몰라도, 그가 사는 옌자방이라는 지명이 내게는 익숙했다. 정말 반가운 지명이었다. 『백범일지』에도 김구가 하이옌에서 반년쯤 지내다가, 경찰 눈에 띄어 다시 자싱으로 돌아와 옌자방에 있는 천퉁성의 친척집, 쑨융바오(孙永宝) 댁에서 머물렀다고 기록되어 있다.

그리고 천퉁성의 아들 천궈천이 회고담에서 이렇게 썼다.

우리 외할머니 댁이 시골인데, 그곳 먼 친척 중 어머니의 종고모뻘 되시는 분이 있었어요. 나는 그분을 '고모할머니'라 불렀는데, 참 소박하면서도 성품이 시원스러워 집안 어른 모두가 존경했죠. 그분 딸이 옌자방의 쑨융바오에게 시집을 갔어요. 쑨씨 댁에는 배가 있어, 평소에 볏짚을 시내에 내다 팔거나, 여름엔 수박을 가져오거나, 반대로 도시에서 뭘 사가기도 하는 식이었어요. 늘 우리 집 뒤편 나루터에 배를 댄 뒤 잠시 쉬었다 갔습니다. 자주 오가니 고모할머니도 배를 타고 같이 와서 농산물 같은 걸 주셨고요. 그 외손자가 아버지에게 양자로 입적된 관계라, 난 '구이룽 형'이라 불렀습니다. 덕분에 집에 들르는 동안 그 형은 장보보와도 친해졌죠.

그렇다면 이 쑨구이룽이 바로 천궈천이 말한 '구이룽 형'이 되는 셈이다. 나는 손님이 물을 마시는 잠시 사이에, 『백범일지』에 있는 김구의 서술을 떠올렸다.

자싱 남문 밖, 운하를 따라 내려가면 옌자방이라는 마을이 있는데, 그곳에 천퉁성 선생의 땅이 좀 있었다. 마을 농민 쑨융바오와 친분이 두터워서 나는 그 댁에 기거했다. 그때 나는 완전히 시골 노인처럼 지냈다. 낮에 모두 밭으로 일하러 가면 집엔 우는 아기만 남는데, 내가 품에 안고 엄마를 찾아 밭으로 가면, 아이 엄마가 무척 민망해했다.
5~6월이면 그 지방은 뽕나무 잎을 따고 누에를 치느라 분주했다. 나는 아낙네들이 솥단지 옆에서 실을 뽑는 모습을 구경했다. 60 넘은 할머니도 쉬지 않고, 물레 옆에 솥을 하나 두고, 왼손으로 불을 지펴 고치를 삶고, 오른손으로 실을 자았다. 물레 아래쪽에는 발판이 있어, 오른 발로 발

판을 밟으면 물레가 움직였다. 어린 시절 보았던 우리나라 부녀자들의 방직 방포와 비교하면 하늘과 땅 차이였다. 할머니께 나이를 물어보니 60이고, 일곱 살 때부터 이 일을 하셨다고 한다. 60년 전에도 이런 물레를 사용했냐고 물었더니, 그렇다고 했다. 나도 일고여덟 살의 어린아이들이 실을 뽑고 물레를 돌리는 것을 봤기에 할머니의 말이 그렇게 놀랍지는 않았다. 농가에 있다 보니 그들이 사용하는 농기구도 유심히 살펴보았다. 재래식이긴 해도 우리보다 훨씬 앞서 있다. 전답에 물을 댈 때도 나무 물레방아를 여러 명이 밟아 강물을 끌어올려 대는 식이어서 아주 편리했다. 모내기도 날짜를 계산해서 이른 벼는 80일, 중간 벼는 100일, 늦벼는 120일이니 시기에 따라 딱딱 맞춰 심는다. 우리나라에서는 열 지어 모를 심는 방식을 일본 발명이라 여기지만, 사실 중국은 예로부터 이래 왔다. 김을 매는 데 쓰는 호미 모양만 봐도 확실히 알 수 있다.

농촌을 돌아보니 이 지방은 양잠업은 물론 벼농사도 우리보다 훨씬 발달해 있었다. 우리 조상들은 한, 당, 송, 원, 명, 청까지 줄곧 교류하고 서로 사절을 오가며 외교를 이어왔는데도, 왜 중국의 이런 좋은 점은 제대로 배우지 못했을까? 의관과 문물은 '중화제도'를 본떠 따르는 것이 조선 500년의 국책이었지만 결국 남은 것은 골칫거리인 낡은 관모와 쉽게 사라질 잡다한 물건들이었을 뿐, 국가와 민생을 건실히 하는 데 필요한 것은 전혀 받아들이지 않았다. 머릿속에는 자만심만 깊이 박혀서, 주자(朱子)의 학문을 주자보다 더 철저히 따르다 보니, 헛된 말에만 치중하고 실제 방도를 등한시하여 민족의 기운을 고갈시키고 말았다. 이제 우리에게 남은 것은 편협한 당파싸움과 의존성뿐이다.

내가 생각을 정리했을 때, 그 사람도 물을 마시며 한숨을 돌린 뒤,

마을 동네 사람 '쑨구이룽'에 얽힌 이야기를 들려주었다. 그 이야기는 정말 놀랍고도 가슴 저린 이야기였다.

"문화대혁명 때, 쑨구이룽은 집안 성분이 나쁘다고 판정돼, 생산대(生產隊)에서 감시를 받으며 노동했어요. 그를 감독한 사람이 바로 저였지요. 처음엔 굉장히 엄하게 다뤄서, 말도 섞지 않았습니다. 그런데 시간이 흐르다 보니, 구이룽이 아주 성실하고 일도 열심히 해서 마음이 조금 누그러져서 점차 가까워졌어요. 그전에 '화두피'라는 별명은 예전에 일본 놈들이 서양기름(석유) 불로 배를 지져 여기저기 얼룩덜룩 울긋불긋한 화상 흉터가 남아서 그렇다고 들었어요.

어느 날, 그 일에 대해 내가 그에게 이렇게 물었어요. '화두피, 네가 예전에 일본 놈들에게 잡혀 배에 화상을 입은 건, 너희 집이 광둥 출신 손님이 남긴 상자를 내놓으라는데도 안 내놔서라지? 그 상자에 금은보화가 가득 있었다고들 하던데 맞아?' 그는 이 말을 듣고 잠깐 멍하니 있다가 이내 날 빤히 쳐다보더니, 자신이 솔직히 말해도 괜찮겠냐고, 비밀을 지킬 수 있냐고 묻더라고요. 그래서 나는 겁도 안 나고, 누구에게도 말 안 할 테니 걱정하지 말라고 약속했지요. 그도 내가 그동안 나름 챙겨줘서 날 믿었는지 이야기를 해줬어요. 근데 막상 털어놓은 이야길 듣고 진짜 기겁했습니다. 그 상자 안에는 무슨 금은보화가 아니라, 폭탄이 있었대요! 상자 가득 전부 폭탄이었답니다!"

정말 그런 일이 있었다고? 나는 깜짝 놀라 그 사람을 쳐다봤다. 그리고 몇 가지 질문을 하며 그의 이름을 물었다. 그는 딩롄건(丁连根)이라고 했다. 내 머릿속에는 순식간에 온갖 의문이 번개처럼 스쳐 갔다. 딩롄건이 말을 이었다.

"너무 서두르지 마세요. 폭탄 이야긴 나도 자세히는 몰라요. 나중에 직접 '화두피'한테 물어보는 게 나을 거요. 나는 그냥 그 상자에 폭탄이 가득 들었고, 그 폭탄은 천통셩 집에 묵었던 광둥 손님 장 선생이 가져온 것이라는 정도만 들었어요. 그래서 내가 그 장 선생이 누구냐고 물었더니 그분은 조선의 지도자라는 거예요. 그것도 일본이 항복한 뒤 그들이 귀국하고 보내온 편지를 보고 알게 되었대요. 조선 전통 옷을 입은 사진을 보내 줬는데, 거기 '대한민국 임시정부 주석 김구'라고 적혀 있었답니다. 또 1947년 여름, 김구 선생의 아들 김신이 미국에서 비행 훈련 마치고 돌아가는 길에, 부친의 뜻에 따라 자싱에 들러 옌자방의 그들을 찾아왔다는 거예요. 난 그 얘길 듣고는 이 사람이 허풍을 떤다고 생각했지요. 어떻게 조선 지도자를 운운하나? 게다가 그 아들이 집에 와서 수박까지 먹었다니 어떻게 믿겠어요?

그런데 이번에 신문을 읽어보니, 김구가 정말 자싱에 와 있었고, 옌자방의 쑨융바오 집에 묵었다고 하잖아요."

8

마른 체구에 순박한 인상의 나이 지긋한 농부가 내 앞에 앉았다.

옌자방의 쑨구이룽. 검게 그을린 얼굴은 흥분 때문인지 붉게 상기되었고, 나무껍질처럼 깊이 팬 주름 사이로 세월과 역사의 파고가 스며 있었다. 말을 조리 있게 잘하는 편은 아니지만, 내가 묻는 말에는 빠짐없이 답해 주었다. 목소리가 크고 우렁찬 것은 나이 들어 청력이 약해졌기 때문이다. 처음 만났을 때, 그는 나이가 일흔넷이라고 했다. 오른쪽 귀는 전혀 들리지 않고, 왼쪽 귀 청력만 아주 조금 남아 있어서 자기 말도 아주 작게 들린다고 했다.

김구가 옌자방에 머물 당시를 이야기할 때, 쑨구이룽은 이야기 내내 입가에 웃음기가 배어 있었다. 그는 그때의 기억이 참 즐거웠다고 했다. 그의 이야기는 이랬다.

내가 태어난 지 백일쯤 되었을 때, 부모가 나를 천퉁성 집에 수양아들로 보냈어요, 당시엔 남의 집에 맡기면 아이가 잘 자란다는 말이 있었죠. 그렇게 수양아들이 된 덕분에, 훗날 도시에서 소학교를 다니며 천씨 집에서 살았고, 거기서 장보보를 만나게 되었어요. 그때 내 나이 열네 살이었어요. 이듬해 초, 장보보가 시골로 옮겨 왔을 때 나는 이미 학교를 그만두고 집에 있었어요. 그날 아버지가 배를 저어 시내로 가서 장보보를 태워 시골로 모셨는데, 집에 도착하자마자 고모할머니가 고향의 풍습대로 삶은 달걀 두 알을 갖고 와서, 남기지 말고 꼭 다 드셔야 한다며 권했어요. 그건 주인을 존중한다는 의미였어요. 그런데 한참 동안 장보보는 달걀을 먹지 않았어요. 다들 먹으라고 권유해도 듣지 않다가, 결국 답답한 듯 이렇게 말했어요.

"아니 왜 나만 먹습니까? 다들 아무도 안 먹는데?"

그 말에 다들 웃음을 터트리고, 시골 풍습이라고 설명한 다음에야 그가 기분 좋게 달걀을 먹었어요.

…… 내 기억 속 장보보는 참으로 소탈하고 격의 없는 분이었어요. 식사 때도 우리와 함께 아무 음식이나 스스럼없이 드셨어요. 또 틈만 나면 이웃집에 들르거나, 강둑에 가서 낚시를 했어요. 대숲 그늘에 앉아 쉬면서 농가 아낙들이 방직하는 모습을 구경하러 다니거나, 마을 작은 찻집에 가서 농민들과 차를 마시며 이야기하기도 했어요. 농사일이 한가할 때면 마작을 하기도 했는데 그저 놀이라 돈이 크진 않았어요. 누가 일부러 그의 패를 엿봐도 대수롭지 않아 했고, 돈을 잃어도 해맑게 웃었어요, 오히려 가끔 이길 때 기분이 별로 좋지 않아 보였어요.

나는 왜 그런지 궁금해서 할머니에게 물었는데, 할머니는 장 선생은 일부러 져서 가난한 농민을 조금이나마 돕고 싶은 거라고 했어요. 정말 그런 걸까? 어느 날, 내가 직접 장보보에게 물었어요.

"돈 잃고도 왜 좋아하세요?"

그 말에 장보보는 한숨을 쉬며 대답했어요.

"농민들이 얼마나 고생이 많으니. 한 푼 벌기가 쉽지 않단다……."

그렇게 세월이 흐르다 보니 사람 좋고 마작에서 늘 지는 장보보를 누군가

'위에위에허(約約和) 선생'이라고 불렀어요. 지역 방언으로는 '적당히 대충 넘어가 주는 마음씨 좋은 사람'이란 뜻이지요. 나중엔 아예 앞에서 대놓고 그렇게 불렀는데, 장보보는 늘 싱글벙글하셨죠.

…… 장보보가 처음 시골에 왔을 땐, 신문을 못 봐 몹시 답답해하셨어요. 신문이 없으면 살 수가 없다고 하셔서, 집안 어른들이 제게 신문을 어떻게든 구해보라고 하셨어요. 처음엔 내가 시내로 들를 때마다 사다 드렸지만, 매일 갈 수는 없는 처지라 자주 놓치곤 했죠. 그러다 생각해낸 게, 매일 아침 시내로 똥통을 비우러 가는 샤오마오마오(小毛毛)에게 부탁해 오후 1시쯤 신문을 한 부 사오면, 내가 그의 집에 들러 찾는 식으로 바꿨지요. 그러고 나서, 신문에 좋은 소식이라도 나면, 장보보는 웃으시면서 식사할 때 내게 반찬도 집어 주며, '구이룽 오늘 애썼어'라고 말하곤 했습니다. 그 말을 들으면 정말 기분이 좋았어요.

김구의 생활 습관에 대해 쑨구이룽은 기억을 더듬으며 그분은 매운 걸 특히 좋아해서 생고추를 와작와작 드시는데, 옆에서 보기에 무서울 정도였다고 회상했다. 또 하나, 날달걀을 정말 좋아했는데, 먹을 때 달걀 양끝에 작은 구멍을 내서 입으로 쭉 빨아들여 먹은 다음, 영양을 그대로 흡수하는 방법이라고 말했단다. 그 뒤부터 쑨구이룽은 닭이 알을 낳으면 바로 장보보 방으로 가져다주고, 갓 낳은 뜨끈한 달걀을 단숨에 쭉 빨아 드시는 모습을 보며 본인도 신이 났다고 한다.

어쩌다 장보보가 시내에 가면, 생선이나 고기를 사오기도 했어요. 어느 날은 병아리를 한 바구니 사들고 오셨는데, 집에 닭이 많은데 웬 병아리냐고 물었죠. 그랬더니 '내가 너희 집 달걀을 많이 뺏어 먹었잖니? 오늘

병아리를 사왔으니 커서 또 알을 낳을 것 아니겠니!'라며 껄껄 웃으셨어요. 장보보는 정말 재밌고 따뜻한 분이었어요. 그분과 함께 있으면 다들 즐거워했어요.

그는 또 맑은 날이면 장보보가 자기와 함께 근처를 산책하곤 했다는 말도 했다. 근처 대숲이나 들판 등을 주로 다녀서 쑨구이룽은 장보보가 자연을 아주 좋아한다고 생각했단다. 5월 무렵, 새순이 돋은 대나무에 장보보가 담뱃불로 '외직중통(外直中通, 겉모습은 반듯하고, 몸통은 뚫려있다. 솔직하고 정직하다는 뜻)'이란 글자를 새겼는데, 대나무가 자라면서 그 글자도 함께 비뚤비뚤 길게 자랐다. 그땐 그 말뜻을 몰랐지만, 지금까지도 그 글자는 또렷이 기억한다고 했다. 그리고 마침내 쑨구이룽의 기억 속 가장 인상 깊은 사건 하나를 꺼냈다.

장보보가 우리 집에 머무르는 동안, 자싱의 엄 선생(엄항섭)도 배를 타고 자주 왔어요. 보통 집 뒤편 조용한 연못가에 배를 대고 한나절씩 얘길 나누곤 했는데, 지금 와서 돌이켜보면 아마 비밀회의 같은 걸 한 게 아닌가 싶습니다.
장보보가 우리 집에서 지낸 지 한참 지나, 아버지에게 부탁해 배로 시내에 가서 큰 나무 상자를 가져왔습니다. 매우 무거웠고, 사방에 철제 띠를 둘러놓은 상자였어요. 물가에 도착했을 때 장정 네 명이 굵은 장대 두 개로 간신히 들어 날랐고, 우리 집에 들여서는 장보보 침대 곁에 두고 탁자처럼 쓰셨습니다. 그 무렵, 우리 집은 방이 세 칸뿐이라, 아버지는 본인이 쓰던 창고 방을 아예 장보보에게 내드리고, 당신은 양우리 쪽에 간이 잠자리를 만들어 지냈어요.

상자를 든 이들은 도대체 뭐가 들었기에 이렇게 무겁냐며 궁금해하자, 장보보는 책이라고 하셨어요. 그 뒤 장보보가 난징에 갈 일이 생겨, 떠나시기 전 아버지께 상자 보관에 각별히 신경 쓰고, 특히 습기가 차거나 젖지 않도록 주의해 달라고 당부했어요. 또 종이에 '张震球(장진구)'라고 이름을 쓴 다음 반으로 찢어서 한쪽은 아버지에게 주고, 나머지 한쪽은 가져갔어요. 그리고 앞으로 누가 책 상자를 가지러 오면, 먼저 이 종이를 맞춰서 딱 맞는지 확인한 다음에 주라고 했어요. 그렇지 않으면 그 누가 와도 절대로 주면 안 된다고요. 우리 가족은 정말 장보보를 존경했기에, 그 말대로 정성껏 이 책상자를 지켰지요.

하지만 우리가 아무리 조심해도, 세상은 그리 간단치 않다. 쑨씨 가족의 의지와는 무관하게, 상자 속 물건은 역사의 거센 물결에 휩쓸려 큰 재난을 맞게 될 줄 그때는 누구도 몰랐다.

1937년 11월, 자싱이 일본군 손에 떨어진 뒤, 침략자들은 약탈과 살인과 방화 등 온갖 만행을 저질렀다. 쑨융바오는 장 선생이 맡긴 이 상자가 걱정되어 장모님과 의논했다. 당시 쑨융바오의 장녀는 시집을 가서, 집에는 10대인 쑨구이룽을 포함해 세 식구만 있었다. 그 상자는 너무 커서 어디에 두어도 금방 눈에 띄어서, 고민하던 두 사람은 결국 상자를 열어 안에 든 책을 따로 포장해 숨기자고 결정했다.

그날 밤은 바람이 세차게 불고 있었다. 그들은 문을 잠그고 상자를 둘러싸고 있는 철판을 떼어내고, 못을 일일이 뽑아내느라 한참 씨름했다. 간신히 상자를 열고 안을 들여다본 그들은 모두 기겁했다. 차라리 안 봤다면 좋았을 텐데······.

다리가 후들거려 일어나지 못할 정도였고, 문밖에 대나무 숲을 흔드는 바람 소리가 마치 귀신이 문을 두드리는 것 같은 공포가 엄습했다. 그것은 책이 아니고 전부 폭탄이었다. 상자 가득 수통 모양, 도시락 모양, 손전등 모양, 커다란 손전등이나 보온병 모양 등 온갖 모양의 폭탄이 가득했다. 그때는 그것이 상하이 훙커우 공원 폭탄 사건에 쓰였던 폭탄인지는 몰랐다.

가족은 어쩔 수 없이 상자에 다시 못을 치고 봉해서, 양 우리 밑에 큰 구덩이를 파고 묻었다. 습기가 스며들지 않게 석회며 마른풀도 잔뜩 깔아 넣었다. 그 뒤로 이 폭탄 상자는 한 집안의 가슴에 묻힌 듯, 가족들 모두 밤낮없이 가슴 졸이는 날이 계속되었다. 외할머니가 천퉁성에게 이 사실을 알리려 몇 번 찾아갔지만, 그들은 이미 다른 곳으로 피난을 떠난 뒤였다.

게다가 쑨융바오 집에 광둥 출신 손님이 묵었고, 그가 상자를 맡긴 일을 온 동네가 다 알고 있었다. 가장 나쁜 것은 장 선생이 장사를 했기에 그가 맡기고 간 상자에 금은보화가 가득할 것이라 여기고 있었다. 전시라 어수선하던 시절에 이런 소문은 화를 부를 수밖에 없다.

세상이 모두 뒤죽박죽이었다. 낮이면 일본군이 노인과 아이까지 다 끌어내 길을 닦으라 하고, 밤에는 또 유격대가 나타나 길을 파괴하라 했다. 일을 나가느라 쑨구이룽과 아버지는 집에 있기 어려웠다. 혼자 있는 할머니는 폭탄 때문에 노심초사했다. 만약 일본군에게 발각되면 가족은 물론 온 동네가 화를 입기 때문이다. 그런 와중에 동네에 일본 앞잡이도 있다는 말도 들렸다. 쑨융바오가 상자를 옮길 더 안전한 장소를 찾느라 고심하고 있을 때, 할머니가 두려워하던 일이 현실이 되었다. 일본 앞잡이가 일본군을 앞세우고 집에 들이닥친 것이다.

밖이 소란하자 쑨융바오는 뒷담을 넘어 도망쳤다. 외할머니와 쑨구이룽은 일본군에게 붙잡혀 문밖으로 끌려 나왔다. 허름한 바지를 입은 일본 앞잡이는 사방을 둘러보며 조롱하듯 말했다.

"대장이 묻는다. 이 집 주인은 어디 있나?"

그가 말하는 대장은 八자 수염의 일본군이었다.

"없어요."

평소에 그는 이 할머니를 무서워했지만, 지금은 일본군을 등에 업고 호기를 부리고 있었다. 그는 바지춤을 추켜올리며 두 사람 주변을 돌다가 멈춰 섰다.

"할머니! 정신 똑바로 차려요!"

그 말에 할머니가 버럭 소리쳤다.

"닥쳐라! 누가 네 할머니야!"

그래도 그자는 능청스럽게 말했다.

"내가 시키는 게 아니라 대장님이 시키는 거요. 일전에 광둥에서 온 손님이 남긴 큰 상자를 내놓으시오!"

"그럼 대장에게 전해. 손님도 여기 없고, 상자도 없다고!"

그 말에 남자의 얼굴이 변했다.

"그건 아니지! 전에 들고 오는 걸 직접 봤거든. 4명이 힘들게 들었던 그거, 금은보화 맞잖아?"

"흥! 사람이 갔는데 재산을 남겨두고 갈까!"

"감히 날 속이려고! 그가 가고 나서도 내가 봤거든. 융바오 침대맡에 있었다고!"

할머니가 눈을 흘기며 말했다.

"그럼 침대한테 물어보던가!"

곧 대장이라 불린 일본 장교가 마치 그들 사이의 대화를 알아들은 듯 손짓을 하자, 병사 7, 8명이 달려가 집 안 구석구석을 뒤졌다. 하지만 이 잡듯이 뒤져도 아무것도 나오지 않자, 대장이 할머니를 향해 소리를 질렀다.

"상자 어딨나? 내놔!"

"없다!"

할머니가 단호하게 말했다. 이때 할머니의 눈에는 두려움 대신 분노로 가득했다.

"묶어!"

대장의 한마디에 왜병들이 달려들어 할머니를 문앞 오동나무에 거꾸로 묶었다.

"안 돼! 할머니는 아무것도 몰라! 풀어 주세요!"

쑨구이룽이 필사적으로 소리치며 달려들었지만, 그 역시 군인 둘에게 붙잡혀 꼼짝 못하게 됐다. 그러자 앞잡이가 히죽거리며 쑨구이룽 앞에 섰다.

"할머니는 모른다? 그럼 넌 알지? 얼른 말해! 말하면 큰 상을 내리지만, 말 안 하면 넌 죽어!"

쑨구이룽은 그 말에도 아랑곳하지 않고 발버둥치며 외쳤다.

"할머니를 풀어줘! 할머니를! 할머니는 정말 아무것도 모른다고!"

가죽채찍이 사나운 바람처럼 쑨구이룽에게 무차별적으로 날아들었다. 잠시 후, 그의 비명이 멎었다. 정신을 잃고 쓰러진 그의 얼굴은 피투성이였다. 이때 광분한 대장이 허리에서 칼을 빼더니 할머니 앞으로 다가가 흔들며 말했다.

"말해! 이래도 말 안 해?"

할머니는 굽히지 않았다.

"상자는 없어! 보물도 없다고!"

장교는 칼을 살짝 치켜들고 단칼에 노파의 옷을 찍 하고 찢었다. 동시에 쑨구이룽에게도 찬물이 쏟아졌다. 물벼락에 정신이 든 쑨구이룽이 비틀거리며 할머니 쪽으로 갔다. 할머니를 끌어안듯 가로막으며 일본군에게 소리쳤다.

"놓아줘! 제발 그만! 할머니를 놓아줘!"

이때 앞잡이가 슬그머니 다가와 쑨구이룽에게 말했다.

"할머니를 풀어줄 순 있지. 근데 네가 그 상자를 내놓아야지."

할머니는 혹시 쑨구이룽이 다급해서 실토를 할까 걱정돼 그 사내에게 욕설을 퍼부었다.

"짐승 같은 놈! 없다니까 없어! 죽어도 없어!"

할머니의 말에 쑨구이룽도 결연하게 외쳤다.

"맞아요, 없어요! 죽어도 없다고요!"

"불태워!"

대장이 고개를 끄덕이자, 일본군 몇 명이 달려들어 쑨구이룽의 윗옷을 벗겼다. 그를 긴 나무 의자에 눕히고, 손발을 뒤로 꺾고 의자 다리에 단단히 묶어 버렸다. 앞잡이는 다시 할머니를 달랬다.

"재물보다 목숨이 중하지 않소? 그냥 내놓고 살아남는 게 낫지 않아? 술술 말하면 내가 대장님께 잘 말해 풀어드릴게."

할머니는 욕을 퍼부었다.

"이 개 같은 놈아! 넌 살아도 개만도 못한 목숨이고, 죽어 지옥에 떨어져 몸의 껍질을 벗기는 고통을 당할 거야!"

그러는 동안 왜병들은 노파의 찢긴 옷을 내려, 석유에 흠뻑 젖은 솜

뭉치를 그녀 허리춤에 밀어 넣었다. 동시에 쑨구이룽의 배 위에도 석유를 머금은 솜을 잔뜩 올려놓았다. 이내 "치익-" 일본군이 성냥을 그었다. 순간 불길이 타올라, 할머니의 깡마른 가슴팍과 쑨구이룽 배 위로 이글거리며 번졌다. 바람을 타고 불길은 더 거세졌고, 흉포한 불길이 노파의 야윈 옆구리와 시든 가슴, 그리고 악물린 입술과 찡그린 턱을 무자비하게 핥아댔다.

"할머니-!"

쑨구이룽의 처절한 절규가 칼날에 찢기는 밤공기처럼 울려 퍼졌다.

곧이어 그가 다시 기절하자, 사위는 고요해졌고, 지지직 살점 타는 소리와 타는 냄새가 코를 찔렀다. 할머니는 끝내 입을 앙 다문 채, 비명을 지르지 않고 버티다 그렇게 돌아가셨다. 일본군은 날이 밝아올 때쯤에야 떠났다. 이웃들이 달려왔을 때 쑨구이룽은 겨우 목숨만 붙어 있는 상태로 구출되었다. 하지만 그의 배엔 영원히 지워지지 않을 끔찍한 흉터가 남았다.

할머니의 장례를 치른 뒤, 쑨구이룽 부자는 바람이 세게 불거나 비가 억수로 내리는 캄캄한 밤을 틈타, 상자 속 폭탄들을 하나둘씩 꺼내 잘 포장한 다음 멀리 인적 드문 물가로 가져가 깊은 물에 던졌다. 들킬까 무서워서, 한 번에 한두 개씩만 옮기고 나서도 먼 길을 돌아 다시 집에 돌아왔다. 그렇게 한 상자 전부를 다 처리하고 나서야 비로소 마음을 놓을 수 있었다.

하지만 그때 받은 공포와 상처는 결코 가시지 않았다. 지금도 쑨구이룽은 그 일을 입에 올리거나 떠올릴 때마다 눈물이 흘러넘친다. 정말이지 다시는 떠올리고 싶지 않은 끔찍한 기억이었다.

4장

집으로 돌아온 느낌

1

김신 선생은 중국에 올 때마다 이렇게 말하곤 했다.

"중국, 특히 자싱은 외국에 나간다기보다 마치 집에 돌아오는 느낌이다."

실제로 그는 자신이 태어나고 자란 이 땅을 잊을 수 없고, 목숨을 걸고 아버지 세대의 항일 혁명의 약속을 지켜주고 도와준 이 도시와 사람들을 결코 잊을 수 없다며 감사의 마음을 담아 늘 집에 돌아오듯 다니겠다고 말했다.

김신 선생의 세 번째 자싱 방문은 1996년 6월 3일이었다. 이번은 자싱시 정부의 초청을 받은 첫 공식 방문이었다.

며칠 전, 나는 쑨구이룽이 보내온 폭탄과 관련한 역사적 사실을 정리한 글을 준비해 두었고, 적절한 때 선생께 직접 건넬 생각이었다. 시차원에서의 환영 준비도 며칠 전부터 모두 마친 상태였다.

오후 3시 정각, 상하이 훙차오 공항에서 김신 선생을 태운 차가 천천히 자싱호텔에 들어섰다. 시 지도부와 관련 인사들이 이미 로비에서 기다리고 있었고, 나도 접객 담당으로 한쪽에 서 있었다. 오랜 친구들이 꽃다발과 따뜻한 인사, 환한 미소로 맞이하는 그 풍경은 전부 뜨거운 인정이 넘치는 모습이었다.

정중한 환영식 중에, 선생은 자신에게 가장 먼저 인연의 끈을 이어준 나를 소홀히 대할까 염려됐는지, 아니면 자신을 위해 중국 방문의 물꼬를 터준 나에게 특별한 고마움을 표하고 싶었는지, 시 지도자들과 차례로 악수한 뒤 곧장 내게 성큼성큼 다가와 두 팔을 벌려 안아주었다. 그리고는 손바닥으로 내 어깨를 가볍게 두드리며 말했다.

"녠성, 잘 지냈지?"

김신 선생은 정말 정이 많으시다. 강을 건넌 뒤 다리를 헐어 버리는 식의 배은망덕을 가장 싫어한다고 말했다. 나중에 들은 이소심 여사의 말에 따르면, 선생은 상하이 공항에서 내가 마중을 나오지 않아 줄곧 불안해하셨다고 한다. 그래서 로비에서 나를 보자마자 그렇게 기뻐하신 거란다.

김신 선생은 최근 청력이 더욱 약해졌다. 그래서 이소심 여사가 늘 동행하며 살피고 있었다. 이번에도 선생은 캐나다에서 막 돌아온 뒤였고, 원래는 스위스로 휴가를 갈 예정이었다. 그런데 자싱시에서 아버지의 항일투쟁 시절 은신하던 곳을 문물 보호 지역으로 지정했다는 소식을 듣고 너무 감격하여 직접 보고 싶다며 일정을 바꾸었다. 가족들은 건강과 고혈압을 염려해 좀 미뤘다가 가을에 시원해지면 가시자고 말렸지만, 뜻을 꺾을 수 없었다.

해가 질 무렵, 시 당위원회 서기 왕궈펑은 지난번과 같은 장소에서 김신 선생을 다시 반갑게 맞았다. 왕궈펑은 "김신 선생은 자신의 오랜 벗일 뿐 아니라, 김구 선생이 이곳과 맺은 우정은 어려운 항일투쟁 시절에 쌓인 것이니, 보통 인연이 아니라 특별한 운명이 깃들어 있다"라고 말했다. '인연'이란 말이 나오자, 김신 선생 역시 감격한 표정으로 조용히 말을 이었다.

"그 당시 대한민국 임시정부가 상하이에 둥지를 틀었는데, 그곳이 바로 중국 공산당 제1차 대표대회 기념지 근방이었습니다. 이후 중공 대표들이 자싱 난후로 옮겨 배 위에서 회의를 열었듯, 그로부터 14년 뒤 우리 임시정부도 난후의 배 위에서 중대한 전환점이 된 회의를 열었어요. 이런 우연은 결코 우연만이 아닌 '인연'입니다. 그래서 중국, 특히 자싱은 언제 와도 내 집처럼 편합니다. 부디 이런 성대한 의전은 삼가주시고, 날 외국인처럼 대하지 말아주십시오"

저녁식사 자리에서는 상투적인 인사는 없었다. 선생은 매번 아버지의 유언을 받들어 은혜를 갚으러 온 것이라고 말한다. 김구 선생의 아들로서, 또 한 명의 한국인으로서, 64년 전 중국과 한국의 국민이 함께했던 항일투쟁의 역사를 어찌 잊을 수 있겠느냐고 했다.

피처럼 붉은 와인, 금빛으로 반짝이는 음료, 그리고 테이블 가득한 음식들. 김신 선생이 기쁨과 감동을 주체하지 못하고 술잔을 몇 번이나 들이켜서 발갛게 달아오른 얼굴로 즐겁게 이야기를 나누는 모습이 눈에 들어왔다. 왠지 모르게 내 눈에 눈물이 가득 고였다.

나는 카메라를 들어 계속 사진을 찍었다. 사람들은 아마 내가 기자라 그런 줄 알았겠지만, 사실 내 감정을 감추려는 행동이었다. 내 눈앞에 흔들리고 있는 붉은 빛과 황금빛이 쑨구이룽과 할머니의 가슴 위에서 맹렬히 타던 불꽃과 겹쳐 보였음을 아는 이는 없을 것이다.

그 불길은 오래도록 내 마음을 태우고 있었다.

2

 김신 선생은 자싱에 올 때마다 메이완제와 르후이차오는 반드시 들렀다. 선생에게 아버지가 머물렀던 옛집을 찾아가는 것은 단순한 의례가 아니다. 선생은 그곳에서 '역사의 메아리'를 듣고 싶어 한다는 것을 나는 안다. 그곳은 마치 영혼의 골짜기처럼, 가장 장엄하고 진한 울림이 들려오는 장소이다

 다음 날 아침, 김신 선생은 여전히 장군처럼 힘찬 걸음으로 다시 메이완제를 찾았다. 굽이진 골목길을 따라 76번지를 향해 걸을 때마다, 그는 주변 풍경을 세심히 되짚었다.

 과거 아버지가 자주 드나들던 낡은 집들을 찾는 것일까? 아니면 골목길에 새겨진 아버지의 발자취를 찾아 따라가는 것일까? 어쩌면 그 시절 조국 광복의 결의로 가득 찬 아버지의 눈빛을 보고, 민족을 걱정하며 탄식하던 아버지의 깊은 한숨을 듣고 있는지도 모르겠다.

 김신 선생 마음속으로 유일하게 부러워하는 이가 있다. 바로 천퉁성의 장남 천궈천이다. 멀리 난창까지 달려가 이미 백발이 된 소년시절 옛 친구를 만났을 때, 이렇게 말했다.

 "궈천! 네가 아버지와 함께 지낸 시간이 나보다 더 길어! 그 시절은 너무 위험해서 우리 식구는 늘 흩어져 있었거든. 나중에 충칭으로 옮

겨가서도 아버지는 너한테 훨씬 더 잘해주셨어. 방학 때마다 나에게는 단체생활을 해야 한다며 학교에 남으라고 했는데, 너한테는 방학 때마다 편지를 보내 충칭으로 오라고 하셨지. 그때 내 마음을 너는 모를 거야. 정말 네가 부러웠어. 내가 너라면 얼마나 좋을까 생각했었어."

두 백발노인은 손을 맞잡고, 옛 추억을 나누며, 여러 차례 눈물을 흘렸다.

그리고 지금, 아버지가 어린 귀천의 손을 잡고 수없이 걷던 길을 똑같이 밟으며, 선생은 혹시 자신이 그때의 어린 귀천이 되어 아버지 손을 잡고 걸으며 흥겨워하던 기분을 떠올리고 있을까?

"그거 알아? 네 아버지가 날 업어주신 적도 있어!"

김신 선생은 분명히 귀천의 목소리로 이 말을 들었다. 하지만 그는 지금, 두꺼운 먼지에 덮인 역사를 열고 그날 밤의 장면을 눈앞에 떠올리고 있는 것은 아닐까?

그날은 김구가 천퉁성 집에 머문 지 얼마 되지 않았던 저녁 무렵이었다. 저녁식사를 마친 뒤, 추푸청이 김구에게 르후이차오 강난제(港南街)에 새로 이주해 온 임시정부 요인들을 보러 가자고 했다. 그곳은 벽이 높고 대문도 견고해 안전했고, 골목 안쪽에 깊숙이 자리해 눈에 쉽게 띄지 않았다. 추푸청은 상하이에서 일하는 집주인 추싱셴(褚杏仙)과 의논해 스쿠먼 대원(大院) 전체를 임시정부 요인과 가족들에게 빌려주었다.

르후이차오에 간다는 말을 듣자마자, 아홉 살 귀천은 밥그릇을 내려놓고 주방에서 뛰쳐나왔다.

"나도 따라갈래요!"

천퉁성이 말리려 했으나, 추푸청이 말했다.

"좋지. 돌아올 때 궈천이 장보보 길 안내를 하면 되겠구나."

길 안내라는 이 신성한 임무는 궈천의 어깨를 으쓱하게 했다. 한 손으론 추푸청의 옷자락을 잡고, 다른 한 손으론 김구의 손을 꼭 잡은 채 폴짝폴짝 뛰며 나갔다. 길은 그리 멀지 않아 대문을 나서 말발굽 모양의 골목을 돌면 금방 도착이었다.

어스름한 가로등 불빛 아래, 까맣게 칠해진 대문이 굳게 잠겨 있었다. 궈천은 재빠르게 문에 달린 놋 문고리를 잡고 마구 두드렸지만, 안에서 아무도 응답이 없었다.

"내가 하마!"

추푸청이 문고리를 세 번 '툭툭툭' 치고 잠시 멈췄다가 다시 세 번 '툭툭툭' 치자, 곧 발소리가 안에서 들렸다. 궈천은 고개를 갸웃했다. 전에는 안 그랬는데, 문고리가 사람을 알아보는 건가? 하지만 김구는 바로 눈치챘다. 그것은 암호였다.

안쪽에서 빗장 푸는 소리가 나고 문이 열렸다. 추푸청은 김구에게 문 열어 준 이는 집주인의 시골 친척으로, 몇십 년간 살며 이 집을 지키는 아주머니라고 소개했다. 아주머니는 궈천에게 어르신을 잘 부축하라 이르며, 자신은 문을 잠그러 갔다. 궈천은 의아했다. 아주머니는 전에는 문을 잠그지 않았다. 평소 낮에는 대문을 활짝 열어 두고, 밤에도 잠그지 않고 살짝 닫는 정도가 전부였다. 가만히 생각해 보니 자기 집도 마찬가지였다. 장보보가 온 뒤로 대문을 자물쇠로 채우고, 잡다한 사람들의 출입을 막았다.

장궈천은 '장보보가 정말 귀한 손님이구나. 그런 귀한 분을 안내하니까 나도 대단한 사람이야!' 라고 생각했다. 그러나 그 귀한 손님이 2층으로 올라갈 때, 지금까지 당당하게 따라왔던 궈천은 추푸청에 의해 제지당했다.

"궈천, 너는 아래층에서 아주머니랑 있어라. 갈 때 부르마."

추푸청 어르신의 말은 곧 법이었다. 어디서든 무조건 따라야 한다. 궈천은 내키지 않았지만 순순히 아주머니 방으로 들어갔다.

그런데 추푸청은 금방 내려오더니 궈천에게 신신당부했다.

"이따가 장보보 모시고 돌아올 때 밤길 어두우니 천천히 부축하고, 가급적 밝은 길로 돌아가거라."

추푸청의 말에 장궈천은 닭이 모이를 쪼듯 연신 고개를 끄덕였다. 이제 길 안내 임무가 오롯이 자신에게 주어져서 다시 마음이 우쭐했다.

그날 밤, 2층의 불이 한참 동안 꺼지지 않았다. 마침내 김구가 내려왔을 때, 궈천은 아주머니 무릎을 베고 자고 있었다. 물론 잠들기 전에 이따가 반드시 깨워달라고 부탁했지만, 아무리 깨워도 일어나지 못했다. 그러자 김구가 말했다.

"깨우지 마세요. 곤히 자는데. 나도 길을 아니 괜찮습니다."

그리곤 궈천을 등에 업은 채 조용히 대문을 나섰다.

이미 밤은 깊어, 길에는 아무도 없었다. 가물거리는 가로등 아래로 노인과 아이의 그림자가 길게 드리워졌다. 집에 거의 다다랐을 때, 갑자기 고양이 한 마리가 뛰어나와 김구가 놀라 비틀거렸지만 이내 자세를 잡았다. 집 창문 앞에서 계속 기다리고 있던 천퉁성이 급히 뛰어나와 아이를 받아들고, 철이 없는 놈이라고 잔소리를 했다.

"그래도 언제나 철없던 건 아니었어!"

몇십 년 뒤, 두 백발노인이 난창에서 만나 손을 맞잡고 이야기를 나눌 때, 천궈천은 아이 같은 표정으로 말했다. 모골이 송연하고 식은땀을 흘리게 했던 그날의 황혼을 떠올린 것일까?

어머니는 식탁 위에 그릇을 차려 놓고 장 선생이 들어오면 바로 같이 먹자며 저녁을 준비 중이었다. 그런데 그때 앞마당 쪽에서 갑자기 왁자한 발소리와 거친 목소리가 들렸다. 이어서 천퉁성의 외침이 들렸다.

"당신들은 뭐요? 할 말이 있으면 여기서 하시오! 안으로 함부로 들어오면 안 돼요!"

이어서 거친 목소리가 들렸다.

"호구조사 나왔다! 아무도 못 나가!"

어머니는 놀라 식탁 앞에서 침을 흘리고 있던 궈천에게 재빨리 눈짓으로 지시했다. 궈천은 영리하게 바로 집 뒤쪽으로 달려나갔고, 어머니도 뒤채로 향했다.

아직 나루터에 도착하기도 전에 궈천은 다급하게 소리쳤다.

"아이바오 누나! 아이바오 누나!"

아이바오, 주아이바오는 뱃사공이다. 일제가 김구에게 60만 대양의 현상금을 내건 이후로 정세가 더욱 위급해지자, 추푸청은 천퉁성 집 뒤쪽 나루에 늘 배 한 척을 대기시켜 두었다. 만일 김구가 잡힐 위기에 처하면, 곧바로 대피시키기 위함이었다. 그런데 그날 김구는 아침 일찍 르후이차오로 나갔다. 거리가 가까워 늘 걸어 다니던 길이었고, 돌아와서 저녁을 먹겠다고 말했기에 배를 타지 않았다.

문제는 지금 앞문이 봉쇄되어 아무도 나갈 수가 없다는 것이었다. 김구가 아무것도 모른 채 귀가하면 곧장 붙잡히고 말 터였다. 따라서 당장 바깥과 연락해 그를 막는 일이 시급했다. 이것이 어머니가 궈천에게 맡긴 임무였다.

궈천은 벌겋게 달아오른 얼굴로, 나루터로 달려가 배에 올라타며 외쳤다.

"빨리, 서쪽으로 가! 난 우롱차오(五龙桥) 나루에서 내릴게, 누나는 강난제 쪽으로 가서 아주머니를 찾아 장보보에게 절대 집에 오지 말라고 전해!"

주아이바오는 밑도 끝도 없는 말에 어리둥절한 표정으로 거친 숨을 내쉬는 궈천을 쳐다보았다. 궈천은 숨을 몰아쉬며 재촉했다.

"얼른 가자고, 엄마가 시킨 일이야!"

그제야 주아이바오는 서둘러 노를 저었다. 창문을 올려다보니 빨랫대에 이미 검은 옷 한 벌이 펄럭이고 있었다. 주아이바오는 이게 장 선생이 들어오면 안 된다는 신호이고, 이것과 지금 일본이 찾고 있는 홍커우 공원에서 일본군을 폭사시킨 영웅과 관련 있다는 것도 알았다. 그리고 천가에 머물고 있는 광둥 손님은 추푸청 어르신의 친구이므로 천가의 귀한 손님이었다. 그분은 이 지역 말을 못하기에 호구조사를 하다 공연히 곤란한 일이 생길까 봐, 추푸청 어르신이 그녀에게 부두에 배를 대놓고 만일을 대비하는 것이다. 천가에서 살펴보다가 호구조사나 일이 생기면 주아이바오에게 손님을 태우고 나가도록 했다. 그물처럼 복잡하고 촘촘한 물길을 따라 어디든지 떠다녔다. 돌아올 때 창밖에 암호를 보고, 검은 옷이 없을 때만 배를 댔다. 지금 궈천의 말에 주아이바오는 바로 알아차렸다. 앞 대문은 이미 막혀 나올 수 없으니 천 부인이 아들을 시켜 일을 맡긴 것이다. 궈천은 우롱차오에서 내려 길을 막고, 주아이바오는 르후이차오로 가서 바로 장 선생을 태우라는 것이다.

주아이바오는 있는 힘껏 노를 저었다. 배가 순식간에 우롱차오 나루터에 닿았다. 배가 멈추기도 전에 궈천은 훌쩍 뛰어내려 미친 듯이 달려갔고, 주아이바오도 노를 재게 놀려 북에서 동으로 흐르는 물길을 따라 르후이차오로 향했다. 조각루 건물 아래 나루터에 배가 들어가자, 주아이바오는 재빨리 배에서 내려 뒤채를 살폈는데 인기척이 없었다. 초조한 마음으로 앞으로 나가보니, 아주머니가 대문을 잠그고 있었다. 주아이바오는 황급히 달려가 귀에 대고 속삭였다.

"장 선생은 어디로 가셨어요?"

"금방 나가셨어."

아주머니의 태연한 대답에 주아이바오가 다급하게 물었다.

"어디로요?"

아주머니는 문을 잠그고 안으로 들어가며 대답했다.

"글쎄 모르겠어. 내게 말해 주지도 않고, 나도 물어보지 않았으니. 나는 그저 이 문만 잘 지키라고 했으니까."

"메이완제에 가신 건 아닐까요?"

주아이바오가 발을 동동 구르자, 아주머니가 퉁명스럽게 말했다.

"몰라. 그분은 메이완제 이야기를 한 적은 없어. 자, 가서 배나 저어. 뭘 그런 것까지 신경 써?"

주아이바오가 추푸청 어르신께서 직접 시키신 일이라고 설명했다. 천궈천이 자기 어머니를 입에 올린 것처럼, 주아이바오가 추푸청을 입에 올리자 아주머니의 눈이 휘둥그레졌다,

"어르신이? 그렇다면 어서 쫓아가 봐. 멀리 못 가셨을 거야!"

그 말이 끝나기도 전에, 대문이 또 울렸다. 아주머니가 주아이바오에게 조용하라며 손짓하고, 소리를 들었다. 세 번 두드리고, 쉬었다가 다시 세 번. 약속된 암호였다.

"얼른 열어!"

낮은 목소리로 말하며, 서둘러 잠금쇠를 빼 보니, 문 앞에 장 선생과 궈천이 서 있었다. 궈천이 재빨리 장 선생 옷자락을 끌며 안으로 들어오자, 주아이바오는 가슴을 쓸어내렸다.

궈천은 숨을 헐떡이며 말했다.

"어느 길로 가셨을지 몰라서 큰길 쪽 삼거리에서 기다렸는데, 정말 그쪽으로 오셨어요!"

장 선생은 뭔가 심상치 않음을 느끼고, 소리를 낮춰 무슨 일이냐고 물었다. 주아이바오는 고개를 저었고, 궈천은 그들을 뒤뜰로 데려가며 작게 말했다.

"나쁜 사람들이 또 집집마다 뒤지고 있어요. 아버지가 앞에서 막고 있고, 어머니가 날 보냈어요. 장보보가 여기 말을 못 하시니 큰일 날까 봐, 집에 오지 말라 하셨어요. 아이바오 누나 배를 타고 일단 나가세요!"

그날 천씨 집 강가 쪽 작은 건물 창가 대나무 장대에 걸린 검은 옷이 밤새 하염없이 바람에 흔들렸다.

4장 집으로 돌아온 느낌

3

김신 선생이 이전 두 차례 이곳을 찾았을 때, 강 쪽 방에는 늘 누군가 살고 있었다. 그러나 이번에는 달랐다. 자싱시 정부가 거주민을 이주시킨 뒤, 집을 비워 문화재 보호 단위로 지정하고 보수작업 중이라고 했다. 이 상황을 들은 김신 선생은 또 어떤 마음이었을까?

76번지 집을 찾아, 서쪽 곁문의 좁은 길로 들어갔을 때, 그의 발걸음엔 조급함과 절박함이 배어 있었다. 자싱 부시장이 손전등을 들고 어둑한 좁은 복도를 지나가자, 탁 트인 안마당에 이르렀다. 그곳에서 김신 선생 눈에 들어온 건 오래된 집 벽에 걸린 작은 안내판이었다.

'자싱시 문물 보호 지점—대한민국 김구 선생 항일 시기 은신처'

이번에는 세입자에게 폐를 끼치지 않고 건물을 찬찬히 둘러볼 수 있었다. 겉으로 보기엔 평범한 단층집 같았다. 안마당은 작았지만 초록빛 생기가 감돌았고, 담장 쪽으로 바짝 붙어서도 집의 낮은 처마 외에는 아무것도 보이지 않았다. 그러나 김신 선생은 이미 예전 방문에서 벽장 같은 문을 통해 두 차례 2층으로 올라간 적이 있기에, 이 처마 위에 숨겨진 아버지의 은신처를 잘 알고 있었다.

작은 집은 그대로였다. 자세히 살펴보면 구조가 상당히 독특한 건축물이다. 단층처럼 보이지만 교묘히 감춰진 계단과 서쪽 방 바깥은 강가로 바로 이어지는 좁은 복도가 있고, 2층에 올라가 보면 다른 집과는 확연히 다른 점들이 몇 군데 눈에 띈다. 집이 빈 덕분에 이번엔 자세히 살펴볼 수 있었다. 강 쪽에 있는 남쪽 창문을 제외한 세 면에는 창문 대신 책 크기만한 통풍구가 몇 개 있는데, 모두 안쪽에 여닫을 수 있는 나무판자로 막혀 있었다. 특히 북쪽에 난 두 개는 그 덮개를 열면 앞마당, 심지어 거리 쪽에 있는 대문까지 보였다.

이게 김구 선생이 '망을 보던 구멍'이었는지 단정할 수는 없지만, 누구든 당시 한밤중에 문을 두드리며 호구조사를 하는 위험한 상황에 대비하기 위한 추푸청 선생의 세심한 준비였음을 어렵지 않게 상상할 수 있었다. 집안에 1930년대풍의 오래된 장롱과 마호가니 탁자, 파란 꽃무늬 장막이 드리워진 침대 등이 놓여있어, 김신 선생은 아버지와 더 가까워지는 느낌을 받은 듯했다. 선생이 오랫동안 눈길을 주며 바라보는 표정을 봐도, 마치 그 속에서 아버지의 맥박, 숨결과 사색에 잠겨 마룻바닥을 걸을 때 삐걱거리는 발소리를 느껴보려는 듯했다.

2층 서북쪽 구석에 놓인 침대 앞에 이르자, 부시장이 침대 시트를 들춰내고 허리를 굽혀 바닥 한쪽을 가리켰다. 최근 건물 보수 중에 발견된 바닥 문이었다. 그 문에 사다리를 내리면 곧장 서쪽 방 바깥, 강가로 이어지는 좁은 복도로 내려갈 수 있다. 즉, 위층에 있는 사람이 아래층 작은 방 사람들도 모르게 안전하게 나루터 쪽으로 도망칠 수 있다는 뜻이다.

바닥 문에 달린 놋쇠 손잡이는 원래 그대로인 듯 낡고 빛이 바래 있었다. 우리가 침대를 밀고 탁자 반만한 크기의 문을 열자, 정말 아래층 복도와 강가 쪽 통로가 한눈에 들어왔다. 이 비밀의 출입문을 보니, 자연스레 비밀통로가 연상되었다.

밑에서 불어오는 바람엔 아주 오래된 세월이 스민 메마른 풀 냄새가 배어 있는 것 같았다. 물론 이건 나의 느낌일 뿐이다. 그 느낌은 내가 취재 중에 알게 된, 아무도 모르는 비밀스러운 이야기에서 비롯되었다. 바로 이 집의 건축 배경이다.

모르는 사람에게 이 집은 오로지 김구를 은닉하기 위해 치밀하고 세심하게 지어진 건물처럼 보인다. 2층인데 단층처럼 보이는 집과 회랑의 은폐성, 통풍 구멍의 통창과 조망 기능, 그리고 빠르게 강 쪽으로 이동할 수 있는 이 비밀통로까지 전부 당시 김구가 직면했던 위험에 짜맞춘 것처럼 들어맞는다. 하지만 이 건물은 김구가 자싱에 도착하기 몇 년 전에 새로 지은 건물이다. 천통성은 원래 이 건물을 난방용으로 쓸 짚이나 땔감을 보관하는 창고 겸 작은 휴게실로 쓰려고 지었다. 1층 남향 큰방에는 의자와 탁자를 놓고 간혹 차를 마시며 풍경을 즐기는 조각루로 삼았고, 서쪽 작은 방은 허드레 짐을 쌓아 두는 장소였다. 2층은 아래층 방 두 개와 같은 면적의 트인 공간으로, 주로 땔감용 볏짚을 쌓아 두었다. 볏짚을 나루터에서 들어올려 뒤편 복도로 옮긴 다음, 바닥 문을 통해 바로 2층으로 올릴 수 있었기에, 아래층을 지저분하게 만들 염려가 없었다. 이런 모든 설계는 사용자의 동선을 고려한 주인의 세심함과 창의력의 결과였다. 그런데 얼마 후 뜻밖에도 이곳은 훗날 항일투쟁의 불씨를 붙이고, 큰불을 일으킬 건초를 정말로 숨겨두게 된 것이다.

김신 선생은 굳이 그 비밀통로를 직접 걸어보겠다고 했다. 모두가 말렸으나 소용없었다. 흔들리는 대나무 사다리를 조심스레 내려가 아래층 복도를 지나 강가로 나온 그는 한참 동안 아무 말이 없었다.

이 길은 아버지가 걸었던 길이다. 다만 그 시절 아버지는 이렇게 한

가롭게 드나들 수는 없었을 것이다. 강나루는 여전한데, 50년 세월 동안 쌓인 진흙으로 예전처럼 물결이 바로 발밑까지 출렁이진 않았다. 그때 이 나룻가에 있었던 작은 배도 이제는 볼 수 없다.

그 배를 몰던 주아이바오는 지금 살아 있을까? 선생의 마음에 물결이 일었다. 그 물결은 햇빛을 받아 찬란하게 빛났다.

역사의 메아리는 가슴으로 들어야 한다.

강나루에 서 있던 김신 선생은, 그날 겨울 얼음을 깨는 소리와 한밤에 들려오던 시린 채찍 소리를 들었을까? 그 일은 김구가 하이옌에서 돌아온 지 얼마 지나지 않아 벌어진 일이었다.

눈이 내려 유난히 추운 날이었다. 강물이 얼어붙어 주아이바오의 배가 꼼짝도 못하고 있었다. 배 주변 얼음은 두껍고도 단단했고, 각기 다른 결의 얼음층이 하얗게 빛나고 있었다.

쾅! 쾅! 쾅!

아래에서 얼음을 깨부수는 소리가 울렸다. 안 봐도 주아이바오가 분명했다. 그녀의 이마에는 콩알만 한 땀방울이 송골송골 맺혀있었고, 검게 땋은 머리는 자꾸만 어깨로 흘러내렸다, 파란 꽃무늬 솜저고리도 어느새 땀으로 축축해졌다.

"그만 해요, 이렇게 추운데 굳이 배를 띄우지 않아도 괜찮소."

김구가 창문을 열고 몸을 내밀어, 묵묵히 일하고 있는 뱃사공이 안쓰러운 듯 만류했다. 딸아이가 살아 있었다면 이 아가씨보다 나이가 많을 것이다. 자신 때문에 고생하는 것을 보니 마음이 아팠다. 그러나 주아이바오는 이마의 땀을 훔치며 진지하게 대답했다.

"아닙니다. 어르신이 말씀하셨어요. 언제든지 장 선생이 배를 사용할 수 있게 해두라고요."

하얀 김이 올라오는 얼굴엔 불만도 귀찮은 기색도 없이 미소가 그려졌다. 이어지는 얼음 깨는 소리가 김구의 가슴에 무겁게 울렸다.

얼음을 다 깨기도 전에 천퉁성이 뒤채로 들어왔다. 그는 이미 일본 수색대와 밀정들이 자싱에 도착했고, 곧 대규모 수사에 돌입할 거라는, 경찰서 내부에서 얻은 정보를 전했다. 최근 집 앞에 낯선 얼굴들도 서성였다고 전하며, 안전을 위해서 며칠 동안은 배에서 지내시라 권했다. 김구도 오늘 하루 짐 정리를 하고 내일 배로 옮기겠다고 말했다.

얼음을 다 깬 주아이바오는 오늘 밤 얕은 물가가 또 얼 것을 우려해서 배를 물이 깊은 우롱차오 밑으로 옮겼다. 돌로 쌓은 단단한 다리가 밤의 추위와 눈보라로부터 배를 지켜주는 견고한 품이 되어줄 것이다. 그 배에서 장 선생이 며칠 묵게 된다는 걸 듣고, 그녀는 배 안을 구석구석 닦고 파란 잔꽃 무늬 천으로 문발을 달았다. 이곳의 바람은 천가 쪽 강둑보다 훨씬 더 강했고, 멀리 간다면 훨씬 더 추울 것이다. 그래서 새로 단 문발 안쪽에 두툼한 솜을 덧대어 바람을 막았다.

날이 어두워지자, 싸라기눈이 배 지붕 위로 우수수 떨어졌다. 주아이바오는 문발을 들추고, 저 멀리 천가 뒤채 창문에 켜진 등을 바라보았다. 왠지 모를 불안감이 엄습했다. 배를 이곳에 대고 문발을 달아 둔 뒤로 알 수 없이 불안했다. 혹시나 두꺼운 문발 때문에 장 선생이 부르는 소리를 못 듣거나, 무슨 일이 생겼는데 자신이 못 본다면?

결국 그녀는 문발을 반쯤 열었다. 바람이 얼굴을 세차게 때렸다. 몸은 추웠지만, 강둑과 집이 한눈에 들어오니 마음은 훨씬 놓였다.

그 시각, 김구는 위층 방에서 짐을 정리하고 있었다. 중요한 서류와 자료를 천퉁성이 준 작은 등나무 상자에 담았다. 그가 옮기려 하는 것은 한 나라 정부(政府)의 무게이고, 이제 그 정부는 또다시 유랑을 시작하려 한다. 그때 갑자기 쿵쿵 발소리가 울렸다. 무겁고 빠른 걸음이었다. 주아이바오가 깜짝 놀라 얼른 밖을 내다보았다. 사람 그림자 하나가 강둑을 타고 살금살금 물속에 들어가, 숨어서 물을 헤치며 천가 뒤뜰로 다가가고 있었다. 그 움직임은 분명 남의 눈에 띄지 않으려는 듯 조심스러웠다.

'저 사람은 대체 뭘 하려는 거지?'

주아이바오는 온몸에 소름이 돋아, 노를 움켜쥔 채 상황을 주시했다.

그림자는 강둑으로 올라가 칠흑같이 어두운 복도로 발을 내디뎠고, 거의 동시에 앞마당에서 쿵쿵쿵! 거세게 문을 두드리는 소리가 들렸다. 앞채에서 놀란 듯 불이 켜지고, 천퉁성 부부의 외침은 문 두드리는 소리에 묻혀버렸다. 거친 발자국 소리가 들렸다.

"누구요? 무슨 일이요? 왔다! 왔어!"

뒤이어 천 부인의 날카로운 외침이 뒤채를 향해 울려 퍼지더니, 강가에 위치한 작은 방의 불이 꺼졌다.

'큰일 났다!'

주아이바오는 교각 위 단단한 돌담을 밀치듯 힘껏 밀고, 재빨리 노를 저어 배를 천가 쪽으로 몰았다. 배가 강둑에 도착함과 거의 동시에 김구가 등나무 가방을 들고 배로 뛰어들었다. 배에 오르자마자, 그가 발로 땅을 힘껏 차서 뱃머리를 돌리자 주아이바오도 노를 저으며 거침없이 나아갔다. 곧 난후와 대운하로 이어지는 넓은 물길 속으로 배가 미끄러져 들어갔다.

갈대숲 사이로 숨어들 즈음, 뒤쪽 다락방에 불이 켜지고, 강둑에는 손전등 불빛이 이리저리 흔들리며 번쩍였다. 그 불빛에 보이는 사람은 열 명은 족히 되어 보였다. 이어서 손전등 불빛이 강물 위로 뻗쳤지만, 이미 배는 물론, 노를 저어 생긴 물의 파문도 사라졌다. 잠시 후 손전등이 심하게 흔들리더니 불빛 사이로 누군가 얻어맞는 모습이 보였다.

"안 되겠소. 식구들이 다치거나 피해볼지 모르니 얼른 돌아갑시다."

김구는 빨리 돌아가야 한다고 독촉했다. 주아이바오는 잠시 멍한 표정을 지었지만 이내 아무 말 없이 조심히 노를 저어 한층 깊고 어두운 갈대숲 안으로 배를 몰았다. 눈발이 거세졌고 사방이 고요했다. 뱃머리에 사각사각 눈 내리는 소리가 들리고, 차가운 눈이 살갗을 파고드는 기분이었다.

"방금 무슨 일이 일어난 건가요?"

배를 정박시키고, 주아이바오가 배 안으로 들어오며 두꺼운 문발을 내렸다. 등불은 켜지 않았다.

"글쎄 누군가 앞마당 대문을 세차게 두드리며 곧장 안쪽으로 치고 들어왔소."

김구가 당시의 상황을 설명했다.

"다행히 난 아직 잠이 들지 않아 소릴 듣고 얼른 불을 껐소. 천통성 부부가 아래로 내려가기도 전에 이미 들이닥친 것 같소. 나도 내려가려 했지만, 아래층 방문을 '쾅쾅' 두들기는 소리를 듣고 창문으로 뛰어내리려는데, 갑자기 침대 밑에서 찬바람이 들이치고 문 하나가 열렸소. 바닥 문에 사다리가 걸리자, 누군가 나를 구하러 왔다는 것을 알고 미끄러져 내려와 바로 강둑으로 온 것이오. 워낙 정신이 없어서 사다리를 잡고 도운 사람 얼굴도 못 봤소. 그저 사다리 치우고 바닥 문을 닫는 소리만 들었소."

"남자였죠?"

주아이바오가 물었다.

"음, 남자였던 것 같소."

대답을 하고 잠시 뜸을 들이던 김구가 소리를 높였다.

"잠깐, 그걸 어떻게 알았소?"

어두워서 표정을 읽을 수 없었지만, 그의 높아진 음성에서 놀람이 느껴졌다. 낮에만 해도 집 밖 강둑에 주아이바오 배는 없었던 걸 분명히 기억했다. 주아이바오는 대답하지 않았다. 어둠이 가려줘서 가까운 거리에서 상대방을 바라보는 눈빛을 둘 다 볼 수 없었다.

"날 도와준 남자가 맞고 있는 것 같소."

김구가 다시 아까 상황을 떠올렸다. 대체 그는 어디서 왔을까? 앞쪽 대문은 절대 불가능했다. 강둑으로 바로 통하는 복도도 이미 며칠 전에 나무판자로 꽉 막았다. 그 막힌 복도를 뚫고 사람들이 들어오려는 바람에, 그가 탈출할 시간을 번 셈이었다. 그렇다면 그 남자는 아마도 남문 강나루 쪽에서 들어왔을 것이다. 지금 떠올려보니 내려올 때 사다리가 축축하게 젖어있어 하마터면 미끄러질 뻔했다. 그 남자는 아무 소리 없이 그를 부축했는데, 온몸이 젖어있었다.

"대체 누굴까?"

김구가 생각해내려는 듯 중얼거렸다.

"분명 '벙어리'예요."

주아이바오의 목소리가 마치 어둠 속에서 잠깐 불이 켜졌다 이내 스러진 성냥불처럼 짧지만 강하게 들렸다. 주아이바오는 그 사람만 이곳에 광둥 손님이 머무는 걸 알고 있다고 했다. 그는 추씨 집안의 물지게꾼이고, 주아이바오의 이웃이다. 그는 아주 좋은 사람이고 어렸을 때 자신이 물에 빠졌을 때 구해준 적도 있다고 덧붙였다.

4

르후이차오 17번지를 찾는 일 역시 김신 선생이 자싱에 올 때마다 빠뜨리지 않는 일정이다. 그곳에는 대한민국 임시정부의 많은 요원들이 머물렀던 흔적뿐 아니라, 그의 어린 시절 속 가장 잊기 어려운 기억과 추억들이 서려 있다. 항일투쟁 시절의 기억, 자싱에 대한 기억, 아버지에 대한 기억, 또 할머니에 대한 기억 그리고 아무 말도 없지만 깊은 정을 담고 있는 이 낡은 집까지…….

이번 방문에서 보니 이곳도 김신 선생이 지난번에 찾아왔던 때와는 크게 달라져 있었다. 그때는 거주민에게 폐를 끼치지 않으려고 대문 밖에서 둘러보기만 했지만, 지금은 세 채로 나뉜 대원 중 하나를 비워 문물 보호 지점으로 지정했다.

큰 마당과 전청을 가로질러 뒤편 조각루 창가에 이르자, 김신 선생은 예전 그 작은 강을 내려다보았다. 또 그 당시 창가에 엎드려 바라보던 배와 건너편에 켜졌던 등불의 풍경도 기억 속에서 떠올렸다. 그 시절 어린 마음에 물가에 있던 작은 집이 무척이나 따뜻하고 안전한 기억으로 남아 있다. 그곳에 할머니가 곁에 계셨고, 아버지와 같은 고향 말을 쓰는 사람들도 쉽게 볼 수 있었고, 무엇보다 골목 깊숙이 자리한 고아원에서 멀리 떨어진 곳이었기 때문이다. 그래서 강에 띄운 작은 배가 더욱 사랑스러워 보였고, 강 건너 등불도 더욱 환하게 느껴졌을 것이다.

그 무렵 그는 언젠가 저 흔들리며 움직이는 작은 배에 올라 난후라는 곳을 가보고 싶었다. 귀천이 어느 날 그에게 이렇게 말했기 때문이다.

"난후는 아주 넓고, 마름(호수에 자라는 한해살이 풀)이 무성하게 자라. 호수 가운데 있는 작은 섬에는 전설이 넘치는 옌위러우가 있어. 그리고…… 그리고…… 네가 직접 가서 보면 알 거야!"

그 '그리고'라는 말이 어린 김신의 마음을 더욱 애타게 했다. 그러던 어느 날, 귀천이 신이 난 얼굴로 달려와 말했다.

"이번에 우리 집에서 배를 빌려 할머니와 너랑 같이 난후에 나들이 가기로 했어. 그것도 흔들리는 작은 배가 아니라, 훨씬 크고 안전하고 예쁜 유람선이야! 그래서 오늘 일부러 할머니 모시러 온 거야!"

"정말?"

김신은 기쁨에 겨워 곧 방으로 달려갔다. 아까 귀천의 부모님이 오자마자 2층으로 올라가는 걸 봤으니, 할머니께 이 이야기를 전하러 간 것이라 생각했다. 방에 들어가니 역시 귀천의 부모님이 할머니께 난후 구경을 가자고 정중하게 청하는 중이었다. 그런데 어쩐지 할머니의 표정은 밝지 않았다.

김신은 할머니의 얼굴을 너무나 잘 안다. 희로애락이 숨김없이 드러내는 분이기에, 방금까지 머금고 있던 미소가 사라지고 할머니 얼굴이 점점 엄숙해지고 있음을 금세 느꼈다. 잠시 침묵하던 할머니는 말했다.

"천 선생, 부인, 두 분의 마음은 정말 고맙습니다. 하지만 지금 우리나라가 망해서 우리는 여기저기 떠돌고, 동포들은 고통 속에 살고 있어요. 그런데 내가 어찌 마음 편히 놀러 나가겠습니까. 그 마음만으로도 감사합니다……."

김신은 조심스레 다가가 작은 목소리로 말했다.

"할머니, 같이 가요. 궤천 말로는 정말 재미있대요."

할머니는 아기 때부터 자신과 함께 온갖 고생을 한 사랑스러운 손자의 머리를 쓰다듬으며 말했다.

"아가야. 할머니가 다음에 기회가 생기면 그때 꼭 데려갈게."

김신은 할머니의 말을 한 번도 의심해 본 적이 없다. 특히 할머니는 약속을 반드시 지키는 분이었기에 틀림없이 나중에 할머니와 큰 배를 타고 함께 난후에 갈 것이라 믿었다.

60여 년이 흐른 지금, 그는 좋은 마음으로 이 옛집을 찾았고, 또 아주 좋은 배를 타고 난후 구경도 했다. 하지만 할머니는 이미 세상에 계시지 않는다. 할머니는 자싱에 잠시 머물다 곧 아버지를 따라 난징으로 옮겼다. 난징에서 다시 창사로, 다시 광저우를 거쳐 구이양(贵阳), 충칭까지……. 쉴 새 없이 떠돌아다닌 세월 속에서 자싱이나 난후를 다시 찾을 기회는 없었다. 그리고 자싱을 떠난 지 5년 뒤, 할머니는 충칭에서 세상을 등지고 말았다.

할머니의 죽음은 김신에게 깊은 슬픔과 상실감을 남겼다. 어머니가 세상을 떠난 뒤, 어린 두 형제를 데리고 할머니가 얼마나 고생했는지 누구보다 잘 알았다. 또 마지막으로 중국에 다시 왔을 때도 얼마나 위험했고 힘들었는지 잘 알고 있었다.

어머니가 세상을 떠난 다음 해, 할머니는 김신을 데리고 상하이를 떠나 고향 안악으로 돌아갔다. 그리고 아버지 곁에서 고생하는 큰손자 김인도 걱정되어 1년 뒤에 그도 한국으로 불러들였다. 고향에서 생활이 비록 힘은 들었지만 그럭저럭 견딜 만했다. 그러나 '도쿄 폭탄 의거'와 '상하이 훙커우 공원 의거'가 일어나고, 김구가 신문에 사건의 진상을 공개적으로 발표하자, 일본 경찰이 수시로 찾아와 괴롭혔다.

그나마 다행인 것은 그즈음 김구는 이미 자싱으로 무사히 이동했고, 임시정부도 중국 난징 정부의 비밀 지원을 받고 있었다. 김구는 사람을 통해 편지를 보내, 이젠 어머니와 아이들을 돌볼 형편이 되었다며 다시 중국에 오기를 청했다.

고난은 정말 특별한 배움을 주는 교육장이다. 고난은 글 한 자도 모르던 이 여성을 비범한 여성으로 만들었다. 그녀는 무모할 만큼 대담하게 안악경찰서에 가서 출국 허가를 신청했다. 죽기 전에 애들을 아비에게 보내야 한다는 이유에 뜻밖에도 허가가 떨어져, 경찰서에서 일주일 후에 출국 허가서를 받으러 오라고 했다. 그런데 그녀의 바람대로 일이 순조롭게 흘러가지 않았다. 그녀가 안악경찰서에서 출국 허가를 받은 그날, 경성 경무국에서 그 사실을 통보받고 안악으로 특사를 보냈다. 일주일 후 그녀가 안악경찰서에 출국 허가서를 받으러 갔지만 돌아온 것은 경고성 위협이었다.

"일본군이 당신 아들을 체포하려는데 우리도 아직 어디 있는지도 모른다. 그런데 당신 같은 노인이 애들을 데리고 그를 어떻게 찾을 건데?"

김구 어머니는 싸늘히 웃었다.

"내 아들을 찾는 건 너희들이 걱정할 일이 아니고, 어서 증명서나 내놓아라!"

은밀한 생각을 간파당한 게 화가 났는지, 경찰이 바로 본색을 드러냈다.

"안 돼! 위에서 명령이 내려왔다. 당신의 출국을 불허하니 집에 돌아가 편히 죽 살아!"

그 말에 김구 어머니가 격노했다.

"내 아들은 내가 찾아. 너희가 걱정할 일이 아니라고! 저번에 된다고 해서 벌써 가산을 다 팔았는데, 이제 와 안 된다니! 이게 대체 무슨 경우냐? 네 놈들은 가족도 없나? 설마 네 놈들은 일본 놈의 개가 되고 싶나!"

그녀는 이렇게 소리치다 그 자리에서 기절했다. 경찰은 그녀를 이웃 김홍량의 집으로 데려다 놓고, 며칠 동안 감시하며 온갖 강온책을 썼다. 김홍량은 워낙 소심해서 경찰 요구에 끌려다녔지만, 김구 어머니는 그를 탓하진 않았다. 하지만 경찰이 하루종일 귀찮게 하고 감시를 하는 바람에 정말 견디기 힘들었다. 어느 날, 경찰이 또 와서 추궁을 하자, 그녀는 탁자를 내리치며 버럭 화를 냈다.

"출국이 이렇게 귀찮은 일이라면 나는 안 간다! 안 가!"

그러고는 목수를 불러 집을 손질하고 가구를 새로 들이면서 오래 살 것 같은 모습을 보여주었다. 그러자 점차 의심의 눈초리가 사라졌다.

몇 달 뒤 어느 날 오후, 김구 어머니가 이웃에게 와서, 송화에 사는 동생이 병이 나서 며칠 다녀오겠으니 며칠 동안 집 좀 봐달라 말하고 열한 살짜리 손자 김신을 데리고 안악을 떠났다. 두 사람은 안악을 떠나 신천, 재령, 사리원을 거쳐 돌고 돌아 평양에 도착했다. 평양 숭실중학교에서 공부 중이던 큰손자 김인을 불러 바로 안둥행 급행열차에 올라 중국으로 향했다. 비교적 순조로웠는데, 다롄(大连)에 도착했을 때 일본 경찰에게 검문받았다. 다행히 열다섯 살 김인이 아버지 김구의 담대하면서도 빠른 대처 능력을 닮았는지, 할머니와 동생을 데리고 웨이하이

(威海)에 사는 친척에게 가는 길이라고 침착하게 대답했다. 초라한 차림에 짐도 별로 없어 간단히 표 검사로 끝이 났다. 하지만 산둥(山东) 지역에 들어선 뒤로 가진 돈이 다 떨어져, 자싱까지 수천 리를 이동하면서 세 사람은 추위와 굶주림으로 인한 모진 고생을 피할 수 없었다…….

갑자기 지저귀는 새 소리가 들려 고개를 들어 보니 처마에 둥지를 튼 제비들이 고개를 내밀고 지저귀고 있었다. 제비도 고향을 그리워하는 모양이다. 제비는 익숙한 오래된 집에 둥지를 짓는 것을 좋아한다 들었다. 수천 리 멀리서 날아와서 또 고생을 마다치 않고 한 입, 한 입 흙을 물어와 둥지를 짓는다. 지금 저 제비들도 이 오래된 집의 포근함과 안전함을 느끼며 지저귀는 것일까? 아니면 저 새들의 조상은 이 집에 머물렀던 이들을 알았을까? 항일 독립을 위해 밤새 이어졌던 회의를 지켜봤을까? 아니면 그저 옛집을 찾아온 이를 환영하며 기쁘게 노래하고 있는 것일지도 모르겠다.

5

오후가 되자, 비가 내렸다. 자싱에서의 일정은 전부 미리 짜여 있었다. 김신 선생은 현지 지역문화를 존중하고, 사람들의 의견을 잘 따르는 분이다. 한 번도 특별한 요청을 한 적이 없었지만, 이번에는 시간을 내서 추푸청 선생의 묘소에 참배하고 싶다고 말했다. 그리하여 일정 하나가 추가되었다.

순환도로를 지날 무렵, 빗줄기가 거세졌다. 김신 선생은 우산도 없이 비를 맞으며 추푸청 선생의 묘에 헌화하고, 한참 동안 묵념했다. 이제는 우리 모두 선생의 성격을 잘 알기에, 장마철 빗속에서 건강이 걱정되면서도, 감히 우산을 받쳐주려 나서지는 않았다. 선생이 중요한 일을 엄숙하게 치를 때는 방해하지 않는 것이 좋다는 것을 모두 알고 있기 때문이다.

또 나는 알고 있다. 충칭에서 그는 매번 비바람을 무릅쓰고 허상산을 찾는다는 것을. 그곳에는 선생의 형과 할머니가 잠들어 있다. 묘비 앞에 설 때마다 그의 기억은 마치 날개 달린 말처럼 아득한 기억의 들판을 내달린다…….

선발대가 치장(綦江, 충칭 인근)에 도착하고 얼마 지나지 않아, 백여 명에 달하는 가족들도 무사히 합류했다. 다만 어머니 병세는 점점 위중해졌다. 본인도 회복이 어렵다고 느꼈는지, "네가 힘써 독립을 앞당기고, 성공해 귀국하는 날, 나와 네 아내 유해도 가져가 고향에 묻어 달라"고 유언처럼 말씀하셨다. 대한민국 20년(1938년) 4월 26일, 어머니는 우리와 영영 이별했다. 평생 고생만 하시고, 나라의 자유 독립도 보지 못한 채, 한을 품고 떠났다. 우리는 허상산 공동묘지에 석실을 만들어 모셨다. 생전에는 우리 임시정부 대가족 중 최고령자여서 어른 대접을 받았는데, 매장지 가까이에 현정경(玄正卿)[40], 한일래(韓一來)[41] 등 수십 명의 한인이 함께 묻혔으니, 어머니는 돌아가신 뒤에도 '지하(地下) 회장'이 되셨을 것이다.

빗소리와 바람 소리 사이에서, 김 선생은 분명 아버지의 목소리를 들을 수 있었을 것이다.

충칭 기후는 호흡기 질환에 상당히 좋지 않다. 7년 남짓 머무는 동안 우리 동포 중 폐병으로 목숨을 잃은 이가 80명이 넘었다. 9월부터 이듬해 4월까지 구름과 안개가 걷히지 않아 햇살을 보기 힘들고, 낮은 지형 탓에 악취나 공장 매연가스도 쉽게 흩어지지 않아 공기도 지독히 탁했다. 장남인도 그 기후 탓인지 폐병으로 목숨을 잃고, 충칭에 묻혔다.

『백범일지』에서 이 대목을 김구는 짧게 적었지만, 김신의 기억 속에서 형의 죽음은 결코 그렇게 간단한 이야기가 아니었다. 전시(戰時) 중, 형 김인은 아버지의 지시로 일본군 지배하의 상하이에 들어가 비밀 무선국을 운영했다. 그들이 난징을 떠나 창사로 이동할 즈음, 형은 홍콩을 거쳐 상하이로 갔다. 형은 일단 일을 맡으면 목숨을 돌보지 않는

4장 집으로 돌아온 느낌

건 부친과 똑 닮았다.

형이 과로로 인해 폐결핵에 걸린 것이지 충칭의 기후 탓이 아니었다. 당시 충칭 시중에 미군에서 흘러나온 '페니실린' 주사제가 폐결핵 치료에 효과적이었다고 한다. 형수는 아버지에게 "약 몇 대만이라도 사서 형을 살려 달라"고 간청했지만, 아버지는 단호하게 말했다.

"임시정부 동지 중 위중한 병자가 얼마인데, 내가 주석으로서 내 자식만 살릴 수는 없다."

결국 겨우 스물세 살의 아들은 아버지 눈앞에서 세상을 떠났다…….

그 무렵 김신은 인도의 라하 부근에 있던 중국 공군 군관학교에서 비행술을 배우다가, 형의 사망 소식을 듣고 비통해했다. 학업을 그만두고 충칭에 가 아버지를 위로하겠다고 편지를 보냈다. 당시 아버지는 벌써 예순여섯이었다. 어머니, 할머니에 이어 장남까지 잃었으니 깊은 슬픔에 잠겨 있을 것이 뻔했다. 아버지를 곁에서 보살피고 싶었지만, 아버지는 답장을 보내 단호하게 거절했다

"혁명은 목숨을 민족에게 맡기는 일이다. 군인이라면 나라를 위해 생사를 두려워하지 않아야 하니 넌 공부에 전념하라. 우리 조국 광복이 머지않았으니, 건국 뒤엔 여러 분야의 인재가 필요하다."

그런데 뒤에 천궈천은 회고록에서 당시 상황에 대해 이렇게 기록했다.

1943년, 내가 쓰촨성으로 유학을 갔다가 장보보와 다시 만났다. 그땐 이미 그의 본명을 알고 있었지만, 나는 여전히 장보보라 불렀다. 방학 때면 김구 선생이 편지와 여비를 보내 충칭으로 오라고 했고, 그때마다 나는 임시정부 숙소에 머물렀다. 처음엔 허핑루(和平路) 우스예샹(吳师爷巷)이었고, 나중에는 롄화츠(蓮花池)로 옮겼다. 그 시절 김구 선생은 워낙 바빠서,

대개는 도착해서 안부를 전하고 떠날 때 인사하는 정도였고, 그 외엔 방으로 잘 찾아뵙지 못했다. …… 1945년 상반기, 나는 바이샤전(白沙鎮) 교육부 대학 특별과정에 다녔는데, 그때 김구 선생이 편지를 보내 장남 김인이 죽었다고 알렸다. 선생은 편지에 아버지로서 무력함을 토로했고 슬픔과 자책이 가득했다. 사실 그분은 감정을 겉으로 잘 드러내지 않았다. 엄격하고도 정직하면서 너그러운 어르신이었다. 그런데 그 편지에서 감정을 숨김없이 드러낸 걸 보고 얼마나 큰 충격과 슬픔에 빠졌는지 짐작할 수 있었다…….

또, 천궈천은 회고록에서 아래와 같이 광복 무렵의 기억을 떠올리고 있다.

1945년 8월, 일본 정부가 항복을 선언하던 시점에 나는 대학에 합격해 떠나게 되었다. 떠나기 전 장보보를 찾아 인사를 드렸다. 그분은 붓을 들어 여덟 글자를 써주셨다.
'精誠所至金石爲開'(정성을 다하면 어떤 일도 이룰 수 있다)
글씨를 쓸 때 엄청 힘을 들여서인지 '정(精)'자의 세로획이 약간 흔들렸다. 그리고 맨 위에 '현질(賢姪, 조카뻘의 존칭) 궈천에게'라고 적고, 아래 낙관은 '백범 김구'였다. 어르신의 나에 대한 애정과 기대임을 느낄 수 있었다. 마찬가지로 저 글은 민족을 구하고 나라를 살리기 위해 평생 굴하지 않고 싸워 온 선생의 참모습이기도 하다. 그런데 이것이 그분과 나의 마지막 만남이 될 줄 누가 알았을까. 이 글씨는 언제나 내 곁에 두었고, 보면서 학업과 일에 자극을 받았다. 안타깝게도 이후 역사적 이유로 이 글씨와 귀중한 서신들도 모두 없어졌다. 하지만 그 여덟 글자의 정신은 영원히 내 마음에 새겨져 있다…….

김신 선생은 묘 앞에 설 때마다 이런 회한에 젖는다.
'아버지가 민족 해방과 나라의 독립을 위해 자기 한 사람만이 아니라, 온 가족을 바치셨다.'
그리고 지금 추푸청 선생 묘 앞에서도 생각한다.
'추푸청 선생도 우리 아버지처럼 나라를 위해 모든 것을 바치셨으니, 존경받고 사랑받아 마땅한 분이다.'
솔직히 말하면, 나는 김신 선생을 모시고 추푸청 선생 묘소를 찾을 때마다 내 아버지를 떠올린다. 물론 우리 아버지는 그들에 비하면 너무도 평범한 분이지만, '아버지'라는 존재로서는 그들과 마찬가지로 위대하다고 믿는다.

이어서 자싱 민평제지창을 방문하면서 김신 선생은 두 역사를 동시에 바라본다고 하셨다. 하나는 추푸청 선생이 민족 공업을 일으켜 산업으로 나라를 구하고자 했던 역사, 다른 하나는 오늘날 자싱에서 뚜렷이 대표기업으로 자리 잡은 개혁·개방과 경제 도약의 역사이다. 선생은 꼼꼼히 살펴보며 많은 생각에 잠긴 듯했다.
돌아오는 길에 김신 선생이 지난번엔 너무 촉박해서 상점 하나도 못 들렀다고 해서 우리는 함께 시내 중심가에 있는 백화점에 들렀다. 그는 상품 하나하나 뚫어지게 살피며, 상품이 이렇게 풍부하고 없는 게 없는 걸 보니, 이곳 경제가 정말 발전했다며 감탄했다. 선생은 자싱을 제2의 고향으로 여기는 만큼, 시간이 넉넉하다면 여러 곳을 더 많이 돌아보고 싶다고 했다.

예전 김구 선생은 일본군에 쫓기는 위험 속에서도, 자싱의 산과 물과 풍경을 영원히 마음속에 새겼다. 김신 선생은 아버지가 『백범일지』에서 서술한 자싱에 대한 묘사를 줄줄 외우듯 기억하고 있었다. 그중에서도 잊지 못할 장면은 아버지가 추푸청 선생 며느리의 안내를 받아 하이옌 짜이칭 별장으로 비밀리에 이동하는 과정이었다.

6

하이엔 난베이후는 김신 선생이 오래전부터 동경해 온 장소이다. 그는 "아버지가 자서전에서 이 일대를 아주 상세히 묘사해 놓아서, 상상을 계속 키우다보니 그 풍경이 더할 수 없이 멋있게 그려졌다"라고 했는데, 마침내 그곳을 직접 찾게 된 것이다.

차창 밖으로 부슬부슬 내리는 가랑비가 분위기를 더욱 운치 있게 만들었다. 김신 선생에게는 난베이후가 처음이어서 조용히 창밖을 바라보느라 가는 내내 거의 말이 없었다. 아마도 설레는 마음으로 호수와 산, 바다 풍광이 하나로 어우러지는 그 전설 같은 장소를 그려보고 있었으리라.

예야링, 난베이후, 윈시우안(云岫庵), 잉커딩(鹰窠顶)…….

아버지가 자서전에 생생히 묘사한 명소들이 마치 '일월병승(日月幷升, 해와 달이 함께 떠오르다)'의 전설 속 장관처럼 눈 앞에 한꺼번에 펼쳐졌다. 그리고 마침내 아버지가 은거했던 짜이칭 별장이 모습을 드러냈다.

출발 전, 김신 선생은 하이엔 사람들이 세계 반(反)파시즘 전쟁 승리 50주년이란 기념비적 시점에, 이 별장을 옛 모습 그대로 복원했다는 이야기를 전해 들었다. 그것은 단순한 건축 복원이 아닌 한국과 중국 두 나라가 함께 쌓아 올린 항일투쟁의 역사를 복원한 것이기도 하다. 직접 마주한 별장은 기대 이상이라며 선생은 매우 기뻐했다.

비에 씻긴 산속 공기는 유난히 깨끗하고 청량했다. 산허리 경사면에 기대 선 별장은 한 장(丈.약 3.3m) 남짓한 높이의 돌 기단 위에 지어진 다섯 칸짜리 단층 구조다. 산 쪽으로 문을 냈고, 호수 쪽에 창을 내서 호수와 산의 풍광이 한눈에 들어왔다. 널찍한 마당에는 꽃과 나무가 무성하고, 집 안은 흰 벽과 검푸른 기둥으로 이뤄져 소박하지만 단정한 살림살이가 절묘한 조화를 이루고 있었다.

별장 한쪽 창가에 서서 아침 햇살과 엷은 안개에 감싸인 난베이후를 바라보면, 수줍은 시골 아가씨의 눈매처럼 잔잔하고 온화한 물결이 일렁인다. 때로는 낮게, 때로는 높게 울려 퍼지는 산새들의 울음소리는 마치 부드러운 강남 특유의 민요를 합창하는 듯했다.

김신 선생은 창 앞에 가만히 이르러, 바로 이 자리에 서서 어깨를 활짝 펴고 촉촉한 공기를 깊숙이 들이마셨을 아버지 모습을 그려보는 듯 한참 동안 말없이 서 있었다.

실내 전시 자료와 물품을 유심히 살핀 뒤에는 구체적인 아이디어를 여럿 제시했다. 그는 감정이 복받치는 듯, "이곳은 한국과 중국 두 나라의 우의를 보여주는 창문 같은 곳입니다. 이 창문을 통해 우리가 과거를 되새기고 미래를 함께 내다보길 바랍니다."라고 말했다.

그 순간 밝은 햇살 아래 난베이후가 금빛으로 반짝였고, 주변의 산들도 한껏 푸르게 빛났다.

김신 선생은 방명록에 적힌 글들을 꼼꼼히 읽으며, 별장 정식 개장 전에도 이미 수백 명이 다녀갔음을 알게 되었다. 여러 학교에서 학생들을 데려와 반파시즘, 애국주의 교육장으로 활용했고, 심지어 한국 유학생들이 먼저 다녀간 기록도 보았다. 선생은 방명록에 '飮水思源, 韓中友誼(물을 마실 때 그 근원을 생각하며, 한국과 중국의 우정을 바란다)'라고 적어, 자신의 느낌과 바람을 담았다.

이곳에서 김신 선생은 아버지를 세 번 본 적 있다는, 올해 81세 후춘양(胡春阳) 어르신을 만났다. 베이후촌(北湖村)에 사는 그는 64년 전에 겪었던 장면을 또렷이 기억하고 있었다.

"내가 열일곱이던 어느 여름날이었어요. 양에게 풀을 먹이고 있는데, 세 사람이 예야링을 넘어 산에서 내려왔어요. 남자는 나이가 지긋하고 밀짚모자에 반팔 차림이었고, 여자 둘 중 한 사람은 이삼십 대로 새댁 같았고, 팔에 남자용 긴 옷을 걸쳐 들고 있었어요. 다른 한 사람은 좀 더 어렸고 하녀처럼 보였는데 짐을 들고 있었어요. 그들이 치엔 어르신 별장으로 가는 걸 봤어요. 두 번째는 산에서 땔감을 해서 내려오는데 산허리에서 별장지기 후진난(胡金南) 형과 그분이 함께 산길을 거니는 모습을 봤어요. 세 번째는 산비탈에서 일하다가 목이 말라 물 좀 얻어 마시려고 별장에 들어갔는데, 후진난 형과 그분이 이야기 중이었어요. 세 번 모두 말 한 마디 못 나눴고, '치엔 어르신 집의 광둥 손님'이라고만 들었어요. 체격이 건장했고, 피부는 거칠고 좀 얽었어요. 오늘 짜이칭 별장이 복원됐다기에 와 봤는데, 전시된 사진으로 보고 알았어요. 64년 전에 세 번 본 그 사람이 바로 한국의 김구 선생이란 걸요. 그때 그 젊은 여인은 주가의 큰아가씨, 주자루이였네요."

김신 선생은 노인 손을 꼭 잡았다. 두 사람 다 감격한 표정이었다. 그가 언급한 '후진난 형'은 이미 세상을 떠나서 이 집에 얽힌 더 생생한 이야기를 들을 수 없다는 게 아쉬웠다. 하지만 집 앞 돌계단, 마당 한가운데의 배롱나무, 베었다가 다시 돋아난 오동나무와 대나무들은 그 시절 기억을 묵묵히 간직하고 있을 것이다.

원형 그대로 복원한 아궁이에는 화려한 문양이 가득했다. 찾아온 손님을 대접하기 위해 커다란 무쇠솥에 차 끓일 물을 데우는 중이었는데, 두툼한 나무 뚜껑 가장자리로 하얀 김이 모락모락 피어올랐다. 그 김 너머로 보이는 아궁이의 화려한 문양을 보니, 나는 이 별장이 품고 있는 옛 기억이 저 문양처럼 화사하고 선명하게 느껴졌다.

산장 관리인의 기억 속에 주가 큰아가씨가 눈병을 고치러 온 손님이라고 데려와 소개한 사람은 눈이 잠시도 쉬지 못하도록 신문과 책을 읽었고, 수시로 책상에 엎드려 무언가를 적었다. 심지어 밤에도 등잔불 아래에서 글을 썼다. 그러던 어느 날은 글을 쓰며 눈물을 흘렸고, 온종일 한 술도 뜨지 않았다. 1932년 10월 10일, 바로 이봉창 의사가 일본 가나자와에서 장렬히 순국한 날이었다. 그는 단식으로 의사를 기리며 슬픔을 표했으리라. 그리고 그가 이날 흐느끼며 썼던 것은 두 달 뒤에 발표한 『도왜실기』임이 분명하다.

그날 밤, 하늘에는 별 하나 없었고, 달조차 짙은 구름 사이로 숨었다. 김구는 조용히 별장을 나와 뒷산에 올라 종이돈을 태웠다. 깜박이는 불빛이 눈물 젖은 김구의 얼굴 위에서 춤추듯 흔들렸다. 술을 한 잔을 들어 올려, 떨리는 목소리로 외쳤다.

"봉창 군! 오늘 밤 달은 흐리고, 찬바람이 슬프게 불어오네. 내가 중국의 이 산기슭에서 무릎 꿇고 마지막으로 당신을 기린다네. 의사여, 그대의 죽음은 최고의 영예이며, 억만 민중이 우러러볼 것이오! 육신은 비록 단두대에서 피를 흘렸으나, 그 위대한 정신은 영원토록 시들지 않고 빛나리라!"

술이 파란 꽃무늬 사발에서 조용히 흘러넘쳐, 김구의 흐느낌과 함께 조용히 땅에 스며들었다. 만물을 적시는 가을비가 소리 없이 내렸다. 갑자기 불꽃이 튀어 올라 주변이 잠시 환해졌다. 김구가 무릎을 꿇고 엎드려 절을 했다. 순간 달도 숨죽이고 바람도 그치고 주위가 고요해졌다. 마치 승천하는 용처럼 한 줄기 푸른 연기와 빛이 허공 높이 솟아올랐다.

한 달 뒤인 11월 19일, 김구 선생이 다시 단식했다. 이날은 윤봉길 의사가 오사카에서 순국한 날이다. 그의 슬픔과 분노는 산처럼 솟았고, 싸움을 멈추지 않겠다는 결의로 뜨겁게 불타올랐다. 바로 이 무렵, 『도왜실기』 집필이 끝났다. 12일 뒤, 상하이에서 이 글이 공개됐을 때, 모두가 하늘 높이 펄럭이는 '한인애국단'의 깃발을 보았으리라.

지금 이 고즈넉한 햇살과 평온함 속에 서서 지난 일들을 떠올리면, 그 지난한 세월의 기억이 문득 되살아나 마치 소리 없는 곳에 천둥이 친 것만 같다. 별장을 떠나기 전, 김신 선생은 홀로 다시 방 안을 천천히 거닐었다. 이곳의 모든 것은 선생에게는 낯설고도 친근한 풍경이었다. 한평생 아버지 곁에서 함께 시간을 보내지 못한 아들은 이곳에 남아 있는 부친의 숨결과 기운을 마음껏 느껴보고 싶었으리라.

김구 선생의 『백범일지』에는 하이옌에 대한 진솔한 회상이 여러 곳에 실려 있다.

어느 날 잉커딩에 올라가 보니, 거기에 비구니 암자가 있었다. 노스님이 나와 반갑게 맞이하자, 산장 관리인이 나를 하이옌 주가 큰아가씨가 모셔

온 광둥 손님으로, 눈병으로 요양 중이라고 소개했다. 노스님은 말끝마다 '아미타불'을 붙였는데, '시주님 먼 데서 오셨군요, 아미타불. 부처님 뵈러 안으로 드시지요, 아미타불.' 이런 식이었다. 암자 안으로 들어가니, 방마다 엄숙하게 승복을 차려입은, 피부가 희고 입술이 고운 어린 비구니들이 목에 긴 염주를 건 채, 손에 먼지떨이를 들고 나를 보며 합장을 했다…….

김구 선생의 기억력은 참으로 놀랍다!

실제 원시우안은 잉커딩의 산허리, 해발 150m 지점에 자리한다. 암자 이름은 동진(東晉) 시기 도연명(陶淵明)의 「귀거래사(歸去來辭)」에 나오는 구절 '구름은 본디 뜻 없이 골짜기를 나서고, 새는 지쳐 날다가 돌아갈 곳을 안다(云無心以出岫, 鳥倦飛而知還)'에서 따왔다. 마치 속세 밖의 별천지 같은 암자의 정취가 그대로 드러나는 글귀다.

이 암자는 북송(北宋) 건륭(建隆) 연간에 창건되었고, 개창 때부터 관음보살을 모셔 왔다. 1천 년 넘는 세월 동안 다섯 번 닫고 다섯 번 다시 열었는데, 명나라 중기에 가장 융성했다고 전해진다. 당시 보타산(普陀山)이 왜구에게 침탈당하자, 승려와 비구니들이 바다를 건너 이곳에 피난해 왔다. 민간에선 "관세음보살의 법당이 본디 보타산에 있어, 거기선 밤낮으로 향불이 끊이지 않아 한적함이 없고, 용녀(龍女)의 계책에 따라 밤에 이 운수암으로 건너와 쉬었다."는 전설이 전해진다. 그런데 그 이야기가 알려지자 불자들이 몰려들어, 이후 이 암자는 '야보타(夜普陀, 보타산의 관음보살이 야밤에 건너와 쉰 곳)'로 명성을 떨쳤다. 또 사시사철 마르지 않는 '설두천(雪竇泉)' 샘이 있어 더욱 유명하다.

근래 나는 원시우안에서 주지 스님과 차를 마시며 이야기를 나눌 기회가 있었다. 확실히 여느 절집과는 다른 맛이 느껴졌다. 스님 말씀으로는, 현재 이곳에서는 1938년생인 자기가 제일 나이가 많다고 했다. 그렇다면 김구 선생이 왔을 무렵(1932년)보다 6년이나 뒤에 태어났으니, 그 문 앞에서 합장을 하며 맞이했다던 노 비구니는 이미 오래전에 세상을 떠났을 것이다. 그러나 푸른 나무로 둘러싸인 붉은 담장 너머로 끊임없이 피어오르는 푸른 연기와 예불하러 드나드는 신도들의 긴 행렬을 바라보면 이곳이 세속을 초월한 기묘한 공간임을 느낄 수 있었다. 그래서일까. 이 암자에서 '일월병승'의 전설이 오래도록 전해져 온 것도 놀랍지 않았다.

역사적으로 '일월병승'이 처음 기록에 남은 것은 명나라 만력(萬曆) 연간 국자생(國子生) 진량(陳梁)의 「운수관합삭기략(云岫觀合朔記略)」이다. 거기에 이런 기록이 남아 있다.

"바다 한복판에서 문득 달이 해의 한가운데에 새겨지듯 떠오르자, 둥근 해와 달이 맞닿아 눈부시게 흰 설원 위에서 붉은빛이 서로 어우러졌다. 이리저리 끊임없이 뒤엉키자 바다와 하늘마저 흔들리는 듯 정말 불가사의했다."

청나라 말, 유명 편집자 장원제(張元濟)가 엮은 『응과정관일(鷹窠頂觀日)』에서도 이런 내용이 있다.

"종이로 오린 듯 둥근 달이 해와 겹치듯 붙어 파동치는 모습을 봤으니, 잠시도 떨어지지 않고 돌다가 해가 바다 위에서 두세 장(丈) 높이로 떠오르자 곧 사라져 버렸다."

최근 들어 이런 진풍경을 직접 보고자 하는 사람들이 더욱 많아졌다고 한다. 항저우에서 온 어느 학자는 10년 동안 잉커딩에 올라 일월병승을 관찰하며, 천문, 지리, 기상, 생물 등 여러 학문 지식을 종합해 『일월병승고변(日月並升考辨)』이라는 책을 썼다. 추천 서문에 이런 내용이 있다.

…… 내가 사랑하는 이 난베이후 풍경은 문인의 기질이 깃든 곳으로, 아직 세상에 충분히 알려지지 않았다. 하지만 그 안에 담긴 아름다움은 무척 의미심장해 사람들이 두루 헤아려 보게 한다. '일월병승'이라는 장관을 통해 이 뛰어난 산과 호수를 느낀다면 어찌 단순한 관광에 그치겠는가. 애향과 애국의 마음이 깨어나지 않겠는가!

나는 이 글귀에 크게 공감하며 이런 생각을 했다.
'만약 김구 선생이 이 일월병승의 광경을 봤다면, 아마도 한국과 중국 두 민족이 함께 한 항일투쟁의 상징으로 받아들여 더없이 뿌듯하게 여겼을 텐데…….'
김구 선생은 책에 이런 내용도 남겼다.

암자 뒤편 커다란 바위에 나침반을 놓으면 바늘이 거꾸로 북쪽을 가리킨다고 하여, 내가 시계에 달아 둔 나침반을 풀어 시험해 보니 과연 그랬다. 아마 자철광 탓이리라.

그는 지극히 자연과학적으로 해석했지만, 그 시절 '갑자기 북쪽을 가리키는 나침반'은 그에게 또 어떤 마음을 불러일으켰을지 궁금했다. 그의 고향이 바로 북쪽 방향이고, 오래도록 품속에 간직한 나침반이 절대 잊지 못할 '고향'을 가리킨 건 아닐까?
이소심 여사의 말에 의하면, 하이옌으로 출발하기 직전 김신 선생이 중요한 물건을 잊었다며 호텔 방으로 다시 올라갔는데, 알고 보니 나침반을 챙겨온 것이라 했다. 그는 암자 뒤편 그 '나침반을 거꾸로 돌게 만드는 돌' 위에 나침반을 올려두고, 그 당시 아버지처럼 그 오묘함을 느껴보고 싶었을 터였다. 아쉽게도 산도 가파른 데다 비까지 내려 결국 실현되지는 못했다.

그 후 내가 일부러 한 번 더 찾은 그곳에서 현지인들이 '도침석(倒針石)'이라 부르는 그 바위를 발견했다. 원시우안 뒤편 베이무산(北木山) 서쪽 꼭대기에 길이 20여 미터, 폭 10미터의 부채꼴 모양 바위가 남쪽을 향해 누워있었고, 나침반은 그 바위 곳곳에서 바늘을 거꾸로 가리켰다. 바위 앞은 깎아지른 절벽이라 시야가 한없이 탁 트여, 가슴이 뻥 뚫리는 기분이 들었다.

점심식사 자리에서 김신 선생은 만약 다시 기회가 온다면, 여름에 이곳에 와서 보름쯤 머물며 아버지께서 밟으셨던 길을 따라 걸으며, 이곳 천혜의 경관과 순박하고 맑은 풍토 인심을 몸속 깊이 느껴보고 싶다고 했다.

빗줄기가 더욱 굵어졌다. 마치 난베이후도 이 먼 길을 온 손님을 붙잡아 더 머물게 하고 싶다는 듯이…….

다음은 김구 선생의 「백범일지」에 나오는, 하이옌에 있는 작은 마을에 관한 기록이다.

어느 날 바닷가에 있는 어느 읍의 장이 서서 잠시 구경했다. 지명은 잘 기억 안 나는데, 그냥 흔한 마을이 아니었다. 해안 요새로 대포도 있었고, 옛 성벽도 남아 있었는데, 임진왜란 시절 지은 거라 들었다. 마을에 집들이 빼곡했고, 관청 건물도 몇 채 보였다. …… 우리 일행은 어느 국수집에 들어가 국수를 먹으며 쉬었는데, 그곳에 모인 일꾼이나 경찰, 백성들이 모두 수군거리며 내게 시선을 보냈다. 잠시 후 별장 관리인을 불러 이것저것 물어보았고, 또 어떤 이는 직접 내게 물어서 나는 어눌한 중국어로 광둥 출신이라 답했다.

지명을 기억하지 못한 것은 김구 선생이 그날 몹시 정신이 없었기 때문이다. 하지만 어떤 지역의 기억은 그 지역의 이름을 기억하는 것과는 아무 상관이 없다. 하이옌을 잘 아는 사람이라면, '바다 요새, 성벽, 대포가 있다'는 글귀만 봐도 하이옌에서 남쪽으로 15km 떨어진 간푸쩐(澉浦鎭)을 떠올릴 것이다.

간푸는 '간쉐이(澉水)'에서 따온 이름으로, 중국 고대 군사항이자 무역항 가운데 하나였다. 당나라 개원(開元) 5년에 간푸쩐이 생겼고, 5대(五代) 오월국(吳越國) 시절에 다시 진알사(鎭遏使)를 두었으며, 북송(北宋) 때 보랑염장(鮑郞鹽場)이 있었다. 남송(南宋)이 항저우로 천도한 후에는 조정에서 수군(水軍)을 두고 바다 방어 요새로 삼았고, 이후 시박관(市舶官)을 설치해 국제 무역항으로 키웠다. 마르코 폴로의 『동방견문록』에 '인도 배가 간푸항에 정박한다'는 문장도 남아 있다. 명나라 홍무(洪武) 19년(1386년)에 성을 지었다.

김구는 대단히 날카로운 관찰력을 갖고 있었다. 잠깐 스치듯 봤을 뿐인데도 그 옛 요새 도시의 역사를 단숨에 알아챈 셈이다. 하지만 지금 당시 김구가 그곳에 남긴 이야기를 이해할 수 있는 사람이 얼마나 있을까?

세월은 무정하게도 사실을 알고 있는 이들의 삶 속에서 기억을 가져간다. 하지만 이 오래된 마을 요새의 집도, 옛 성벽도, 옛 대포도 여전히 남아 있고, 그들의 기억은 영원히 사라지지 않는다. 다만 그들은 조용히 그 기억을 간직할 뿐 말하지 않는데, 하필 역사는 이야기하는 방식으로 계승되고 이어진다. 어느 날, 우연히 그 작은 마을 간푸에 온 나는 세월 속에 묻혀있었던 그 소리를 들을 수 있었다……

당시 김구는 가게 안에서 사람들의 수군거림과 눈길이 심상찮음을 느끼고 급히 국수를 먹고 바로 떠났다. 그렇지만 그들이 자신을 그렇게 주시한 이유는 아마 정확히 알지 못했을 것이다. 그것은 마을에 붙은 수배 포고문 때문이었다. 60만 대양이라는 천문학적 액수에 누가 마음이 혹하지 않았을까? 포고문 속 김구 사진을 모두가 유심히 보았을 것이다. 상하이 홍커우 공원에서 세상을 울린 그 폭발음 때문이든, 거액의 현상금 때문이든 그 포고문의 사진을 본 사람은 아마 그 얼굴을 쉽게 잊을 수 없었을 것이다. 마을 사람들은 포고문 속 사진과 김구의 얼굴을 맞춰보느라 수군거렸고, 김구가 국수집을 떠나고 담배 한 대 피울 시간도 되기 전에 누군가 길모퉁이에 붙은 포고문을 뜯어갔다.

그리고 몇 시간 뒤, 일본군 수색대의 차와 오토바이가 마을에 들이닥쳤다. 번쩍이는 전조등과 날카로운 오토바이 소리에 닭과 개가 놀라 도망가고, 고요한 황혼이 일본군의 날카로운 군도에 찢겨나갔다. 작은 마을은 누군가 넘어뜨린 항아리가 깨지듯 요란한 소리를 내며 순식간에 소란에 휩싸였다. 놀라서 달아나는 개들의 짖는 소리가 사방에서 터져나왔고, 그 울음소리는 산등성이 사이를 휘돌며 울려퍼졌다. 마치 날카로운 검을 미친 듯이 휘둘러 정적에 잠긴 밤하늘을 마구 찢는 듯한 그 소리는 아주 멀리멀리 퍼져나갔다.

김구가 그 개 울음소리를 들었는지 아니면 국수 면발이 목에 걸린 것처럼 이상한 예감을 느꼈는지는 알 수 없다. 어쨌든 그날 밤 김구는 불도 켜지 않고 침대에 눕지 않은 채, 어두운 방구석에 앉아 맑은 정신으로 상황을 살피고 있었다.

'탕! 탕!' 총성이 밤하늘을 찢었다. 김구는 귀를 기울였다. 그 소리는 예야링에서 사냥하는 총성이 아니라, 아까 그 마을 쪽에서 들려오는 총소리였다. 그는 곧바로 짐을 챙겨 소리 없이 별장을 빠져나갔다.

김구를 찾지 못한 일본군은 광분하여, 주변 십여 리 모든 집을 당장 수색하라는 명령을 내렸다. 이어서 어지러운 군홧발 소리에 산야의 고요함은 산산조각이 났다. 숲에서 새들이 날아올라 두려움에 떨며 공중을 선회했다. 한 시간도 채 지나지 않아, 짜이칭 별장의 대문과 서쪽 문을 군홧발과 개머리판으로 두드리는 소리가 요란하게 울렸다. 관리인이 옷을 채 입기도 전에 일본군들이 문을 부수고 들이닥쳤다. 일본군의 욕설과 개 짖는 소리, 사납게 휘젓는 손전등 불빛이 거센 돌풍처럼 집안 구석구석을 헤집었다. 별장을 뒤흔든 그 수색은 난베이후 주변 마을과 잉커딩의 암자까지 이어졌다.

이 모든 일이 김구가 뒷산 바위굴에 몸을 숨긴 그 밤에 벌어졌다.

7

북문 밖의 뤄판팅은 여전히 그 자리에 있었다. 보수공사를 거쳐 새롭게 단장된 모습은, 아마도 김구 선생이 도착했던 당시보다 훨씬 생기가 넘쳤겠지만, 시간이 촉박해 김신 선생은 그곳에 들르지 못했다. 대신 뤄판팅 부근에 자리한 중국 최대 실크 연합기업 자쓰롄(嘉丝联) 소속 기업 중 하나인 진싼타(金三塔)를 둘러보았다.

하늘과 구름에 대해서라면 누구보다 잘 아는 전직 공군 참모총장이지만, 생사(生絲) 관련 산업에 대해서는 아버지만큼 잘 알지 못했다. 누에고치에서 실을 뽑아 비단옷이 완성되기까지 전 과정을 처음 본 그는 꽤 흥미로워했다. 자싱 시민들은 오랜 친구 김신 선생을 위해 준비한 패션쇼로 그를 환영했다. 선생은 기쁨을 감추지 못하고, 세계 최고 수준이라며 극찬했다. 물론 그 말은 자싱에 대한 그의 각별한 애정과 격려의 표현이기도 했다.

무엇보다도 그를 가장 기쁘게 한 것은, 자신을 위해 특별히 공연을 준비한 아이들과의 만남이었다. 사랑스러운 아이들은 김 할아버지를 위해 삼자경(三字經)을 새로 각색해 노래와 춤, 전통극 공연, 그리고 경극 '홍등기(紅燈記)'의 명곡「승냥이를 다 없애기 전에는 결코 전장을 떠나지 않으리」를 불렀다.

선생은 그 장면을 손주들 공연을 보는 할아버지의 마음으로 바라보았다. 얼굴엔 미소가 가득했고 손뼉을 치며 박자에 맞춰 호응했다. 공연이 끝나고 아이들과 함께 기념사진을 찍는 자리에서, 그는 연기를 위해 가쇄(枷鎖, 목에 씌우는 칼과 발에 채우는 족쇄)를 차고 있던 소녀의 속박을 풀어주었다. 비록 그것이 가벼운 소품이라는 것을 알고 있었지만, 아이를 향한 애틋한 마음이 그대로 전해졌다. 선생이 예닐곱 살쯤 되어 보이는 어린 소녀의 가쇄를 풀어주는 순간, 내 기억 속을 스쳐 지나가는 장면이 있었다. 그것은 결코 벗어날 수 없는 무거운 가쇄를 찬 채 억눌려 있던 또 한 사람, 바로 김구였다.

그해, 서른다섯 살의 김구는 안악 양산학교의 교장으로서 국민 교육에 헌신하고 있었다. 온 나라와 민족이 절망의 구렁텅이로 빠져들던 어둠의 시기였다.

1910년 3월, 하얼빈에서 이토 히로부미를 저격한 안중근 의사가 중국 뤼순 감옥에서 처형되었다. 5월, 일본 육군 대신 데라우치 마사타케가 통감으로 부임했고, 8월 22일, 한일합병조약이 정식 체결되었다. 12월, 안중근의 동생 안명근(安明根)[42]이 데라우치 총독 암살을 기도했다는 혐의로 체포되었다.

암흑이 짙어질수록 사람들은 더욱 간절히 빛을 갈망했다. 그 당시 원로대신과 관료들 가운데 많은 이들이 자결을 선택했고, 교육계에서는 반일사상이 극에 달했다. 그러나 무지하고 무력한 농민들 중에는 나라가 어떻게 병합되었는지도, 망국이 어떤 의미인지도 알지 못하는 이들이 적지 않았다.

그 시기의 김구는 이미 망국의 고통을 절감하고 있었으나, 독립의 길

자쓰롄을 둘러보는 김신 선생

아이들에게 둘러싸인 김신 선생

을 너무 단순하게 보았다. 그는 국민이 하나로 단결해 힘을 길러내기만 하면 주권 회복은 곧 이루어질 것이라 믿었다. 이에 그는 양산학교를 확장하고 중학생을 많이 받아들여 학교장의 책임을 다하고자 했다.

국내외에서는 비밀 정치 조직들이 결성되고 있었으며, 신민회도 그 중 하나였다. 안창호(安昌浩)는 미국에서 돌아와 평양에 대성학교(大成學校)를 설립해 청년교육을 표방했으나, 사실은 양기탁, 안태국(安泰國)[43], 이승훈(李升薰)[44], 전덕기(全德基)[45], 이동녕, 주진수(朱鎭洙)[46], 이갑(李甲)[47], 이종호(李鍾浩)[48], 김홍량(金鴻亮)[49], 최명식(崔明植)[50] 등 400여 명의 뛰어난 청년들을 규합해 신민회를 조직한 것이었다.

안창호가 한 차례 용산 헌병대에 연행된 후, 주요 인물들이 한꺼번에 체포당하는 사태를 방지하기 위해 안창호는 장연군 송천을 거쳐 비밀리에 웨이하이로 이동했다. 이종호, 이갑, 류동열 등도 각각 압록강을 건넜다.

어느 날, 김구는 양기탁 명의로 온 비밀회의 소집 통지서를 받고 급히 경성으로 향했다. 당시 양기탁 자택에는 이미 이동녕, 안태국, 주진수, 이승훈 등이 모여 있었다. 회의에서 일본이 한성에 총독부를 세웠다면, 우리도 한성에 도독부를 세워 전국을 다스려야 한다고 결의하고, 동시에 만주 이주 및 무관학교 설립을 통해 광복 전쟁에 필요한 장교를 양성하기로 결정했다.

그러나 경성을 떠난 지 한 달 남짓 지난 1911년 정월 초닷새 새벽, 양산학교 기숙사에서 깊은 잠에 빠져 있던 김구의 방 문을 일본 헌병이 두드렸다. 그들은 헌병대장이 면담을 원한다고 전하며 김구를 연행했다. 도착해보니 김홍량을 비롯해 7~8명의 교직원이 이미 불려와 있었다.

헌병대장은 총감부의 명령이라며 그들을 한꺼번에 구금했다. 이틀 뒤, 이들은 다시 재령으로 이송되었고, 이어 사리원을 거쳐 경성으로 끌려갔다. 당시 같은 열차에 탑승했던 황해도 출신의 유생 신석충(申錫忠)[51]은 일본 놈들에게 수모를 당할 수 없다며 재령강의 철교 위에서 기차 창문을 열고 강에 몸을 던져 자결했다.

경성으로 압송되던 중, 김구는 기차에서 우연히 이승훈을 보았다. 이승훈은 체포되지 않았지만, 결박된 채 끌려가는 김구와 동지들을 보자 고개를 돌려 창밖을 바라보며 눈물을 흘렸다. 기차가 용산역에 도착하자 한 형사가 올라와 이승훈에게 물었다.

"당신이 이승훈이오? 총감부에서 보자고 한다."

이승훈은 순간 도망치려 했지만 이미 늦었다. 그는 현장에서 체포되어 김구 일행과 함께 끌려갔다. 뒤늦게 알려진 바로는, 이때 황해도 일대의 애국 인사 대부분이 체포되었다. 이것이 바로 국권피탈 이후 일제가 조선인을 대상으로 자행된 첫 대규모 탄압이었다.

구금소 안에서 김구는 차라리 죽음을 택하겠다는 결심을 굳히고 있었다.

어느 날, 그는 심문실로 끌려갔다. 일본 헌병은 그에게 이름, 나이, 주소 등을 묻고는 이렇게 말했다.

"너는 왜 여기 끌려온 줄 아나?"

김구는 침착하게 대답했다.

"잡혀 왔으니 여기 있는 것이지. 이유는 모르오."

헌병은 더 이상 묻지 않고, 그의 손과 발을 묶어 천장에 매달았다. 처음에는 말할 수 없는 통증이 밀려왔지만, 곧 감각이 사라졌다. 의식을 되찾았을 때, 그는 이미 바닥에 내려져 있었고, 심문실의 한쪽 구석에 누워있었다. 겨울의 싸늘한 달빛이 비스듬히 그를 비추고 있었고, 얼굴과 온몸이 차가운 물에 흠뻑 젖어있었다. 뼛속까지 얼어붙는 듯한 추위 외에 아무것도 기억나지 않았다.

정신을 차린 그에게 헌병은 다시 안명근과의 관계를 캐물었다. 김구는 안명근과는 그저 안면만 있을 뿐 아무 관계도 아니라고 답했다. 이에 격노한 헌병은 그를 다시 천장에 매달았고, 세 명의 헌병이 몽둥이로 마구 때려 그는 다시 기절했다. 다른 사람들도 마찬가지로 혹독한 고문을 당했다. 심문실에 다녀온 이들은 반쯤 죽어서 돌아왔고, 그럴 때마다 김구는 분노를 억누를 수 없었다.

어느 날, 그는 안명근의 처절한 외침을 들었다.

"이 개자식들아! 죽이려면 나만 죽여라. 내가 한 일은 내가 책임진다. 다른 사람들과는 아무 상관 없다!"

그것은 분명 자신과 동료들에게 들려주는 외침이었다.

고문과 회유에 절대 굴복하지 말고, 꿋꿋이 버티라는 뜻이었다.

그 후, 수감자들은 감방 안에서 일종의 '무선 통화' 방식을 고안했다. 양기탁의 방에서 시작해 안태국, 김구의 방을 거쳐 다른 감방으로 전파되었다. 대략 20여 개 감방에 수감된 40여 명 죄수들은 이 방법으로 몰래 정보를 주고받았다. 누가 심문을 받고 돌아오면 내용을 빠르게 전파하고 함께 대응책을 논의했다. 일본 헌병은 심문에 애를 먹자 의심이 들어 한순직(韓淳稷)[52]을 매수해 비밀 통신의 내용을 알아내려 했다. 얼마 지나지 않아 양기탁이 두 손을 나팔 모양으로 만들어 배식구 바짝 붙여, 한순직이 밀고했다고 김구에게 알렸다. 그날로 비밀 통신망은 바로 폐기되었다.

어느 날 다시 심문에 불려 간 김구에게 심문관이 물었다.

"평생 가장 친한 지기가 누구냐?"

김구는 망설임 없이 대답했다.

"오린형(吳麟炯)이 내 유일한 지기요."

김구 입에서 처음으로 타인의 이름이 나오자 심문관은 크게 기뻐했다. 김구가 고문을 못 이겨 자백하기 시작한 줄 알았기 때문이다. 그가 이어서 물었다.

"그럼 그 오린형은 어디 살며 무슨 일을 하나?"

김구는 입가에 냉소를 머금고 대답했다.

"그분은 장연에 살았고, 작년에 이미 세상을 떠났다."

농락당한 심문관은 격분해서 다시 그를 극심하게 고문했고, 김구는 또다시 기절했다. 얼마 지나지 않아 찬물을 뒤집어쓰고 다시 정신을 차렸을 때 심문관이 물었다.

"너를 가장 존경하는 학생은 누구냐?"

몽롱한 상태에서 그는 무심코 자기 집에 와서 책을 보곤 하던 최중호(崔重鎬)[53]의 이름을 입에 올렸다. 정신을 차린 후, 그는 깊이 자책했다. 혹시 그 청년이 자신 때문에 체포되는 건 아닐까 걱정했다. 그런데 며칠 전 그 최중호는 이미 체포돼 들어와 있었다.

당시에 니현산(泥峴山) 기슭의 경찰 총감부에서는 밤낮으로 울부짖는 소리가 끊이지 않았다. 그 비명은 마치 도살장에서 울려 나오는 소리처럼 처참했다. 어느 날, 심문받고 돌아오던 한필호(韓弼昊)[54]가 김구 감방 앞을 지나며 간신히 배식구에 얼굴을 대고 말했다.

"난 아무것도 인정하지 않았어요. 하지만 그들의 고문에 오래 못 버틸 듯해요."

그 음성은 마치 김구에게 작별인사를 전하는 듯, 형언하기 어려운 비장함과 처량함이 담겨 있었다. 김구가 물을 건네며 말했다.

"너무 낙담하지 말게, 물 좀 마시게."

한필호가 미소 지으며 대답했다.

"괜찮습니다."

그 미소 속에서 김구는 꺾이지 않는 그의 눈빛을 보았다.

며칠 후, 한필호는 결국 고문 끝에 숨지고 말았다.

최고 심문실에서 김구는 전혀 예상치 못한 얼굴과 마주쳤다. 17년 전 인천경무청에서 그에게 욕을 먹고 줄행랑쳤던 순사 와타나베가 이제 경찰총감부의 최고 심문관이 되어 눈앞에 나타난 것이다. 와타나베는 여전히 수염을 길게 기르고, 경찰총감부 과장 제복을 입고 있었다. 나이는 들었지만 얼굴에는 여전히 잔혹한 표정을 띠고 있었다. 그가 눈앞에 있는 김구(金龜, 이때까지는 이 한자를 썼다)라는 중년 남자가, 과거 자신에게 욕을 퍼부었던 '김창수'라고 알아봤는지는 알 수 없다.

와타나베는 이런 말로 입을 열었다.

"내 속에는 X선이 있어. 평생의 역사와 마음속 비밀을 전부 꿰뚫어볼 수 있으니, 솔직히 다 털어놔. 조금이라도 숨기거나 거짓말을 하면, 여기서 바로 죽도록 두들겨 팰 테니!"

그 말에 김구는 1년 전 '여순(旅順) 사건'으로 해주 검사국(檢事局)에서 심문받았던 기억이 떠올랐다. 그때 그들도 이른바 '공심전(攻心戰)', 즉 심리를 흔들어 자백을 유도하는 전략을 썼다. 심문관 앞에는 '김구'라는 이름이 적힌 문서가 놓여있었다. 아마도 각지에서 수집한 보고서일 것이다. 김구가 경성이나 황해도, 평안도에서 펼친 반일 연설, 어쩌면 왜놈을 죽이고 인천에서 탈옥한 사건까지 담겨 있을지도 모른다. 그렇다면 지금 와타나베가 말하는 'X선'이 혹시 자신이 '김창수'임을 이미 알아봤다는 뜻일까?

찰나의 순간, 김구는 결심했다. 와타나베가 먼저 알아봤다고 밝히지 않는 이상, 자신이 먼저 자백할 일은 없다고. 이렇게 하면 저 X선이 어떤 건지 시험해 볼 수도 있다고 생각했다. 그래서 또렷하고 단호하게 대답했다.

"난 평생 숨어지낸 적이 없소. 사회에 헌신하려고 모든 언행을 광명정대하게 해 왔으니 숨길 게 없소."

그러자 와타나베가 하나씩 캐물었다.

"출생지는?"

"해주 텃골."

"학력은?"

"서당에서 한문을 배웠소."

"직업은?"

"농민으로 태어나 밭을 갈고 나무를 하며 살다가, 스물다섯 이후 장연으로 이주해 종교와 교육에 종사했소. 지금은 안악 양산학교 교장이오."

와타나베의 표정이 굳어지더니 소리쳤다.

"겉으론 종교니 교육이니 하지만, 속으론 음모를 꾸미고 있다는 거 나는 다 알아! 너희는 서간도에 무관학교를 세워 독립전쟁을 준비했고, 안명근과 총독 살해를 공모했으며, 부호들의 재물을 빼앗으려 한 것까지 전부 조사해 뒀다! 빨리 실토해!"

그 말에 김구는 속으로 비웃었다. 와타나베가 자랑하던 X선이란 건 결국 허풍에 불과했다. 눈앞에 김구가 십수 년 전에 자신을 조롱했던 '김창수'라는 것조차 모르는 자가 어떻게 사람 속마음을 꿰뚫겠는가?

그는 담담히 대답했다.

"난 안명근과 전혀 무관하오. 서간도로 이주했던 건 사실이지만, 가난한 농민의 생계를 해결하기 위함이었소."

그리고 화제를 돌려 말했다,

"지방 경찰들은 속이 좁고 의심이 심해, 사람들을 죄다 배일 사상가 취급하며 못살게 굴고 있소. 이러면 백성들이 무슨 일을 할 수 있겠소? 당신은 고위직이니, 제발 지방 경찰들 좀 단속해 주시오. 그래야 나 같은 사람이 안심하고 교육에 종사할 수 있지 않겠소? 학교가 벌써 개학했으니, 부디 수업할 수 있도록 날 빨리 내보내 주시오."

의외로 와타나베는 그를 폭행하지 않았다. 그는 무사히 구류소로 돌아왔다. 사실 그가 '국모의 원수를 갚기 위해 왜놈을 죽였다'는 일은 세상이 다 알고 있는 일이었고, 이미 그를 위험인물로 간주해 각지 경찰서에 그의 행적 조사를 지시해, 1년 전부터 '김구'라는 이름으로 특별문서를 만들어 따로 관리하고 있었다. 이번에 총감부가 안악으로 사람을 보내 그의 신분이 드러났다면 와타나베 손에서 벗어나지 못했을 것이다. 그런데 지금 심문 과정을 보면 와타나베는 전혀 모르고 있는 듯했다. 혹시 한인 경찰과 정탐들이 그런 내용들을 고의로 빠뜨린 것이 아닌가하는 의심이 들 정도였다. 그렇다면 나라는 망했어도, 민족은 아직 살아있다는 뜻이다. 그는 문득 제자인 김홍식(金弘植)과 동료 원인상(元仁常) 같은 이들이 경찰이 되었어도 끝내 비밀을 지켜주고 몰래 돌봐준 일을 떠올렸다. 바로 이런 이들 때문에 그는 한인 경찰과 정탐 중에도 양심을 버리지 않고, 조국을 아끼는 충정이 남아 있는 이들이 많다는 것을 믿게 되었다. 그리고 조국의 광복을 위해 끝까지 싸우겠다고 다시 한번 마음을 다졌다.

조용히 생각에 잠겼던 그는 김홍량이란 사람이 활동력이 뛰어나고 인품이 고결하니, 자신을 희생해서라도 기필코 그를 살려내야겠다고 결심했다. 그래서 다음 심문에서 김홍량에게 유리한 답변을 하기 위한 준비를 했다. 이른바 '거북이는 늪에 묻히고, 기러기는 바다로 날아가라(龜沒泥中, 鴻飛海外)'는 전술이었다. 하지만 일은 그리 간단하지 않았다.

이후 김구는 무려 일곱 번을 더 불려 나갔고, 와타나베 때 심문을 제외하곤 매번 처절한 고문에 만신창이가 되어 돌아왔다. 그럴 때마다 그는 상처투성이 몸을 이끌고 온 힘을 다해 외쳤다.

"너희는 내 목숨은 앗을 수 있어도, 내 정신은 빼앗지 못한다!"

그 말은 동지들의 사기를 북돋기 위해서였다. 그럴 때마다 일본군은 그를 막으며 때렸다.

"개소리 집어치워! 당장 죽여버릴 수도 있어!"

김구는 설사 자신이 죽더라도 동지들의 투쟁 의지를 북돋울 수 있다면 그것으로 충분하다고 여겼다. 여덟 번째 심문 때는 고위 경찰 간부 7~8명이 늘어서 있었다. 그들은 이번에는 회유에 나섰다.

"다른 자들은 이미 다 자백했는데 너만 버티는 건 어리석은 짓이야! 너는 입을 다물어도 다들 불었는데, 네 죄를 숨길 수 있겠어? 잘 생각해 봐! 주인이 새로 산 논밭에 쓸모없는 돌이 있으면 어떻게 하겠어? 당장 치우지 않겠어? 그러니 말 잘하면 무죄로 풀어주겠지만, 계속 이러면 여기서 죽는 수밖에 없어!"

그들의 회유에 김구는 숨을 깊게 들이마시고 말했다.

"좋다! 너희가 나를 새 밭에 쓸모없는 돌멩이라 여긴다면 그 말이 맞다! 내가 너희에게 파내지는 고통이, 나를 파내려는 너희의 수고와 같다고 생각하나? 그렇다면 잘 봐라! 굳이 너희 손을 빌릴 필요도 없으니! 지금 당장 내 손으로 죽어주지!"

그리곤 벌떡 일어나 기둥에 세차게 머리를 박고, 그 자리에서 의식을 잃었다. 당황한 건 오히려 경찰 간부들이었다. 어떤 자는 처음 보는 광경에 놀라 얼어붙었고, 어떤 자는 그를 살려 내려고 인공호흡을 하고, 또 다른 자들은 찬물을 뿌려 깨웠다. 희미하게 의식이 돌아올 무렵, 어디서 "김구는 조선에서 존경받는 사람이라니, 제게 맡겨 주십시오."라는 말소리가 들렸다.

이어 그렇게 말한 사람이 김구를 부축해 감방까지 데리고 갔다. 서서히 정신이 돌아오자 이상하게 일그러진 얼굴이 시야에 들어왔다. 웃고 있었지만 뒤틀린 얼굴 때문에 어딘지 괴이한 인상이었다. 그 인물이 담배를 내밀며 아주 공손하게 말했다.

"당신이 황해도에서 교육에 열성적이라는 보고를 받았소, 월급이 적어도 성실하고 꼼꼼해 칭찬이 많더군요. 또 주변 평판도 정직한 인물이라던데 총감부에서 잘 몰라 이런 고초를 당했구려. 정말 유감이오. 우리가 심문할 땐 사정에 따라 달리 대우하기도 합니다. 사실을 전부 털어놓으면, 내가 특별히 호의적으로 대해 주겠소……."

김구는 계속 고개를 흔들며 의식이 흐린 것처럼 보였지만, 속으로는 너무나 분명히 알고 있었다. 저 사람은 지금 신임을 얻은 뒤, 그의 진심을 캐내려는 것이다.

당시 일본이 자백을 강요하는 주요 수법은 세 가지였다. 첫째가 혹독한 고문, 둘째가 굶기는 것, 마지막이 회유였다.

혹독한 고문은 채찍이나 몽둥이로 무자비하게 두들기거나, 밧줄로 양팔을 뒤로 묶고 나무 걸상 위에 세운 뒤에 천장에 매단 줄에 묶고서 걸상을 빼버리는 방식이었다. 그럼 얼마 못 가 극심한 통증으로 정신을 잃고 만다. 또 화로에 달군 쇠막대로 벌거벗은 몸을 아무 데나 지지는 고문이 있고, '찰형(拶刑)'이라 해서 손가락 사이마다 나무쪼가리를 끼운 다음 양 끝을 줄로 조여 손가락을 짓누르는 일도 있었다. 아니면 거꾸로 매달고 코에 물을 억지로 부어 넣는 물고문도 가했다.

그러나 김구가 가장 견디기 힘든 것은 고문 자체보다 굶주림이었다. 심문기간 동안 식사량을 현저히 줄여, 간신히 목숨만 붙어 있게 한다. 가족이 밥을 보내 주어도 심문 주임의 허가 없이는 전달되지 않았다. 그들이 원하는 식으로 자백하면, 즉 다른 사람에게 피해가 될 가짜 내용이든 뭐든 맞춰 주면 허가해 주고, 반항하면 식사를 막아 버린다. 그러니 허기가 절정에 달했을 땐 밥 냄새만 맡아도 미칠 지경이었다.

회유 역시 만만찮은 고비였다. 몹시 굶겨 놓은 죄수를 경찰 총감부 내 호화로운 방으로 데려가 맛있는 음식을 내놓고 달콤한 말로 자백을 설득한다. 고문은 견디면서도 이 유혹 앞에 무너지는 이가 적지 않았다.

김구는 워낙 강경하다는 소문이 돌자, 놈들은 일부러 그에게는 겨나 짚 같은 걸 섞고, 쓴 것을 섞어 만든 거칠고 맛없는 음식을 줬다. 도저히 삼키기 힘들어 뱉기도 했지만 며칠 지나 고문도 없고 식욕이 좀 돌면 그조차도 맛있게 느껴졌다.

석 달 내내 아내 최준례는 매일 이른 아침과 저녁마다 구류소에 밥을 지어 날랐다. 올 때마다 문 앞에서 김구에게 밥을 가져왔으니 좀 전달해 달라고 사정했지만, 문지기는 김구는 몹시 나쁜 놈이라 밥을 못 준다고 고함치며 쫓아냈다. 그 때문에 김구는 누구보다도 많이 굶었다.

시간은 어떻게든 흘러간다.
재판이 열리는 날, 김구는 말이 끄는 함거(檻車)에 실려 경성지방법원 정문에 도착했다. 문 안에 어머니가 딸 화경을 등에 업고 아내와 함께 서 있었다. 스쳐 지나갈 때, 딸아이의 앳된 목소리가 들렸다. 2호 법정으로 들어가니, 피고석에는 이미 여러 명이 앉아 있었다. 맨 앞 안명근, 그다음 김홍량, 그리고 세 번째가 김구, 이어 이승길(李承吉)[55], 한순직, 김용제(金庸濟)[56], 최명식 등 40여 명이었다. 숫자가 엄청났다. 그가 자리에 앉으며 방청석을 둘러보니, 피고인 가족과 학생, 변호사, 기자도 많았다. 그때서야 그는 한필호가 총감부에서 고문받다 죽었고, 신석충이 이송 중 기차에서 뛰어내려 죽었다는 소식을 전해 들었다.

재판 결과, 안명근이 무기징역, 김홍량, 김구, 이승길, 한순직, 원행섭(元行燮)[57] 등이 징역 17년, 도인권(都寅權)[58], 양성진(楊星鎭)[59]이 10년형을 선고받았다. 나머지 19명은 무의도, 제주도, 고금도, 울릉도로 유배형을 받았다.

며칠 뒤, 김구 등은 서대문형무소로 옮겨졌다. 이른바 '인간 지옥'으로 악명 높은 곳이었다. 징역 5년 이하면 어떻게든 살아서 나올 수도 있지만, 7년 이상이면 살아서 나오기가 요원했다. 김구는 '육신은 왜놈 손에 사로잡혔지만, 죽을 때까지 유쾌하게 살리라'고 스스로 다짐했다. 그러한 생각 덕에 그는 감옥 속 동지들과 서로 한배에 탄 전우로 결속되었다. 그 동지들 대개 아들이 있었고, 김구는 딸 화경 하나뿐이었다. 그래서 4남 1녀를 둔 김용제가 자신의 셋째 아들 문량(文亮)을 그에게 양자로 보내주겠다고 했다. 대를 잇게 해주려는 마음이었다.

이 시기의 김구는 자신 내면의 큰 변화를 깨달았다. 지난 10여 년 동안 성경을 들고 교회에서 설교하거나 학교에서 가르치며, '뭐든 자신의 양심에 따라 일하고, 어떤 일이든 자신을 먼저 돌아보고 남을 탓하지 않는다'는 신조를 지켜왔다. 이에 학생과 지인들도 그를 신뢰했다. 하지만 지금은 달랐다. 과거의 온유함이 여기저기 단련되어 한층 강고해진 듯했다.

원수 같던 와타나베와 맞닥뜨렸을 때, 예전 '김창수'도 알아보지 못하면서 '내가 X선을 갖고 있다'라며 허풍을 떠는 그를 보며, 김구는 '일본 따위가 뭐 그리 대단한가?'라는 생각이 들었다. 잇따른 혹독한 고문에 기절했다 깨기를 거듭하는 과정에서 그는 더욱 굳건해졌다. 일본이 비록 우리 주권을 앗아 갔지만, 영구히 지배하진 못할 것이라는 확신을 갖게 된 것이다.

왜놈들은 자신을 깨진 잡석이라 부르지만, 자신은 단단한 돌덩이라 생각했다. 죽더라도 더욱 단단한 돌이 되리라는 정신을 품고, 진실로 강인한 돌이 되어 그들을 흔들어 놓으리라고 다짐했다. 그리고 자신에게 여러 번 되뇌었다.

"내가 하루라도 더 살아 있는 한, 매일 왜놈에게 훼방 놓고 그들의 법을 어지럽히는 것을 기쁨으로 삼겠다. 평범한 사람은 결코 겪어보지 못할 또 다른 인생의 진실을 맛보리라."

처음 서대문형무소에 들어올 때, 그는 옷을 몽땅 벗어 물품 창고에 넣었다. 자유 또한 그 옷과 함께 간수의 손으로 넘어갔다. 중노동을 하라는 지시를 받았는데, 관리자는 그가 달아날까 봐 수갑을 더 조였고, 하룻밤 만에 손목은 다리처럼 퉁퉁 부어올랐다. 다음 날 간수가 그 손을 보고 깜짝 놀라 어찌 된 일이냐고 묻자, 김구는 무뚝뚝하게 대답했다.

"당신네 관리에게 물어라. 난 모르겠으니."

간수장도 와서 보고는 놀라 의사를 불러 치료하게 했다. 그러나 이미 상처가 너무 깊어져 있었다. 수갑을 어찌나 죄었는지 살을 파고들어 뼈에 닿을 정도였다. 수십 년이 지나도록 손목엔 흉터가 남았다. 하지만 마음속에 새겨진 상처는 손목의 흉터보다 더 깊고 더 쓰라렸다.

예컨대 재판 전, 그는 어떻게든 김홍량을 빼내려 애썼다. 그를 해외로 나가 활동할 수 있게 하려고, 모든 것을 자신이 다 떠안으려 했다. 그러나 김홍량은 그만 굴복해서 안명근에게 부탁받아 행했던 일들을 자백해 버렸다. 또 한순직 역시 17년 형을 받았지만, 그가 한때 매수당해 동지의 정보를 넘기려 한 일은 김구에게 깊은 상처로 남았다…….

서대문형무소는 원래 '경성감옥'으로 불리던 곳으로, 수감자는 천 명이 넘었다. 그중 일부는 의병이었고, 나머지는 이른바 잡범으로 분류되었다. 김구는 처음에 감옥에 갇힌 죄수 대부분이 의병이고, 또 지역이나 집단의 지도자급—예컨대 강원도 의병 참모장이나 경기 의병 중대장 등—이라고 해서 무척 기뻐했다. 의병이라면 틀림없이 나라를 위해 싸우는 용맹한 이들이니, 기개든 투쟁 경험이든 배울 것이 많겠다 생각했다. 그러나 막상 교류해 보니 그들의 언행은 거칠고 험악하기 이를 데 없었고, 자칭 참모장이라는 이조차도 군사 전략을 전혀 이해하지 못했다. 나머지 상당수도 의거의 목적도 없고, 나라의 의미도 아예 몰랐다. 그럼에도 이들은 예전에 어떻게 총을 들고 마구 고장을 휘젓고 다녔는지를 자랑스럽게 떠벌렸다.

김구가 감옥에 들어온 며칠 동안, 저녁식사를 마치고 노역장에서 돌아온 이들은 무시하는 눈빛으로 김구를 쳐다보았다. 어떤 자는 그를 향해 호령조로 어서 참모장에게 절을 올리라고 큰소리쳤고, 또 누군가는 이상한 질문을 하고 놀려대며 웃어댔다. 여기저기서 한마디씩 입을 보태다보니 머리가 지끈거릴 정도였다. 김구는 아예 한쪽 구석에 앉아 아무 말도 하지 않았다. 그의 묵묵함이 도리어 이들의 허세를 한풀 꺾은 듯했다. 그중 한 명이 뭔가 아는 듯 김구를 국사범(國事犯)이라 여겼다. 그리고 아까 거들먹거리고 들어온 참모장은 허위(許蔿)[60]의 부하였다. 김구는 혼자 탄식했다.

"겨우 저 정도가 참모장이라니……. 허위의 실패는 당연한 일이었어!"

그러나 곧 김구는 허위에 관한 이야기를 듣고 나서 깊이 반성했다. 이강년(李康年)[61]과 함께 일본군에 체포된 허위는 재판과 판결을 전부 거부하고, 매일 일본을 향해 욕설을 퍼붓다가 사형당했다고 했다. 또 서대문형무소 안에서 이런 소문도 떠돌았다. 서대문형무소 안에 맑고 시원한 우물이 있었는데, 허위 선생이 처형된 다음날, 우물물이 붉게 변하고 탁해져 먹을 수 없어 우물을 덮었다는 이야기였다.

그 두 의병 지도자의 모습에 김구는 반성하며 자책했다.

'옛날 의병은 지식도 배움도 없어 무식하다는데 사실이다. 하지만 나 또한 고능선 선생의 가르침을 받고 나서야 비로소 대의를 깨우치지 않았는가? 선생의 말씀 중에 "삼척동자라도 개와 양에게 절을 올리라 하면 화내며 거부할 것이다"라는 말이 있다. 나는 그 말로 교단에서 어린 학생들을 가르쳤으면서, 지금 일본 간수에게 머리를 숙이고 있지 않은가? "남이 해준 밥을 먹고, 남이 지어 준 옷을 입었으니, 품은 뜻은 배반함이 없어야 한다"라는, 내가 늘 외우는 시를 다 잊었단 말인가? 나도 밭을 갈지도, 베를 짜지도 않았지만 조선 사회가 나를 먹이고 입혀 주었다. 이제 왜놈이 밥을 죽고 옷을 주는 것은, 그 대가로 내게 순종을 원하는 것이 아닌가? 의병이든 도적이든 간에 이들은 왜놈의 말 잘 듣는 백성이 되지 않겠다고 10년이든 평생이든 감옥살이를 택한 사람들이다. 그 자체로도 의병의 가치는 충분하지 않은가? 학생들에게는 사내로 태어나서 의롭게 살라 가르쳤으면서, 지금 나는 살기를 바라는 것인가? 아니면 죽음을 바라는 것일까? 지금 나는 개돼지보다 못한 삶을 감내하고 있는데, 17년 후에 내가 과연 공을 세워 속죄할 수 있을까?'

이런 생각은 그를 밤낮으로 괴롭혔다.

바로 그즈음, 안명근이 조용히 그에게 말했다.

"여기 들어온 뒤로 난 하루라도 더 살면 그만큼 치욕이 늘어난다고 생각했소. 이틀을 더 살면 이틀만큼 욕을 더 먹는 것 같소. 차라리 단식으로 죽으려 하오."

김구는 그 말에 할 수 있으면 한번 시도해 보라고 답했다.

그날부터 안명근은 배가 아프다는 핑계로 식사를 전부 다른 죄수에게 나눠 주고는, 4~5일 동안 물조차 마시지 않았다. 탈진 직전이었지만 왜놈들은 금방 그의 속셈을 알아채고, 병원으로 옮겨 검사했다. 병이 없다는 게 드러나자, 그를 뒤로 묶고 억지로 입을 벌려 죽이나 계란 등 유동식을 주입해 죽음의 문턱에서 끌어냈다. 이 감옥에서는 '마음대로 죽을 자유'조차 허락되지 않았다.

며칠 후 다시 만난 안명근은 체념한 듯 씁쓸하게 말했다.

"이젠 다시 밥을 먹소."

김구는 깊이 한숨을 내쉬며 말했다.

"살생을 주재하는 부처라 해도 이곳에선 협상해야 하니, 부디 몸을 아끼시오."

그래도 다행히 감옥 안엔 서로 뜻이 맞고 의지할 만한 동지들이 있어, 지옥 같은 삶의 작은 위안이 되었다. 그가 서대문형무소로 이감된 지 얼마 지나지 않아, 왜놈들의 두 번째 대대적 소탕 작전이 벌어졌다. 첫 번째는 황해도를 중심으로 40여 명을 체포해 처벌했고, 이번에는 데라우치 총독을 암살하려 했다는 터무니없는 누명을 뒤집어씌워 전국에서 700여 명의 애국자를 잡아들였다. 역시 경찰 총감부에서 가차 없는 고문을 가한 뒤, 그중 105명을 법원에 넘겼다. 훗날 이 사건을 '105인 사건' 또는 '신민회(新民會) 사건'이라 부른다.

감옥 식사는 하루 세 끼지만 정말 형편없었다. 쌀 3할에 콩 5할, 도정도 덜 된 잡곡 2할을 섞은 밥은 양도 아주 적었다. 가족이 밥을 보내려 해도 먼저 간수가 검사한 후에야 죄수들에게 전달됐는데, 반드시 한곳에 모여 함께 먹어야 한다. 반면 감옥 배식을 받는 이들은 공장이나 작업장, 혹은 자기 방에서 먹어도 됐다. 밥을 먹기 전에는 간수의 구령에 따라 무릎을 꿇고 머리를 조아려야 했다. 그때 간수는 침을 튀겨 가며 "천황께서 너희 죄인을 불쌍히 여겨 밥을 준다. 얼른 천황에게 머리 숙여 감사의 뜻을 표해!"라고 호령했다.

그럴 때 죄수들은 중얼중얼 뭔가 주문이라도 외듯 웅얼댔다. 처음에 김구는 진심으로 일왕에게 은혜를 구하는 줄 알았는데, 나중에 진실을 알게 되었다.

"일본 법전 읽어 본 적 없어? 거기 보면 '일왕이나 왕비가 죽으면 대사(大赦)를 내려 죄수들을 풀어 준다'고 적혀 있어. 그래서 우린 날마다 하루빨리 일왕이 죽으라고 간절히 비는 거야!"

그 말에 김구도 이후 밥을 먹을 때마다 마치 주문을 외우듯 간절히 빌었다.

"하느님, 내게 무한한 힘을 주소서. 동양의 원흉인 왜왕을 내 손으로 처단하게 하소서."

당시 감옥엔 '감식(減食)'이라는 징벌도 있었다. 남에게 음식을 나눠 주거나, 다른 사람 밥을 대신 먹다가 걸리면, 3~7일 동안 식량을 3분의

1, 혹은 절반 정도로 줄였고 간수에게 매질까지 당했다. 김구는 감옥 규정을 꼼꼼히 분석하며 다짐했다.

'비록 내가 붉은 죄수복을 입고 있어도, 정신만은 결코 범죄자가 아니다. 난 한민족의 한 사람이지, 왜놈들의 새 순민(順民)이 아니다. 가능한 한 그들의 법을 행동으로 저항하면서, 내 삶의 의의를 찾자.'

그런 결의로 그는 매일 자기 식사 중 일정 분량을 남겨, 굶주린 이에게 몰래 전달했고, 교묘히 간수 눈을 속였다. 그런 모습은 다른 죄수들에게도 깊은 인상을 주었다. 점차 김구는 '국사범'다운 고결한 인격과, 또 자신의 밥을 남에게 나눠준 선행으로 감옥 속 다른 죄수들에게도 깊이 존경받았다. 덕분에 지식이 있는 죄수들과 점차 우의를 쌓았고, 김구와 그의 동지들은 자연스레 그곳에서 '지도부' 같은 중심 역할로 자리 잡았다.

감방 하나에서는 열댓 명, 많을 땐 스무 명 넘게 함께 지냈다. 저녁식사 후 몇 시간 동안은 책을 볼 수 있고, 문맹자들은 이야기를 나누며 시간을 보냈다. 하지만 큰 소리로 읽거나 떠드는 건 금지였다. 조금만 소리가 높아도 간수가 곧바로 달려와 추궁했고, 자수하면 철장 밖으로 손을 내밀게 한 뒤 때렸다.

어느 날, 최명식이 옴에 걸려 격리되어 옴방에 갇혔다. 오랫동안 만나지 못했던 그의 병세가 걱정된 김구는 어떻게든 보러 가려고 방법을 궁리했다. 감옥 의사의 순시가 있기 30분 전에, 철사 끝으로 자기 손가락 사이를 찔러 상처를 만들었다. 물집이 생겨 염증이 흘러나오자 얼핏 보면 옴 같았다. 아니나 다를까, 역시 옴방에 보내져 최명식과 같은 감방에서 지낼 수 있게 되었다. 오랜만에 만난 두 사람은 밤늦도록 긴 이야기를 나눴다.

4장 집으로 돌아온 느낌

그러나 이들이 떠드는 소리에 간수가 달려왔다.

먼저 말한 쪽이 누구냐고 추궁하자, 김구는 지체없이 나섰다. 결국 그는 곤봉 세례를 당했고, 귀 연골까지 부러질 정도로 심하게 맞았다. 그는 이를 악물고 단 한마디 비명도 지르지 않고 버텼다. 다행히 간수가 지쳤는지 최명식은 건드리지 않고 또 떠들면 봐주지 않겠다고 경고하고 나가버렸다.

사실 그가 옴방으로 옮기려 한 데에는 최명식을 보기 위한 목적이 있었지만 감방이 너무 비좁았던 이유도 컸다. 죄수들이 다닥다닥 붙어 앉거나 누워 있어, 콩나물시루처럼 답답했다. 잠잘 때는 한 명은 동쪽을, 다른 이는 서쪽을 향해 서로 거꾸로 자야 했고, 조금만 몸을 뒤척여도 다른 이의 등이나 다리에 깔렸다. 그래서 힘이 약한 자들이 자주 깔려서 엉켜 구르다가. 한번은 나이 많은 죄수의 가슴이 눌리는 바람에 질식사한 적도 있었다.

여름과 겨울은 특히 견디기 힘들었다. 여름엔 온 방이 탁한 숨결과 땀내로 가득 차 찜통 같았고, 열사병으로 쓰러지기 일쑤였다. 실제로 죄수들은 여름에 죽어 나가는 일이 가장 흔했다. 겨울엔 스무 명 넘는 방에 이불은 고작 네 채, 그것도 짧아 무릎 아래로는 덮을 수 없었다. 대다수가 다리나 발에 동상을 입고, 손가락 발가락이 아예 떨어져 나가 절뚝이는 이도 많았다. 더구나 서대문형무소에 들어온 첫 100일 동안 김구는 중범으로 분류되어 늘 수갑을 찬 채 지내야 했으니, 그 비좁은 방에서 수갑을 찬 채 잠을 자는 것은 정말 고역이었다.

매일 아침 작업에 나가기 전에는 점호를 했다. 점호가 끝나면 밤에 입었던 옷을 벗고, 수건으로 하체만 감싼 채 알몸으로 노역장까지 걸어가야 했다. 노역장까지의 거리는 수십 걸음에서 백 걸음 이상 되는 곳도 있었으며, 길 폭은 벽돌 하나 너비에 불과해, 죄수들은 맨몸으로 일렬로 걸었다. 노역장에 도착하면 작업복을 입고 다시 줄지어 앉아 숫자를 확인한 뒤에야 아침밥을 먹고 일을 시작했다.

일은 대체로 중노동이었다. 철공, 목공 같은 작업뿐 아니라, 마대를 짜거나 담배를 말거나 짚으로 새끼를 꼬거나 밭을 갈기도 했다. 하루종일 고된 노동을 하고 저녁밥을 먹고 돌아올 때도 다시 옷을 벗은 채 걸어 돌아왔다. 겨울이면 거의 모든 죄수가 동상을 입었다.

매일 밥 먹기 전 머리를 조아리며 많은 사람들이 날마다 간절히 빌었던 것이 통해서였을까? 어느 날, 갑자기 작업 중지 명령이 내려오고 죄수 모두를 한자리에 모았다. 이내 안내방송이 울렸다.

"메이지 천황이 붕어하셨다. 사면령이 내려졌으니 보안법 위반으로 2년형을 받은 죄수들은 즉시 출소한다."

이 조치에 김구도 8년을 감형받았고, 몇 달 뒤 왕비까지 사망해, 다시 감형받아 형기가 5년으로 줄었다. 서대문형무소에서 3년을 지낸 그는 이름을 '김구(金龜)'에서 '김구(金九)'로 바꾼 뒤, 인천감옥으로 이감되었다. 그곳에서는 더 혹독한 항만공사 노역을 하게 되었다. 매일 아침 다른 죄수 한 명과 함께 허리에 쇠사슬을 묶고 노역장으로 향했다. 진흙을 담은 지게를 지고 열 자 넘는 사다리를 오르내리는 일은 고통 그 자체였다. 허리와 등이 망가져 잠시 쉬려 해도 온몸이 욱신거려 꼼짝도 할 수 없었다.

그럴 때면, 서대문형무소에서의 생활이 오히려 호강처럼 느껴졌다…….

8

 자쓰렌을 방문하기에 앞서, 김신 선생은 자싱시 경제무역위원회를 찾았다. 곧 한국으로 출국할 예정인 자싱시 정부대표단과 경제무역대표단을 만나 일정을 상세히 확인하고, 여러 가지 상황을 직접 챙겼다. 선생의 자상함과 가족 같은 배려는 정말 감동적이었다.
 김신 선생이 왔다는 소식을 듣고, 자싱에 투자해 공장을 세운 한국 기업인들도 이 덕망 높은 장군을 만나고 싶어 했다. 그래서 자연스레 한국어로 친밀한 담소가 오갔다.
 저녁에는 김신 선생이 자싱호텔 연회장에서 자싱시의 여러 지도자와 관계자들을 초청해 답례 연회를 열었다. 그는 일찍 연회장에 도착하여 준비 상황을 직접 점검하고, 서서 손님들을 맞이했다. 식사 자리에서는 한국과 중국 양국 국민 사이의 오랜 우정을 기리고, 김신 선생의 건강과 장수를 기원하며 잦은 건배가 이어졌다.
 이소심 여사의 말에 따르면, 김신 선생은 평소에 술을 거의 마시지 않는 편이다. 한국으로 떠나기 전, 그의 딸 김미 씨가 이소심 여사에게 아버지가 과음하지 않도록 살펴달라고 특별히 부탁했다고 한다. 딸은 아버지가 기분이 좋아지면 고혈압도 의사의 주의도 잊어버릴 수 있다고 걱정했다. 실제로 전날 밤에도 김미 씨가 한국에서 전화를 걸어 아버지의 건강을 챙기며, 과음하지 않도록 챙겨달라고 이소심 여사에게 부탁했다. 하지만 이번 연회는 선생이 호스트라서 이소심 여사도 차마 간섭하기 어려웠다. 한때 외교관을 지냈던 선생은 예의를 생명처럼 여겼기에, 식사 자리에서 그의 호탕한 웃음소리와 자싱 특산주인 '선량주(善釀酒)'에 대한 칭찬이 끊이지 않았다. 붉게 상기된 얼굴만큼이나 기분도 흥도 한껏 올라 보였다. 선생의 솔직함과 직설적인 성격도 그 붉게 달아오른 얼굴과 함께 거리낌 없이 드러났다.

김신 선생은 자싱에 올 때마다 떠나기 전 꼭 나를 따로 불러 이야기를 나누었다. 그 대화는 가족 간의 담소처럼 편안하고 자연스러웠다. 이번에도 다르지 않았다. 선생은 나를 늘 가족처럼 대했고, 나 역시 그를 형부의 지인이자 존경스럽고 친근한 어른으로 여기게 되었다. 마찬가지로 이소심 여사 또한 형부와의 인연 덕분에 나와 더욱 가까워졌다. 그녀는 이렇게 말했다.

"수송은 참 다정하고 열정적인 사람이에요. 내가 그보다 몇 해 늦게 귀국했는데, 1992년 봄 내가 서울로 돌아왔을 때 공항에 마중을 나와 줬고, 친오빠처럼 함께 서울 곳곳을 돌아다녔어요. 지금 자싱에 와서는 당신이 나를 이렇게 데리고 다니니, 인연이란 게 참……."

그 말을 듣고 나는 내심 무척 기뻤다. 누군가에게 필요한 사람이 된다는 것은 행복한 일이니까. 이후 교류가 계속 이어지면서, 우리는 마음이 통하는 막역한 사이가 되어, 서로의 이야기를 허심탄회하게 나눌 만큼 친해졌다. 그래서 며칠 동안 이소심 여사에게 옌자방의 쑨구이룽 이야기를 간간이 들려주었다. 그녀는 이 이야기가 역사와 관련된 중요한 사실일 수 있다며, 조용한 기회에 김신 선생께 보고하는 게 좋겠다고 말했다.

그래서 나는 바로 그날 밤을 택했다. 김신 선생이 먼저 사진 한 장을 보여주더니, 짧은 소매 치파오를 입은 젊은 여인이 누구인지 맞혀 보라고 했다. 나는 그 흑백사진을 유심히 들여다보았다. 그 옷차림과 사진 속 격자 창문으로 보아 1930년대 사진관에서 찍은 것으로 짐작되었다. 수수하고 정직해 보이는 얼굴과 다부진 체격……. 직감적으로 예전에 김구 선생의 배를 저어주던 뱃사공 주아이바오 같았다.

"혹시 주아이바오가 맞습니까?"

내 질문에 김신 선생이 고개를 끄덕이며 말했다.

"우리도 그렇게 생각해요."

그는 이 사진을 가지고 온 이유가 그녀의 행방을 알아보고 싶어서라고 덧붙였다. 선생의 대답을 듣는 동안 나는 문득 이상한 기분에 휩싸였다. 사진 속 여인의 용모가 김구 선생 어머니와 무척 닮아 보였기 때문이었다. 나도 모르게 그 생각을 입 밖에 내고 말았다. 내 말에 추리전도 웃으며, 자기도 처음엔 그 사진이 김구 선생 어머니의 젊은 시절 사진인 줄 알았다고 말했다.

『백범일지』를 읽은 사람이라면 자주 등장하지도 않고 묘사도 많지 않지만 묵직한 울림을 주며 깊은 인상을 준 그 이름, 주아이바오를 결코 가볍게 여기지 않을 것이다. 사진 속 그녀의 미소에는 선량함과 부지런함, 솔직함, 후회도 없는 삶의 태도가 고스란히 담겨 있었다. 그 얼굴은 내게 깊은 인상을 남겼고, 그녀의 자취를 찾아보고 싶다는 마음이 들었다. 그래서 김신 선생께 추푸청의 손녀인 추리전과 함께 수소문해 보겠다고 약속했다.

나는 김신 선생이 평생 아버지 김구 선생에게 도움을 주었던 이들을 기억하고 찾아다니며, 그 후손이라도 만날 수 있다면 찾아가 감사

인사를 전하려 애써 온 것을 알고 있다. 그래서 이 기회에 신문에 기사가 실린 뒤 일어난 여러 일들을 그에게 들려주었다. 옌자방, 쑨구이룽 그리고 폭탄 상자 이야기까지……. 선생은 소파에 비스듬히 기대어 조용히 그러나 매우 진지하게 이야기를 들었지만, 별다른 말은 하지 않았다. 이유는 간단했다. 역사적 사실을 먼저 검증해야 하고, 또 본인 스스로도 오래된 기억을 하나하나 되짚어볼 시간이 필요했기 때문이다. 일흔넷이라는 나이에, 무수히 많은 과거의 장면들이 기억의 밑바닥에 가라앉아 있으니, 충분히 이해할 수 있었다.

'옌자방'이라는 지명은 김구 선생의 자서전에도 분명히 기록되어 있고, 천퉁성의 시골 친척인 '쑨융바오'에 대한 언급도 있었다. 그러나 '쑨구이룽'이라는 이름은 김신 선생에게 낯설었다. 더구나 쑨구이룽이 언급한 폭탄 상자 이야기는 그 어떤 자료나 기록에도 등장하지 않았다. 나는 김신 선생의 기억을 조금이라도 일깨우기 위해 말했다.

"쑨구이룽 어르신 말씀으론, 장보보가 난징으로 가신 뒤에도 여러 번 편지를 보내 감사와 그리움을 표하셨다고 해요. 또 한 번은 항저우에서 일을 보고 돌아가시다 일부러 자싱으로 들러 옌자방을 방문해 그들을 만났다고 합니다. 장보보가 그들이 결혼한 사실을 알고, 중국 풍습에 따라 부부에게 '첫 대면에 주는 돈'을 챙겨주셨다고 했어요. 장보보가 귀국 후에는 그 댁에 편지를 보내 자신의 진짜 신분을 밝히고, '김구(金九)'라는 친필 서명이 들어간 사진을 동봉했다고 해요. 그게 마지막 연락이었다고 해요."

김신 선생은 묵묵히 듣고만 있었다. 쑨구이룽은 문화혁명 당시 반혁명 분자로 몰려 노동 개조형을 당했고, 그 과정에서 증거가 될 만한 물건들은 대부분 사라졌다. 예를 들어, 김구 선생이 떠나기 전에 둘로 찢어 남긴 쪽지, 난징에서 보내온 편지, 귀국 후에 자신의 친필 사인을 넣어 보냈던 사진 등은 그 시절의 소용돌이 속에서 흔적도 없이 사라졌을 것이다. 보관하기 쉬워 보이는 소지품들이지만, 중국인이라면 안다. 그 혼란했던 10년, 이런 물건들을 지닌다는 것이 얼마나 큰 위험인지. 공룡이 신생대 문턱을 넘어가려는 것만큼이나 불가능에 가까운 일이다.

하지만 한국인인 김신 선생은 이러한 사정을 완전히 이해하기란 쉽지 않을 것이다. 게다가 이제 그 물증마저 없으니, 누가 이 소박하고 성실한 농부의 이렇게 전설 같은 이야기를 선뜻 믿어줄 수 있을까. 말만으로는 아무것도 증명할 수 없다는 것이 너무 안타까웠다. 그래서 나는 다시 쑨구이룽의 기억이라며 들려준 이야기를 전했다.

"쑨구이룽 어르신 말이, 항일전쟁이 끝난 뒤 선생님이 미국에서 귀국하실 때, 천퉁성의 두 아들 귀천과 귀워와 함께 옌자방을 찾아왔었다고 합니다. 귀국 전에 아버지께서 자싱에 꼭 들르라는 편지를 보냈다고 하면서요. 그날 그 댁에서 점심을 드시고, 수박도 직접 잘라 함께 나눠 먹었다네요. 그리고 그 가족과 함께 기념사진도 찍으셨답니다."

김신 선생은 기억을 더듬으며 말했다.

"귀국 직전에 자싱에 들러 천퉁성 집을 방문한 건 확실히 기억이 나는데, 옌자방이라는 시골까지 갔었는지는 잘 모르겠어요. 50년도 더 된 일이라……."

원체 진중한 분이었다. 선생은 쑨구이룽이 쓴 자료를 챙겨 갔다. 자싱을 떠난 뒤 난창으로 가서 천퉁성의 장남 천귀천과 며칠을 함께 보냈다. 아마 그 과정에서 무언가 사실을 확인하고자 했던 것은 아니었을까.

5장

영원히 살아 숨 쉬는 이야기

1

급하게 와서 바삐 움직였던 김신 선생이 다시 떠났다. 우리에게는 무한한 상상을 불러일으키는 사진 한 장을 남겼다. 자싱의 뱃사공 주아이바오…….

매일 밤, 적막이 찾아올 때면 나는 그 사진을 따뜻한 조명 아래 놓고 들여다보곤 했다. 어슴푸레한 불빛 아래에서 그녀의 미소가 마치 물결처럼 책상 위를 스쳐갔다. 책상 위에는 김구 선생의 『백범일지』가 펼쳐져 있었다.

예전에 우연히 발견했던 천퉁성 집 다락방 비밀통로처럼, 이 뱃사공에 관한 이야기도 아주 작고 희미한 단서라도 찾아낼 수 있길 바랐다. 하지만 사람의 목숨은 집보다 훨씬 짧다. 게다가 내가 찾는 이는 물줄기가 그물처럼 뒤엉킨 강남 수역을 떠돌던 존재다. 이제는 고속도로와 교차로가 사방으로 뻗었고, 강과 호수를 잇던 여객선은 역사 속으로 사라진 지 오래다. 점차 사라져가는 수향(水鄕)의 풍경 속에서, '배를 젓는 여인'이란 단어를 말하면, 대다수 사람들이 고개를 저으며 '들어본 적 없다'가 아니라 '본 적 없다'고 할 것이다. 그리고 '들어본 적 없다'와 '본 적 없다'는 범위 안에서 '주아이바오'라는 여인을 찾는다면, 돌아올 답 역시 같은 말이 전부일 것이다.

쑨구이룽 어르신은 예전에 주아이바오와 친분이 있었다고 했다. 한때 김구 선생이 그의 집에 머물렀을 때, 주아이바오가 배로 선생을 실어 나르곤 했다는 것이다. 그때 그녀는 스물 남짓한 처녀였으니 김구 선생보다 무려 서른일곱 살이나 어렸다. 손꼽아 보니, 만약 지금까지 살아 있다면 그녀는 이제 여든 중반을 훌쩍 넘긴 백발 노파가 되었을 것이다. 하지만 내 마음속 그녀는 여전히 사진 속 그 모습 그대로 젊고 꿋꿋하다. 중국의 여성 노동자들이 견뎌야 했던 모진 세월을 묵묵히 버티면서도 어떤 원망도 품지 않고 살아낸 단단한 얼굴로 내 맘에 살아 있다.

지금 와서 돌이켜보면, 내가 품고 있는 이 이미지가 꿈속에서 본 것인지, 아니면 『백범일지』를 읽으며 떠올린 상상의 모습인지조차 분간하기가 어렵다.

…… 어느 늦은 밤, 작은 배 한 척이 대운하의 물결 위에서 유유히 흔들리고 있었다. 늘씬하면서도 풍만한 몸매의 여인이 허리를 숙이고 선실 밖으로 몸을 내밀었다. 그녀의 손에는 불빛이 희미하게 깜박이는 풍등이 들려 있다. 풍등은 그녀의 가슴께 자잘한 파란 꽃무늬 저고리만 비춰주고 있었다. 얼굴은 제대로 보이지 않았지만 어렴풋한 윤곽만으로도 단정하고 빈틈없는 기운이 느껴진다. 그녀가 풍등을 높이 들고, 마치 그물을 던지듯 시선을 멀리 수면 너머로 보냈다. 그 순간 바람이 불어와 풍등이 꺼졌고, 대신 수면이 점점 밝아오기 시작했다. 물결이 사방으로 퍼지며 은빛 비늘처럼 번져갔고, 그녀의 파란 꽃무늬 저고리에 그려진 작은 흰 꽃송이들이 물결처럼 잔잔히 흔들렸다. 그녀는 바로 주아이바오였다.

…… 작은 배는 빽빽한 갈대숲 사이로 미끄러지듯 들어갔다. 주아이바오는 대나무 장대를 배 바닥의 구멍에 꿰어, 강바닥에 깊이 찔러 넣어 배를 정박시켰다. 선실 안이 조용한 것을 확인하고, 조심스레 선실 커튼을 젖히고 몸을 숙여 안으로 들어갔다.

장 선생은 작은 낮은 탁자에 엎드려 깊은 잠에 빠져 있었다. 풍등의 희미한 불빛이 그의 지친 얼굴과 팔꿈치 아래 몇 장의 원고지를 비추고 있었다. 그는 당시 자서전을 쓰는 중이었다.

주아이바오는 글을 읽지 못했지만, 그 종이에 적힌 글자가 예전 주가의 노인이 썼던 글자나 거리 간판에서 보던 것과는 전혀 다른 형태임을 알았다. 동글동글하고 직선이 서로 기대어 있는 낯선 글자들. 그녀는 그가 광둥어로 글을 쓰고 있어서, 자신 말과 다르게 보이는 것일지도 모른다고 생각했다. 설마 그것이 '한글'이라는 외국 문자일 거라고는 상상도 하지 못했다.

바람이 매섭게 불어와, 선실 앞의 두터운 문발을 들추며 안으로 들이쳤다. 주아이바오는 그가 깔고 앉아 있는 바람에 이불을 꺼낼 수 없자, 대신 자신의 겉저고리를 벗어 그의 어깨와 등에 가만히 덮어주었다. 그녀는 살금살금 다시 밖으로 나와 뱃머리에 앉았다. 문발이 바람에 펄럭이지 않도록 엉덩이로 꽉 눌러앉았다.

바람은 무정하게 휘몰아쳤다.

방금 전 힘껏 배를 젓느라 흘린 땀이 찬바람에 식으면서 속옷은 축축하게 달라붙어 얼음 같은 한기가 뼛속까지 스며들었다. 강가에서 밀려온 찬 공기가 마치 온몸의 모공 사이로 기어드는 차가운 벌레처럼 덜덜 떨게 만들었다.

그녀는 무릎을 꼭 끌어안아 몸을 데웠다. 그녀의 머리 위로는 둥근 달이 떠 있었다.

김구 선생은 일본군의 수색을 피해 이리저리 떠돌던 당시의 생활을 이렇게 묘사했다.

나는 옌자방에서 르후이차오, 엄항섭의 집과 우룽차오의 천퉁성 집을 번갈아가며 숙소로 삼고, 낮에는 주아이바오의 배를 타고 운하를 오가며 시골 풍경을 감상하는 것이 일과가 되었다.

…… 주아이바오는 남문 좁은 폭의 수로를 향해 배를 힘껏 저어가고 있었다. 수시로 뒤를 돌아보며, 강둑에서 한 남자가 그녀의 배를 쫓고 있는 것을 확인했다. 그녀는 입술을 꾹 다물고 강을 따라 늘어선 오래된 집들이 가려주는 틈을 타 배를 더욱 빠르게 저었다. 하지만 이내 강을 가로막으며 배 한 척이 길을 막아섰다. 배 위에는 모자를 삐딱하게 쓴 사내가 한 명 서 있었다. 미리 매복해 있던 자라는 것을 알 수 있었다. 강가에서 물을 긷고 있던 벙어리가 이 상황을 보고 손짓하며 울부짖듯이 '아아아' 소리를 내며 그녀에게 경고했다.
"멈춰! 멈추라고!"
그 사내는 벙어리보다 더 날카롭게 외치며, 주아이보의 배 옆 부분을 있는 힘껏 움켜잡았다. 그러나 주아이바오는 빨랐다. 그녀는 대나무 장대를 쥐고, 사내의 머리를 향해 힘껏 내리쳤다. 남자는 손을 놓치며 그대로 물에 빠졌다. 이어 주아이바오는 다시 장대를 들어 강을 가로막고 있던 배를 밀쳐내고 남쪽으로 재빠르게 배를 몰았다.
그 순간, 그녀를 뒤쫓아오던 남자가 총을 들고 강둑을 향해 내려왔

자싱의 뱃사공 주아이바오

추푸청 선생의 며느리 주자루이

다. 벙어리는 짐승처럼 울부짖으며 그에게 달려들었다. 그의 목을 움켜 잡고, 방금 물을 채운 물동이 속에 머리를 쑤셔 박았다. 그 틈을 놓칠세라 주아이바오는 미친 듯이 노를 저어 남쪽으로 나아갔다.

배는 눈 깜짝할 사이에 강을 가르며 달려 나갔다.

"멈춰! 멈춰!"

그때 김구가 선실에서 뛰쳐나와 주아이바오를 향해 소리쳤다.

"저 벙어리 청년을 두고 갈 순 없어! 저자는 총을 가지고 있어!"

하지만 배가 너무 빨라 심하게 흔들리는 바람에 김구는 중심을 잃고 다시 선실 안으로 넘어졌다. 그는 몰랐다. 그것은 주아이바오가 노에 힘을 실어 일부러 그를 다시 앉히려 했던 것이란 사실을.

주아이바오는 입술을 굳게 다문 채, 점점 더 힘차고 거세게 배를 저었다.

'탕!'

배가 양자차오(杨家桥)를 지나 대운하로 접어들 무렵, 총성이 울려 퍼졌다.

불처럼 붉은 저녁놀이 하늘의 절반을 물들였다…….

김구 선생은 『백범일지』에도 자신이 자싱에서 체포될 뻔한 일을 기록해 두었다. 얼핏 보면 사건 경위는 단순해 보이지만, 그 이면에는 위험과 행운이 아슬아슬하게 교차하는 순간이 있었다.

그날 김구는 산책길에 나섰다가 어느새 동문 밖에 이르렀다. 길옆으로 군경이 훈련하는 광장이 있어 꽤 많은 사람들이 모여 훈련 장면을 구경하고 있었다. 발을 맞춰 행진하는 병사들의 군화 소리는, 꿈속에서도 한국의 광복군을 창설할 정도로 간절했던 김구에게는 거부할 수 없는 유혹이었다. 그는 인파를 헤치고 나아가 가장 앞줄에 섰다.

하지만 뚫어지게 바라보는 그의 눈빛이 이상했는지, 아니면 온 거리 골목마다 붙어 있던 현상수배 전단 때문인지, 오래지 않아 군관처럼 보이는 사내가 다가왔다.

"당신, 누구요?"

군관이 그의 눈앞에서 멈춰 선 채, 느닷없이 물었다.

"저 말입니까?"

광복군을 상상하고 있던 김구는 깜짝 놀라며 되물었다.

"그래, 당신 말이오."

군관은 못이라도 박은 듯 그의 얼굴에 시선을 고정했다.

김구는 잠시 마음을 가다듬고 준비된 답을 말했다.

"나는 광둥 사람이오"

"뭐? 광둥 사람?"

군관은 눈을 휘둥그레 뜨고 쳐다보더니 이내 고개를 저었다. 김구는 이곳에서 진짜 광둥 사람을 만나게 될 줄 상상도 못했다. 광둥 출신의 군관은 광둥 억양이라곤 전혀 없는, 이 검게 탄 남자를 광둥인이라고 믿지 않았다. 결국 그는 변명의 여지도 없이 바로 보안대 본부로 끌려가 심문을 받았다. 이제 광둥 사람이라는 거짓말은 더 이상 통하지 않았다. 그런데 대화 중에 김구는 보안대장이 일본 놈들을 달갑지 않게 여긴다는 사실을 눈치채고 이렇게 말했다.

"사실 저는 중국인이 아닙니다. 조선에서 온 장사꾼입니다. 상하이 훙커우 공원에서 폭탄 사건이 있고 나서, 일본군의 무자비한 체포와 학살을 견디지 못해 자싱으로 왔습니다. 이곳에서는 추푸청 선생의 소개로 우룽차오에 있는 천퉁성 댁에 묵고 있습니다. 제 이름은 장쩐치우입니다. 의심스러우면 한번 확인해 보십시오."

보안대 측은 사실 확인을 위해 사람을 보냈고, 몇 시간 뒤 천퉁성이 달려와 "추푸청 선생의 체면을 봐서라도 내보내달라"고 간청하고 보증한 덕분에 김구는 풀려날 수 있었다. 하지만 그는 자신이 석방된 진짜 이유를 그때는 몰랐다. 보안대장이 그를 놓아준 것은 단지 추푸청의 체면이나 '장쩐치우'라는 상인 신분을 믿어서만이 아니었다. 더 결정적인 이유는 나중에 그 보안대장이 천퉁성에게 직접 털어놓은 말 속에 있었다.

"나는 일본놈들에게 원한이 있어! 설사 김구가 눈앞에 나타난다고 해도, 나는 똑같이 풀어줬을 거야!"

그 보안대장의 형은 19로군 소속으로 1·24사변 때, 쑹후전투에 참전했다가 일본군 칼에 죽었던 것이다.

이 일이 있고 난 뒤, 김구 선생은 책에 이렇게 적었다.

추평장 선생이 나를 나무라며, '왜 더 조심하지 않느냐'고 말했다. 그리고 친구 중에 한 중학교 여교사가 있는데, 서른 살의 과부라서 만약 그녀와 결혼해 함께 살게 되면 신분을 감출 수 있다고 권유했다. 그러나 나는 지식 여성과의 생활이 오히려 더 폭로될 위험이 크다고 생각했다. 차라리 글을 모르는 뱃사공 주아이바오에게 몸을 의탁하는 편이 낫다고 여겼다. 그래서 나는 배에서 지내기로 했다. 오늘은 남문 밖 호숫가에서, 내일은 북문 밖 운하가에서 자고, 낮에는 다시 육지로 올라가 활동하는 것이다.

겹겹으로 쌓인 시간의 장막을 들추면, 마치 그 시절의 모습이 눈앞에 생생하게 되살아나는 듯했다.

…… 장대비가 쏟아지고 있었다. 배 안은 온통 물이 새서 엉망이었다. 주아이바오는 앞뒤를 살필 새도 없이 갑판으로 뛰쳐나갔다.
"빨리 들어가요! 감기 들겠어요!"
폭우 속에서 희미한 외침이 들렸다. 고개를 돌리자, 배의 덮개 위에 엎드려있는 사람 모습이 눈에 들어왔다. 장 선생이 배 가장자리에 올라선 채, 도롱이로 어떻게든 새는 곳을 덮으려 애쓰고 있었다. 바람이 거세고 빗줄기가 사나워서, 그는 온몸으로 도롱이를 누르고 있었다. 이미 몸은 속까지 흠뻑 젖었다.

주아이바오는 재빨리 배 안으로 달려 들어가 기름먹인 천막을 찾아냈다. 그런 다음 반대편 갑판으로 돌아나가 천막을 펼쳐 배 지붕에 씌우려 했다. 하지만 강풍이 갑작스레 몰아치면서 김구가 잡기도 전에 기름천막이 주아이바오 손아귀를 벗어나 날아가 버렸다. 눈 깜짝할 사이에 빗속으로 사라져 흔적도 보이지 않았다.

…… 한편, 주아이바오는 빌려온 아름답게 장식된 놀잇배를 몰아 난후의 금빛 물결 위를 한가로이 떠다니고 있었다. 선실 안에는 장 선생과 친구들이 둥글게 탁자를 중심으로 둘러앉아 있었다. 사실 이 자리는 대한민국 임시정부의 특별회의였지만, 그녀는 전혀 알지 못했다. 미리 장 선생의 요구에 따라 주아이바오는 그들이 모일 수 있게 이런저런 준비를 해두었다. 탁자에는 언제든 소리를 내며 섞을 수 있는 마작 패와 따뜻한 차, 그리고 막 씻어 물을 뺀 난후의 햇물밤 등이 놓여있었다. 냄비 안에는 고기, 팥, 대추 등을 넣은 다양한 종류의 쫑즈(粽子, 찹쌀 안에

다양한 소를 넣고 댓잎에 말아 찐 음식)를 찌고 있었다. 차 향, 물밥 향, 쭝즈 향이 배 안 가득 은은하게 퍼졌다.

주아이바오는 그들에게 차를 내고, 끓인 물을 여러 주전자 더 가져다준 뒤로는 다시 들어가지 않았다. 그녀가 맡은 역할은 장 선생의 지시에 따라 배를 잘 모는 일이었다. 호수 위에는 비슷한 놀잇배가 두세 척 더 있었다. 그녀는 배를 사람이 많은 나루터나 다른 관광선들과는 적당히 떨어진 곳, 즉 시끌벅적함은 피하되 완전히 동떨어지지는 않는 지점으로 옮겨가며, 자연스레 유유자적한 분위기를 만들어내야 했다. 금빛 물결이 번쩍이는 가운데, 노를 조금씩 저어 나가는 주아이바오의 모습과 파란 꽃무늬 저고리가 물에 비쳐 화사해 보였다…….

1934년 김구 선생이 난징으로 이주한 뒤에도 『백범일지』에서는 이 자싱 출신 처녀 뱃사공에 대한 기록이 계속 이어진다.

난징에서 점점 위험해졌다. 왜놈들은 내가 난징에 있다는 냄새라도 맡은 듯, 중국 경찰이나 헌병에게 날 잡아달라고 요구하는 한편, 암살조를 보내 난징에서 날 제거하려고 했다. 그 소식을 듣고, 내가 사람을 보내 푸쯔마오(夫子庙) 쪽을 살펴보게 했더니, 과연 일본 사복경찰 일곱 명이 그 근방을 배회 중이더라. 그래서 어쩔 수 없이 화이칭차오(淮清桥)에 방 한 칸을 구해 자싱에서 배를 젓던 주아이바오를 불러 달마다 15위안을 주고 함께 살기로 했다. 나는 골동품 상인이며 원적지는 광둥 하이난(海南)이라고 위장했다. 혹시 경찰이 와서 호구조사를 하면, 주아이바오가 대신 내가 모든 걸 설명한다는 계획이었다……. 하지만 중일전쟁이 점차 강남 지역으로 번지자, 상하이의 전세도 중국 측에 불리해졌고, 일본군의 난징

공습 또한 날로 심해졌다. 결국 내가 머물던 화이칭차오의 집도 폭격으로 파괴되었다. 다행히 나와 주아이바오는 목숨을 건졌지만, 이웃 주민들은 대부분 처참히 희생됐다. 난징 곳곳이 불길에 휩싸여 밤하늘이 온통 붉게 물들었다.

이 문장들을 보면, 두 사람은 생사를 함께 나누는 운명이었음을 느끼지 않을 수 없다.

…… 그날, 주아이바오는 매캐한 연기와 피비린내에 질식할 듯한 기분으로 깨어났다. 난징 화이칭차오에 있던 집이 일제의 폭격에 맞아 무너졌다. 산산조각이 난 벽돌과 기와더미에 깔린 그녀는 몸을 짓누르는 무게에 점차 숨쉬기조차 힘겨웠다. 그녀는 먼저 어떻게든 머리를 조금 들이밀어 공기가 통하는 곳으로 옮겼다. 귀에선 계속해서 부서진 벽돌이나 기왓장이 굴러떨어지는 소리가 났고, 눈앞에는 자기 집과 이웃집, 그리고 주변 일대가 모조리 폭탄에 맞아 붕괴된 광경이 펼쳐져 있었다. 화이칭차오 다리 부근은 불길이 치솟고, 가까운 곳의 서까래와 기둥들도 활활 타오르고 있었다.

"선생님! 선생님!"

주변에 장 선생은 보이지 않았다. 그녀는 다급히 그를 불렀지만, 대답도 기척도 없었다. 주아이바오는 어떻게든 어깨를 틀어내며 가슴 부분을 짓누르고 있던 돌덩이를 치워보려 했다. 손은 이미 감각이 없었다. 그녀는 자꾸 기침이 나올 것 같아 코를 손으로 훔쳤다. 그런데 손에 끈적한 피가 묻어났다. 아까부터 맡았던 피비린내는 자신의 코피에서 나는 거였다. 이런 사실을 알고 나자 오히려 마음이 진정되었다. 그녀는 다시 힘을 주어 허리를 움직이려 애썼지만, 하반신은 무언가에 짓눌려 전혀 움직일 수 없었다. 할 수 없이 감각이 거의 없어진 손으로 주변의 돌과 나무 조각을 마구잡이로 헤집었다.

'선생님은 죽지 않아! 분명 어딘가에 살아있을 거야!'

그렇게 낮게 외치듯 되뇌며 손을 더욱 바삐 놀렸다. 온몸의 기운을 다 짜낸 끝에, 마침내 바닥의 널빤지 하나를 들어냈을 때, 그녀의 손 끝에 누군가의 머리가 만져졌다.

"선생님! 선생님!"

그녀는 팔꿈치로 판자를 간신히 떠받치며 애타게 불렀다.

"장 선생님, 내 목소리 들려요? 우리 어머니가 저는 어떤 위기를 만나도 꼭 살아남는 운명이라 했어요. 장 선생도 그래요. 꼭 그럴 거예요······. 들리면 대답 좀 해봐요! 말 좀 해봐요!"

하지만 그는 미동도 없이 엎드려 있었다. 다행히도 그의 몸 위에 많은 잔해가 덮여 있진 않았다. 무너진 판자 하나가 사선으로 걸쳐 있어 그나마 빈 공간이 생겼으나, 그 판자에 머리를 심하게 부딪힌 것 같았다.

더는 팔꿈치로 버티기가 힘들어진 주아이바오는 이를 악물고 남은 힘을 짜내 판자를 치워 냈다. 그러고 나서 그의 머리를 흔들며 소리쳤다.

"정신 좀 차려 보세요! 제발 일어나요! 눈을 떠요! 우리 아직 살아 있어요! 살아 있다고요!"

그녀는 목청이 다 쉬고 힘이 다할 때까지 부르짖었다. 점차 의식이 돌아온 김구가 고개를 흔들며 눈을 떴다. 그리고 다급히 주위를 더듬으며 말했다.

"아이바오! 어디 있어?"

희미한 불빛 속에서 그는 콧등에 피를 흘린 채 바닥에 엎드려 있는 그녀의 얼굴을 보았다. 그녀가 힘겹게 미소 지으며 말했다.

"우린 아직 살아 있어요!"

그 미소는 지쳐보였지만 평온했다. 끔찍한 악몽에서 깨어나 아침 첫 햇살을 맞이한 사람처럼 잔잔한 안도감이 배어 있었다. 파란 꽃무늬 옷의 앞섶이 피로 붉게 물들었다.

이렇게 무너진 건물 잔해 속에서 가까스로 살아 나왔으니, 김구 선생이 어째서 책에서 회한과 미안함을 토로했는지를 충분히 짐작할 수 있을 것이다.

난징을 떠날 때, 나는 주아이바오를 그의 고향 자싱으로 돌려보냈다. 그때 100위안밖에 주지 못한 것이 지금도 후회스럽다. 그녀는 내가 광둥 출신인 줄로만 알았고, 거의 5년 가까이 내 곁에서 고생했다. 우리 사이는 알게 모르게 부부 같은 감정이 싹텄다. 그녀가 나를 돌본 공로가 적지 않았다. 당시에는 '언젠가 다시 만날 날이 있을 것'이라 생각해서 기차 삯 정도만 준 뒤 떠나보냈는데, 지금도 정말 유감스럽다.

2

주아이바오를 찾는 일은 내 예상보다 훨씬 더 어려웠다. 나는《자싱일보》문학 파트의 전임(專任) 편집자로서 매일 편집 업무에 쫓기고 있어. 한 번에 긴 시간을 들여 조사하기가 쉽지 않았다. 그래서 그녀를 찾는 작업도 중단되었다가 다시 이어지길 반복했다.

그러던 어느 날, 추리전이 찾아와 사진 한 장을 보여주었다. 그리 크지 않은 흑백사진이었다. 짧은 소매의 치파오를 입고 서 있는 여인 사진을 보자마자 깜짝 놀라 소리쳤다.

"이거 주아이바오 맞죠? 이걸 어디서 구했어요?"

추리전은 마침내 주아이바오의 조카를 찾았다고 했다. 그 사진은 그 조카가 간직하고 있던 유일한 사진이었다. 자세히 보니, 주아이바오가 입은 치파오는 한국에서 김신 선생이 가져온 그 사진 속 치파오와 똑같았다.

"나도 그렇게 생각했어요. 두 사진 속 주아이바오는 같은 치파오를 입고 있는 것 같죠?."

추리전도 내 생각에 고개를 끄덕였다.

조카의 말에 따르면 고모 주아이바오는 그녀가 어릴 때 이미 돌아가셨다고 한다. 나중에 부모에게 들은 이야기로는, 고모는 '장 선생'이란 사람을 기다렸다고 한다. 그 치파오도 장 선생이 지어준 것이라고 했다. 하지만 부모 또한 세상을 떠났기에, 이제는 주아이바오에 관한 이야기를 자세히 들려줄 사람은 아무도 남아 있지 않았다.

만약 김구 선생이 자신의 자서전에 이런 기록을 남기지 않았다면, 수십 년이 지난 지금 누가 이 평범한 뱃사공 여인의 이름을 다시 입에 올렸을까? 우리처럼 그녀를 전혀 모르는 사람이 사진 한 장을 들고 이 평범한 여인을 알아보려 애썼을까?

하지만 나는 믿는다. 끊임없이 흐르는 대운하는 절대 잊지 않았을 것이다. 이 자싱 수로를 누비며 배를 젓던 평범한 여인 주아이바오가 비록 떠돌아다니긴 했지만 순박하고 진실한 마음으로 김구 선생에게 안전한 거처를 제공했다는 사실을 말이다.

전란의 시대에 목숨은 더할 수 없이 허약하고 덧없어진다. 난징이 함락된 후, 이미 먼저 점령당한 자싱으로 돌아온 주아이바오의 운명은 대운하 위를 떠돌던 작은 나룻배처럼 위태로웠다. 그녀는 이 거센 풍랑을 어떻게 헤쳐 나갔을까?

그래도 분명한 사실 하나는 남아 있다. 그녀의 가족은 일본군이 항복하던 날, 주아이바오가 유난히 흥분했다고 분명히 기억하고 있다. 물론 그 감격은 모든 중국인에게 마찬가지였을 것이다. 나 역시 그때를 상상하면, 그 순간 김구 선생의 감격은 누구보다 컸으리라 생각했다.

하지만 내 짐작은 보기 좋게 빗나갔다.

『백범일지』에 의하면 그날 김구 선생은 시안(西安)에 있었다. 산시(陝西)성 주샤오저우(祝绍周) 주석은 그의 막역한 친구로, 광복군 실탄 사격훈련 시찰을 기념하여 집으로 초청해 식사를 함께했다. 식사 후 거실에서 수박을 먹으며 한가로이 얘기하던 중에 전화벨이 울렸다. 주샤오저우는 충칭에서 또 무슨 소식이 온 모양이라며 전화를 받으러 갔다. 잠시 뒤 돌아온 그는 흥분해서 김구에게 외쳤다.

그날에 상황에 대해 김구는 이렇게 기록했다.

왜놈이 항복했소! 주샤오저우가 소리쳤다.

분명 기쁘고 흥분되는 소식이었다. 하지만 내게는 마치 하늘이 무너져 내리는 듯한 충격이었다. 몇 년 동안 애를 써가며 전투에 참여할 준비를 해 왔는데, 그 노력이 물거품이 되고 말았다. 우리는 이미 미국 육군부와 협의를 해서, 우리 청년들이 시안, 푸양(阜阳) 등지에서 훈련하고, 비밀 무기를 지급받아 산둥(山东)에서 미군 잠수함을 타고 한국으로 건너가 요새를 파괴하거나 점령하고, 이후 미군기가 무기를 수송해 오기로 약속했었다. 그러나 그 계획을 실행하기도 전에 왜놈이 먼저 항복해 버렸다. 정말 모든 공이 허사가 된 것이고, 너무 안타까웠다. 게다가 이번 전쟁에서 우리는 아무 역할도 수행하지 못했으니, 국제 사회에서 충분히 발언권을 얻지도 못하게 되었다.

…… 더는 자리에 앉아 있을 수 없어서 바로 일어나 나왔다. 차가 대로변에 들어서자, 이미 인산인해였고, '만세'를 외치는 소리가 하늘을 찌를 듯 했다. 나는 시안 시민들이 마련해 주었던 환영회를 사양하고, 곧바로 두취(杜曲)로 돌아갔다. 우리 광복군도 자신의 임무를 다하지 못한 채 전쟁이 끝나버린 것에 매우 실망해 우울한 분위기에 빠졌다. 반면 미군 교관과 병사들은 기뻐 어쩔 줄 모르고 날뛰었다.

무엇 때문인지 이 대목에서 나는 문득 쑨구이룽 어르신의 마음이 떠올랐다. 누군가 '김신 선생이 자싱을 찾았다'는 소식이 실린 신문을 전해주자, 쑨구이룽은 감격해 눈가에 눈물이 그렁그렁했다고 한다. 아마도 그 순간 자신이 한 말이 사실이란 게 증명되었다는 생각에 감격했을 것이다. 많은 고난을 겪은 사람은 이제 자신을 내세우는 게 아무런 이익이 없다는 것을 잘 안다. 그래서 내가 그를 만났을 때, 이 사실을 글로 좀 적어 주시면 김신 선생에게 전하겠다고 제안했을 때, 그는 고개를 저으며 정중히 거절했다. 남들이 '화두피'라고 조롱해도 이미 무뎌져 상처받지 않던 그였지만, 평생 잊고 싶었던 불행했던 시절을 마주해야 한다 생각하니 여전히 두려웠을 것이다.

그러나 그는 하필이면 역사에 성실하게 책임지고자 하는 고향사람과 끝까지 물고 늘어지는 나 같은 기자를 만나고 말았다. 결국 우리는 그를 설득해냈다.

나는 상세하게 적은 자료를 김신 선생께 전달했다. 하지만 역사가 요구하는 것은 '설득'이 아니라 '증명'이다. 그렇다면 이 역사를 증명할 가능성이 있을까? 곰곰이 생각해 보니, 나조차도 고개를 저을 수밖에 없었다. 적어도 우리가 직접 증명할 방법은 없었.

그렇다면 김신 선생은 어떨까?

두 달이 지나도록 아무런 소식이 없었다. 나는 속이 타들어가듯 초조했다. 특히 만약 김신 선생 쪽에서도 아무런 증거를 찾지 못한다면, 정직한 농민 쑨구이룽의 몸에 다시 한번 불을 붙이는 것과 같다. 그리고 이번에는 그의 마음과 영혼을 태우고 큰 상처를 남기게 될 것이다.

사실 이 가능성이 가장 커보였다. 나는 예상해 보았다. 가령 난창에서 천궈천을 만나 옛날 이야기를 나누었다면, 김신 선생은 쑨구이룽이 옌자방 손융바오의 아들이고, 김신 선생은 귀국 전 자싱에 들렸을 때 천궈천과 함께 그의 집에 간 것도 어렵지 않게 확인했을 것이다. 하지만 중요한 건 그게 아니다. 이 이야기의 핵심은 바로 '폭탄 상자'의 진위다.

쑨구이룽은 이 일에 대해 양아버지 천퉁성조차 몰랐다고 내게 말했다. 그들이 상자를 열어 폭탄을 발견하고, 할머니가 천퉁성을 찾으러 갔을 때는 이미 그 집이 텅 빈 뒤였다. 나중에 상자를 버렸으니 굳이 천퉁성에게 얘기할 필요도 없었을 것이다.

이런 정황은 천궈천이 나중에 회상한 내용과도 일치한다.

항전이 시작되자, 일본 비행기의 폭격을 피해 우리 가족은 뒷문으로 작은 배를 타고 고향을 떠나 8년 동안 객지를 떠돌았습니다. 우리는 먼저 더칭(德清)으로 가서 추가의 큰아버지(즉 추평장) 일가와 합류해, 스무 명 넘게 모여 함께 피난길에 올랐어요. 항저우에서 저둥(浙东), 퉁루(桐庐), 진화(金华), 융캉(永康) 등지를 전전했습니다. 융캉에서 설을 쇠고, 아버지는 뤼궁왕(吕公望) 선생을 도와 난민 공장을 세워 사람들에게 직접 베를 짜게 해서 자립할 수 있도록 도왔습니다. 이듬해에는 닝보(宁波), 저우산(舟山)을 거쳐 상하이로 들어갔습니다. 조계지라면 안전할 거라 기대했는데, 1941년이 되자 자싱에 있던 셋째 큰아버지가 우리 집을 찾아와서는 "일본군이 너희 집 대문 앞을 찍은 사진을 들고 일일이 대조하며, 주인이 어디로 갔는지 이웃들에게도 물어보는 중이다. 이웃들도 아는 게 없어 답을 못해 줬지만, 여기서도 더는 버티기 힘들 거다."라고 했습니다. 때마침 상하이는 이미 고도(孤岛)가 된 상황이라, 우리 가족은 1941년 여름 조용히 상하이를 떠나 다시 내륙으로 이동했어요.

내 주변에는 연륜이 깊은 이들이 많다. 그들은 하나같이 내게 충고

했다.

"그 농민의 말을 너무 진지하게 믿지 마라. 이 일을 그렇게까지 중요하게 여기지도 말고, 한국에서 증명할 수 있는지 혹은 인정할 수 있을지는 전부 그들 사정이다. 당신은 할 만큼 했으니 임무를 다했다 생각하고, 혹시 쑨구이룽을 만나더라도 할 말은 있는 셈이니."

또 어떤 사람은 "만약 그 농민의 말이 거짓인데. 그 잘못된 정보를 전하면 불필요한 말썽이 일어날 수도 있으니 조심하라"고도 했다. 전부 선의에서 비롯된 가장 현실적인 충고였다. 하지만 나는 쑨구이룽의 아득하고도 깊은 눈빛을 처음 본 순간부터, 그가 한 말이 모두 사실이라고 믿었다. 주변에서 뭐라든 나는 끝까지 그를 믿을 것이다. 그 믿음의 근거는 오로지 단 하나. 그가 단지 과거를 회상하고 있다는 점이다. 거기에 다른 어떠한 욕망도, 의도도 없어 보인다. 나 또한 오직 역사의 밑바닥에 깊숙이 묻힌 이야기를 캐내고자 마음을 쏟았을 뿐, 다른 목적은 없었다. 이렇게 서로를 바라보는 중에 눈빛이 가장 진실되다.

눈빛은 때때로 말을 넘어선다.

3

달 밝은 밤이면, 나는 늘 김신 선생이 자주 하던 말을 떠올리곤 한다.
"나는 은퇴했지만, 아직도 민간대사입니다!"
정말 그러했다. 그는 아버지의 유지를 잇고, 그 소망을 이루기 위해, 또 한국과 중국 양국 민족이 피로 맺은 우정을 돈독히 하기 위해, 나아가 세계 평화를 실현하기 위해 멀고 험한 길을 마다하지 않고 중국 곳곳을 누비며 쉼 없이 다녔다.

이소심 여사에 따르면, 이 '민간대사'는 한·중 수교를 위해 많은 노력을 기울였다. 상하이와 베이징은 선생이 자주 찾던 도시로, 그곳에는 주요 직책을 맡고 있는 옛 동창들이 많았다. 다시 중국을 찾은 뒤로 벌써 스무 차례 이상 중국에 왔고, 특히 최근 은퇴 후 몇 년 사이에는 해마다 한두 번씩 찾아왔다. 다만 근래 들어 청력이 점점 나빠져, 오른쪽 귀에 남은 미약한 청력과 보청기에 의존해야만 대화가 가능했다.

지난번 방문 당시, 나는 그가 이전보다 훨씬 정밀한 새 보청기를 끼고 있는 것을 보았다. 그는 지금 자신에게 가장 중요한 것이 보청기이기 때문에 좋은 신제품이 나오면 곧바로 교체한다고 했다. 이번에 착용한 보청기는 당시 시중에 나와 있는 보청기 중 가장 작고 감도와 음질이 뛰어난 것이었다. 이소심 여사가 귀띔해 주길, 딸인 김미 씨가

1000달러 넘게 주고 아버지에게 선물한 것이라고 했다. 정말 작고 섬세한 기기였다. 흔히 쓰이는 담뱃갑만 한 본체와 긴 선과 이어진 형태인 분리형과 달리, 모든 전자부품이 콩알만 한 작은 이어피스 안에 모여 있어, 귀에 쏙 넣으면 겉으로는 거의 보이지도 않았다. 김신 선생은 그것을 참으로 소중히 다루었다. 값비싸서가 아니라, 그의 삶에서 매우 중요한 물건이었기 때문이다.

김신 선생을 여러 차례 가까이서 접하면서 내가 느낀 점은 남의 말을 들을 때 유난히 진지하다는 점이다. 선생은 귀로만 듣는 것이 아니라 온 마음으로 듣는 것 같았다. 설령 듣는 일이 힘에 부쳐도, 상대방 한마디 한마디를 마음에 깊이 새겼다. 물론 내가 처음부터 이를 깨달았던 것은 아니다.

선생이 두 번째로 자싱에 왔을 때, 시 공무원 한 사람이 면담 형식으로 그에게 자싱시가 한국 강릉시와 자매결연을 하고 싶으니 중개 역할을 해달라고 요청했다. 당시 김신 선생은 그저 미소 지으며 들을 뿐, 별다른 대답을 하지 않았다. 그러나 그는 귀국하자마자 곧바로 연락을 취했고, 불과 일주일 만에 답신이 오고, 두 도시 정부 대표단이 서로 오가는 길이 만들어졌다. 어찌나 신속한 일처리였는지, 이소심 여사조차도 이렇게 빨리 될 줄 몰랐다고 놀라워했다. 나는 그의 일 처리를 '장군의 속도'라 부르고 싶다. 선생은 무슨 일을 맡아도 미리 떠벌리지 않고 묵묵히 최선을 다해 성사시킨 다음, 마치 아무 일도 아니라는 듯 미소 지을 뿐이다. 그러나 그 미소 뒤에 얼마나 많은 수고가 깃들어 있는지는 아무도 모른다.

그로부터 실제로 두 도시가 상호 방문과 교류를 이어갔다. 자싱시 정부대표단이 한국을 방문했을 때, 김신 선생은 손수 나서 이들을 극진히 환대하며 고향사람처럼 맞았다.

이후 다시 만났을 때, 김신 선생은 내게 이렇게 말했다.

"자싱 대표단 명단에서 당신 이름이 없어서 괜히 내가 빚진 것 같았어요. '선공후사(先公後私)'라고, 다음에 당신이 한국에 오면 반드시 내가 백범광장과 열사묘지에 데려가지요. 그곳 분위기가 얼마나 엄숙한지 느껴보게 해주고 싶어요."

사실 나는 애초부터 어떤 보답도 바라지 않았으니, 선생께서 내게 빚을 진 것 같은 마음을 가질 필요는 없었다. 그렇지만 누구에게든 감사한 마음을 보답하려 하는 그의 진심에 깊이 감동했다.

형부와 이소심 여사의 이야기에서도 김신 선생의 그 진실하고 너그러운 사랑이 더욱 두드러진다. 그는 중국을 방문했을 때, 중국에 흩어져 있던 대한민국 임시정부 인사 후손들을 찾고 돌보는 일에 온 힘을 기울였다. 그들 대부분은 선생의 직접적인 도움으로 수많은 어려움을 이겨내고, 수십 년간 이어진 타향살이를 끝낸 뒤 마침내 고국 땅을 다시 밟을 수 있었다.

이런 점에서 그는 참으로 아버지 김구 선생을 많이 닮았다.

나는 『백범일지』를 여러 번 읽었는데, 이상하게도 읽을 때마다 마음속 깊은 곳을 건드리는 울림은 사그라지지 않는다. 그리고 읽을 때마다, 매번 새로운 부분을 발견한다. 이번에 김신 선생의 '집요함'을 되새기면서, 내면 어딘가를 무엇이 건드렸는지, 갑자기 김구 선생이 임시정부 '대가족'을 이끌고 중국 내륙 곳곳을 옮겨 다니던 장면이 눈앞에 선명하게 그려졌다.

1937년 늦가을, 난징의 정세가 갈수록 위험해졌다. 중국 정부는 충칭으로 천도(遷都)를 결정하고, 각 기관이 속속 이전하던 상황이었다. 이때 대한민국 임시정부도 광복운동단체연합회* 3당의 인사와 가족들을 이끌고 후난성(湖南省) 창사로 이동하기로 했다. 사실상 조직적인 집단 피난이었다. 미리 상하이, 항저우 등지에 흩어져 있던 동지들과 그 가족들에게 여비를 보내 난징에서 합류하기로 했다. 당시 김구 선생은 아들과 어머니를 모시고 배편을 통해 한커우(汉口)를 거쳐 창사에 도착했다. 전장(镇江)에서 임시정부 중요 서류를 가지고 먼저 떠났던 조성환(曹成煥), 조완구(赵碗九) 등이 선발대로 창사에 며칠 앞서 도착했고, 이후 임시정부 100여 명의 대가족이 대형 목선 세 척에 나누어 타고 난징을 떠나 장강(长江)을 따라 이동했다. 난치제(蓝旗街) 사무실에서 물 긷는 일을 하던 중국인 잡역부 차이(蔡) 씨도 출발 전 김구 선생 어머니의 요청으로 그 무리에 포함됐다. 하지만 창사에 도착해보니, 배가 우후(芜湖)에 이르렀을 때 물을 긷던 차이 씨가 풍랑에 빠져 익사했다는 소식을 전해 듣고, 김구 선생은 크게 상심했다.

1년 뒤, 그들은 다시 창사에서 광둥으로 거처를 옮겼다. 김구 선생은 그 시절을 이렇게 회고했다.

당시 창사도 적기의 공습을 받아, 중국 정부 관청들이 한창 피난 중이었다. 우리 3당의 간부들이 상의하여 광둥으로 이동하기로 결정했다. 동시에 난닝(南宁)과 윈난성(云南省)으로 통하는 길을 뚫어 해외와의 연계를 강

---

* 1937년 난징에서 김구의 한국국민당, 조소앙의 한국독립당, 지청천의 조선혁명당이 함께 조직한 독립운동 단체.

화하자고 계획했다. 당시 난민이 워낙 많아, 100여 명에 이르는 우리 일행에 산더미 같은 짐까지 고려하면, 멀리 떠나기는커녕 근교 시골에 가는 것조차 어려운 실정이었다.

그 무렵 김구 선생은 심한 부상에서 간신히 살아남았는데, 다리를 심하게 다쳐 통증이 심했다. 그런데도 성 주석 장즈중(张治中)을 찾아가 광둥행에 관해 상의했다. 장즈중 장군은 난징 시절부터 알고 지낸 사이로, 그들이 창사에 머무는 동안 여러모로 특별 배려를 해 주었다. 이번에도 광둥으로의 이주 계획을 흔쾌히 허락하며, 군용열차 객실 한 칸을 무상으로 내주고, 광둥성 주석 우테청(吳铁城)[62]에게 친필편지까지 써줬다. 이로써 이들의 남하는 한결 수월해졌다.

광둥에서 머문 지 두 달쯤 되었을 때, 일본군의 공격이 이어졌다. 김구 선생은 장제스에게 충칭으로 가게 해달라고 청했고 허락을 받은 즉시 바로 구이양을 거쳐 충칭에 도착했다. 그리고 대가족은 구이핑(桂平), 류저우(柳州)를 거쳐 마침내 충칭에 집결했을 때, 광저우(广州) 함락 소식이 전해졌다.

그리고 다시 7년이 흘러, 김구 선생이 또다시 대가족을 이끌고 중국에서 마지막 이동길에 올랐다. 일본군이 항복한 뒤라 이제 조국의 해방을 맞아 귀국하는 길이었다. 그러나 그 마음이 지난 여러 차례의 피난길보다 결코 가볍지 않았던 것 같다. 그의 자서전에서도 그 심경이 고스란히 드러난다. 시안에서 다시 충칭으로 돌아왔을 때의 상황에 대해 그는 이렇게 썼다.

중국 정부 전체가 이미 긴장이 풀려 혼란에 빠져 있었고, 우리 동포들도 어찌할 바를 몰라 방황하고 있었다. 내가 없는 사이, 임시정부는 임시의정원 회의를 열었는데, 어떤 국무위원은 전부 사임하자고 하고, 또 어떤 이는 정부 자체를 해산한 뒤 귀국하자며 주장이 엇갈렸다. 나는 의정원에서 정중하게 '해산이나 전원 사직은 부적절하고, 우리는 일단 서울에 돌아가 국민 앞에서 정부를 이양할 때까지 현재 체제를 그대로 유지해야 한다'고 주장했다. 이 의견에 전원이 동의했으나, 미국 측은 이미 서울에 미군정이 수립됐으니, 임시정부라는 이름으로 귀국을 허락할 수 없고, 모두 개인 자격으로만 돌아가야 한다고 통보했다. 우리는 어쩔 수 없이 개인 자격으로 귀국하기로 결정했다.

7년 넘게 생활했던 충칭을 떠나며, 임시정부 주석이었던 김구 선생 마음은 얼마나 복잡했을까. 귀국 직전, 중앙정부와 국민당을 대표해 장제스 부부가 주축이 된 200여 명의 정부·당·군과 사회 주요 인사가 중앙당 대강당에 모여 대한민국 임시정부 국무위원들과 한국독립당 간부들을 위한 송별 연회를 열었다.

연회장에는 중화민국 국기와 태극기가 나란히 걸려 있었고, 무척 장중하고 감동적인 환송 행사가 열렸다. 장제스 주석과 쑹메이링 여사가 먼저 일어나 축사를 하며 양국의 번영을 기원했고, 우리 측에서도 답사를 했다. 중국공산당 본부의 저우언라이, 동비우도 임시정부 국무위원들을 초청해 환송 연회를 따로 마련해 주었다.

1945년 11월 5일, 김구 선생과 임정 요인들은 두 대의 비행기에 나눠 타고 충칭을 떠난 지 다섯 시간이 지나 13년 만에 상하이에 도착했다.

비행기가 내린 공항이 예전에 훙커우 공원 자리였다고 들었다. 공항 안은 우리를 환영하러 몰려든 동포들로 가득했다. 내가 상하이에서 14년을 살았어도, 훙커우 공원에 가본 적은 없었다. 공원에서 나와 시내로 가려는데 동포들 6,000여 명이 아침 6시부터 줄곧 우리를 기다리고 있었다. 나는 높은 연단 위로 올라가 그분들께 감사 인사를 몇 마디 건넸다. 그 뒤 알게 된 사실인데, 그 연단은 13년 전 윤봉길 의사가 일본군 대장 등에게 폭탄을 던졌던 바로 그 자리로, 일본이 죽은 일본인 군경을 기념하려고 지은 열병식대였다. 나는 세상에 우연이란 없음을 다시 한번 느꼈다!

그날 밤, 김구는 양쯔 호텔에 묵었다. 창가에 서서 상하이탄 해안가의 끝없이 이어지는 불빛을 내내 바라보며, 밤새 잠들지 못했다. 다리의 통증이 다시 일었다. 이 뼛속까지 파고드는 고통 속에서, 그는 한 가지 문제를 곱씹지 않을 수 없었다. 일본군이 거액의 현상금을 내걸고 체포령을 내렸지만, 단 한 번도 다치지 않았던 한국의 항일 지도자가 정작 자국 동포의 총에 맞아 쓰러질 뻔했다니……. 그 생각에 그의 눈에는 숨길 수 없는 고통과 슬픔이 어렸다.

이제 돌아보니, 7년 전 동포의 총격을 받아 후난성 창사의 병원에서 한 달 넘게 누워 지냈다는 사실이 스스로도 믿기 어려울 정도였다. 생각하면 할수록 끔찍한 기억이었다.

창사는 물자가 풍부해 물가가 비교적 싼 편이다. 게다가 중국 중앙정부의 지원과 미국 교포들의 원조도 있었기에, 임시정부와 그 가족의 생계는 기본적으로 보장받을 수 있었다. 항일 구국운동을 전개하기에도 절호의 기회였다. 창사에 도착한 뒤, 김구 선생은 당당히 자신의 정체를 공개했다. 중일전쟁이 발발하자, 중국 정부가 한국 독립운동을

1945년 11월 3일 대한민국 임시정부 귀국 기념사진. 맨 아래 가운데 김구 선생

장제스, 쑹메이링이 귀국하는 김구 선생과 임시정부 요인을 위해 연 연회 모습

1945년 11월 5일 충칭에서 비행기를 타고 상하이로 향하는 김구 선생.
화환을 목에 건 이가 김구 선생

비밀 지원에서 공개 지원으로 전환했기 때문이다. 이처럼 시기와 지리적·인적 조건이 맞아떨어지자, 창사로 이주하던 길에서 이미 무르익어 있던 '3당 합일 공동 항전' 계획이 본격적으로 논의될 수 있었다.

1938년 5월 6일 저녁, 이청천(李靑天, 지청천)[63], 류동열(柳東悅)[64], 현익철(玄益哲)[65] 등을 중심으로 하는 '조선혁명당', 조소앙 등을 주축으로 하는 '한국독립당', 그리고 김구, 이동녕 등이 세운 '한국국민당'이 조선혁명당 본부인 난무팅(南木厅)에서 모여 식사를 겸한 회의를 열었다.*

그런데 회의가 어느 정도 무르익고 있는데, 누군가 몰래 회의장으로 숨어들어 총격을 퍼부었다. 첫 번째 총탄에 김구가, 두 번째 총탄은 현익철이 맞았다. 이어 류동열과 이청천도 피를 흘리며 쓰러졌다. 현익철의 상처가 가장 심해 병원으로 옮기는 중 사망했고, 김구도 병원에 도착했을 때 거의 숨이 끊어질 상황이었다. 의료진은 김구의 심장이 총알에 관통되었다고 판단해, 살 가망이 없다는 결론을 내리고 응급실 바깥에 내려 둔 채, 살릴 가능성이 있는 류동열과 경상이었던 이청천을 먼저 치료했다.

그런데 4시간이 지났는데도, 응급실 문밖에 누워 있던 김구가 기적처럼 여전히 살아 있었다. 총알이 심장을 빗겨 옆 부분을 스쳐 지나갔던 것이었다. 불과 몇 밀리미터 차이로, 그는 죽음의 문턱에서 가까스로 벗어났다. 그의 타고난 운이 워낙 강한 것인지, 아니면 눈에 보이지 않는 어떤 힘이 작용한 것인지 알 수 없었다.

창사 상야(湘雅)병원의 노력 끝에, 며칠간 의식을 잃었던 김구가 마

---

* 이렇게 3당 중심으로 임시정부가 돌아가고 있었는데, 이후 1940년 3당을 합당해 대한민국 임시정부의 통합당인 한국독립당이 탄생했다.

침내 깨어났다. 정신이 든 그는 무슨 일이 일어났는지조차 기억하지 못했다. 심지어 왜 병원에 누워있는지도 몰랐다. 주변 의사와 간호사, 그리고 동지들은 회복을 돕기 위해 사실을 한 달 넘게 숨겼다. 장즈중 장군이 병원을 찾아온 이후에야 김구가 모든 상황을 알게 되었다.

장 장군은 병원장에게 여러 차례 전화를 걸어, 모든 수단을 동원해 반드시 그를 살리고, 치료비는 전부 성 정부가 부담하라고 지시했다. 또 직접 병실을 찾은 장 장군은 한커우에 머물던 장제스도 하루에 전보를 두세 번씩 보내 그의 상태를 물어봤다고 전했다. 이를 들은 김구는 몹시 미안했다. 중국 정부가 줄곧 한국 독립운동을 크게 지원해 왔는데, 이번 일로 그들에게 또다시 커다란 부담을 안겨주었다고 느꼈다. 하지만 그보다 김구를 더 놀라게 한 사실은, 그날 난무팅에서 자신에게 총을 쏜 범인이 전에 난징에서 본인에게 도움을 받았던 조선혁명당 당원 이운한(李雲漢)이었다는 점이었다.

사건이 터지자, 후난성 정부는 긴급 명령을 내려 범인 체포에 나섰다. 창사 일대는 발칵 뒤집혔고, 경비사령부는 이미 창사를 떠난 기차까지 되돌려 승객들을 검사했을 정도였다. 대한민국 임시정부 역시 광둥으로 사람들을 보내 중국 측과 협조하여 도주범을 추적했다. 결국 이운한은 붙잡혔고, 강창제(姜昌済), 박창세(朴昌世), 송욱동(宋郁东), 한성도(韩成道) 등 공범 혐의자들도 줄줄이 체포되었다. 경비사령부의 조사 결과, 이운한은 강창제와 박창세의 이간질에 순간적으로 휘말려 '난무팅 사건'의 주범이 되었다. 한편, 강창제와 박창세는 상하이에서부터 일본 특무조직에 가담한 적 있는, 말 그대로 진짜 '혁명의 변절자'였다.

이 사건을 처음부터 철저히 숨기고 알리지 않은 사람이 또 있었는데, 바로 김구 선생의 어머니였다. 노모가 머무르는 곳이 상야병원과 그렇게 멀지 않았지만, 아들이 총상을 입었다는 소식은 철저히 비밀에 부쳐졌다. 홍콩에 있던 김인이 '아버지가 총에 맞아 숨졌다'는 급보를 듣고 부랴부랴 창사로 달려왔을 때조차 할머니에게는 끝내 알리지 않았다. 병원에 도착한 김인은 다행히도 아버지가 살아 있다는 소식을 듣고 비로소 안도했다. 그 후 할머니와 어린 동생에게 작별인사를 하고 돌아갈 때쯤, 그의 얼굴엔 이미 걱정은 사라졌다. 김구가 퇴원하기 전날에야 김신이 할머니에게 이 사실을 아무렇지 않은 듯 담담하게 귀띔했다.

그날 해가 질 무렵, 김구는 절뚝거리며 어머니를 찾아갔다. 노모는 아들을 보자마자 이렇게 말씀하셨다.
"나는 하느님이 널 지켜주실 줄 알았다. 사악한 것은 결코 바른 것을 이길 수 없는 법이다. 안타까운 건, 그 이운한도 같은 조선 사람이라는 거다. 차라리 일본 놈 총에 맞았다면 더 낫지 않았겠느냐!"
김구 선생 눈에는 눈물이 가득 고였다. 어머니가 이 말을 할 때 느꼈을 그 처절한 슬픔을 그는 고스란히 느낄 수 있었다.
그렇게 수십 년 동안 망명정부를 이끌며 쉼 없이 투쟁해 온 그 임시정부 주석이, 해방과 독립이라는 이중의 경사를 맞이하고도 끝내 '개인 자격'으로 고국 땅에 돌아가게 되었다. 그리고 예전 '한인애국단'의 폭탄 의거로 세상을 뒤흔든 이곳, 상하이와 작별해야 하는 시점이 찾아왔다. 그 마음속이 어떠했을지 짐작하기조차 어렵다.
당시 그가 가장 만나서 감사와 작별인사를 건네고 싶었던 사람은 다름 아닌 추푸청 선생이었다. 하지만 끝내 만나지 못했다. 두 달 전 일본의 무조건 항복 소식에 온 나라가 환희로 들떠 있던 시기에, 추푸청은 상하이 인근 충밍(崇明)에서 열린 한 회의에 참석했다가 코피를 심하게 쏟았고, 이후 건강이 급격히 나빠졌다. 항전 시절, 그는 해마다 생일이 되면 시를 한 수씩 지어 애국의 심정을 토로했다. 그렇게 꼬박 8년을 이어왔다.

그러니 김구 선생의 귓가에 작별의 음성처럼 조용히 울려퍼진 것은 일흔셋의 고령에도 충만한 정신으로 추푸청 선생께서 읊은 시가 아니었을까?

每逢初度客心焦

해마다 생일 맞으니 나그네 마음은 초조하네.

还我河山志不挠

강산을 되찾으려는 뜻은 흔들리지 않으리.

八咏诗成年已迈

팔영시는 오래도록 읊어왔건만

万邦盟订议犹嚣

열강들이 맺은 조약들은 아직도 시끄럽구나.

救亡始见倭军退

망국을 구하려면 왜군이 물러가야 하고

建国尤须兵气销

국가를 세우려면 군기의 기세 꺾어야 하네.

人类果然私意泯

인류가 정말 사사로운 마음을 버린다면

大同郅治路非遥

대동으로 세상을 다스리는 길도 멀지 않으리라.

4

어떻게 하면, 예전에 아버지를 구하고 더 나아가 한국의 독립을 위해 큰 힘이 되어 준 추푸청 선생의 은혜에 보답할 수 있을까? 이 질문은 김신 선생의 마음속에 늘 자리하고 있는 숙제였다. 그는 여러 해 동안 애타게 수소문한 끝에 마침내 추푸청 선생의 후손을 찾아냈고, 또 몇 해에 걸쳐 온 힘을 기울인 끝에 또 하나의 큰 결실을 보았다. 바로 추푸청 선생이 한국 독립운동에 특별하게 기여한 공로를 한국 정부로부터 공식적으로 인정받게 된 것이다.

이를 위해 김신 선생은 따로 시간을 내어 자싱을 찾았다. 1996년, 황금빛으로 물든 가을이었다. 이번에 그와 한국 주상하이 총영사 경창헌(慶昌憲), 영사 김일두(金一斗) 등 모두 6명이 함께 왔다. 이들은 한국 정부로부터 위임받은 정중한 임무를 완수하기 위해 자싱에서 성대한 서훈식을 열고, 추푸청 선생에게 '대한민국 건국훈장'을 추서하기로 했다.

중국인이 한국 정부로부터 최고 훈장을 받는 일은 전례가 없던 큰 사건이었다. 한국이 외국인에게 이렇게 특별한 영예를 공식 수여한 일도 이때가 처음이었다. 행사를 준비하는 과정에서, 김신 선생은 일주일 전에 미리 중국에 와서 궂은 날씨에도 불구하고 상하이, 베이징 등지를 오가며 분주히 움직였다. 자싱에도 일찍 도착해 크고 작은 일들을 직접 챙기며 철저히 준비했다. 선생에게 이 일은 단지 아버지의 유언을 이루고 그 가족에게 감사한 마음을 갚고자 하는 데 그치지 않는다. 나아가 이를 계기로 한국과 중국 두 나라의 뿌리 깊은 우의가 이어지고, 우호관계가 대대로 이어지며 더욱 굳건해지길 바랐다.

그런 특별한 의미 때문에 김신 선생의 간곡한 제안 아래 원래 한국 주상하이 총영사관에서 열기로 되어있던 서훈식이 자싱으로 변경되었다. 무엇이든 '전례 없는 일'이란 대개 예상보다 훨씬 더 복잡해진다. 한 담당자가 이 일에 대해 이렇게 회고했다.

1996년 8월 16일, 한국 주상하이 총영사관 김일두 영사로부터 팩스를 받았습니다. 내용은 "한국 정부가 이미 작고한 중국 국민 추푸청 선생에게 건국훈장을 수여해, 대한민국 임시정부 지도부의 독립운동에 기여한 공을 기리고자 한다. 가능하다면 자싱에서 서훈식을 열고 싶다."는 것이었죠. 사실 김신 선생이 자싱에 여러 번 왔었고, 올 때마다, "부친 생전 소원이, 독립 후 반드시 추푸청 선생과 자싱 사람들의 은덕에 보답하고, 한·중 우의를 길이 전하는 것입니다."라고 말하곤 했습니다. 하지만 이는 양국 간 중요한 사안이기에, 한국 정부가 우리 외교부에 정식 요청을 해야 했습니다. 그래서 저는 이 내용을 한국 주상하이 총영사관에 곧바로 알렸고, 자싱시 외무담당 부서가 8월 19일에 성(省) 외무담당 부서에 보고한 뒤, 외교부에 정식 공문을 보냈습니다.

1996년 9월 25일, 외교부의 공식 회신이 자싱시 외무 부서에 도착했다.

"9월 11일, 한국 주중 대사관이 우리 부에 보낸 전문에 따르면 '한국 정부는 고 추푸청에게 건국훈장 독립장을 수여하고자 한다. 이는 그가 한국 독립운동에 이바지한 공로를 기리고자 함이다'라고 전했습니다. 검토 끝에 중국 정부도 한국 정부의 뜻을 승인하며, 추푸청의 유족 또는 대리인이 이를 받도록 조처하기로 했습니다."

성 외무담당 부서에서도 외교부 의견과 동일한 방침을 구두로 전달했다. 중국공산당 자싱시위원회와 자싱시 인민정부도 이 일을 매우 중요하게 받아들여, 여러 차례 회의를 거쳐 신중하게 행사를 준비했다.

그 결과, 9월 26일부터 27일까지 한국 주상하이 총영사관과 자싱시 외무처 사이에 여러 차례 전보와 서신을 주고받으며 최종 협의하여 1996년 9월 30일 오전 9시, 자싱빈관 회의실에서 성대한 서훈식이 열렸다. 이날 행사에는 자싱시 당과 정부 지도자와 각계 대표, 한국 주상하이 총영사관 총영사 경창헌, 영사 김일두, 상하이 한국상공회 회장 전병우, 그리고 김신 선생과 추푸청의 가족 대표 등 50여 명이 참석했다.

엄숙한 분위기 속에서 거행된 서훈식에서, 한국 주상하이 총영사관 총영사 경창헌 씨가 한국 정부를 대표해 김영삼 대통령이 직접 서명한 서훈장을 낭독했다. 그리고 그는 훈장과 함께 공식 증서를 추푸청 선생의 장손이자 전 중국 주짐바브웨 대사 추치위안 씨에게 전달했다. 머리가 이미 희끗희끗해졌지만, 추치위안의 목소리는 여전히 힘찼다.

"한국 정부가 증조부께 건국훈장을 추서하기로 한 것은, 한국과 중국 두 나라 국민이 항일 투쟁 속에서 쌓아온 전우와 같은 우정을 확인하는 뜻이라고 생각합니다. 이는 추씨 가문과 천퉁성 백부 댁뿐 아니라, 자싱과 하이옌의 여러 관련인사 그리고 동네 이웃 모두를 함께 기리는 것이기도 합니다."

그의 말에 김신 선생은 엄숙한 표정을 지었지만 눈가에 물기가 어리더니 감동의 눈물을 닦았다. 선생은 감격했고, 만족했고, 또 흥분과 감회가 뒤섞인 듯 보였다. 오래도록 기다려 온 순간이었다. 마침내 아버지를 구하고, 대한민국 임시정부와 독립운동 전체를 도왔던 자싱 사람들에게 한국 정부가 최고의 영예인 건국훈장을 추서하는 광경을 그는 직접 볼 수 있었다.

추치위안 씨는 격정에 찬 목소리로 이렇게 덧붙였다.

"한국과 중국 양국이 수교한 이래, 문화·경제 교류가 급속도로 발전하고 있습니다. 이는 양국의 역사적 뿌리와 문화적 전통뿐만 아니라, 항일의 전장에서 맺은 끈끈한 전우애가 있었기 때문입니다. 여기에 헌신하신 많은 한국 분들이 계십니다만, 그중에서도 가장 특별한 분은 김구 선생의 아드님인 김신 선생님이십니다. 선생은 중국에서 태어나 학창시절을 보내며 스스로를 '반 중국인'이라 여기십니다. 고령에도 불구하고 여러 번 중국을 방문해, 한국 정부에 아버지 김구 선생이 자싱에서 피신했던 역사적 사실을 보고하여 이런 열매를 맺게 하셨습니다. 또 자손들에게도 양국 간 우의를 아끼고 중시하라고 가르칩니다. 과거를 잊지 않고 미래를 내다본다면, 자싱시와 한국 기업들 간의 우호 협력은 두 나라의 전우애를 토대로 더욱 굳건해지리라 믿습니다."

그날, 김신 선생은 평소보다 몇 배는 더 많은 술잔을 기울였고, 웃음소리도 어느 때보다 호쾌했다. 그 웃음은 단지 추씨 집안에 대한 보은이나 아버지의 큰 소망 하나를 실현한 데서 오는 기쁨 때문만은 아니었다. 더 깊은 이유를 아는 이는 아마 이소심 여사와 나, 단 두 사람뿐이었을 것이다.

행사 전 이소심 여사가 내게 귀띔했다. 김신 선생은 직접 베이징에 가서 이 서훈식을 꼭 자싱에서 열고 싶다고 간청했고, 결국 전례 없는 허가를 받아 냈다고.

그런데 왜 꼭 자싱이어야만 했을까? 선생은 모든 한국인이 자싱을 기억해 주길 바랐기 때문이라고 했다. 오래전 한국의 독립과 해방을 위해 큰 공을 세운 이 도시를, 한국 사람들이 알아주고 기억해 주었으면 하는 뜻이 담겨 있었다. 실제로 행사 이후 한국의 주요 신문들은 이 서훈 소식을 대서특필했고, 많은 한국인이 '자싱'이라는 지명을 새롭게 인식하게 되었다. 그러나 이런 사실을 김신 선생은 떠벌리지 않았다.

행사가 끝난 뒤, 이소심 여사는 농담처럼 내게 말했다.

"충칭 출신인 내 입장에선 자싱을 향한 김 장군의 이런 특별한 애정이 솔직히 좀 부럽네요!"

그날 밤 간단한 뒤풀이 자리에서 우리는 다시 주아이바오 이야기를 꺼냈다. 김신 선생은 그녀가 이미 세상을 떠났다는 소식을 듣고, 복잡하고 아쉬운 표정을 지었다. 그럴 만도 했다. 오직 '좋은 사람이 어려운 사람을 돕는 것은 당연하다'는 단순하고 순박한 마음 하나로 일본군에게 쫓기던 사람을 5년 넘게 도와준 그녀였다. 게다가 자신이 도운 사람이 어떤 사람인지조차 몰랐으니 실로 경외심이 들 정도다.

하지만 그녀가 남겨 둔 자료가 거의 없어, 우리가 상상할 수 있는 공간이 너무나 적었다. 김구 선생이 『백범일지』에 짧게 남긴 몇 줄 외에는 아무것도 없어, 두터운 역사의 벽을 사이에 두고 그녀와 이야기하기는 불가능했다. 그녀가 선택한 것은 더할 수 없이 순수한 도움이었다.

사실 아무런 대가를 바라지 않는 감정 앞에서는 아무리 풍성한 언어라도 초라해지고 만다. 나는 그녀가 노를 저을 때마다 물 위에 그려지는 뱃머리 궤적이 내 가슴에도 깊이 새겨지는 것 같았다. 언젠가 마음으로 역사의 소리를 들을 수 있다면, 이 평범하지만 위대한 여인을 꼭 내 이야기 속에 담아보고 싶었다. 마치 철인 같은 위인이면서도 자신의 삶을 평범하다고 낮추며 범부(凡夫)의 일지에 담아낸 김구처럼 말이다.

평범함과 위대함 사이의 거리는 생각보다 가깝다. 마음을 쓴다면, 누구든 언제든지 그 거리를 넘어설 수 있다.

김신 선생이 먼저 말문을 열어 쑨구이룽에 대한 이야기를 꺼냈다.

그는 난창에서 천궈천에게 많은 옛일을 들었다고 했다. 1947년, 자신이 미국에서 귀국하던 길에 아버지의 당부로 자싱에 들렀고, 그때 천궈천 형제와 함께 옌자방의 쑨융바오 댁을 찾아갔다고 했다. 쑨구이룽이 말한 대로, 그와 그 아버지의 기억이 정확히 맞아떨어진다는 것이었다. 하지만 문제는 그 '폭탄 상자' 이야기였다. 누구에게도 이를 입증해 줄 만한 자료가 없었다. 심지어 천궈천 역시 쑨씨 집에서 그런 말을 들어본 적이 없다고 했다.

그런데 바로 그것이 이 이야기의 핵심이었다. 나는 김신 선생 얼굴에서 복잡한 심정을 읽었다. 역사와 대화하는 일에는 언제나 인내심이 필요하고, 시간이 걸릴 수밖에 없다.

5

'서훈식'이라는, 이목을 끄는 서막이 펼쳐진 뒤, 한국 각지에서 온 여러 대표단의 자싱 방문이 부쩍 잦아지고 활기를 띠었다. 그러던 어느 날, 한국에서 김신 선생의 전화가 걸려왔다. 독립유공자이자 작가 이용상(李容相) 선생이 자싱을 방문할 예정인데, 그분이 70이 넘었고 고혈압도 있으니 자싱 체류기간 동안 잘 동행하고 보살펴 달라는 부탁이었다. 그 마음이 무엇인지 나는 충분히 이해할 수 있었다. 선생은 더 많은 한국인이 자싱을 찾길 바랐다.

곧이어 이소심 여사도 충칭에서 내게 전화를 했다. 여러 차례 강조하며 이렇게 당부했다.

"이용상 선생이 부인을 잃고 큰 슬픔에 잠겨 술을 많이 드세요. 이번 여행 중에도 과음하지 않게 잘 챙겨주세요."

나는 김신 선생이 나를 가족처럼 여겨 이런 부탁을 하는 것이라 생각했다. 하지만 선생은 중국인이 아니기에 중국 사정을 다 알 수는 없다. 나는 선생과 선생 지인들의 자싱에 대한 특별한 애정에 감사하지만, 내 나름의 어려움이 있었다. 내 마음은 반드시 이곳 외사처의 허가를 얻어야만 실현될 수 있다. 나는 이소심 여사에게 이런 일은 외사처에 직접 연락해야 불필요한 오해를 피할 수 있다고 솔직하게 털어놓았다. 그녀는 충칭에서 수십 년을 살았고, 중국 지도층의 일도 했기에 나의 우려를 충분히 이해했다. 그래서 그녀는 직접 자싱 외사처에 연락해 김신 선생의 부탁을 정확히 전달했다.

며칠 뒤, 이용상 선생이 자싱에 도착했다.

1996년 12월 11일, 한국 독립운동사를 다룬 장편 저서 『삼색의 군복』의 저자 이용상 선생을 만났다. 선생과 만난 그날의 기억은 지금도 생생하다. 선생은 만나자마자 이렇게 말했다.

"김신 선생이 당신을 찾아가라고 했습니다. 이렇게 만나니 마음이 놓이네요. 선생께서 당신이 이 일대 역사에 가장 밝고, 또 우리 한국 동포와 친척 관계이며, 게다가 아주 따뜻하고 열정적이라 했어요."

그의 솔직한 말에 나는, 한겨울 추위에 이 먼 길을 온 노신사에게 어떻게든 도움이 되어야겠다고 생각했다. 만나자마자 그가 미리 준비해 둔 문서를 하나 주었다. '내가 자싱에 온 이유'라는 제목의 소개 글이었다. 중국어에 능숙하지 않아 소통이 걱정되어, 자신의 마음을 중국어로 적어 왔다고 했다. 다음은 글의 전문이다.

일제의 폭정이 극심하던 암흑기에, 김구 선생이 이끄는 상하이 임시정부는 우리 한국 민족에게 유일한 희망의 등대였습니다.

1932년 4월, 상하이 훙커우 공원 의거가 일어난 직후, 김구 선생 등 임시정부 요인들이 일본의 수색령을 피해 자싱으로 갔을 때, 자싱의 수많은 어른들이 이들을 친절히 보호해 주셨습니다. 그 덕분에 대한민국 임시정부가 다시 살아날 수 있었고, 오늘날 한국 정부는 바로 그 임시정부의 법통을 계승하였음을, 현재 한국 헌법 전문에도 분명히 명시하고 있습니다. 이번에 내가 이곳 자싱을 방문한 이유는, '한국 독립운동의 성지(聖地)'인 자싱 시민께 깊은 감사를 드리고, 직접 김구 선생의 자취를 살펴보기 위함입니다. 김구 선생의 『백범일지』에 추부인(주자루이)이 온갖 위험을 무릅쓰고 험준한 산길을 넘어 선생을 도왔다는 대목이 나오고, 또 이렇게 적혀 있습니다.

'만약 언젠가 국가가 독립한다면, 내 자손이나 혹은 내 동포 가운데 누가 이 부인의 정성과 은혜를 잊을 수 있겠는가? 그 광경을 보고 있자니 정말 영상을 찍어 대대손손 후손에게 보여주고 싶었다. 그것은 불가능하지만 글자로는 전할 수 있으니, 이 장면을 이렇게 기록으로 남아 기념하려 한다.'

또 『백범일지』에 '부부 같은 정이 싹트게 되었던 한 여인, 이름이 주아이바오인 배 젓는 여성이 있었다'라는 일화도 실려 있습니다. 이처럼 따뜻하고 감동적인 일화들은 모두 자싱을 무대로 펼쳐졌습니다.

그러나 이 아름다운 이야기들은 세상 밖으로 잘 알려지지 않았습니다. 그 사이, 김구 선생의 아드님인 김신 장군께서 아버지의 은혜를 갚고, 고마움을 잊지 않으려는 마음으로 여러 차례 자싱을 방문하셨고, 이는 지금까지도 효심과 감사의 미담으로 전해지고 있습니다.

나는 자싱에서 더 많이 보고 듣고 느끼고 싶습니다. 그래서 돌아가면, 김구 선생과 자싱에 관한 이야기를 영화나 연속극으로 만들고 싶습니다. 만약 그게 여의치 않다면 글로라도 남기려 합니다. 개인 자격이지만, 자싱을 비롯한 중국 국민과 우리 한국 국민의 감정을 하나로 녹여내고 싶습니다. 자싱에서 김구 선생의 은신처를 시(市) 차원에서 '지방사적(地方史迹)'으로 지정했다는 소식에 크게 감동했고, 그곳을 한국인으로서 가장 먼저 참배하게 되어 무한한 영광을 느낍니다.

한국과 중국, 형제의 나라여, 영원하길!

한국 독립의 성지인 자싱이여, 영원하길!

실제로, 그를 모시고 취재에 동행하는 동안, 나는 수시로 이 노 작가가 자신을 향해 품고 있는 뜨거운 감정을 느낄 수 있었다. 일흔이 훌쩍 넘은 어르신이 메이완제 76번지에서 김구 선생의 동상과 추푸청 선생의 사진을 보자마자 주저앉아 대성통곡했다. 또 르후이차오의 임시정부 요인 숙소에서는 무릎을 꿇고 무거운 대문 고리를 꽉 움켜쥐고 오랫동안 흐느꼈다. 그 모습은 가슴 깊은 곳에서 우러나오는 회한을 있는 그대로 다 쏟아내는 것 같았다.

하이옌으로 가는 길에 과로와 심한 감기로 거의 쓰러질 지경이었음에도, 그는 수십 년 전 주자루이가 김구 선생과 함께 걸었던 그 험한 산길을 그대로 걸어보겠다고 고집했다. 매서운 찬바람을 맞으며 예야링을 오르자 숨이 턱까지 차고 땀이 온몸을 적셨다. 그는 김구 선생이 쉬어갔다는 정자에 앉아 한참 동안 말이 없었는데, 아마도 바람소리 속에서 그 옛날의 메아리를 듣고 있었는지도 모른다.

나중에 이용상 선생이 보내온, 30만 자에 달하는 자서전 『삼색의 군복』을 읽고 나서야 나는 이 어르신이 왜 중국에 대해 이토록 깊은 애정을 품고 있는지 비로소 알 수 있었다. 그것은 한국과 중국 양국이 함께 항일투쟁을 했던 역사와 그가 직접 겪은 매우 극적인 개인 체험에서 비롯되었다. 『삼색의 군복』은 자신이 젊은 시절 일본군에 끌려가게 된 과정, 거기서 탈출해 후난성 유격대에 가담해 항전을 벌이다가 해방 후 한국 군인이 된 생애를 사실적으로 담은 책이었다.

그 책에서 가장 자주 등장하는 이름은 '류바이랑(柳白浪)'이라는 중국인이다. 이용상 선생의 말에 의하면, 류바이랑은 일본군 부대에 드나들며 머리를 깎아주던 중년의 이발사였는데, 우연히 한국 젊은이들이 탈출 계획을 꾸미고 있음을 알고 적극적으로 도왔다고 한다. 하지만 불행히도 그 탈출 계획이 들통났고, 그의 이발도구 속에서 외부에서 들여온 날카로운 물건들이 발견되자 일본군은 류바이랑을 체포했다. 그리고 열몇 명 한국인 청년을 모아놓고, 저들 중에서 탈출하려 한 이들을 고발하라고 추궁했지만, 그는 끝까지 고개를 저으며 침묵했다. 결국 류바이랑은 혹독한 고문 끝에 참혹하게 죽임을 당했고, 한국 청년들은 증거 불충분으로 감시가 느슨해진 틈을 타 탈출에 성공했다.

"나는 이 중국인의 이름을 평생 잊을 수 없습니다. 그리고 함께 탈출했던 열댓 명의 한국 젊은이들 역시 그 이름을 피처럼 가슴에 새겼습니다."

이용상 선생의 말이었다. 그렇기에 그가 자싱에서 중국인들이 힘을 모아 한국 독립운동 지도자들을 숨기고 보호했다는 이야기를 들었을 때, 그 감동은 더 각별했으리라. 그 감동은 단순한 순간의 감정이 아니라, 가슴에 남아 오래도록 곱씹게 되는 깊은 울림이었다.

이후 그는 쑨구이룽을 만나보고 싶다고 했다. 나는 깜짝 놀라 물었다.

"어디서 그 이야기를 들으셨어요?"

"김신 선생에게 들었습니다."

"그렇다면 폭탄 상자 이야기가 확인된 건가요?"

"그렇습니다. 김신 선생이 『녹두꽃』이라는 책을 찾아냈는데, 거기에 그 상자 폭탄에 관한 이야기가 나와있다더군요."

『녹두꽃』은 김의한 선생의 부인 정정화(鄭靖和)[66] 여사가 쓴 회고록으로, 1987년 3월 한국 '도서출판 미완'에서 간행되었다. 정정화는 과거 한국여성혁명동맹 부간사, 애국부인회 훈련부 부장 등을 지냈으며, 대한민국 임시정부가 중국에서 망명생활을 할 때 가족들과 함께 김구 선생을 따라 자싱으로 이동했고, 르후이차오의 임시정부 요인 숙소에서 엄항섭 집안 등과 함께 머물렀다. 그 책에는 자싱에 오기 전후의 정황이 상세히 기록되어 있다고 했다.

이후 다행히도 나는 이 책의 해당 부분을 중국어 번역본으로 읽을 기회를 얻었고, 그 안에 다음과 같은 대목을 발견하고 깜짝 놀랐다.

1932년 4월 30일, 윤봉길 의사의 의거 바로 다음 날, 우리는 남파 박찬익의 알선으로 저장성 자싱으로 피신하기로 결정했다. 그날 이동녕, 이시영 두 분이 먼저 상하이를 떠나 자싱으로 갔다.
당시 자싱에는 '수륜사창'라는 공장이 있었는데, 추푸청 선생의 아들이 경영하던 곳이다. 세계 경제 대공황의 여파로 폐쇄된 상태여서 은신처로는 더없이 좋은 장소였다. 이곳에는 이미 남편 김의한이 몸을 숨기고 있었다. 그래서 나는 중요한 짐만 챙기고, 나머지 가재도구는 친구 집에 맡긴 뒤, 서둘러 상하이를 떠날 준비를 했다. 그런데 마침 그날 엄항섭 일가도 우리 집에 와 있었다. 엄항섭은 일제의 감시 대상이었기에, 언제 그 집이 수색을 당할지 몰랐다. 당시 엄항섭은 프랑스 조계지 공무국에서 일해 꽤 높은 월급을 받았고, 그 돈으로 임시정부와 애국단을 적잖게 도왔다. 특히 오랫동안 이동녕 선생과 같은 집에서 지내며 김구 선생을 돌봐 줬기에 반드시 상하이를 떠나야만 했다.
다음 날 5월 1일, 우리는 기차를 타고 자싱으로 갔다. 남편은 상하이에 남아야 했기 때문에, 민필호(閔弼鎬)[67]가 우리 두 집 식구와 엄항섭의 부인 연미당[68]과 아이들을 데리고 자싱으로 갔다. 민필호는 신규식(申奎植)[69]의 사위로 상하이 시절 김의한과 친했다. 민필호는 하루 앞서 가족을 자싱으로 옮겨두었고, 김구의 지시에 따라 우리 두 집을 이끌고 자싱으로 오게 했다. 수룬사창이라는 허름한 공장엔 이미 하루 먼저 떠난 이동녕 선생과 이시영 선생이 와 있었다. 우리는 이렇게 해서 10년 동안 살아 온 상하이를 떠나 처음으로 자싱으로 피신하게 되었다…….

자싱으로 오고 대략 2주 뒤, 김의한과 엄항섭이 김구 선생을 모시고 자싱에 들어왔다. 백범은 일제가 현상금을 걸고 뒤쫓는 수배 대상이었기에, 공장에 머물지 않고 추푸청 선생의 양아들인 천퉁성 댁에 따로 묵었고, 거기마저 불안해지면 난후로 피신했다. 난후는 자싱의 명승지로, 호수에 떠 있는 배가 많았는데, 그 배를 젓는 사람들은 대부분 여성이라 '선냥(船娘)'이라 불렸다. 낮에는 관광객을 태워 호수를 돌고, 밤에는 배 위에서 마작도 하고 식사도 하고 잠도 잤다. 백범도 배 한 척을 빌려 피신처로 삼아 거기서 지냈다.

자싱에 있는 동안, 우리와 엄항섭의 집이 이동녕 선생을 보살폈다. 이시영 선생은 머지않아 자싱을 떠나 항저우로 갔다. 임시정부의 다른 요인들도 자주 자싱에 들러 머물다 갔다. 박찬익 선생 일가도 자싱으로 왔는데, 그 아들 영준이가 시우저우 중학에 입학했다. 자싱에 도착한 뒤, 엄항섭 집과 우리 집은 상하이에 살 때와 마찬가지로 한집 식구처럼 생활했다. 상하이를 너무 급히 떠나는 바람에 자싱에 온 첫 시기는 긴장 속에서 지냈다.

상하이 시절, 임시정부는 프랑스 조계 안에 있었기에, 일본경찰이 함부로 들어올 수 없었다. 그러나 자싱으로 오면서 상황이 달라졌다. 중국 정부가 우리를 동정하여 은밀히 도와주긴 했지만, 일본 경찰을 직접 막아 낼 순 없으므로, 우리는 프랑스 조계지 밖에서는 모든 걸 스스로 알아서 지켜야 했다…….

…… (중략) ……

그래서 도시락통이나 물통 형태의 폭탄을 수십 개 만들었고, 1932년 4월 훙커우 공원 의거 때도 바로 이 고성능 폭탄을 써서 일본군들이 가득 서 있던 열병대를 단숨에 날려 버렸다. 그 폭탄은 상하이를 떠날 때 임시정부의 짐에 섞어 비밀리에 자싱으로 옮겼는데, 그 뒤 어떻게 처리되었는지는 잘 모르겠다.

이 부분을 보고, 나는 순간적으로 눈이 번쩍 뜨였다. 짧은 몇 줄에 불과했지만, 그 상자 속 폭탄이 '훙커우 의거'를 위해 특수 제작되었으며, 윤봉길 의사가 사용한 두 개 외에도 더 많은 폭탄이 존재했음을 분명히 증언해주고 있었다. 나머지는 임시정부가 피신하며 자싱으로 함께 가져왔고, 그 뒤 행방은 알 수 없다고 썼다. 이로써 쑨구이룽이 말한 것이 결코 거짓이 아님이 증명된 셈이다. 정정화 여사가 이 기록을 남길 당시에는, 훗날 이 몇 줄이 역사적 진실을 입증하는 결정적 단서가 되리라고는 상상하지 못했을 것이다.

나는 진심으로 감사했다. 쑨구이룽 어르신을 대신해 모르는 사이에 그의 이야기를 뒷받침해 준 증언을 남긴 정정화 여사에게 감사 인사를 전하고 싶었다. 동시에 내가 지금 이렇게 남기는 기록 또한, 언젠가 또 다른 이에게 중요한 의미가 될 수 있음을 절감했다.

6

한국의 여러 신문과 잡지에 대서특필된 기사가 잇따라 게재되었다.

이용상 선생이 보내준 신문과 잡지에 실린 글을 보면, 참으로 놀라울 만큼 왕성한 집필 열정이 느껴졌다. 그는 글을 쓰는 한편, 큼직한 사진도 많이 실었다. 그중에는 자싱 메이완제 76번지, 천퉁성의 집으로 알려진 강변의 작은 집이 《서울신문》의 지면 1/4을 차지하고 있었다. 한글로 빼곡히 채워진 기사 속에서 '자싱'이라는 한자는 유난히 도드라져, 마치 학 한 마리가 무리에서 우뚝 서 있는 듯했다.

곧이어 《서울신문》 기자가 한국에서 이미 뉴스 화제로 떠오른 이 도시를 취재하기 위해 왔다. 기자가 나를 만나자마자 제일 먼저 꺼낸 것은 이용상 선생이 내게 보낸 편지였다. 나는 무척 반가웠다. 이들이 통역을 통해 정식으로 쑨구이룽을 인터뷰했다는 걸 알았기 때문이다. 이른바 '화두피' 이야기는 다시 한번 '감동적인 특종'으로 수많은 한국인의 마음을 울렸.

정의와 선량함은 중국과 한국, 두 민족에게 뿌리 깊게 내려오는 공통된 품성이다. 그것은 두 나라의 국토가 맞닿아 있는 것과 다르지 않은 일이다.

이제 그 시절 사람들 중 상당수는 세상을 떠났다. 하지만 먼지 속에 묻혀있던 과거를 조심스레 펼칠 때면, 그들은 모두 생생한 모습으로 내 눈앞에 되살아난다. 한편에는 몸 바쳐 조국에 헌신한 한국의 선열들이 있고, 또 한편에는 평범하지만 따뜻한 마음으로 그들을 보살핀 중국인 민초들이 있다. 그들은 우연히 만나 알게 되었고, 결국에는 진심으로 이해하고 지지하며 함께 험난한 시대를 견뎌냈다. 이는 아마도 두 나라가 가까이 붙어 있기 때문이기도 할 것이다. 마치 한글 속에 여전히 많은 한자(漢字) 어휘가 남아 있는 것처럼, 두 나라에는 필연적인 인연과 뿌리가 있다.

1997년 새해가 막 지난 어느 날, 김신 선생이 갑자기 자싱에 온다는 소식을 보내왔다. 그날 기온은 매우 낮았고 바람까지 무척 거셌다. 자싱에 온 이들은 뜻밖에도 '가족 방문단'이었다. 김신 선생은 딸과 사위, 그리고 손자 셋을 데리고 왔다. 조손(祖孫) 3대, 여섯 명이 함께 자싱을 찾은 것이다.

선생은 이번 방문이 즉흥적 결정이라고 말했다. 원래 여행의 시작은 매년 치르는 관례적 가족 여행이었다고 한다. 딸인 김미 씨 가족은 해마다 해외여행을 떠났고, 여행지를 고를 때 항상 아버지 김신의 의견을 묻곤 했다. 그래서 이번에도 아버지에게 물었더니, 김신 선생은 이렇게 말했다고 한다.

"너희는 미국이나 유럽 등 먼 곳은 자주 여행하면서도 바로 이웃인 중국은 제대로 알지 못하는구나. 그곳은 네 할아버지와 수많은 혁명 선배들이 피 흘려 독립을 위해 싸운 땅이야. 지금은 개혁개방으로 경제 발전이 급격히 이루어지고 있어. 내가 너희를 데리고 가서 직접 보고 느끼게 해주마."

그렇게 '효'를 중시하는 가풍 아래 딸은 아버지 뜻에 따르기로 했다. 이것이 바로 김신 선생이 '애국주의 교육 관광 노선'이라고 부르는 여행의 시작이었다. 여정은 상하이에서 시안, 충칭을 잇는 코스로 계획되었다. 하지만 시안에서 충칭으로 비행기를 타려던 중 짙은 안개로 공항이 사흘 동안 폐쇄되면서 충칭 방문계획을 포기하고, 상하이로 되돌아오게 되었다. 상하이에서 잠깐 머무르는 동안, 김신 선생은 하루 시간을 내어 자싱에 들르자고 결정했다.

1월 4일, 이들은 전세차량을 타고 아침 일찍 상하이를 출발해 자싱으로 향했다. 이번에는 김신 선생이 노련한 가이드 역할을 자처하며 가족 방문단을 이끌고 메이완제 76번지와 르후이차오 17번지 등 옛집들을 둘러보았다. 그리고 급히 점심을 먹고 다시 거센 바람과 비를 뚫고 하이옌을 찾았다. 가는 곳마다 김신 선생은 비장한 표정으로 자녀와 손자들에게 여러 이야기를 들려주었다. 그들이 늘 말로만 들었던 옛 시절의 현장을 처음으로 직접 보게 해주었다. 선생은 이야기하면서 여러 번 울음을 터트렸고, 아이들도 따라 울었다.

어린 손자들에게 자싱의 겨울은 습하고 매서운 추위가 뼛속까지 파고들어 여간 힘든 게 아니었다. 늘 난방기가 있는 실내나 차량에서만 지내던 아이들은, 할아버지와 증조부의 메아리를 간직한 이 낡은 건물들에서 입술이 파랗게 질려 덜덜 떨었다. 그러나 이 모든 것이 김신 선생이 의도한 고난 체험이 아닌가 싶었다. 안락함에 젖어 사는 아이들에게 결코 잊어서는 안 될 시간을 각인시키고자 한 것이다.

김미 씨는 이번 여행이 자신의 생애 중 가장 묵직하고 인상 깊은 여행이었다고 했다. 평소 엄한 아버지가 이렇게 자주 우는 모습을 처음 봤다고도 했다. 그녀는 또, 아버지가 쌓아둔 울분을 이렇게 토해내는

김신 선생과 선생의 딸(왼쪽 첫 번째)과 사위(오른쪽 첫 번째),
손주들과 르후이차오 17번지에서 찍은 사진

것이 오히려 건강에 좋으리라 생각하면서도, 한편으로는 이런 감정적 동요가 고혈압에 안 좋은 영향을 줄까 걱정된다고도 덧붙였다.

이후, 김구 선생의 생애를 그리는 16부작 TV 시리즈 「동방의 거인(东方巨人)」을 기획하며, 나는 김신 선생과 더욱 많은 대화를 나눌 수 있었다. 자연스럽게 '국부(国父)'라 불리는 김구 선생의 삶을 전보다 훨씬 깊이 이해하게 되었다.

게다가 다시 김구 선생이 귀국 도중 상하이에 들렀을 당시, 일제의 '열병대'로 쓰였던 그 자리에서 "세상에 우연이란 없다"라고 했던 그의 말이 떠오르자, 정말로 불가사의하면서도 오묘하게 느껴졌다. 그 말처럼, 이제 나 역시 '세상에 우연은 없다'는 믿음을 갖게 되었다.

나는 종종 『백범일지』에 적힌, 얼핏 별다른 특별함이 없어 보이지만 그의 생애에 지대한 영향을 준 일화들을 곱씹곤 한다. 예컨대, 과거시험에 낙방한 뒤 집안 형편이 워낙 어려워져 더는 학업을 잇기 어렵게 되자, 부친이 이렇게 말한 대목이 있다.

"차라리 풍수지리나 관상(觀相)을 배워 보거라. 잘 배워서 조상 묘를 명당자리에 쓰면 후손이 반드시 번창할 것이고, 관상을 잘 보면 훗날 성현이나 군주를 만날 수도 있지 않겠느냐?"

그때 김구는 고작 열일곱의 청년이었다. '우리 국토가 일제에게 짓밟혀 나라 전체의 운명이 파탄 난 상태라면, 과연 어디서 좋은 묏자리를 찾을 수 있을까? 결국은 국가가 바로서지 못하면 소용이 없지 않은가?'라는 본질적인 문제까지는 미처 헤아릴 수 없었다. 다만 아버지 말씀을 그럴듯하게 여겨 곧장 방 안에 틀어박혀 「마의상서(麻衣相书)」를 읽기 시작했다. 거울을 들여다보며 얼굴 각 부위의 명칭을 외우고, 책에 나오는 이론을 하나하나 자기 얼굴에 대조해가며 익혔다. 그러던 어느 날 그는 문득 이런 생각이 들었다.

'남의 얼굴을 살피기 전에, 내 관상부터 제대로 살피는 게 시급하구나!'

그리하여 석 달 동안 문을 잠근 채, 관상학 이론에 따라 자기 얼굴을 철저히 관찰했다. 그 결과 스스로 내린 결론은 이랬다.

'부귀한 상은커녕 오히려 빈천(貧賤)과 흉상(凶相)이 깃든 얼굴이다!'

이 같은 결론은 부친이 전혀 예상하지 못한 방향이었다. 과거시험의 낙방에서 받은 좌절감을 어디서든 보상받으려 했으나, 관상에서도 희망을 찾지 못했다. 그는 더 큰 절망에 빠지고 말았지만, 절망에 머물지 않고 계속해서 생각했다.

'인생이란 게 짐승처럼 목숨만 부지하다가 썩어 없어지면 그만인가?'

만약 절망을 '어둠'에 비유한다면, 어둠 속에서 빛을 찾으려는 노력

이야말로 '사고(思考)' 아닐까. 빛이 없는 공간이라면, 작은 별빛 하나라도 유독 선명하게 빛나는 법이다. 그는 바로 이 작은 별빛을 「마의상서」에서 발견했다. 물은 배를 뒤집기도 하지만 띄우기도 한다는 식의 진리 같았다. 이 책에서 '상(相)이 좋기보다 몸(身)이 좋은 게 낫고, 몸이 좋기보다 마음(心)이 좋은 게 낫다(相好不如身好, 身好不如心好)'라는 구절을 접했을 때, 큰 깨달음을 얻은 것이다.

이때부터, '관상이 별로여도 올바른 마음을 가지면 된다'는 믿음을 품으니, '모름지기 잘 살려면 과거시험에 합격해 관직에 올라야 한다'는 옛 꿈이 허망하게 보이기 시작했다. '어떻게 내면을 닦아 진정한 선인(善人)이 될 것인가'를 찾는 것이 바로 올바른 길이라고 깨달았다.

그러나 곧 또 다른 물음이 떠올랐다.

'마음이 좋지 않은 이를 착한 마음으로 변화시키려면 어떻게 해야 하나?'

이 또한 관상서에서는 답을 찾을 수 없었다. 나아가 '어떻게 하면 우리나라와 국민을 왜놈의 폭정에서 구해 낼 것인가?'라는 훨씬 더 큰 숙제가 그를 붙들었다.

결국 그는 관상서를 덮고 가학(家學)으로 전해지는 고문서(家书)를 뒤적여 보았지만, 이 역시 흥미를 끌지 못했다. 그는 결국 병서(兵书)에 눈길을 돌리게 되었다. 『손자(孫武子)』, 『오기자(吳起子)』, 『삼략(三略)』, 『육도(六韜)』 등을 읽었지만, 이해하기 어려운 대목이 많았다.

그럼에도 '태산 같은 위험이 앞을 막아도 마음이 흔들리지 않는다'거나, '장수는 병사들과 고난을 함께 나눠야 한다', '나아가고 물러나는 모습이 호랑이 같아야 한다', '적을 알고 나를 알면 백번 싸워도 위태롭지 않다' 등등에 대한 구절에는 깊은 흥미를 느꼈다. 이런 흥미를 토대로 친족 자제들을 모아, 어설프게 배운 병법을 적용하면서 지휘관 놀이를 했다. 이것이 1년 뒤 그가 최연소 '동학 접주'가 되는 과정의 서곡이자, '김창암'에서 '김창수'로 이름을 바꾸고, 다시 김구(金九)로 나아가는 인생의 첫 분기점이다.

그가 훗날 '세상에 우연이란 없다'고 한 말에 비춰보면, 이런 병학(兵學)에 대한 관심이 싹튼 것과 운명이 흘러간 방향 역시 훨씬 전에 이미 그 전조가 있었다. 한서를 읽고 배움에 집착했던 어린시절도 그중 하나다. 『자치통감』이나 『사략(史略)』을 보며 '왕후장상, 어찌 씨가 따로 있으랴?'라고 물음을 던진 진승(陈胜), 혹은 유방(刘邦)이 검을 들고 뱀을 베어버린 이야기, 한신(韩信)이 걸식을 하다 빨래하는 여인에게 도움을 받았다는 고사 등등에서 이미 열렬한 흥미를 느꼈던 적이 있다고 했다.

7

1997년 여름 어느 날 밤, 출장에서 막 돌아온 내게 낯선 목소리의 전화가 걸려 왔다. 서툰 중국어로 애를 쓰며 말하는 목소리를 한참 듣고 나서야 바로 박영준 선생의 부인 신순호(申順浩) 여사인 것을 알았다.

신 여사는 지금 박 선생님과 함께 항저우에 와 있으며, 내 큰언니가 한국에서 두 분을 모셔 와 치료를 돕고 있다고 했다. 1년 전 뇌졸중을 앓아 반신이 마비되어 거동이 매우 불편하다고 했다. 두 분 다 나를 무척 그리워하고 자싱도 보고 싶어 한다며, 잠깐 시간을 내어 꼭 자싱에 들르고 싶다는 것이었다. 특히나 하이옌도 가보고 싶다고 했다. 며칠 전부터 언니가 나를 찾으려 전화했지만, 연락이 안 돼서 결국 항저우의 옛 전우에게 부탁해 이미 자싱시 외사처에 연락해 두었고, 다음 주 월요일로 자싱 방문이 정해져 있다고 했다. 그래도 박 선생이 계속 "그 아이(나)를 찾아보라. 그가 있어야 마음이 놓인다"라고 재촉한다는 것이었다.

달력을 확인해 보니 그날이 목요일이었다. 그래서 내가 내일 바로 외사처와 연락해 보겠다고 답했다. 박 선생이 이미 80대 노인이니, 그 절박한 심정은 절실히 와 닿았다. 게다가 거동이 불편한 몸이라면 더욱 그럴 것이다. 건강한 사람이라도 타지나 오랜만에 찾는 곳을 갈 때는 아는 얼굴을 찾고 싶은 법이다.

7년 전 내가 모시고 다니며, 선생이 다녔던 시우저우 중학교과 메이완제, 르후이차오 등을 안내해 드린 적이 있었다. 게다가 그 뒤로 김신 선생으로부터 내가 하이옌에서 김구 선생 은신처를 찾았다는 이야기를 들었고, 관련 보도를 읽었으며, 반년 전쯤에는《서울신문》에서 내가 이용상 선생을 모시고 취재하는 사진을 본 적도 있다고 했다. 자연히 이번에도 내 도움을 기대하는 눈치였다.

다음 날, 나는 외사처에 전화를 걸어 이 상황을 알리고, 박 선생의 바람도 전했다. 그러나 답변은 이미 접대 일정을 마련했으니 내 동행은 필요 없다는 것이었다. 이렇게 되니 조금 난처했다. 전날 통화에서, 부인의 간절한 요청에 시간을 내보겠다고 이미 약속해 버렸기 때문이다. 결국 나는 이틀 먼저 항저우에 가서 노부부와 큰언니를 만나기로 했다.

그런데 세상에는 때로 하늘이 만든 우연처럼 모든 것이 절묘하게 맞물리는 날이 있다. 같은 날 오후, 자싱시 문화부에서 근무하는 장야핑(张亚萍)에게 전화가 왔다. 그녀는 『자싱에서의 김구(金九在嘉兴)』라는 책을 편찬 중으로, 박 선생께 회고담 한 편을 부탁해 놓았는데 원고 초고를 보여주고 마지막 보완과 수정 의견을 얻고 싶어 박영준 선생과 연락하고 싶다고 했다. 내가 박 선생이 항저우에 와 있다고 전하자, 장씨는 상부에 보고한 뒤 토요일에 나와 함께 항저우로 가서 박 선생 부부를 만나기로 했다.

시후(西湖) 류잉(柳莺) 호텔의 한적한 별채에서 박 선생을 만났다. 선생은 휠체어에 앉아 있었는데, 손을 심하게 떨었고 혼자 서기도 어려왔다. 그러나 우리를 보고 어찌나 기뻐하던지 말로 형용하기 어려울 정도였다. 노인은 정이 담긴 눈빛과 말투로 자신의 바람을 털어놓았다.

"아마 이번이 내가 중국에 오는 마지막일 거야. 어떻게든 자싱에 가보고 싶어요. 그곳은 내게 너무나 많은 추억이 서려 있는 곳이거든."

부인도 무척 반가워하며 말했다.

"그저께 전화하고 나서 당신이 온다고 하니 이 양반이 얼마나 좋아했는지 몰라요. 나도 마음이 든든했어요. 당신 큰언니는 여길 모르는 건 마찬가지이고, 게다가 엊저녁에 우리랑 함께 나갔다가 발목을 접질렸어요. 도무지 자싱은 갈 수 없을 것 같아요. 나 혼자서는 이 양반을 제대로 돌볼 수 있을지 걱정이고요."

이번에 함께 온 그들의 아들도 몸이 불편했고, 부인도 예전보다 훨씬 나이가 들어 지쳐 보였다. 노인의 말을 들으니 마음이 편치 않았다. 정말 함께하며 조금이라도 도와드리고 싶었지만, 나는 그럴 수 없었다. 외사처에서 받은 '주의'가 내 마음을 무겁게 했다. 한국과 중국의 우정을 위해서든 노인을 배려하는 마음이든 함께 하고 싶은 내 마음은 컸지만, 주의와 규정이라는 선을 넘었다가는 모두에게 난처한 상황이 벌어질 수도 있었다. 게다가 내가 그 이유를 이 외국인 노부부에게 낱낱이 설명할 수도 없는 노릇이었다.

결국 나는 다른 핑계를 댈 수밖에 없었다.

"너무 갑자기 연락을 받아서 준비도 못했고, 월요일에는 원래 예정된 출장을 떠나야 해서 동행이 힘들어요. 그래서 미리 인사드리러 항저우로 왔어요."

평소 거짓말을 하지 않던 사람으로서 그런 말을 늘어놓기가 너무나 괴로웠다. 노인의 얼굴이 순식간에 어두워지자 무슨 말을 보태야 좋을

지 몰랐다. 그저 침묵이 흐를 뿐이었다.

그러다 신 여사가 먼저 이 적막을 깼다.

"일정을 바꿀 순 없나요?"

나는 고개를 저었다.

"이미 정해진 일이라 어쩔 수 없어요."

박 선생도 거들었다.

"그럼 우리가 일정을 바꿔볼까?"

"안 돼요."

내가 급히 손사래를 쳤다.

"자싱 쪽에서 이미 준비를 해 놨고, 저도 며칠 걸릴 출장이라 정확히 돌아올 날도 말씀드릴 수가 없어요."

그렇게 대화가 끝나자, 무거운 침묵만 감돌았다. 이후 언니도 어떻게든 출장시간을 조정해 보라고 거듭 권유했지만, 나는 고개를 저을 수밖에 없었다.

그때 나는 문득 생각했다.

'개혁개방 시대에도 이런 복잡한 절차와 제약이 따르는데, 옛날 추푸청 선생 일가가 겪었던 어려움은 얼마나 컸을까?'

그런 마음이 들자 숙연해졌다. 며칠 후, 큰언니에게 또 전화가 왔다. 정식 일정에 하이엔 방문은 없으니, 개인 자격으로라도 연락해 박 선생의 마지막 소원을 도울 순 없겠냐는 것이었다. 나는 그렇게 하겠다고 했다. 그리고 주말에 언니와 함께 박 선생 일행을 모시고 하이엔을 찾았다.

그날 박 선생은 몹시 즐거워하며 내 손을 붙잡고 말했다.

"렌셩, 한가해지면 한번 한국에 오지 않겠나? 우리 집에서 묵으며 오래오래 지내도 좋고. 자네는 작가이니 문화를 매개로 양국 우호를 촉진할 수도 있을 것 아닌가."

눈에 눈물이 그렁그렁한 노인을 보며, 나는 속으로 생각했다.

'피와 불길이 뒤섞인 그 시절을 살아낸 분이라서, 이 강산의 아름다움을 이렇게 소중히 여기고 가슴 깊이 감동하는구나!'

그때서야 나는 깨달았다. 아저씨가 불편한 몸을 이끌고 굳이 하이엔에 오려고 했던 건 단순한 호기심이 아니었다. 그들의 눈은 전쟁과 포연을 통과해서 우리는 볼 수 없는 산과 호수, 바다 풍경을 보고 있는 것이다. 두 분의 맑은 눈물 앞에서 나는 아주 많은 것을 깨달았다. 한국과 중국 민족 간 우의를 위해 나 역시 조금도 후회 없는 길을 가리라 생각했다.

난베이후의 긴 둑 위를 휠체어를 밀며 거닐 때, 아저씨는 한동안 말이 없었다. 내게는 그가 과거로 돌아가 김구 선생의 모습을 마음속으로 떠올리며 조용히 그리워하는 듯했다. 그들에겐 김구가 단순한 지도자가 아닌 바로 '국부' 같은 존재이다. 얼마나 큰 존경을 품고 있겠는가.

이렇듯 하나의 민족 감정으로 굳어진 존경심은, 자싱을 찾은 많은 한국인에게서 뚜렷이 드러났다. 만일 내가 1945년 11월 5일로 시간을 되돌릴 수 있다면, 27년 만에 조국 땅을 밟은 김구 선생의 심정을 조금이나마 헤아릴 수 있을까?

당시 김구 선생이 어떤 명의로 귀국했는지는 중요하지 않았다. 김구를 '민족의 지도자'로 우러르는 마음까지 바뀔 수는 없었다. 홍커우 공원에서 울려 퍼진 폭탄 의거의 울림만으로도, 한국인들은 그가 자신들의 '국부'임을 자랑스럽게 여겼을 것이다.

그로부터 세 시간 뒤, 미군기가 한국 김포공항에 착륙했다. 백발이 성성한 김구는 그토록 그리워했던 조국의 공기를 마침내 들이마실 수 있었다. 비행기에서 내리는 순간, 이 '피와 살로 이어진 땅'을 다시 밟으며, 그의 주름진 뺨 위로 강남의 물줄기처럼 조용히 눈물이 흘러내렸다.

그는 끝내 중국 땅에 머물러야만 했던 '영원한 가족들'을 떠올렸다. 먼 타국에서 순국한 탓에 함께 돌아오지 못한 독립운동가들을 생각하며, 이루 말할 수 없는 슬픔을 느꼈다. 20여 년간 생사를 함께하며, 조국 해방을 위해 헌신해 왔던 이동녕 선생은 이미 5년 전 치장에서 숨을 거뒀다. 평생 고생만 하다 해방을 보지 못하고 세상을 뜬 어머니와 스물셋의 나이에 요절한 장남 김인 역시 충칭 허상산에 남겨져 있다…….

일본의 무조건 항복으로, 그가 오랜 세월 힘써 준비했던 광복군은 전공을 세울 기회조차 없이 해체되고 말았고, 이 사실은 그의 마음에 크나큰 상처로 남았다.

상하이를 떠난 비행기가 정확히 언제 도착할지 알 길이 없었던 터라, 고향 사람들은 공항에서 며칠을 기다렸다고 한다. 노구를 자동차 뒷좌석에 기댄 채 서울 시내에 들어오자, 옛 시절과 다를 바 없는 산천이 마치 먼 곳에서 돌아온 그를 반기는 듯했다. 김구는 그저 다시 눈물을 떨구었다.

수십만 동포가 태극기를 흔들고 '임시정부 환영' 구호를 내걸며 서울 거리에서 행진했고, 덕수궁에서 성대한 환영회를 열었다. 그 자리에 울려 퍼진 것은 김구의 눈물 어린 마음의 소리였다.

1945년 12월 1일. 대한민국 임시정부 귀국 환영회에서 연설하는 김구 선생

1945년 12월 1일. 대한민국 임시정부 귀국 환영회에서 이승만과 대화하는 김구 선생

만약 하느님이 내게 소원이 무엇이냐 묻는다면,

나는 조금의 망설임도 없이 '대한의 독립'이라 대답하겠습니다.

거듭 묻는다면 역시 '우리나라의 독립'이라고 답하겠습니다.

세 번째로 다시 다른 소망을 물어도

나의 대답은 여전히 '우리 대한의 완전한 자주독립'이라고 외칠 겁니다.

동포 여러분! 나 김구의 소망은 이것뿐입니다.

그밖에는 아무것도 없습니다.

지난 70년의 삶은 오직 이 바람 하나를 위해 살았고,

지금도 그 바람을 위해 살고 있고,

앞으로도 그 꿈을 실현하기 위해 살아갈 것입니다…….

수십 년 세월이 흐른 뒤 나는 정말로 역사를 거슬러 온, 가슴을 뜨겁게 만들며 사라지지 않는 그 소리를 들었다. 바로 『백범일지』맨 끝에 쓰인 '나의 소원'이라는 글에서.

서울로 돌아온 김구 선생이 가장 먼저 한 일은, 신문에 윤봉길과 이봉창 의사의 유족을 꼭 만나고 싶다는 뜻을 밝히는 것이었다. 얼마 지나지 않아 윤 의사의 아들과 이 의사의 조카를 만나, 조국 광복의 경사를 고(故) 영웅들의 영전에 고했다. 그 뒤 그는 쉴 새 없이 전국 순회와 시찰에 나섰다.

첫 번째 행선지는 인천이었다. 인천은 그가 평생토록 잊을 수 없는 장소이다. 스물두 살, 인천감옥에서 사형선고를 받고, 스물세 살 때 탈옥했으며, 마흔한 살 때는 다시 징역 17년 형을 받아 이곳에 수감되었다. 항구와 부두 곳곳에는 그가 강제노역을 하며 흘린 피와 땀이 배어

있다. 지금도 이 길을 걸어갈 때면, 그는 마치 예전에 자신의 부모님이 거리 곳곳에 흘린 눈물 자국을 보는 듯한 기분이 든다고 회고했다. 달라진 점이 있다면, 이번에는 인천 시민들로부터 뜨거운 환영을 받았다는 사실이다.

두 번째 행선지는 공주 마곡사였다. 산길 어귀에 승려들과 비구니들이 길 양옆에 줄지어 서서 그를 맞았다. 김구는 그곳을 걸으며 예전에 그가 모자를 쓰고 염주를 가슴에 품은 채 산에 오르던 바로 그 길을 떠올렸다. 산천은 예전과 달라졌고, 사찰 마당과 대웅전에 걸려 있는 등롱과 장식도 예전과는 딴판이 되었다. 모든 풍경이 마치 그를 위해 새로이 펼쳐진 듯해, 무한한 감회가 절로 솟았다. 그날 밤, 그가 용담거사(龍潭居士)에게 선(禪)과 서법(書法)을 배웠던 화실은 더욱 쓸쓸하면서도 청아한 분위기를 풍겼다. 스님들은 특별히 그를 위해 '고가념(故伽念)'이라는 의식을 열어주었으나, 거기서도 예전에 알고 지내던 사람을 찾을 수는 없었다.

다음날, 그가 떠나기 전, 일부러 목향 한 그루와 송화 한 그루를 심었다. 맑고 고요한 이 절집 깊숙한 곳에 다시금 생기 넘치는 축복을 더하고 싶었던 것일까?

세 번째로 향한 곳은 윤봉길 의사의 고향이었다. 거기서 그는 마을 사람들과 함께 성대한 제사의식에 참가했다. 이후 김구는 일본 도쿄에 있는 박열(朴烈)에게 부탁해 이춘매(李春梅) 등을 포함한 여러 열사의 유골을 고국으로 모셔와 달라고 청했고, 자신이 직접 기차를 타고 부산까지 가서 맞이했다. 국민들이 참배하기 편하도록 영구(靈柩)를 태고사(太古寺)에 안치했다. 그러고 나서 김구 선생은 다시 효창공원을 돌아다니며 열사들이 편안히 쉴 좋은 터를 직접 골랐다. 수십 년 전 그가 배웠던 풍수 지식을 실제로 쓸 수 있을지는 모르나, 의사들을 위해서 꼭 마음 놓이고 편안히 묻힐 수 있는 장소를 찾아야 했다.

열사들의 출빈(出殯)과 안장(安葬)이 이루어지던 그날, 전국에서 사람들이 구름처럼 몰려들었다. 태고사에서 효창공원까지 가는 길은 인파로 빼곡했고, 전차와 자동차 및 보행자의 통행도 모조리 중단될 지경이었다. 유례없을 정도로 성대하고 장엄한 장례식은, 옛날 군왕의 국장보다도 더욱 장엄하게 치러졌다.

8

1997년 4월, 김신 선생이 다시 한번 자싱을 찾았다. 꽃이 만발한 포근한 봄날이었다. 그는 자싱시에서 주최한 관광축제에 초청받아 온 것이었다. 하지만 나는 이 사실을 전혀 몰라 호텔에 맞이하러 가지도, 인사를 드리지도 못했다. 그러다 어느 흐린 날 저녁 무렵, 그가 이소심 여사를 통해 우리 집으로 연락을 해와서 알게 되었다. 이미 이곳 행사는 거의 끝나가고 있었고, 선생은 밤에 호텔에서 잠시 만나자고 했다.

그날 저녁 7시쯤, 나는 자전거를 타고 자싱호텔로 향했다. 호텔 본관 앞 광장에 이르렀을 때, 승용차 한 대가 정면에서 다가와서, 나는 길가로 비켜섰다. 그런데 뜻밖에도 그 차가 내 옆에 멈추더니, 문이 열리면서 환히 웃는 얼굴의 한 사람이 내렸다. 자세히 보니 샤이창(夏益昌) 시장이었다. 그가 반갑게 손을 내밀며 말했다.

"녠셩, 수고 많았네. 중·한 두 나라 우호 발전을 위해 공헌한 바가 크다고 들었네."

분명 샤이창 시장은 일부러 차에서 내려와 나에게 이 말을 건네고 싶었던 것 같아 내심 감동했다.

"아닙니다. 당연히 해야 할 일입니다."

정말 솔직한 내 마음이었다. 내가 대연회장으로 들어섰을 때, 김신 선생이 큰 소리로 외쳤다.

"녠성, 그렇게 바빴어? 내가 왔는데도 와보지도 않다니!"

그 말에 속으로는 여러 감정이 뒤섞였다. 하지만 선생의 진심에 감동했다. 나는 어색함을 감추며 웃으며 대답했다.

"지금 이렇게 왔잖아요!"

자싱에 올 때마다 김신 선생은 늘 나와 추리전을 만나고 싶어 했다. 그는 우리를 진심으로 가족으로 여겼고, 우리도 마찬가지였다. 선생의 건강한 모습을 보는 것이 우리에게 가장 큰 위로가 되었다.

그날 밤, 선생은 내일 아침에 다시 나와 리전이 함께 오라고 말하면서, 한 사람을 더 만나보고 싶다는 바람을 밝혔다. 바로 쑨구이룽이었다. 선생은 『녹두꽃』에서 폭탄에 관한 이야기가 진짜였음이 밝혀져서, 그를 정말 만나보고 싶다고 말했다.

'오래 전에 만났던 소년을 지금 다시 만나게 된다면, 과연 그때 모습을 알아볼 수 있을까?'

다음 날 아침, 약속한 시간에 우리는 김신 선생의 스위트룸 응접실로 들어섰다. 선생은 이미 자리에 앉아 우리를 기다리고 있었다. 쑨구이룽은 발소리조차 나지 않게 조심스레 카펫 위를 밟으며 들어왔다. 낯선 분위기 탓인지 그의 얼굴엔 긴장감이 살짝 스쳤다.

쑨구이룽은 그해 여름 자기 집에서 수박을 나눠 먹던 그 청년과 지금 이 눈앞에 있는 백발의 노인을 동일인으로 도저히 연결할 수 없었다. 마찬가지로 자리에서 일어나 쑨구이룽과 악수를 나누는 김신 선생도 호두처럼 쪼글쪼글 주름진 쑨구이룽의 얼굴에서 과거의 모습을 떠올릴 수 없었다. 세월과 풍상의 흔적은 마치 지금 이 순간 마주 잡은

김신 선생과 자싱 농민 쑨구이룽

김신 선생이 보청기를 꺼내 쑨구이룽에게 주려고 한다.

두 손처럼, 함께 엉켜 쥐어져 있었다.

김신 선생은 아주 조심스럽게 보청기의 전원을 켜고, 작고 정교한 이어피스를 오른쪽 귀에 천천히 밀어 넣었다. 그는 쑨구이룽의 목소리를 가능한 또렷하고 정확하게 듣고 싶었다. 쑨구이룽의 눈이 반짝이더니, 갑자기 환하게 미소를 지으며 김신 선생에게 말했다.

"기억나세요? 그해에 선생님이 우리 집에 오셨을 때, 등에 조그만 상자 같은 걸 짊어지고 왔잖아요. 그 말도 하고 노래도 하는 물건이, 어찌나 신기했던지. 저 작은 상자 안에 사람이 있는 걸까? 하며 따라다니며 봤잖아요. 나중에 당신이 그게 라디오라고 알려줬잖아요."

아마도 쑨구이룽은 지금 김신 선생이 귀에 착용한 보청기를 그때 그 라디오 같은 것이라 여긴 듯했다. 이제 그의 얼굴에서 낯섦과 긴장은 사라지고, 오래 전 따뜻하고 아름다운 추억에 잠긴 듯 밝아졌다.

"당신 기억력이 정말 대단하군요!"

김신 선생이 기뻐하며 말을 이었다.

"지난번 난창에 갔을 때, 귀천도 그 라디오 이야기를 했어요. 나중에 생각해 보니 그건 미국에서 산 거였죠. 신기해서 항상 가지고 다녔어요. 당시 중국에는 그런 게 없어서, 당신이 한참을 따라다니다가, 이 작은 상자 안에 어떻게 소리가 나냐고 물었죠. 그래서 그게 라디오라고 알려줬어요."

쑨구이룽은 그 후로 그 작은 상자에 대한 동경을 품었다고 말했다. 한 번은 꿈에서 그 상자를 열었는데, 그 안에 남자, 여자, 어른, 아이 등 많은 사람들이 가득 들어있었다고 한다. 나중에 집에 라디오가 생겼을 때, 그는 정말로 그 스피커 상자를 열어보았다고 말했다.

쑨구이룽의 청력도 아주 좋지 않아서, 그들은 차탁을 사이에 두고 앉아 대화할 수조차 없었다. 나는 일부러 의자를 가져와 쑨구이룽이 선생 옆에 앉도록 했다. 그럼에도 두 노인의 대화는 여전히 큰 소리로 이루어졌다.

두 사람이 너무 오랜 시간을 건너뛰었기 때문일까? 가까이 앉은 쑨구이룽이 때때로 목을 길게 빼고 김신 선생의 말을 들으려 하자, 선생은 뭔가를 알아차리고 물었다.

"당신도 청력이 안 좋소?"

쑨구이룽은 해마다 점점 나빠져서, 이제는 한쪽 귀만 조금 들린다고 했다. 선생은 그 말을 듣고 즉시 자신의 귀에서 보청기를 빼내어 쑨구이룽에게 한번 껴보라고 말했다.

"라디오예요?"

쑨구이룽은 손을 내저으며 말했다.

"안 돼요, 이제는 그 왁자지껄한 방송도 들리지 않아요."

"라디오가 아니에요. 한번 껴 봐요."

김신 선생은 큰 소리로 힘들게 설명하며, 귀를 대보라며 계속 권했다. 쑨구이룽이 머리를 내밀자, 선생은 한 손으로 보청기를 그의 귀에 넣으며 말했다.

"사용법은 아주 간단해요. 그냥 귀에 넣으면 돼요. 있다가 소리 크기를 조절하는 방법도 알려줄게요. 소리가 작으면 안 들리고, 크면 불편하니까요. 그래도 이 기기는 최신형이라 민감도가 높아요."

그러나 아무리 해도 보청기가 귀에 들어가지 않았다. 어떻게 된 일일까? 선생은 초조해졌다.

이때 세심한 이소심 여사가 보청기에 오른쪽과 왼쪽 구분이 있냐고 물었다.

김신 선생은 갑자기 깨달았다. 쑨구이룽이 조금이라도 들을 수 있는 귀는 왼쪽이었고, 그의 보청기는 오른쪽 전용이었다.

"자, 좀 도와주세요."

선생이 이소심에게 쑨구이룽 귀에 다시 넣어보라고 했다.

"그냥 빠지지만 않으면 돼요."

'절대 빠지면 안 되죠!'

속마음을 이소심은 밖으로 뱉어내지는 않고, 보청기를 아주 조심히 다뤘다. 그녀는 이 작은 보청기가 김신의 딸이 선물한 것이며, 충격에 약하다는 것을 알고 있었기 때문이다. 보청기가 귀에 맞춰졌을 때, 쑨구이룽은 흥분하며 소리가 아주 선명하게 들린다고 말했다. 그러나 이소심이 손을 놓자 보청기는 이내 귀에서 멀어졌다. 김신이 다시 이소심에게 도와달라 하면서 쑨구이룽에게도 직접 시도해 보게 했지만, 역시 안 되었다.

"오, 이 귀는 사람 귀보다 더 민감하네요!"

쑨구이룽은 보청기를 돌려주며, 마치 예전 라디오를 보던 호기심 어린 눈빛으로 이 작은 장치를 바라보며 감탄했다. 선생은 포기하지 않고, 쑨구이룽에게 이번에는 오른쪽 귀를 내밀어보라고 했다. 보청기는 귀에 잘 들어갔고, 안정감 있게 착 달라붙어 떨어질 염려도 없었다. 하지만 볼륨을 최대치로 올려도 그의 귀는 끝내 아무런 소리도 들을 수 없었다.

그렇게 여러 차례 보청기를 시험하는 과정에서, 내 마음 깊은 곳에서 뭐라 할 수 없는 감동이 차오르고 있었다. 한쪽에는 가장 필요하면서도 누구보다 아끼는 소중한 물건을 선뜻 내어주려는 장군이 있었고, 다른 한쪽에는 그것이 지닌 깊은 의미를 알지 못한 채, 그저 호기심에 사로잡혀 거절도 못하는 순박한 농부가 있었다. 이 장면이 극적인 장면도 아닌데, 나는 그 순간 마음속에서 일렁이던 감정에 이끌려 셔터를 계속 눌렀고, 카메라 속 필름을 전부 다 찍은 뒤에야 멈췄다.

결국 김신 선생은 아쉬운 듯 말했다.

"어쩔 수 없군요. 다음에 올 때 새 걸 사드리는 수밖에요."

하지만 아마도 쑨구이룽이 가진 마지막 남은 청력이 다음 방문 때까지 버텨주지 못할지도 모른다는 걱정 때문이었는지, 우리가 식사하러 아래층에 내려갈 때, 선생은 쑨구이룽만 따로 남게 했다. 나는 그에게 보청기 구입비용을 주려는 것이라고 생각했다.

문득 선생이 지난번 자싱에 왔을 때, 백화점에서 쇼핑하던 중, 보청기 전문 매장을 한참이나 들여다보았던 일이 떠올랐다. 그는 여러 모델을 꺼내 시험해보기도 하며, 중국산도 일본 제품 못지않다고 말했다. 그때는 그저 단순한 관심 정도였지만 지금 선생의 마음에는 확신이 생겼다. 이곳에서 쑨구이룽에게 필요한 물건을 살 수 있다는 것을.

그날 우리는 아주 즐겁게 이야기를 나눴다. 점심 무렵, 김신 선생은 이미 시에서 마련해둔 연회 자리를 일부러 사양하게 하고, 호텔에서 따로 식사를 준비해 우리 몇 사람을 초대했다. 그 자리에서 선생은 오늘은 아주 특별한 날이라고 말했다.

그 말을 듣고서야 나는 오늘이 4월 29일이라는 것을 떠올렸다. 바로 이날, 오래전 상하이 홍커우 공원에서 울려 퍼졌던, 천지를 뒤흔들었던 거대한 소리! 그 소리를 듣기 위해서라면 아마 보청기가 필요한 사람은 없었을 것이다.

9

김신 선생이 자싱을 방문할 때마다 가장 자주 하던 말이 있다.

"나는 아버지의 유언을 가슴에 품고, 은혜에 보답하러 왔습니다."

그 말을 나는 믿는다. 선생의 보은이 소망이 되고, 모든 소망이 하나씩 실현될 때마다 가장 큰 기쁨이 되었다. 그렇기 때문에 올 때마다 선생은 매번 바빴고, 또 피곤해했지만 얼굴에는 언제나 미소가 떠나지 않았다. 이때 가장 큰 위안은 생전에 아버지가 이루지 못했던 소망을 자신이 대신 이뤄가고 있다는 사실일 것이다.

그러나 김구 선생은 아주 작고 작은 소망 하나도 영원히 이루지 못했다.

김구 선생은 『백범일지』 마지막 장에 자신의 바람을 이렇게 적었다.

나는 독립국가가 없는 백성이다.
70여 년 동안 온갖 수모와 고통, 굴욕을 견뎌냈다.
나에게 있어 이 세상에서 가장 좋은 일은,
독립되고 자주적인 나라의 국민으로 살다가 죽는 것이다.

결국, 그는 '독립되고 자주적인 나라의 국민이 되는 꿈'은 이루었다.

1948년 4월 22일 평양에 가서 남북협상회의에 참석한 김구 선생

1948년 4월 19일 김구 선생과 차남 김신(오른쪽)이 38선에서

하지만 '그 국민으로서 살다가 죽는 꿈'은 끝내 이루지 못했다.

1949년 6월 26일 낮 12시 45분, 이날은 모든 한국인에게 떠올리기조차 고통스러운 비극의 날이다. 온 국민의 사랑을 받았던 김구 선생이, 정치 폭도 안두희의 총탄에 피격되어 쓰러졌고, 자신이 진심으로 사랑하던 조국의 땅 위에서 끝내 다시 일어서지 못했다.

이 비극적인 죽음은 어쩌면 예고된 것이었다. 그보다 1년 앞선 대사건의 기록들을 펼쳐보면, 이미 그때부터 총구는 곳곳에서 냉혹하게 그의 가슴을 겨누고 있었다.

1948년 2월 6일, 김규식과 함께 남북협상안을 제안했다.

2월 10일, 남한 단독정부 수립에 반대하는 성명을 발표했다.

3월 1일, 미군정의 하지 중장은 5월 9일에 총선을 실시할 것임을 공표했다. 이에 김구는 총선 일정이 발표된 지 일주일 만에 북측에 남북회담을 제안하며 초청장을 발송했고, 김규식과 함께 남한 단독 총선 반대성명을 다시 공동발표했다.

3월 25일, 북한은 남북회담을 수락했고, 28일에는 15명의 인사에게 공식 초청장을 보냈다.

4월 19일, 김구 선생은 김규식과 함께 평양으로 향해 남북협상에 참석했고, 보름 후 서울로 돌아왔다.

그로부터 불과 5일 뒤, 남한 단독 총선 결과 이승만이 초대 대통령으로 선출되었고, 이시영이 부통령으로 선출되었다. 이로써 대한민국 정부의 수립이 공식적으로 선언되었다.

김구 선생은 남북통일을 일관되게 주장하며 대통령 선거에 출마하지 않았고, 그와 함께 정치 일선에서도 물러났다. 그러나 국내외 모든 한국인들 사이에서 김구는 여전히 '국부'로 불리는 절대적 존경의 상징이었다.

어쩌면 그 존재감이 오히려 그의 암살로 이어진 직접적인 원인이었을지도 모르겠다.

나는 어느 한국 잡지에서 1949년 7월 5일, 서울에서 거행된 그 어느 때보다 장엄했던 국민장의 장면을 보았다. 전 국민이 눈물 속에 김구 선생의 마지막 길을 배웅하던 그날, 장례식장을 가득 메운 수많은 인파 모습을, 나는 사진으로 보는데도 숨을 쉴 수가 없었다.

그 참담한 울음소리 속에서 김구 선생은 이봉창, 윤봉길과 생전에 약속했던 대로, 서울 효창공원 묘역을 향해 나아갔다. 생전에 약속대로 그들이 황천에서 다시 만났을 때, 두 의사는 그 어떤 것도 두려워하지 않던 이 위대한 인물의 얼굴 가득한 눈물에 놀라지 않았을까…….

그 눈물은 가슴 가장 깊은 곳에서부터 흘러나온 가장 무겁고 깊은 슬픔이다. 그것은, 그가 끝내 이루지 못한 남북통일이라는 대의를 향한 눈물이었고, 동포의 총탄에 쓰러져 어머니의 묘소 앞에 예를 올리지 못한 아들의 슬픔이기도 하다. 그가 어머니를 다시 만나게 되었을 때, 어머니는 창사에서 총을 맞았던 아들에게 했던 말을 그대로 들려주지 않았을까.

"슬픈 것은 안두희가 한국인이라는 거다. 차라리 일본 놈 총에 맞았더라면……."

그 말을 하는 어머니의 표정은, 말로 다할 수 없는 비통함과 안타까움이었을 것이다.

1949년 6월 26일 총격으로 서거한 김구 선생

1949년 7월 5일 김구 선생의 장례식

나는 정말 묻고 싶다. 한국 효창공원과 중국 충칭 허상산의 바람결 속에서 오간 모자의 대화를 들은 사람이 있는지를.

나는, 들었다. 김신 선생이 눈물로 들려준 수많은 이야기 속에서, 노작가 이용상이 김구 동상 앞에 무릎을 꿇고 오열하던 장면 속에서, 반신불수의 몸을 이끌고 끝까지 고집을 부려가며 자싱과 하이옌을 찾았던 박영준 선생의 그 마음속에서, 여러 차례 자싱과 하이옌을 찾아온 한국 기자들의 발길과 보도된 기사 속에서, 그리고 짜이칭 별장에 찾아와 남긴 수많은 한국 대학생들의 한글 방명록 글귀들 속에서…….

나는 그들도 그 목소리를 들었을 것이라고 믿는다. 그렇기 때문에 그들은, 일제가 현상금 60만 대양을 걸고 김구 선생을 쫓던 그 암흑 같던 시절에, 그를 숨겨주고 지켜준 중국인들의 피보다 진한 우정과 의로움의 무게를 태산보다 무겁게 느끼고 기억하고 떠올린 것이다.

역사는 시간의 먼지 속에 깊이 묻혀 있다. 그러나 매일 아침 떠오르는 새로운 태양은 살아가는 사람들의 희망을 비추고, 영원히 살아 숨 쉬는 이야기들도 비춘다.

사람들은 흔히 말한다. '모든 인생은 하나의 이야기'라고. 하지만 모든 이야기가 생명을 가진 것은 아니다.

나는 확신한다. 이 이야기는 생명이 있는 이야기이며, 영원히 살아 있는 이야기라고!

살아있는 이야기는 영원하다.

저자 후기

세월은 물처럼 흘러가며 인생의 바닥을 적신다.

기억의 거친 자갈들은 강물에 쓸려 반질반질한 조약돌이 된다.

그 조약돌 속에는 물 위에 비쳤던 하늘과 구름, 별과 꿈속에 자리 잡았던 산봉우리, 나무와 새들, 심지어 햇빛이 부드럽게 어루만져 파문이 인 바람조차도 그 매끈한 질감 속에 스며들어 있다.

마모된 기억은 조약돌의 알록달록한 무늬로 남는다.

그 모든 것이, 곧 이야기이다.

글을 쓴다는 것은, 어제의 이야기를 오늘의 물속에 담그고, 그 속에 드러난 역사의 문양으로 내일의 햇살을 맞이하는 일이다.

적어도 내게 글쓰기란 그렇다. 이 책도 마찬가지다.

1999년은 단순한 세기 교체의 순간이 아니라, 역사적 전환점이다.

반세기 이상을 이어져 지금까지도 여전히 뜨거운 역사를 담은 이 이야기가, 우리 손을 거쳐 후손에게 전해지게 되다니 더없이 큰 영광이다.

한국과 중국의 국민은 고난의 시기에 함께 어깨를 맞대고, 서로 돕고 의지하며 항일투쟁을 전개한 깊고 두터운 역사가 있다. 하늘이 만

들어준 한국과 중국 양국 국민의 길고 오랜 인연은 결코 이 책 한 권에 다 담을 수 있는 내용이 아니다. 하지만 한 방울의 물이 햇빛을 반사하고, 한 방울의 물이 모여 큰 바다를 이루듯이, 이 작은 이야기를 통해 더 큰 역사를 알게 되기를 바란다.

원고를 마친 뒤, 나는 김신 선생님께 편지를 썼다. 책에 역사적 사진을 실어 보다 진실하고, 보다 선명하고, 보다 생생하게 전달하고 싶다는 바람을 적었다.

편지를 보내고 나서 마음 한편에서 걱정이 일었다. 선생님은 아주 바쁘실 텐데, 이 자료들을 수집하고 정리하는 일은 방대한 작업이다. 다른 것은 차치하고 사진마다 중국어로 설명을 다는 일 하나만으로도 쉽지 않은 일이다. 더욱이 선생님은 팔순이 가까운 고령이라 이 무더운 여름에 건강을 해치지 않을까 염려되었다.

며칠 후, 선생님의 전화를 받았다. 요청한 사진은 직접 준비할 계획이지만 최근 일정이 워낙 바빠서 6월 말에나 사진 자료를 정리할 시간을 낼 수 있고, 아마도 7월 5일쯤이면 모든 작업이 완료될 것 같다고 말했다. 또 국제우편으로 발송할 경우 일주일 정도 걸릴 듯한데 너무 늦지 않는지 물었다. 충분하다는 내 말에 선생님도 안심하셨다.

올해는 한국에게 특별한 해다.

바로 '3·1 운동과 '대한민국 임시정부 수립' 80주년을 맞는 해고, 동시에 김구 선생 서거 50주년이기도 하다. 그 때문에 김신 선생님은 이와 관련된 여러 기념행사와 추모행사에 참석해야 했다. 6월 26일은 김구 선생의 기일이라 전후로 여러 가지 활동이 이어진다고 들었다. 그분의 성실함과 책임감은 무슨 일이든 한 치의 소홀함도 없기에, 평소보다 몇 배는 바쁘리라 생각했다.

나중에 이소심 여사와 몇 차례 통화하며 선생님은 내 상상보다 훨씬 더 바쁘게 보냈음을 알게 되었다.

6월 24일, 『백범 김구 전집』 12권이 출판되었고, 출판기념회에 김대중 대통령이 참석해 20분 넘게 연설했다. 신문, 텔레비전, 광고 등 각종 매체에서 대대적인 홍보가 이뤄졌고, 다큐멘터리 「김구」가 방영되었고, 김구 선생을 기리는 음악회와 뮤지컬도 열렸다.

6월 26일에는 성대한 추모식이 거행되었는데, 온 국민들이 보여준 애도와 추모, 존경의 마음은 반세기 전의 국민장 못지않았다. 백범기념관 건립을 위한 국민들의 자발적인 모금운동이 뜨겁게 타올랐다.

지금의 세대는 전쟁의 포화를 직접 겪지 않았고, 특히 젊은 세대에게는 역사의 회고조차도 멀고 낯선 과거가 되었다. 하지만 김구 선생의 발자취를 따라서 한 편의 대서사시 같은 파란만장한 한국 독립운동의 역사로 들어가 본다면, 선열들이 걸었던 뜨거운 땅의 열기를 느끼고, 역사의 준엄함을 느끼게 될 것이다. 또 동양 민족의 철학적 사고에 눈뜨게 될 때, 그들도 알게 될 것이다. 민족의 이익이 무엇보다 앞섰고, 그 대의를 위해 평생을 피 흘려 싸웠고, 광복 이후 조국에서도 여전히 민족의 최고 이익을 위해 무엇이든 했던 김구 선생이 있었음을.

1948년 2월 10일, 김구 선생은 남한 단독정부 수립을 강력히 반대하는 성명을 발표했다. 선생은 단독정부 수립이 한반도의 영구적인 분단을 초래할 것이라 여겨, 목숨을 걸고 평양으로 가 남북협상에 참여했다. 그 후 역사는 김구 선생의 예언이 맞았음을 증명했다. 이 때문에 김구 선생은 남북통일의 상징이 되었고, 오늘날에도 여전히 민족의 영웅으로 추앙받고 있다.

7월 초, 김신 선생님께서 전화를 주셨다. 사진 정리작업을 시작했지만, 더 많은 사진을 골라 주고 싶어서 원래 예상했던 시간보다 좀 더 걸릴 것 같다고 하셨다. 이틀 뒤 선생님이 다시 전화를 걸어왔다. 사진 70여 장을 골라 앨범에 정리해 국제 우편으로 보냈으니 사흘이면 받을 것이라 했다. 덧붙여, 보낸 사진 중에 세상에 처음으로 공개되는 사진이 적지 않다고 했다. 특히 추푸청 선생의 사진은 아마도 추 선생 가족조차도 보지 못했을 만큼 귀한 사진이라고 했다. 수천 리 떨어졌지만 분명하게 들리는 선생님의 목소리에 나는 눈시울이 젖었고, 뭐라 표현하기 힘든 감동이 마음 저편에서 솟구쳐 올랐다.

1.5킬로그램에 달하는 국제소포를 받았을 때, 나는 그 무게 속에 담긴 중후한 역사와 장군의 묵직한 진심을 헤아릴 수 있었다.

이 사진들은 선생께서 중국 독자에게, 한·중 양국 국민이 함께 써내려간 역사에, 그리고 앞으로도 계속 이어지고, 영원히 젊게 빛날 한국과 중국의 우정에, 온 마음으로 선사하는 정중한 선물이다.

작가로서 나는 김신 선생이 내게 준 우정과 지지에 깊이 감사드린다.
나도 선생님처럼 훌륭한 '민간대사' 역할을 진심을 다해 해내는 것이 망년지교(忘年之交)의 두터운 정에 보답하는 길이라 믿는다.
이 책이 역사적 사실을 담고, 정신을 전할 수 있기를 소망한다.
이 책이 정신을 통해, 시대의 영혼을 비추어 주기를 간절히 소망한다!

1999년 7월,
저장성 자싱 홍보위안(洪波苑)에서 쓰다

역자 후기

끊어졌던 인연이 이어지고 약속이 지켜진 것처럼 오래오래 기억되기를

역자 후기를 쓰는 일은 때로 번역보다 어렵다. 이 책에 대해 무엇을 써야 할까? 고민 끝에 나는 1999년에 중국에서 나온 이 책이 왜 26년이 지난 지금 한국어로 출간되었는지를 이야기하려 한다. 그래서 어쩌면 후기가 아니라 이 책이 세상에 나오기까지의 과정을 역자 시점으로 복기하는, 전기(前記)에 가까울지도 모르겠다.

작년에 번역한 『김구와 난징의 독립운동가들』에서 이 책과 『선월』, 작가의 이름이 참고자료로 여러 번 나왔다. 중국인이 어째서 한국인 김구에 관해 책을 두 권이나 썼을까 궁금했지만, 한국 독립운동사를 전공한 학자일 거라 짐작했을 뿐 바빠서 더는 찾지 못했고 잊고 있었다.

그런데 올해 1월 말, 뜻밖에도 이 책이 나를 찾아왔다. 한 번역가 선생님께서 이 책을 출판하려고 저자를 찾는 분이 있다며, 내가 적합할 것 같다며 연락을 주셨다. 그렇게 '처음책방' 김기태 교수님을 만나게 되었다.

첫 만남에서 교수님은 아주 오래된 사진들과 자료, 그리고 1999년에 나온 이 책의 원서를 보여주었다. "2000년경 한국어판 출간을 위해 저자에게 자료를 받아 출판사에 소개했는데, 여러 사정으로 미뤄졌고,

결국 자료가 유실되어 책을 내지 못했다. 언어 장벽 등으로 작가와 연락도 끊긴 채 26년이 흘렀는데, 최근에 기적처럼 이 자료가 다시 나타났다."고 했다. 마침 광복 80주년을 맞은 올해, 직접 출판을 해서 오랜 약속도 지키고 귀한 자료가 잊히지 않게 세상에 알리고 싶다고 했다. 감동했고, 거절할 수가 없었다.

우선 작가 연락처를 찾기 시작했다. 최근에 책을 낸 출판사 세 곳에 메일을 보냈지만 답이 없었고, 홈페이지에 나오는 전화는 받지 않았다. 기사는 간간이 있었지만 연락처를 찾을 단서는 없었다. 며칠을 뒤지다 우연히 상하이 교민 신문인《상하이저널》에서 작가가 매년 윤봉길 의거 기념식과 임시정부 행사에 참석하고 있다는 기사와 인터뷰를 발견했다. 또 상하이 역사단체 'hero'의 채널에서 작가와의 대담도 찾았다. 두 군데에 메일을 보냈고, 다행히 적극적으로 도와주셔서 바로 연락처를 받을 수 있었다.

작가에게 김기태 교수님의 뜻을 전하는 메일을 보냈고, 이내 기쁨의 답신을 받았다. 이렇게 계획보다 25년 늦었지만, 멈췄던 시간이 무색할 만큼 빠르게 일이 진행되었다.

"이 책이 잘 팔릴지 알 수 없지만 이익과 상관없습니다. 오래전 약속을 지키고 싶고, 이 귀중한 역사적 자료는 남기고 알리는 것이 나의 책임이자 사명이 아닐까 합니다."

"…… 정말 놀랍고 감사합니다. 이 책은 중국과 한국 양국 국민이 함께 일본에 항거한 피로 맺어진 역사적 증거이고…… 시대를 초월한 중대한 가치와 의미를 지니고 있다고 생각합니다……"

나는 우연히 이 두 분의 인연 사이에 놓이게 되었고, 두 분의 진심을 만나고 이어드릴 수 있었다. 삐침 하나와 파임 하나가 만나 '人'이 되는 이 과정에 앞에서 언급한 많은 분들이 나타나 도움을 주었다. 각자의 약속, 책임과 도움이 만나, 모두의 일이 되었다.

샤넨셩 작가는 중국의 저명한 아동 문학가이다. 동시에 100여 년 전 중국에 임시정부를 세우고, 항일 투쟁을 벌였던 한국의 독립운동가들과 그들을 도운 중국인들의 이야기를 주제로 세 권의 책을 썼다. 중국에서는 이 책을 한류 3부작이라 부른다.

김구 선생과 뱃사공 주아이바오에 관한 소설 『선월』과 훙커우공원 의거를 행한 윤봉길 의사에 관한 이야기 『천국의 새』는 우리나라에도 출간되어 학계의 주목을 받았다. 그리고 이 책 『위대한 유랑_백범 김구 중국 망명기』는 작가가 왜 김구와 한국 독립운동가에게 관심을 갖게 되었는지, 임시정부 요인들과 그들을 도운 중국인들, 김신 선생을 비롯한 독립운동가 후손들과 어떻게 인연을 이어왔는지 담고 있다. 작가는 당시의 자료와 신문을 찾고 『백범일지』를 몇 번이나 읽으며 당시 김구 선생의 상황과 생각을 이해하려 했다. 또 자싱 곳곳을 취재하며 역사적 장소를 고증했고, 알려지지 않았던 여러 역사적 사실을 밝혀내려 노력했다. 무엇보다 책의 구절마다 김구 선생과 한국 독립운동가들에 대한 작가의 무한한 존경심이 느껴져 감사했다.

이 책에는 자싱의 김구 선생 피난처와 다른 독립운동가와 그 가족들이 숨어 있던 장소들이 많이 나온다. 책의 설명이나 인터넷에서 찾은 사진을 보면서 번역할 수 있었지만, 직접 가보고 싶었다. 5월 말 마감이라 초교를 거의 마무리하고, 5월 9일, 6년 만에 상하이를 찾았다.

작가와의 만남은 책이라는 매개 때문인지 낯설지 않았다.

메일로 설명을 드렸지만 여전히 궁금한 점이 많았던 작가는 이것저 것 물었고, 책을 쓸 때 어떤 마음이었는지, 어떤 의미인지에 관해 이야 기를 나누었다. 번역 중 정확한 의미를 알고 싶은 구절이 있어 여쭤봤 더니 그 부분을 직접 읽어주셨다. 그런데 차분하게 읽어 내려가던 그 분이 갑자기 눈물을 흘렸다. 감정이 복받쳐 오른 듯 입술을 떨며 눈물 을 흘렸다. 그 장면은 김구 선생의 장례식 부분이었다.

나는 그 눈물의 깊이를 온전히 다 알 수는 없었다.

작가가 윤봉길 의사의 영정 앞에서 갑자기 눈물이 터져 나왔다던 그 마음이었을까. 아니면 내가 자싱의 추푸청 기념관에서 사진을 마주 했을 때의 먹먹함이었을까. 우리는 그 시대를 살지 않았지만, 그분들 덕분에 이 시대를 살고 있다는 미안함과 감사, 존경의 마음을 갖고 있 다. 한국인이 느끼는 그 마음을 작가도 똑같이 느꼈던 것이 아닐까 하 는 생각이 들었다.

다음날 찾은 자싱은 중국의 전형적인 수향 마을이었다. 굽이굽이 강 이 흐르고, 강변에 고풍스러운 집들이 늘어서 있는 평화로운 곳이었 다. 김구 선생이 피신해 있던 천퉁성 가옥과 임시정부 요인들이 모여 살았던 집과 거리는 깨끗하게 정리되어 있었다. 나는 자싱의 거리, 강 가를 걷고 집 계단을 오르내리며 그분들이 느꼈을 긴박함과 불안함과 숨죽였던 상황들을 상상했다.

책에서 만났던 장소들도 둘러보았다. 김구 선생이 어린 천궈천과 걸었던 골목, 누가 오나 불안해하며 밖을 살폈을 창문, 바닥의 비밀 문, 검은 옷이 걸려있었던 빨래걸이, 주아이바오의 배가 대기하고 있던 물가, 노인들이 오르내리기에는 너무나 가파른 2층 계단까지.

일제의 감시로 항상 불안에 떨었을 그분들의 마음과 그들을 목숨 걸고 도와준 중국인들의 마음도 느껴보려 했다. 중간에 작가가 전화를 주셨다. 김구 선생 어머니가 비단을 던진 창문이 어느 쪽인지 알려주고(원래는 강이었는데 이젠 대로가 되었다), 이용상 선생이 무릎을 꿇고 대성통곡하며 잡고 있던 문고리가 아직 있는지를 물어왔다. 우리는 함께 역사의 자취를 더듬었다.

돌아와 찾아보니 상하이는 물론 중국 곳곳에 한국 독립운동 유적지가 꽤 많이 있었다. 그러나 안타깝게도 그 흔적들은 점점 줄어들고 있다. 윤봉길 의사 기념관만 해도 찾아오는 이가 적어 지난 30년간 운영비용을 대던 상하이시 정부에서 매년 1억 원씩 나는 적자를 감당하지 못해 올 3월부터 규모를 1/3로 축소하고, 찻집을 운영할 예정이라고 한다.

기억하지 않으면 사라진다. 시간이 더 흐르면 그분들과 그 역사는 '옛날 사람, 옛날이야기'로 남게 될지도 모른다. 뉴라이트 사관이 활개 치고, 광복회 예산이 삭감되고, 독립운동가의 흉상을 옮긴다는 뉴스가 나오던 그 시간을 지나, 우리는 이제 조금씩 제자리로 돌아가고 있다.

이 역사가, 이분들이, 잊히지 않기를. 다시는 모욕당하지 않기를.

한국과 중국의 신의가 담겨있는 이 책도 그 역사의 한 조각으로 오래 기억되기를 바란다.

박지민

인물 주석

1 이동녕 1869~1940

한말의 독립운동가로 청년회를 조직해 계몽운동을 벌였다. 1904년 을사늑약이 체결되자 반대운동을 벌였고, 북간도 용정으로 가서 교육사업을 벌였다. 1907년 귀국, 안창호 등과 신민회를 조직, 1910년 신흥강습소를 세워 독립군 양성과 교육에 힘썼다. 1919년 임시정부에 참여해 내무총장을 지냈다. 1921년 임시정부가 파벌싸움으로 위기에 놓이자 안창호, 김구, 여운형 등과 시사책진회를 결성해 단결을 촉구했다. 1927년 임시정부 주석에 올랐고, 1929년에는 김구와 함께 한국독립당을 창당했다. 1937년 중·일 전쟁이 일어나자 항일전을 구상하며, 1939년 김구와 전시내각을 구성, 조국광복을 위하여 싸우다가 중국에서 병사했다. 임시정부 국장(國葬)으로 장례가 거행되었고, 1962년 건국훈장 대통령장이 추서되었다.

2 이광수 1892~1950

시인, 작가. 이육사, 홍명희와 함께 조선 3대 천재 문인으로 꼽힌다. 와세다대학교 유학 당시 1919년 도쿄 유학생의 2·8 독립선언문 작성에 관여했다는 이유로 귀국했다. 1917년 신한청년단 가입 후 단체의 기금 마련을 위해 쓴 소설 「무정」이 큰 성공을 거둔다. 이후 여운형의 추천으로 상하이 임시정부 독립신문의 발행을 맡았고, 임시정부가 주도하는 한일 관계 사료집 주필로 활동했다. 상하이에서 여러 고초를 겪다 1921년 귀국한 다음, 1922년 《개벽》에 민족개조론을 발표하면서 친일파의 길로 접어들었다.

3 김홍서 1886~1959

1907년 1월 비밀리에 조직된 신민회의 전국 연락원으로 국권회복운동에 진력하다가 105인 사건이 일어난 후 은신해 있었다. 1915년 일제에 의해 체포되어 4개월간 옥고를 치른 후 1916년 일제의 감시를 피해 중국 상하이로 망명했다. 임시정부에서 특히 자금 조달에 주력했다. 광복 후 1946년 4월 국내로 돌아왔다. 1947년 흥사단 국내위원부 상무위원, 1948년부터 1953년까지 흥사단 의사부원을 역임했다. 이후 한국일보 사장에 취임했으나, 1952년 폐간되었다. 1959년 경상남도 통영에서 73세로 사망했으며, 1968년 건국훈장 독립장이 추서되었다.

4   김보연 1886~1928
중국 상하이로 망명해서 대한민국 임시정부 건립에 주력했고, 1919년 4월 임시정부 임시의 정원 황해도 의원으로 선출되어 적극적인 의정활동과 독립운동을 전개했다. 특히 임시정부 활동자금 조달을 위해 노력했다. 1928년 병사했으며, 2011년 건국훈장 애국장이 추서되었다. 그의 아들 김원영도 독립운동에 투신하여 김구 훈련소 학생으로 공군 조종사가 되었다, 1945년 일본군 폭격을 마치고 돌아오다 비행기 고장으로 추락해 입은 부상으로 26세에 사망했다. 2001년 건국훈장 애국장을 받았다.

5   양기탁 1871~1938
대한민국의 독립유공자, 언론인. 1904년 영국인 어니스트 베델과의 합작하에 영자(英字) 신문인《코리아 타임즈》를 발간했고 한문 신문인《대한매일신보》를 창간하여 주필로 활동하다가 대한민국 임시정부 국무령이 되었다. 1962년 대한민국 대통령장을 받았다. 중국에 있던 그의 유해는 1988년 5월 14일 국내로 봉환되어 현충원 임시정부요인 묘역에 안장되었다.

6   김규식 1881~1950
외교 무대를 누비며 독립운동을 펼친 임시정부의 대표적 외교가. 파리강화회의에 파견되어 독립을 호소했고, 이후 임시정부의 외무총장과 부주석을 지냈다. 해방 후 좌우 합작과 남북 협상에 힘썼으나 끝내 분단을 막지 못했다. 전쟁 중 납북되었고, 북한에서 생을 마감한 것으로 알려졌다.

7   김철 1886~1934
전남 함평 출신. 1915년 일본 메이지대학을 졸업했다. 1919년 3·1운동 후 상하이로 갔다. 대한민국 임시정부 창립에 참가해 재무부 위원 겸 법무부 위원 직을 맡았고, 1920년 김구와 함께 '의용단'을 창단했다. 1932년 1월 상하이 대한교민단 정치위원, 11월 임시정부 국무위원을 맡았다. 1934년 임시정부 국무원 비서장을 맡아, 3월 난징에서 열린 한국 대일전선 통일동맹 제2차 대표회의 및 한국혁명 각 단체 대표 회의에 한국독립당 대표로 참석했다. 그러나 그해 5월 4일 급성 폐렴으로 쓰러져 항저우 병원에서 48세의 나이로 사망했다..

8   오성륜 1898~1947
의열단에 가입해 사회주의 계열 독립운동을 하다 변절한 친일반민족행위자. 김익상, 이종암과 함께 1922년 3월 상하이 부두에서 일본 육군대장 다나카 기이치를 암살하려 했지만 탄환이 빗나가는 바람에 계획이 실패했고, 차를 타고 도주하다 교통사고가 나버려 결국 검거되었다. 상하이 일본영사관에서 예심을 거쳐 나가사키 재판소로 이송될 예정이었으나, 다무라 부인의 도움으로 유치장에서 탈옥하여 광둥을 거쳐 독일의 수도 베를린으로 갔다. 이 사건은 당시 신문에 대서특필되어 세상에 알려지게 되었다. 독일에서 모스크바로 건너가 대학을 마치고 광둥으로 건너가 이후 중국 공산당 조직에서 활동하다 1941년 만주에서 일본에 잡혀 투항한 뒤 변절했다.

9 추평장 1896~1951
추푸청의 큰아들이다. 옌타이(烟台) 해군학교에서 공부했고, 1917년 미국 유학을 떠나 우스터 폴리테크닉대학에서 공부하다가 1918년 MIT로 옮겨 전기공학을 전공하고 1920년 학사학위, 1921년 석사학위를 받았다. 1924년《자싱상보(嘉兴商报)》를 창간했다. 1930년 자싱에서 제지공장을 열어 기술자로 일했고, 제사공장을 경영하기도 했다. 항일 항쟁 기간에 쿤밍(昆明)으로 갔다가 1945년 이후에는 자싱과 항저우에서 제지공장을 경영하다가 상하이로 옮겨 살았다.

10 김해산 1888~1944?
본명은 김정묵이며, 김국빈, 김규환 등으로도 불렸다. 경술국치 후 중국으로 망명해 광복단 활동을 했다. 1919년 이후 상하이로 옮겨 임시의정원 의원으로 활동했으며, 1932년 윤봉길 의사 의거 당시 그의 집에서 김구와 함께 아침식사를 했다고 전해진다. 이후 베이징에서 활동하다 일본 경찰에 체포되어 광복을 보지 못하고 사망한 것으로 전해진다. 1991년 건국훈장 애국장이 추서되었다.

11 한인애국단
대한민국 임시정부는 1923년 국민대표회의의 결렬과 1925년 이승만 탄핵, 유일당 운동의 결렬로 인해 내부적으로 혼란했다. 또한, 1931년 완바오산 사건은 중국인들의 반한 감정을 고조시키며 임시정부의 상황을 더욱 어렵게 만들었고, 같은 해 9월 만주사변을 계기로 일제는 대륙 침략을 본격화하기 시작했다. 이에 임시정부는 특무활동을 통해 일제 침략세력을 응징하여 침체된 상황을 타개하고자 임시정부 소속기관으로 특무대(特務隊)를 두고 책임자로 김구를 선임했다. 재정 수입의 반을 특무대 활동에 지원하며, 구체적인 특무계획에 관한 사항은 김구에게 일임했고, 거사 직전 사전에 보고하도록 했다.
1931년 12월 13일. 이봉창의 선서식을 계기로 특무대란 명칭 대신 '한인애국단'이 사용되었다. 간부는 단장인 김구를 비롯해 이수봉, 김석, 안공근 등이며, 단원은 이봉창, 윤봉길, 이덕주, 유진식, 최흥식, 유상근 등이었다. 평소 일정한 수의 단원이 편제된 것이 아니라, 특무활동 직전에 단원으로 가입하여 선서의 절차를 거쳐 거사에 착수하게 하였다. 이봉창 의사의 도쿄 의거, 윤봉길 의사의 훙커우 공원 의거, 이덕주·유진식의 조선총독 암살, 최흥식·유상근의 일본 관동군 사령관 암살 등이 모두 한인애국단이 한 일이다. 윤봉길 의거 이후 중국 국민당 정부의 지원으로 중국 육군군관학교 뤄양분교 내에 '한인특별반'이 설치되었다.

12 **안공근** 1889~1940
황해도 신천 출신으로 안중근 의사의 동생이다. 1926년 상하이 한인교민단 단장을 맡았으며, 1930년 한국독립당 내에서 특무공작을 지휘했다. 1931년 한인애국단을 조직하고 참가했으며, 1935년 한국국민당의 주요 간부가 되어, 친일 분자 암살과 한국독립군 훈련에 주력했다. 1937년 한국청년단 선봉단을 조직했다.

13 **엄항섭** 1898~1962
독립운동가·정치가. 1919년 중국 상하이로 망명하여 임시정부에서 활동했다. 1922년 항저우 지강대학교를 졸업했다. 1931년 애국단에 참여해 윤봉길의 홍커우 공원 의거를 지원했고, 1937년 한국독립당을 창당해 항일운동을 하다가 1945년 11월 임시정부 국무위원 자격으로 귀국했다. 이후 김구 측근으로 한국독립당 선전부장을 맡아 정치활동을 했고, 1948년 평양 남북협상과 남북 15요인 회담에 참가했다. 6·25전쟁 때 납북되었다. 납북 후 통일운동을 하다 자신들의 통일방안과 견해가 다르다고 판단한 북한 당국에 의해 1958년 반혁명분자로 몰렸다. 그는 납북인사 중 조소앙과 함께 가장 남북통일운동에 적극적이었고, 김일성 독재에 비판적이었다. 1962년 평양에서 고혈압으로 숨을 거두었으며, 1989년 건국훈장 독립장이 추서되었다.

14 **조지 애쉬모어 피치** 1883~1989
중국에 전도하러 와있던 선교사 조지 필드 피치(George F. Fitch)의 아들로, 1883년 중국 쑤저우에서 태어났다. 1918년 주중 미국대사의 환영행사에 여운형을 초대, '찰스 크레인' 주중 미국대사에게 여운형을 소개시켜 한국의 문제에 대해 대화를 나눌 수 있도록 중재했다. 1919년에는 미국에서 설립된 한인구제회가 모금활동에 어려움을 겪자 아버지와 함께 미국인 선교사들에게서 구호품과 의연금을 모집했고 상하이에 설립된 한인학교 '인성학교'가 재정적인 어려움에 부닥치자 모금활동을 벌였다. 1920년 한인구제회의 이사로 활동했다. 1944년 일본 제국주의와의 전쟁에서 한국광복군을 활용하면 미국에 도움될 것이라는 보고서를 작성해 한국광복군 제2지대와 OSS 부대의 합동작전이 가능하도록 도왔다. 1946년 도쿄에서 일본 전범재판이 열렸을 때 증인으로 법정에 출석했다. 1947년 미군정 시대 YMCA 총간사로 임명돼 한국전쟁 중 구호활동에 전념하다 1951년 은퇴했다. 독립운동을 지원한 공로를 인정받아 1952년 1월 대한민국 정부로부터 문화공로 훈장과 1968년 3월 1일 건국훈장 독립장을 받았다.

15 **인루리** 1883~1940
일본 유학을 가서 와세다대학교 정치경제학과를 졸업했다. 1905년 일본에서 중국동맹회에 가입했고, 귀국해 후베이(湖北) 법정학당에서 교사로 일했다. 2차 혁명이 실패하자 아들과 함께 일본으로 떠났다가 1914년 돌아와 상하이에서 《시사신보(时事新报)》를 창간했다.

1916년 베이징 정부 재정부 차장을 맡았지만 어떤 사건으로 인해 면직당하고 광둥으로 갔다. 그 후 장쑤성, 푸젠성에서 주요직을 맡아 일하다가 1932년 국민당 정부 문관성 참사로 일했다. 1940년 청두에서 사망했다. 1941년 2월 25일, 충칭 중국 인사들이 인루리 사망 1주기 때 추모회를 열었는데, 이때 김구가 많은 임시정부 동지와 함께 참석했다.

16 김의한 1900-1964
애국단 단원, 한국독립당 감찰위원, 광복군 총사령부 주계 등을 역임한 독립운동가. 1919년 10월 국내에서 비밀결사인 대동단(大同團)에 가담하여 독립운동을 전개하다 아버지와 함께 중국 상하이로 망명했다. 1932년 윤봉길의 의거 이후 임시정부 요인 이동녕, 김구와 함께 자싱으로 피신했고, 임시정부 활동에 참가했다. 1934년 김구, 안공근 등과 애국단을 조직하고 그 일원으로 활동했으며, 뤄양 군관학교와 의열단 계열 군관학교에 관여하면서 독립군 양성에 힘썼다. 광복 후 귀국해 한국독립당에서 일했고, 6·25전쟁 때 납북되었다.

17 이상룡 1858~1932
일제강점기 때, 서로군정서 독판, 임시정부 국무령 등을 역임한 독립운동가. 1962년 건국훈장 독립장이 추서되었다.

18 홍면희 1877~1946
'홍진'으로도 불린다. 일제강점기 때 독립운동가를 위한 변호사로 활동하다가 한성임시정부, 국무위원회, 한국독립당 등을 조직한 법조인, 독립운동가. 3·1운동 이후 대한민국 임시정부에 합류해 법무총장을 역임했고, 임시정부 대표로 동북지방에 파견되어 여러 단체 지도자들을 설득해 1930년 한국독립당을 조직했다. 1940년 한국광복군 창설에 전력해 총사령부를 설치했다. 1962년 건국훈장 독립장이 추서되었다.

19 조봉길 1893~1955
1919년 3·1독립운동이 일어나자 의주에서 이 운동에 가담했고, 이후 만주로 피신했다. 1919년 10월부터는 상하이 임시정부 경무국의 경호원으로 임명되어 항일투쟁을 적극 전개했다. 상하이에서 안창호가 주관하는 '상하이임시정부후원회'의 회원이 되어 상하이 전차공사(電車公司)의 동료들을 규합하여 매월 급료에서 정기모금을 하여 군자금을 조달했다. 그는 이후에도 임시정부의 거점 제공 및 기밀 연락활동 등을 전개했고, 독립지사들의 숙박과 식사를 제공하는 등 독립운동을 물심양면으로 보살피다 광복을 맞아 귀국했다. 1990년에 건국훈장 애족장이 추서되었다.

20 나우
대한민국 임시정부에 참여했고, 흥사단 원동위원부에서 활동했다. 다만 생몰연대나 구체적인 활동상황은 알려지지 않았다. 아들 나성돈(1924~2020)은 상하이에서 태어났고, 한국광복군에 입대 후 1945년 8월 15일 광복 직전까지 광복군 제3지대 지하 공작대원으로 상하이 지역에 파견되어 활동했다. 또한 국내 침투작전을 위한 OSS 공동작전에 참여하고 무전통신 기술을 익힌 바 있다. 1990년 건국훈장 애족장이 추서되었다.

21 진희창 1874~1933
1911년에 상하이로 망명하여 영국에서 경영하는 전차회사의 감독으로 일하면서 독립운동과 교육사업을 전개, 후진들에게 독립사상을 고취시켰다. 그는 임시정부 수립에 적극 참여하여 임정수립에 기여했다. 1919년 5월에는 상하이 대한인거류민단을 조직하여 독립운동 및 교민자치를 목적으로 활동했고, 임시정부의 재정 운영이 어려워지자 1926년 7월에 그는 안창호, 김종상 등과 임시정부 경제후원회를 조직하고 독립운동자금을 모금하여 임시정부를 지원했다. 그는 재무위원에 임명되어 1933년 별세할 때까지 임정의 재정적 어려움을 적극적으로 도왔다. 정부에서는 1980년에 건국훈장 독립장을 추서했다.

22 나석주 1892~1926
의열단 단원. 조선 식산은행과 동양척식주식회사에 폭탄을 던진 독립운동가. 1910년 중국 망명을 꾀하다 실패하고 4개월간 옥고를 치렀다. 1920년 황해도 황주에 거주하며 대한민국 임시정부가 국내에 만든 군사주비단 단원으로 임시정부와 만주 독립단체 군자금 모금을 했다. 1921년 상하이로 망명해 임시정부 산하 단체에서 일했고, 1924년 의열단에 가입했다. 1926년 국내에서 독립운동 자금을 모아 상하이로 돌아왔고, 김창숙이 계획하는 의열 투쟁에 김구의 추천으로 가담했다. 유자명, 이승춘과 함께 국내로 잠입하려 했으나 여의치않아 5개월을 허비하고 혼자 한국에 들어왔다. 1926년 12월 28일 조선식산은행에 폭탄을 던졌으나 실패하자, 바로 동양척식주식회사로 가서 폭탄을 던졌지만 이 또한 불발됐다. 일본 경찰과 대치 중 "우리 2천만 민중아, 나는 조국의 자유를 위해 투쟁했다. 2천만 민중아, 분투하여 쉬지 말아라."라고 외치고 가슴에 총 세 발을 쏘았다. 병원에 실려가 주사를 맞고 정신이 들어 경찰이 신분과 소속에 대해 묻자 자신은 의열단원으로 황해도 재령의 나석주라고 말을 하고는 4시간 만에 숨을 거두었다. 1962년 건국훈장 대통령장이 추서되었다.

23 이승춘 1900~1978
본명 이화익. 일제강점기 독립운동가로, 대한독립단과 의열단 등에서 활동하며 항일 무장투쟁에 참여했다. 1922년 중국으로 망명했고, 1924년 의열단에 가입했다. 1926년 나석주와 상하이에서 만나 경성에 있는 조선식산은행과 동양척식주식회사 폭파계획을 세운다. 그러다 1927년 베이징에서 일제에 잡혀 한국으로 압송되어 1928년 징역 15년을 선고받고 복역했다. 광복 후 제2대 광복회장을 역임했다.

24 김홍일 1898~1980

중국명 왕웅(王雄). 독립운동가, 군인이자 정치인. 교사로 재직 중 항일단체에 가담한 혐의로 심한 고문을 당하고 풀려나 중국으로 망명했다. 1920년 중국 육군강무학교를 졸업하고, 한국독립군에 들어가 항일활동을 했다. 김구의 요청으로 1932년 이봉창과 윤봉길 의거용 폭탄을 제작했다. 해방 후 귀국해 육군사관학교 교장으로 한국군 초기 설립에 큰 공을 세웠다.

25 이덕주 1908~1935

황해도 신천 출신 독립운동가. 1926년 중국으로 망명하여 김구를 만나 한인애국단에 가입해 항일투쟁을 펼쳤다. 1932년 3월. 김구 등의 지시로 유진식과 함께 조선총독을 암살하기 위해 국내로 들어와 활동하다 4월 일본경찰에 잡혀 징역 7년 형을 언도받고 해주형무소에서 복역 중 옥사했다. 1977년 건국포장, 1990년 애국장이 추서되었다.

26 유진식 1912~1966

독립운동가. 1931년 만주사변 직후 상하이로 망명해서, 상하이 한인청년단에서 활동했고, 한국독립당 창건에 협력했다. 1932년 3월, 한인애국단에 가입해 이덕주와 함께 조선총독 우가키 가즈시의 암살과 일제침략기관 파괴를 목적으로 국내에 파견되어 활동했다. 4월 일제에 체포되어 징역 6년을 선고받고 복역했으며, 1990년 건국훈장 애국장이 추서되었다.

27 류상근 ?~1945. 8. 14.

독립운동가, 한인애국단 단원. 1932년 김구의 지시로 최흥식과 함께 다롄으로 가서 일본 관동군 사령관 및 주요인사 암살을 준비하다 발각되어 일본에 잡힌다. 무기징역을 선고받아 뤼순감옥에서 복역하다 광복을 하루 앞두고 사망했다. 1968년 건국훈장 독립장이 추서되었다.

28 최흥식

독립운동가, 한인애국단 단원. 1932년 김구의 지시로 류상근과 함께 다롄으로 가서 일본 관동군 사령관 및 주요 인사 암살을 준비하다 발각되어 일본에 잡힌다. 10년 형을 언도받고 복역하다 사형당한 것으로 알려졌다. 1991년 건국훈장 애국장이 추서되었다.

29 장덕준 1891~1920

일제강점기 경신참변 취재 중 실종된 동아일보 기자. 일본 유학 중 귀국하여 동아일보 창간을 주도하고 특파원 등으로 활동하다 1920년 취재 도중 실종되었다. 1957년 한국신문편집인협회가 종군기자이자 순직기자로 인정했다. 황해도 명신학교를 졸업하고 그 학교에서 교사로 재직했다. 이때 김구와 인연을 맺었다. 이후 일본으로 건너갔다. 1920년 간도에서 일본군이 조선 동포를 무차별 학살하는 경신참변이 일어났다는 소식을 듣고 10월 중순 간도로 건너가 취재하다가 11월 8일 연락이 끊겼다.

30 김용진 1884~1937

일제강점기 신민회 운영위원으로 활동했으며, 황해도에서 임시정부 연통제를 조직하여 군자금 모금활동 등을 전개한 독립운동가. 1906년 을사늑약 체결 후 반일민족사상 고취를 위해 김구, 최명식 등과 안악지구 신민회를 설립하고 운영위원으로 활약했다. 1911년 1월 총독 데라우치 암살미수라는 급조된 사건인 안명근사건의 연루자로 김구, 최명식 등과 같이 일본 경찰에 붙잡혔다. 1919년 3·1운동이 일어나자 김구와 최명식에게 여비 300원을 주어 상하이로 보내고, 자신은 남아서 그들의 가족들을 위해 농장을 운영하며 도왔다. 1977년 건국훈장 애국장이 추서되었다.

31 주자루이 1904~1955

저장성 하이옌 사람. 1923년 자싱 초급여자사범학교를 졸업하고 하이옌으로 돌아와 소학교에서 교사로 일했다. 1931년 추평장과 결혼했다. 항일전쟁이 전면적으로 시작되자 온 가족과 함께 저장성 동쪽으로 피난갔다가, 후에 추평장과 함께 쿤밍으로 갔다가 돌아와서 상하이에 자리를 잡았다.

32 천궈푸 1892~1951

1912년 중국 상하이에서 신규식이 결성한 신아동제사에 참여하여 활동했다. 1919년 이후 중국 국민당의 지도급 인사로서 대한민국 임시정부에 자금을 지원하고, 요인들의 신변 보호에 힘쓰는 등 한국 독립운동에 협조했다. 1932년 윤봉길 의사 의거 후 장제스와 김구의 면담을 주선했다. 한국 독립군 간부 양성을 위한 남경 중앙군관학교 한인반을 특설하여 이후 한국인을 입학시키는 데 힘쓰기도 했다. 중국 국민당 정부는 1932년 윤봉길 의거 이후 주요 한국 독립운동가들을 비밀리에 보호했다. 윤봉길 의거 직후 일제는 모든 역량을 동원하여 김구를 체포하려 했으나, 천궈푸 등 국민당 정부 요인들은 김구의 피신을 직접 도와주었다. 1940년 충칭에 있던 대한민국 임시정부가 한국광복군을 창설할 수 있도록 도왔다. 1945년 해방될 때까지 지속적으로 대한민국 임시정부의 활동자금을 지원했다. 우리나라 정부에서는 1966년 건국훈장 1급 대한민국장을 추서했다.

33 샤오정 1905~2002

윤봉길 의사 의거 이후, 대한민국 임시정부를 위해 실질적인 일을 한 국민당 간부. 천궈푸의 직속 부하로 공페이청과 함께 임시정부를 위한 경제적 지원 및 거의 모든 연락을 맡았다. 1949년 국민당 정부와 함께 타이완으로 이주했고, 1973년 한국에 방문해 김신을 만났고, 김구 선생 묘지에도 참배해 시를 남겼다.

34 이시영 1869~1953

한국을 대표하는 독립운동가 집안의 일원으로 형 이석영, 이회영 등 6형제 모두 독립운동에 헌신했고, 그를 제외한 나머지 형제는 해방을 보지 못하고 옥사하거나 아사했다. 일제강점기 가산을 처분해 독립운동을 지원하며 신민회, 신흥강습소, 한국독립당을 조직했고, 해방 이후 초대 부통령에 당선되었으나 이승만 정권에 반대하여 사임했다. 1949년 건국훈장 대한민국장을 받았다.

35 조완구 1881~1955

대한민국 임시정부 내무장, 재무총장을 역임한 독립운동가. 북간도 용정 일대에서 선교활동을 하다 1919년 3·1운동 후 상하이로 가서 독립운동을 했다. 김구와 함께 한국광복군을 결성했고, 해방 후 귀국했다가 6·25전쟁 때 납북되었다. 1989년 건국훈장 대통령장이 추서되었다.

36 조소앙 1887~1958

독립운동가, 정치가. 일본 메이지대학 법학과를 졸업하고, 조선법학전수학교에서 교편을 잡았다. 1919년 3·1운동 후 중국으로 망명해 임시정부 수립과 함께 국무위원 겸 외무부장을 지냈다. 1922년 임시정부의 내분을 수습하려고 시사책진회를 결성했고, 한국독립당에 참가했다. 1945년 해방을 맞아 귀국했고, 1946년 한국독립당 부위원장이 되었다. 1948년 단독정부 수립에 반대하여 김구 등과 남북협상에 참가했다. 이후 정부수립에 불참했다가 1950년 제2대 국회의원에 출마하여 전국 최고득점으로 당선되었으나, 6·25전쟁 때 납북되었다. 1958년 함께 납북된 엄항섭이 북한에 의해 체포되자 반대하며 단식을 벌이다 병사했다. 1989년 건국훈장 대한민국장이 추서되었다.

37 차리석 1881~1945

독립운동가. 1910년 일제가 날조한 105인사건으로 옥고를 치렀고, 3·1운동 참가 후 상하이로 망명해 임시정부 수립에 기여했다. 1935년 임시정부 국무회의에서 비서장에 선출되었고, 한국국민당 창당에 참여했다. 해방을 보지 못하고 1945년 충칭에서 사망했다. 1947년 김구의 주선으로 유해가 운구되어 서울 효창원에 안장되었고, 1962년 건국훈장 독립장이 추서되었다.

38 송병조 1877~1942

일제강점기 대한민국 임시정부 국무위원을 역임한 목사이자 독립운동가. 1919년 3·1운동 후 군자금을 모금해 지원하다가 일제의 위협으로 1921년 상하이로 망명한다. 임시정부 국무위원으로 활동하면서 중국 전역을 다니며 활동을 펼치다 1942년 충칭에서 세상을 떠났다. 1963년 건국훈장 독립장이 추서되었다.

39 탕지야오 1883~1927

중화민국의 군인, 정치가. 윈난성의 지역 군벌. 그는 대한민국 임시정부 수립 이후부터 신규식을 비롯한 한국 독립운동가들과 교류하면서 한국의 독립과 국권 회복을 적극 지지했다. 1925년에는 자신이 설립한 군사학교 육군강무당과 신규 비행대에 한인이 입학할 수 있도록 힘썼고, 임시정부가 증명한 신분증을 가진 한인 학생들을 모두 수용해 학비와 기숙사비를 면제해주고, 일제의 끊임없는 방해에도 불구하고 50명 모두 졸업할 수 있도록 지원하고 배려했다. 그가 설립한 육군강무당은 이범석, 이준식, 김관오 등 한국 독립운동가들을 배출했고, 중국 현대사의 군사지도자 주더와 펑더화이도 이곳 출신이다. 1968년, 한국의 독립운동을 지원한 것이 인정되어 건국훈장 2급 대통령장이 추서되었다.

40 현정경 1881~1941

만주에서 활동한 독립운동가로, 광한단을 조직해 무장투쟁을 주도하고 대한통의부·정의부·국민부 등에서 중심역할을 했다. 좌우 통합 운동에도 앞장섰으며, 1992년 건국훈장 독립장이 추서되었다.

41 한일래 1896~1943

본명 천병림. 조선의열단과 조선의용대에서 활동한 독립운동가로, 군사 간부양성과 민족혁명당 통합에 기여했다. 1994년 건국훈장 독립장이 추서되었다.

42 안명근 1879~1927

안중근의 사촌동생이며, 독립유공자인 안홍근의 동생. 1910년 무관학교 설립을 위한 자금을 모으던 중, 그와 충돌이 있던 자의 밀고로 일본에 검거된다. 이때 조선총독부가 데라우치 총독 암살 모의 사건으로 날조한 일명 105인사건의 주동자로 몰려 종신형을 선고받고 수감되었다. 1921년 출옥해서 중국으로 망명해 독립운동을 하다 1927년 지린성에서 전염병에 걸린 이를 돌보다 사망했다. 1962년 건국훈장 독립장이 추서되었다.

43 안태국 1875~1920

1907년 신민회 평안남도 총감, 1919년 북간도 훈춘에서 3·1운동을 지도했고, 아울러 한민회와 한민회 독립군 창설을 지도했다. 1912년 이른바 105인사건으로 10년 형을 받고 복역하다 사면받아 1916년에 풀려났다. 가혹한 고문으로 왼쪽 눈은 거의 실명했다. 북간도에서 계속 독립운동을 이어가다 장티푸스로 사망했다. 1962년 건국훈장 애국장이 추서되었다.

44 이승훈 1864~1930

오산학교를 세운 교육자이자 3·1운동 민족대표 33인 중 한 명이다. 신민회 활동과 민족 계몽운동에 앞장섰다. 1911년 105인사건과 3·1운동 독립선언서 발표로 두 차례 옥고를 치렀다. 이후 오산학교를 세우는 등 교육운동에 앞장섰고, 1962년 건국훈장 대한민국장이 추서되었다.

45 전덕기 1871~1914
개화기와 일제강점기 초기에 활약한 독립운동가. 기독교 지도자로서 청년교육과 계몽운동에 힘썼고, 신민회와 국채보상운동, 3대 종교연합 구국운동 등 항일운동을 이끌었다. 일제의 감시와 탄압 속에서도 독립정신을 전파하다 1914년 병사했으며, 1962년 건국훈장 대통령장이 추서되었다.

46 주진수 1875~1936
신민회 강원도 책임자로 활동하다 투옥 후 서간도로 망명해 신흥무관학교 설립과 독립운동기지를 구축했다. 대한광복회 별동대, 자유회, 고려혁명당 창당 등에 참여하며 만주와 연해주에서 항일운동을 주도했다. 1991년 건국훈장 애국장이 추서되었다.

47 이갑 1877~1917
독립운동가. 일본 육사를 졸업한 후 대한제국 장교로 복무했다. 신민회에 참여해 국외 독립운동기지 건설에 힘썼으며, 러시아·미국·만주 등지에서 외교·언론·청년교육활동을 펼쳤다. 병환에도 불구하고 독립운동을 지속하다 1917년 사망했고, 1962년 건국훈장 독립장이 추서되었다.

48 이종호 1887~1932
전 군부대신 이용익의 양손자로, 국내외에서 활발히 교육·계몽운동을 전개한 독립운동가. 보성전문학교 교주를 맡고, 서북협성학교, 대성학교, 함북보성학교 등을 설립했으며, 신민회와 권업회에도 참여해 독립운동을 지원했다. 블라디보스토크에서 민족교육과 무관학교 설립에도 기여했다. 1932년 서울에서 생을 마쳤고, 1962년 건국훈장 독립장이 추서되었다.

49 김홍량 1885~1950
황해도 안악 출신의 교육자이자 독립운동가로, 을사늑약 체결 이후 양산학교와 양산중학교를 설립하여 교육구국운동에 힘썼다. 신민회에 가입해 황해도 지회를 이끌고, 만주 독립군 기지 건설에도 참여했으며, 105인사건으로 징역 15년형을 언도받고 8년간 복역했다. 그러나 1930년대 이후 친일행적이 드러나며 1977년에 추서된 건국훈장 독립장은 2011년에 취소되었다.

50 최명식 1880~1961
황해도 재령 출신의 독립운동가로, 면학회와 해서교육총회를 통해 교육운동에 앞장섰고, 신민회에 참여해 구국계몽운동을 이끌었다. 1911년 105인사건으로 징역형을 받고 복역했으며, 이후 상하이로 망명해 임시정부 연통제 활동과 국내 잠입공작을 수행했다. 만주와 선양에서 독립운동과 교포사회 조직에도 헌신했으며, 해방 후에는 민주국민당 활동 등으로 이어졌다. 1990년 건국훈장 애국장이 추서되었다.

51 신석충 1853~1911
1907년 대한제국 군대가 강제해산되자 재산을 의병 군자금으로 기부했고, 안중근이 의병을 일으키려고 러시아 연해주로 망명할 때 자금을 지원했다. 1910년 일제가 조작한 105인사건에 연루되어 붙잡혀 이송되던 중 왜놈에게 욕을 보느니 차라리 죽고 만다고 외치고 기차에서 뛰어내려 사망했다. 1995년 건국훈장 애국장이 추서되었다.

52 한순직 1884~?
황해도 신천 출신의 독립운동가. 1910년 안명근의 무관학교 설립 및 무장투쟁 계획에 참여해 자금모집과 일본 시설 정찰을 맡았다. 1911년 105인사건에 연루되어 징역형을 받고 복역했으며, 1915년 가출옥 후 행적은 미상이다. 2017년 건국훈장 애국장이 추서되었다.

53 최중호 1891~1934
황해도 신천 출신의 독립운동가. 김구의 제자로 양산학교와 대성학교에서 수학했다. 1911년 105인사건으로 체포돼 고문과 허위자백을 강요받고 유배되었으며, 이후 군자금 모집활동 중 다시 수감되었다가 탈출해 상하이로 망명했다. 임시정부 수립 후 인성소학교 교장과 상하이 거류민단 단장으로 활동했으며, 1977년 건국훈장 독립장이 추서되었다.

54 한필호 1886~1911
황해도 안악에 양산학교를 세워 애국사상을 고취하고, 신민회에 가입하여 항일운동을 전개하였다. 1911년 105인사건으로 투옥되어 고문을 받다가 사망했다.

55 이승길 1887~1965
독립운동가. 신민회에 가입해 군자금 모집과 무관학교 설립운동에 참여했다. 1911년 105인사건으로 체포돼 7년간 복역했으며, 출옥 후 임시정부 황해도 선전대 책임자로 활동하며 선전물 배포와 군자금 조달에 힘썼다. 1977년 건국훈장 독립장이 추서되었다.

56 김용제 1878~1931
황해도 안악 출신 독립운동가. 신민회 활동과 함께 면학서포 운영, 강습회 개최 등 계몽운동에 앞장섰다. 1911년 105인사건으로 체포되어 7년 형을 선고받고 복역했으며, 출옥 후에도 김구 등과 연계해 임시정부 군자금 모금 등 독립운동에 참여했다. 1931년 사망했고, 1990년 건국훈장 애국장이 추서되었다.

57 원행섭 1880~?
황해도 안악 출신의 독립운동가. 1910년 안명근 등과 함께 무관학교 설립을 위한 군자금 모집에 참여했다. 1911년 105인사건으로 징역 15년을 선고받고 복역 중 1919년 옥중 만세운동에도 참여했으며, 1926년 가출옥했다. 2015년 건국훈장 애국장이 추서되었다.

58 도인권 1880~1969
일제강점기 105인사건으로 옥고를 치르고 평양 3·1운동에 참여한 후 중국 상하이 대한민국 임시정부 군무부 군사국장, 무관학교 교관, 임시의정원 부의장 등을 역임한 감리교 목사이다. 구한국 군대에 자원입대하여 무관학교 군사특과에 들어가 졸업한 뒤 하사관 간부훈련 교관으로 임관되었으며, 일제에 의해 군대가 강제 해산되자 이후부터 국권회복운동에 투신했다.

59 양성진 1876~?
황해도 안악에서 면학회를 조직하고 애국계몽운동을 벌였으며, 1911년 안명근 등과 함께 독립운동 자금을 모집하다가 105인사건에 연루되어 경성지방재판소에서 징역 10년 형을 선고받고 옥고를 치른 독립유공자이다. 2016년 건국훈장 애국장이 추서되었다.

60 허위 1855~1908
조선 말기 의병장, 대한제국 말기 대표적인 무장 독립운동가. 과거에 급제해 관직에 올랐으나, 을사늑약 체결에 반대하며 벼슬을 버리고 항일투쟁에 나섰다. 1907년 정미의병 당시 평민, 유생, 해산군인들을 모아 전국적인 의병을 조직하고 지휘했다. 1908년 체포된 뒤, 9월 일본 헌병에 의해 서대문형무소에서 1호 사형수로 교수형을 당했다. 그의 큰형 허훈은 80만 평의 땅을 팔아 독립 투쟁 군자금을 댔고, 셋째 형 허겸도 의병활동을 했다. 그가 죽고 일제의 탄압이 심해지자 허겸이 허위의 자식 4남 2녀를 이끌고 서간도로 망명했다. 이시형 집안과 마찬가지로 온 집안이 독립운동에 투신한 집안이다. 정부는 그의 공훈을 기려 1962년 건국훈장 대한민국장을 추서했고, 허훈에게도 독립장이 추서되었다.

61 이강년 1859~1908
조선 말기 의병장. 무과에 급제했으나 갑신정변 이후 관직에서 물러나 고향으로 갔다. 을미사변 후 의병을 일으켜 활동하다 만주로 가서 3년간 머물렀다. 1907년 대한제국군이 해산당하자 다시 의병을 일으켜 활약했다. 1908년 체포되었고, 그해 10월 서대문형무소에서 교수형을 당했다. 1962년 건국훈장 대한민국장이 추서되었다.

62 우테청 1888~1953
중화민국의 정치인. 1932년부터 5년간 상하이 시장을 역임했고, 이후 항일전쟁을 수행하며 외교업무를 보았다. 1942년 천궈푸, 주지아화, 다이지타오 등과 함께 한국 독립 문제를 담당했고, 임시정부와 교섭하면서 한국 독립운동과 아주 긴밀한 관계를 맺었다. 장기간 국민당 해외업무를 관장했고 중국이 공산화되기 전에 국민당 정부와 함께 대만으로 이주했다.

63 지청천 1888~1957
이청천이라고도 한다. 일제강점기와 대한민국 임시정부 시기에 활약한 독립운동가이자 군인, 정치인. 일본 육군사관학교를 졸업한 후 일본군 장교로 복무하다가 1919년 3·1운동을 계기로 만주로 망명하여 독립운동에 투신했다. 1935년 김규식, 김원봉, 조소앙 등과 함께 민족혁명당 설립에 참여했다. 민족혁명당 탈당 후 지청천은 조선혁명당을 창당했다. 그는 신흥무관학교 교관, 서로군정서 사령관, 한국독립군 총사령관, 한국광복군 총사령관 등을 역임하며 항일 무장투쟁을 이끌었다. 광복 후에는 제헌국회의원과 무임소장관을 지냈으며, 1962년 건국훈장 대통령장이 추서되었다.

64 류동열 1879~1950
군인이자 독립운동가. 일본 육사를 졸업하고 일본군에 근무하다, 일본의 침탈 야욕에 분노를 느껴 항일운동에 가담했다. 신민회에서 활동했고, 독립군 군자금을 모으다 105인사건에 연루되어 징역을 살았다. 지청천과 조선혁명당을 창당했고, 임시정부에서도 일하며 광복군 창설에 기여했다. 해방 후에 한국군 창설에 기여했으나. 6·25전쟁 때 납북되어 사망했다.

65 현익철 1890~1938
일제강점기 조선의 독립운동가. 1919년 3·1운동 이후 만주로 망명하여 한족회에 가입하고, 광한단을 조직하여 항일 무장투쟁을 전개했다. 이후 통의부 위원장, 정의부 재무부장, 국민부 중앙집행위원장, 조선혁명당 중앙책임비서 등을 역임하며 독립운동을 이끌었다. 1938년 5월, 중국 창사에서 열린 3당 통합회의 중 이운환의 총격으로 순국했으며, 정부는 그의 공훈을 기려 1962년 건국훈장 독립장을 추서했다. 당시 창사에 안장되었는데, 묘소는 유실되었다. 1973년 10월 31일 국립현충원에 허묘가 조성되었다.

66 정정화 1900~1991
대한민국 임시정부가 중국에서 항일투쟁을 할 때 참가한 독립운동가. 1919년 3·1운동이 일어난 후 시아버지, 남편 김의한과 함께 상해로 가서 임시정부가 주도하는 독립운동에 적극적으로 참가했다. 광복 후 인생은 평탄치 않았다. 6·25전쟁이 일어나자 남편 김의한이 조소앙 등과 납북되었고, 남아 있던 그녀는 부역죄로 투옥되는 등 고초를 치렀다. 저서로 1989년 출간된 『녹두꽃』이 있다. 이 책은 1998년 『장정일기』란 이름으로 개정판이 나왔다.

67 민필호 1989~1963

호는 석린이며, 가명으로 '민석린'을 주로 썼다. 1911년 상하이로 망명해 신규식이 설립한 박달학원을 졸업했다. 1917년 상하이전보학교에 다녔고, 이후 20년간 중국정부 전보국에서 근무하면서 독립운동에도 참가했다. 1932년 대한민국 임시정부 요원들이 일본 군경의 추적을 피할 수 있도록 도왔고, 상하이전보국을 연락처로 삼아서 각지의 항일운동 비밀통신 연락을 책임졌다. 1939년 5월, 한국독립당 선전부장과 임시정부 의정원 의원을 지냈고, 1940년부터 1945년까지 대한민국 임시정부 김구 주석 집무실장 겸 외무차장을 지냈다. 1963년 건국훈장 독립장이 추서되었다.

68 연미당 1908~1981

상하이 임시정부에서 남편 엄항섭과 함께 활동한 독립운동가. 임시정부를 지원하고 정부요인들의 안위를 위해 묵묵히 헌신했다. 남편 엄항섭에 이어 1990년 건국훈장 애국장이 추서되었고, 맏딸 엄기선도 1993년 건국포상을 받았다

69 신규식 1880~1922

독립운동가. 을사늑약 반대 음독사건으로 한쪽 눈을 실명한 후 중국으로 망명했다. 쑨원과 교류하며 신해혁명에 참여하고, 동제사 조직과 『한국혼』 저술로 민족의식을 고취했다. 대한민국 임시정부 수립에 참여해 법무총장·외무총장·국무총리 대행 등을 지냈으며, 심장병과 신경쇠약으로 병석에 누웠을 때 한인들의 분열을 통탄하며 25일 동안 단식 끝에 상하이에서 순국했다. 1962년 건국훈장 대통령장이 추서되었다.